Qualitative Methoden in der Sozialforschung

Jeannine Wintzer
(Hrsg.)

Qualitative Methoden in der Sozialforschung

Forschungsbeispiele von Studierenden für Studierende

 Springer Spektrum

Herausgeberin
Jeannine Wintzer
Universität Bern
Bern, Schweiz

ISBN 978-3-662-47495-2   ISBN 978-3-662-47496-9 (eBook)
DOI 10.1007/978-3-662-47496-9

Die Deutsche Nationalbibliothek verzeichnet diese Publikation in der Deutschen National-
bibliografie; detaillierte bibliografische Daten sind im Internet über http://dnb.d-nb.de abrufbar.

Springer Spektrum
© Springer-Verlag Berlin Heidelberg 2016

Planung: Merlet Behncke-Braunbeck

Gedruckt auf säurefreiem und chlorfrei gebleichtem Papier

Springer-Verlag GmbH Berlin Heidelberg ist Teil der Fachverlagsgruppe Springer
Science+Business Media
(www.springer.com)

Einleitung

Die wissenschaftlichen Auseinandersetzungen mit methodologischen Konzepten gewinnen in den letzten zehn Jahren immer mehr an Bedeutung. Dies zeigen sowohl die steigende Anzahl der Publikationen zu diesem Thema und das steigende Angebot von Methodenworkshops als auch die hohen Teilnehmendenzahlen bei etablierten Methodentagungen wie zum Beispiel dem Berliner Methodentreffen. Dennoch stelle ich innerhalb der Lehre und der Betreuung von Forschungsarbeiten immer wieder fest, dass Studierende innerhalb eines Forschungsprozesses große Probleme haben die theoretisch komplexe Fachliteratur auf die eigene empirische Arbeit anzuwenden; dies scheint mir aus mehreren Gründen der Fall zu sein. Erstens zeichnen sich auch einführende Publikationen durch einen wissenschaftlichen Schreibstil aus, der für Studierende im Bachelor-, aber auch im Masterstudium eine große Herausforderung darstellt und damit nicht selten demotivierend wirkt. Zweitens repetieren wissenschaftliche Publikationen theoretische Ausführungen und gehen zu wenig auf die konkrete wissenschaftliche Praxis – also auf die handwerklichen Arbeitsschritte – ein. Damit bieten diese Publikationen drittens keine Inspiration für eine potentielle Umsetzung am eigenen Material.

Vor diesem Hintergrund ist die Idee entstanden, dass nicht etablierte Forschende, sondern Studierende selbst ihre Erfahrungen mit einem Forschungsprozess im Rahmen eines Buches präsentieren können, um somit anderen Studierenden motivierend und inspirierend zur Seite zu stehen. Der Call for Paper für ein solches Buch führte zu einem enormen Interesse und zur Einreichung von über 80 Beitragsvorschlägen. Als Herausgeberin stand mir die Verantwortung bevor mich für nur rund 30 Beiträge entscheiden zu müssen. Das Ergebnis liegt Euch nun vor und ich hoffe, dass die folgenden Beiträge Euch Unterstützung, Hilfe, Mut und Motivation geben, um ein spannendes und lehrreiches Forschungsprojekt durchführen zu können.

Die Beiträge konzentrieren sich einerseits auf die Darstellung und den einfachen Nachvollzug eines Forschungsprozesses (Warum wurde welche Entscheidung im Verlauf der Forschung getroffen?) und andererseits auf die konkrete wissenschaftliche Praxis der Empirie (Mit welchen Erhebungs- und Auswertungsmethoden haben die Studierenden Ihre Forschungsfragen beantwortet). Die einzelnen Beiträge haben alle den gleichen Aufbau, indem sie implizit in 5 Punkte gegliedert sind (Ausgangslage, Forschungsfrage, Theorie, Methode und Ergebnisse/Zusammenfassung). Dadurch sind die Forschungsprozesse für die Lesenden konkret nachvollziehbar und untereinander vergleichbar. Ein weiterer Vorteil des Buches besteht darin, dass die einzelnen Beträge keine Theorie repetieren, sondern konkrete Entscheidungsprozesse formulieren wie: „Ich habe mich für die Methode der Metaphernanalyse entschieden, weil sie ein geeignetes Werkzeug ist, um…". Damit verbirgt sich hinter den 5 Gliederungspunkten Wissen zu: Wie entsteht ein Forschungsinteresse? Wie kommt man zu einer Forschungsfrage? Wie entscheidet man sich für eine Theorie und eine Methode? Wie wendet man diese Methode genau an? Welche Ergebnisse sind möglich, welche nicht? Was würde man bei der nächsten Forschung anders machen? Zudem beinhalten die Beiträge je nach Bedürfnis hilfreiche Exkursboxen, um zum Beispiel theoretische Konzepte zu vertiefen, Definitionen für eine Festigung des Fachvokabulars und Merksätze – oder besser Erkenntnissätze im Sinne von „Was würde ich beim nächsten Mal anders machen?, um eine Reflektion der eigenen Arbeit sowie alternative Wege deutlich machen zu können.

Noch ein Hinweis: Bei der Auswahl der Beiträge für diesen Sammelband ist mir bewusst geworden, dass Herausforderungen innerhalb von Forschungsprozessen für Studierende nicht allein mit Blick auf die Frage „Was muss ich Schritt für Schritt tun? entstehen. Daneben gibt es vielfältige Rahmenbedingungen, die zu Unsicherheiten führen wie zum Beispiel: Wie komme ich zu einer guten Forschungsfrage? Wie organisiere ich den Zugang zum Untersuchungsfeld? Was ist, wenn ich keine Interviewpersonen finde oder diese sich im Interview nicht öffnen wollen? Wie gehe ich mit sensiblen Themen um? Was ist, wenn Dinge passieren, die ich aufgrund meiner Unerfahrenheit nicht bedacht habe? Wie kann ich mich selbst reflektieren, so dass meine Voreingenommenheit minimiert wird? Und nicht zuletzt ganz pragmatische Fragen wie zum Beispiel: Wie plane ich ein Forschungsprojekt? Wie transkribiere ich ein Interview? Wie werte ich meine Daten aus? Diese Fragen sind derart bedeutsam, dass ich sie nicht ausblenden wollte. Der Springer Verlag sah das ebenso und hat sich dazu entschlossen ein weiteres Buch zu eben diesen Themen zu ermöglichen. Unter dem Titel Herausforderungen in der qualitativen Sozialforschung. Forschungsstrategien von Studierenden für Studierende ist ein tolles Buch entstanden, das sich den oben aufgeworfenen Fragen widmet und möglicherweise auch für Euch ein hilfreiches Mittel auf dem Weg zu einem Forschungsprojekt oder um die Herausforderungen innerhalb eines Forschungsprozesses zu meistern.

Jeannine Wintzer

Über die AutorInnen

Jeannine Wintzer hat am Institut für Geographie an der Friedrich-Schiller-Universität in Jena Diplom-Geographie studiert. Danach ist sie ans Geographische Institut der Universität Bern gewechselt und hat ihre Doktorarbeit zum Thema „Geographien erzählen. Wissenschaftliche Narrationen von Geschlecht und Raum" verfasst. Derzeit arbeitet sie dort als Dozentin für Qualitative Methoden in der Geographie.

Alicia Prinz studierte von 2008–2014 Soziologie und Pädagogik an den Universitäten Frankfurt, Bielefeld und Wien und schloss ihr Studium mit der Master-Arbeit zum Thema „Dynamik des Alter(n)s – Eine qualitative Untersuchung der Lebenswelten von Menschen mit Kleinwuchs" ab. Sie ist als Projektmitarbeiterin am Institut Mensch, Ethik und Wissenschaft (IMEW) in Berlin beschäftigt.

Kristian Gäckle absolvierte den B. A. in Soziologie und Ethnologie sowie den M. A. in Gender Studies an der Albert-Ludwigs-Universität Freiburg. Seine Master-Arbeit mit dem Titel „Frauen lieben Männer und Männer lieben Frauen, aber nicht alle halten sich daran" widmet sich der empirischen Analyse von thailändischen Transgender-Identitäten. Derzeit widmet er sich operativen Aufgaben im Zentrum für Anthropologie und Gender Studies und strebt eine Promotion an.

Stefanie Gandt studierte nach ihrer Ausbildung zur Industriekauffrau Sozialwissenschaften an der Friedrich-Alexander-Universität in Nürnberg. Ihre Schwerpunkte lagen auf Psychologie, Arbeitsrecht und Jugendsoziologie. Im Anschluss arbeitete sie fünf Jahre als Ausbildungsleiterin in einem Großkonzern. Aktuell nutzt sie ihre Elternzeit um ihr Promotionsvorhaben „Spuren lebensbegleitender Bildung" in die Tat umzusetzen. Während des Studiums gründete sie gemeinsam mit ihren Mitstipendiaten einen Verein, der sich um die berufliche Einmündung von Jugendlichen aus prekären Verhältnissen kümmert.

Melanie Rühmling hat Fachbezogene Bildungswissenschaften an der Universität Bremen studiert und hat dann ihren forschungsorientierten Master „Bildungswissenschaft" mit ihrer Master-Arbeit „Alleinerziehende im Spannungsfeld zwischen individueller Lebensführung und sozialer Anpassung" absolviert. Aktuell ist sie wissenschaftliche Hilfskraft im Projekt „Studium Optimum – Forschungsorientierung und -kompetenz im bildungswissenschaftlichen Masterstudium" am Institut für Allgemeine Pädagogik und Sozialpädagogik der Universität Rostock.

Gesa Maier schloss im Jahr 2013 ihr Studium der Psychologie an der Universität Bremen mit dem Diplom ab. Seither arbeitet sie in einer psychoanalytisch ausgerichteten Beratungsstelle für Eltern, Kinder und Jugendliche. Das szenische Verstehen ist zu einem wichtigen Instrument in ihrer täglichen Arbeit geworden. Als Psychologin versucht sie, zusammen mit Familien, dem bisher Unverstandenen oder Ungesagten hinter verfestigten Problematiken und Konflikten auf die Spur zu kommen.

Irene Thater studierte Psychologie (B. Sc.) an der Westfälischen Wilhelms-Universität Münster. Ihre Bachelor-Arbeit trägt den Titel: „„Machen Sie erst mal den Alltagstest!' – Konzeptualisierungsvarianten des Alltagstests aus Sicht transidenter Betroffener". Sie ist aktuell Master-Studentin im Fach Gender Studies an der Universität Bielefeld.

Sven Wolter studierte Psychologie an der Westfälischen Wilhelms-Universität Münster. Er verfasste seine Masterthesis zum Thema: „Umgang mit demenziellen Störungen: Strategien von Betroffenen und Angehörigen". Nach seinem Studium arbeitete er in der Psychiatrie des Universitätsklinikums Hamburg-Eppendorf (UKE) in den Bereichen Suchtstörungen und Angststörungen sowie als psychologischer Berater in der Studienberatung und Psychologischen Beratung der Universität Hamburg. Derzeit befindet er sich in der Ausbildung zum Psychologischen Psychotherapeuten (Schwerpunkt Kognitive Verhaltenstherapie) und ist Lehrbeauftragter für Klinische Psychologie und qualitative Forschungsmethoden an der Hochschule Fresenius.

Daria Reinbold hat ihren Bachelor in Kommunikations- und Kulturwissenschaften an der Zeppelin-Universität Friedrichshafen mit der Abschlussarbeit „Ein Blick in unsere Zukunft. Über das anthropologische Bedürfnis des Menschen die Zukunft zu wissen" mit Auszeichnung absolviert. Im März 2015 begann sie ein vertiefendes Master-Studium an der Regent's University in London.

Beate Kasper studiert Soziologie an der Eberhard Karls Universität Tübingen. Momentan schreibt sie ihre Master-Arbeit zum Thema „Entscheidungsprozesse während der Schwangerschaft im Zusammenhang pränataldiagnostischer Vorsorgeuntersuchungen".

Lisa Staiger studiert Soziologie an der Eberhard Karls Universität Tübingen. Zur Zeit arbeitet sie an ihrer Masterthesis zu Mentor-Mentee-Beziehungen in unternehmensübergreifenden Mentoringprogrammen zur Frauenförderung.

Maja Urbanczyk studiert Soziologie an der Eberhard Karls Universität Tübingen. Momentan arbeitet sie an ihrer Masterthesis zum Themenkomplex „Diskurse und Praktiken von Remindertechniken".

Christina Reithmeier hat von 2011 bis 2014 den Bachelor of Arts Humangeographie mit Schwerpunkt Geographische Stadtforschung an der Goethe-Universität Frankfurt am Main mit der Bachelor-Arbeit „Städtische Sozialpolitik in Frankfurt am Main – Folgen der Neoliberalisierung am Beispiel sozialer Einrichtungen im Bereich der Wohnungslosenhilfe" absolviert. Seit Oktober 2014 macht sie den Master of Arts Geographien der Globalisierung – Märkte und Metropolen ebenfalls mit dem Schwerpunkt Geographische Stadtforschung an der Goethe-Universität in Frankfurt am Main.

Nora Rudersdorf hat Geographie an der RWTH Aachen und der Universität Bonn studiert, an der sie 2013 ihren Master mit der Arbeit „Städtische Landmarks als Faktoren des mentalen Wohlbefindens – eine vergleichende Untersuchung in Aachen und Bonn" abgeschlossen hat. 2014 hat sie im Bereich Public Relations und Marketing gearbeitet und ist nun als freiberufliche Dozentin für die Analysesoftware MAXQDA und qualitative Forschungsmethoden tätig.

Tom Schwarzenberg schloss 2014 an der Universität Leipzig einen Bachelor in Geographie mit humangeographischem Schwerpunkt ab. Seine Abschlussarbeit verfasste er zum Thema: „Stigmatisierungsprozesse unter Jugendlichen in einer peripherisierten Region – Eine Fallstudie zu gruppenbezogenen Abwertungsprozessen und deren impliziten Raumbezügen im Altenburger Land". Aktuell studiert er in Leipzig im Master-Studiengang „Wirtschafts- und Sozialgeographie mit dem Schwerpunkt städtische Räume" und arbeitet als wissenschaftliche Hilfskraft am Leibniz-Institut für Länderkunde im Forschungsbereich „Raumproduktionen im Verhältnis von Staat und Gesellschaft".

Christiane Werner studierte Ethnologie und Theologie (BA) in Freiburg i. Br. und London sowie Interdisziplinäre Anthropologie (MA) in Freiburg i. Br. Ihre Bachelor-Arbeit ist eine empirische Studie über Stadtwahrnehmungen in London, in ihrer Master-Arbeit geht es um Transzendenz in der Anthropologie des Theologen Paul Tillich. Sie promoviert derzeit an der Universität Uppsala mit einer ethnographischen Studie im Fachbereich Systematische Theologie.

Julia Schöfer studierte bis Oktober 2013 Sozialwissenschaften (B. A.) an der Universität Siegen. Der Titel ihrer Bachelor-Arbeit lautete: „Politische Partizipation von Jugendlichen am Beispiel des Jugendforum Rheinland-Pfalz". Aktuell studiert sie in Siegen im Master-Studiengang Sozialwissenschaften und engagiert sich in diversen Projekten zur politischen Jugendpartizipation und Bildung.

Theresa Burkhardt absolvierte ihren Bachelor im Fach Psychologie an der Universität Bremen. Der Beitrag zu diesem Buch entstand aufbauend auf ihrer Abschlussarbeit zum Thema „Der Einfluss von Schutzfaktoren auf die Identitätskonstruktion türkischer Migranten", die sie gemeinsam mit ihrer Kommilitonin Johanna Deitmer verfasste. Nach ihrem Abschluss arbeitete Theresa Burkhardt sechs Monate lang als Deutschlehrerin im belarussichen Minsk. Seit 2013 setzt sie ihr Psychologiestudium im Master-Programm der Universität Hamburg fort.

Josephina Schmidt studierte Soziale Arbeit an der Dualen Hochschule Baden-Württemberg Stuttgart und schloss ihren Master an der Hochschule Esslingen im Jahr 2014 ab. Während ihres Studiums arbeitete sie in einer sozialpsychiatrischen Einrichtung. Seit 2014 ist sie wissenschaftliche Mitarbeiterin an der Hochschule Esslingen im Projekt „Partizipation in sozialpsychiatrischen Handlungsfeldern".

Lisa Gießauf hat das Diplomstudium Psychologie sowie den Bachelor in Politikwissenschaften in Wien abgeschlossen. Der Titel ihrer Diplomarbeit im Fach Psychologie lautet: „Zwischen Handlungsmacht und Gewaltbetroffenheit. Eine rekonstruktive Studie zu Raumaneignung und Grenzüberschreitungserfahrungen von jungen Frauen* im öffentlichen Raum". Momentan arbeitet sie als Psychologin in Wien und studiert im Master-Studiengang Politikwissenschaften.

Sabrina Hutner hat Soziologie, mit Schwerpunkt Gender Studies und qualitative Methoden der Sozialforschung, an der Ludwig-Maximilians-Universität (LMU, München) studiert. Ihre Diplomarbeit verfasste sie zum Thema: „‚Doing queer Femininity' – Begehren und Anerkennung im Raster sozialer Sichtbarkeit".

Corinne Labudde studierte an der Universität Bern Geographie und schrieb ihre Bachelor-Arbeit zum Thema „Die Konstruktion der jenischen Minderheit in der Schweiz – Ein Gruppen-konstrukt aus einer Innen- und Außensicht". Mittlerweile hat sie auch einen Master mit Lehrdiplom abgeschlossen und arbeitet in- und außerhalb der Schule mit der Thematisierung von geographischen Inhalten.

Samuel Posselt studiert im Master-Studiengang Geographie an der Universität Bern. Seine Bachelor-Arbeit mit dem Titel „Metaphern des Protests – eine rekonstruktive Analyse von Protest-plakaten" verfasste er nach einem einjährigen Aufenthalt an der Universidade Federal do Rio de Janeiro in Brasilien. Die Proteste im Juni 2013 erlebte er aufgrund seiner aktiven Mitarbeit in der Studierendenbewegung Rio de Janeiros hautnah mit.

Matthias Frösch absolvierte sein Geographiestudium an der Universität Bern und schloss dieses mit der Bachelor-Arbeit „Von Assads Anabolika-Monstern und Habe-Nichts-Staaten: Akteure und geopolitische Leitbilder des syrischen Bürgerkriegs in Medien" im Jahre 2014 ab. Nach einem Sprachaufenthalt in Kanada beginnt er ein Master-Studium.

Hannah Ambühl hat ihr Bachelor-Studium in Geographie an der Universität Bern 2014 mit der Arbeit zum Thema „Inszenierungen von Afrika im deutschen Spielfilm: ein Kolonialwarenladen der Sehnsüchte" abgeschlossen. Nach dem Bachelor arbeitete sie ein Jahr lang als Assistentin bei der Schweizer Akademie für Naturwissenschaften in der Abteilung für Klima und Globalen Wandel und lernt nun Schwedisch, um sich auf ihr Master-Projekt vorzubereiten. Denn ab Herbst 2015 wird sie in Schweden ein eigenes Filmprojekt als Master-Arbeit umsetzen.

Judith Czakert studierte Kulturanthropologie/Volkskunde und Germanistik an der Gutenberg-Universität in Mainz und schloss das Studium 2009 mit dem Magister Artium ab. 2012 begann sie an der Evangelischen-Hochschule-Berlin Bachelor of Nursing zu studieren. Neben der Fertig-stellung ihrer Bachelor-Arbeit mit dem Titel „Diskursanalytische Überlegungen zur Darstellung von Demenz in Arno Geigers Der alte König in seinem Exil und Tilman Jens' Demenz: Abschied von meinem Vater" arbeitet sie aktuell als Gesundheits- und Krankenpflegerin.

Natalie Rodax studierte Psychologie an der SFU Wien und schloss im Juni 2014 mit der Bachelor-Arbeit zum Thema „„Genauso gut könnte man Analphabeten das Wahlrecht entziehen.' Über die mediale Konstruktion des Fremden: Eine Kritische Diskursanalyse" ab. Derzeit ist sie Studentin des Master-Programms der SFU für Klinische Psychologie und arbeitet als Tutorin für qualitative Methoden sowie als studentische Mitarbeiterin in einem Projekt zur Migrationsforschung.

Julia Reiner hat ihren Bachelor in Soziologie mit Nebenfach Psychologie an der Fernuniversität Hagen und den Master-Studiengang „Soziale Arbeit" mit der Vertiefungsrichtung „Klinische Soziale Arbeit" an der Fachhochschule Vorarlberg absolviert. Der Titel der Master-Arbeit lautete „Sexualität in Vorarlberger Pflegeheimen. Ausgangsbedingungen für gelebte Sexualität auf organisatorischer und personeller Ebene." Die Masterarbeit erschien 2015 unter dem gleich-namigen Titel im Lit Verlag. Aktuell arbeitet sie als wissenschaftliche Assistentin am Institut für Soziale Arbeit an der FHS St. Gallen.

Daniel L. Paierl hat Volkswirtschaftslehre BA (Econ) in Graz studiert und ist im letzten Semester des Soziologie BA. Neben dem Studium setzt er sich in der Gesellschaft für Plurale Ökonomie für mehr Vielfalt in der VWL ein, und in diesem Jahr geht es zum Master-Studium nach Mannheim.

Patrick Hart studiert Soziologie an der Karl-Franzens-Universität in Graz. Im Auftrag des Vereines „Gay-Cops-Austria" und „Der Grünen" beschäftigt er sich in seiner Master-Arbeit mit dem Phänomen der Hass-Kriminalität gegen Homo- und Transsexuelle sowie möglichen Lösungs-vorschlägen dafür. Er lebt mit seiner Freundin in Graz und erwartet 2015 sein erstes Kind sowie seinen Master-Abschluss.

Sarah Klewes hat Kommunikation und Politik an der Zeppelin-Universität in Friedrichshafen studiert. Ihre Bachelor-Arbeit trägt den Titel: *„Content-Related Diversity in the Online Discourse About Climate Change. An Analysis of Actors and Frames in Articles on Websites in the German Online Public Sphere"*. Sie lebt und arbeitet in Berlin.

Antje Reichert studierte Betriebswirtschaft (BA), Wirtschaftspsychologie (MA) und Soziologie (MA). Aktuell promoviert sie am Zentralinstitut für Lehr-Lernforschung (ZiLL) an der Friedrich-Alexander-Universität Erlangen-Nürnberg. In ihrem in Pädagogik angesiedelten Dissertations-projekt befasst sie sich mit Methoden zur Erhebung der Lebensziele von Studierenden.

Inhaltsverzeichnis

AutorInnenverzeichnis

Ambühl, Hannah
Bern, CH
hannah.ambuehl@live.com

Burkhardt, Theresa
Hamburg, DE
theresa.burkhardt@gmail.com

Czakert, Judith
Berlin, DE
j.czakert@gmx.de

Frösch, Matthias
Vordemwald, CH
mfroesch@hotmail.com

Gäckle, Kristian
Freiburg, DE
kristian.gaeckle@t-online.de

Gandt, Stefanie
Bubenreuth, DE
stefanie.gandt@googlemail.com

Gießauf, Lisa
Wien, AUT
lisa_giessauf@gmx.at

Hart, Patrick
Graz, AUT
hart.patrick88@gmail.com

Hutner, Sabrina
München, DE
sabrina.hutner@soziologie.uni-muenchen.de

Kasper, Beate
Tübingen, DE
beate.kasper@gmx.de

Klewes, Sarah Christina Desiree
Berlin, DE
sarah@klewes.com

Labudde, Corinne
Bern, CH
corinne.labudde@gmail.com

Maier, Gesa
Bremen, DE
gesa.maier@gmail.com

Paierl, Daniel L.
Mannheim, DE
dpaierl@mail.uni-mannheim.de

Posselt, Samuel
Liebefeld, CH
samuel.posselt@students.unibe.ch

Prinz, Alicia
Berlin, DE
al.chr.prinz@gmail.com

Reichert, Antje
Weimar, DE
info@antje-reichert.de

Reinbold, Daria
Konstein, DE
d.reinbold@zeppelin-university.net

Reithmeier, Christina
Frankfurt, DE
ch.reithmeier@stud.uni-frankfurt.de

Reiner, Julia
Bregenz, AUT
julia_reiner@gmx.net

Rodax, Natalie
Wien, AUT
natalie.rodax@hotmail.com

Rudersdorf, Nora
Berlin, DE
nrudersdorf@gmx.de

Rühmling, Melanie
Rostock, DE
melanie.ruehmling@gmail.com

Schmidt, Josephina
Sindelfingen, DE
josephina.schmidt@gmx.net

Schöfer, Julia
Carlsberg, DE
juliaschoefer@gmx.de

Schwarzenberg, Tom
Leipzig, DE
tom.schwarzenberg@gmail.com

Staiger, Lisa
Tübingen, DE
lisa_staiger@web.de

Thater, Irene
Bielefeld, DE
irene.thater@uni-bielefeld.de

Urbanczyk, Maja
Tübingen, DE
m.urbanczyk@student.uni-tuebingen.de

Werner, Christiane
Uppsala, SE
christiane.werner@theol.uu.se

Wolter, Sven
Hamburg, DE
ksr.wolter@t-online.de

Sektion 1
Erkenntnis-
theoretisches und
Methodologisches
zum Einstieg

Ansprüche an Qualitative
Forschungsprozesse

Was ist „gute" Forschung?

Schlüsselbegriffe und Perspektiven der Qualitativen Forschung

Jeannine Wintzer

J. Wintzer (Hrsg.), *Qualitative Methoden in der Sozialforschung*,
DOI 10.1007/978-3-662-47496-9_1, © Springer-Verlag Berlin Heidelberg 2016

Die Frage nach „guter Forschung" ist überaus normativ. Wer will entscheiden, was „gut" oder „schlecht" ist? In der Vergangenheit wurde so manche wissenschaftliche Idee von etablierten Wissenschaftlern und Wissenschaftlerinnen als Unsinn abgetan und viele Jahre oder auch Jahrzehnte später zeigte sich ihr Potenzial. Aus diesem Grund hat sich die wissenschaftliche Community von Bewertungen wie „gut" oder „schlecht" verabschiedet. Dennoch ist Forschen nicht beliebig, sondern findet kontrolliert, bewacht und bewertet im institutionellen Rahmen statt. Da gibt es Forschende, die einen Forschungsgegenstand untersuchen wollen, da gibt es anerkannte Theorien, die es Forschenden ermöglichen, den Forschungsgegenstand aus einer ganz spezifischen Perspektive zu beleuchten, da gibt es konkrete Forschungsfragen, die sich Forschende in Bezug auf die Theorie und den Forschungsgegenstand stellen und da gibt es etablierte Methoden, die Daten im Feld über den Forschungsgegenstand sammeln, und solche, die diese Daten auswerten, um letztendlich die Forschungsfragen beantworten zu können.

Definition

Der **Forschungsgegenstand** ist das definierte Thema einer wissenschaftlichen Arbeit, bei dem die Gewinnung neuer Erkenntnisse im Vordergrund steht. Der Forschungsgegenstand ist dabei nicht immer ein Objekt wie der Begriff „Gegenstand" möglicherweise suggerieren könnte. Auch abstrakte Ideen und Phänomene wie zum Beispiel Identität, Angst oder der Umgang mit einer Krankheit ist ein Forschungsgegenstand.

Unter einer **Theorie** versteht man eine umfassende, viele Sachverhalte ordnende Vorstellung. Man kann sich unter „Theorie" eine Art Brille vorstellen, durch die man einen Forschungsgegenstand betrachtet. Jeweils unterschiedliche Brillen ermöglichen die Beleuchtung unterschiedlicher Aspekte eines Gegenstandes. So zielen Handlungstheorien auf die individuellen Handlungen einzelner Personen ab, während sich diskurstheoretische Ansätze eher für die den Handlungen zugrunde liegenden Denkstrukturen interessieren. Jede Theorie muss sich fokussieren und somit notwendigerweise auch viele Aspekte eines Forschungsgegenstandes ausblenden.

Die **Forschungsfrage** bildet innerhalb eines Forschungsprojektes den Ausgangspunkt für eine Forschung. Ihr Ziel ist es zunächst, die Forschungsarbeit zu fokussieren. Darüber hinaus zeigt sich in ihr aber auch der theoretische Bezug der Forschung. So erkennt man zum Beispiel an der Frage: Wie handeln Individuen unter Druck? einen handlungstheoretischen Zugang und in der Frage: Welche politischen Leitbilder zeigen sich in der Repräsentation von Ausländern in der Tagespresse? ein diskurstheoretisches Interesse. Forschungsfragen sind damit auch das Bindeglied zwischen Theorie und Methode.

Der Begriff **Methode** stammt aus dem Altgriechischen und meint „verfolgen", „nachgehen" und bezeichnet in der Wissenschaft ein planmäßiges Vorgehen zur Gewinnung von Erkenntnissen. Grundsätzlich unterscheidet die Wissenschaft einerseits Methoden, die Daten sammeln. Diese werden „Erhebungsmethoden" genannt wie zum Beispiel das Interview oder die teilnehmende Beobachtung. Andererseits gibt es Methoden, die Daten auswerten. Diese werden „Auswertungsmethoden" genannt wie zum Beispiel die Inhaltsanalyse, die Objektive Hermeneutik oder die Diskursanalyse. Insgesamt wird der Prozess der Datensammlung und Datenauswertung „Empirie" (lat.: Erfahrung) genannt.

Weil mit keiner Methode die ganze Welt untersucht werden kann, muss sich die Empirie auf eine **Stichprobe** konzentrieren. Als „Stichprobe" bezeichnet man die Teilmenge einer Grundgesamtheit, die bewusst, willkürlich oder durch Zufall ausgewählt wird. Die passende Auswahl erfolgt mit Blick auf die Forschungsfrage. Wenn man zum Beispiel zum Rauchverhalten von Jugendlichen forscht, dann muss man die Stichprobe bewusst wählen (rauchende Jugendliche), wenn man wissen will, was Personen in einer Shopping Mall gekauft haben, dann spricht man Personen in eben dieser Mall willkürlich an. Wenn man Einkaufsverhalten jedoch generell untersuchen will, dann wählt ein Zufallsgenerator aus einem Telefonbuch eine Nummer und ruft diese an.

Daten sind in der Sozialforschung Informationen über einen Forschungsgegenstand, die durch Erhebungsmethoden aus der Stichprobe gewonnen wurden. Daten sind zum Beispiel die Aussage einer Person in einem Interview, die Textstellen aus einem Zeitungsartikel oder auch Bilder auf Werbeplakaten. Die Zusammenstellung aller Daten, die man zur Beantwortung der Forschungsfrage erhoben hat, nennt man den „Datenkorpus".

Als **Feld** bezeichnet die Sozialforschung den Ort der Datenerhebung. Um zum Beispiel ein Interview zu führen, muss man ins Feld gehen – also zu Personen nach Hause oder in Institutionen. Um eine ethnographische Studie zu machen, muss man ins Feld gehen – also in eine Stadt, eine Region oder ein Land reisen. Aber auch wenn man eine Diskursanalyse anstrebt und Texte und Bilder für die Forschungsarbeit sammelt – auch dann geht man ins Feld, obwohl man vielleicht am Rechner googelt oder Zeitungen eines bestimmten Zeitraums in der Bibliothek liest (vgl. Flick 2006; Häder 2006; Strübing 2013; ► http://www.enzyklo.de).

- **Alles ganz einfach: oder doch nicht?**

Dieser Kontext des Forschens – also wer ist an der Forschung beteiligt, bis hin zu der Frage, wie die Forschenden zu ihren Ergebnissen gekommen sind – muss für jeden Forschungsprozess offengelegt werden, sodass forschungsunbeteiligte Personen den Weg zur Erkenntnisgewinnung nachvollziehen können. Hierin lässt sich schon eine erste Antwort auf die Frage: Was ist „gute" qualitative Forschung? ausmachen: Forschung muss nachvollziehbar sein. Das heißt, es muss klar sein, was die Forschenden zuerst, als Nächstes und zuletzt gemacht haben und warum sie von einem Schritt zum anderen gegangen sind. Alles ganz einfach: oder doch nicht? Leider sind Forschungsprozesse nie gradlinig und laufen nie planmäßig ab.

Dass das so ist, hat verschiedene Gründe. Erstens können Forschende von der Fachliteratur, die es zu einem Forschungsgegenstand gibt, überwältigt sein, und es ist zunächst schwer, eine Forschungslücke auszumachen. Somit verändert sich schon zu Beginn das Forschungsinteresse ständig. Oder es gibt fast keine Literatur zu einem Forschungsgegenstand, was die Suche nach oder die Vertiefung in ein spannendes Thema nicht leichter macht. Zweitens kann es aber auch sein, dass Forschende sowohl das Angebot an theoretischen Perspektiven als auch an methodischen Herangehensweisen kaum überblicken können. Welche Theorie eignet sich, um den interessanten Forschungsgegenstand begrifflich zu fassen und das Thema zu fokussieren, und welche Methode bietet sich an, den Forschungsgegenstand zu untersuchen? Und wenn dann alles klar ist, passiert im Feld Unerwartetes: Personen agieren anders als gedacht, das Material gibt nicht so richtig etwas her und überhaupt hatte man sich alles anders vorgestellt.

Aber ich kann Euch beruhigen, wenn Ihr an diesem Punkt angekommen seid, dann ist eigentlich alles in Ordnung. Denn – und hier kommt eine zweite Antwort auf die Frage, was „gute" Forschung ist – Forschung ist dann „gut", wenn Unerwartetes passiert. Nur so ist es überhaupt möglich, Neues zu entdecken, und das ist ja das Ziel von Forschung. Ohne Unerwartetes würde man ja nur „entdecken, was man gesucht, also schon gewusst hat", und das stellt das Prinzip von Forschung komplett infrage. An einem Punkt, wo man das Datenmaterial „ganz einfach" versteht, im Sinne von: „Ist doch logisch, was da gemeint ist.", muss man stutzig werden. Denn meistens ist man dann gerade nicht dabei, die Anderen respektive das soziale Phänomen zu verstehen, sondern man projiziert nur die eigenen Vermutungen auf die Anderen und das Phänomen. Aber in Momenten, wo man das Datenmaterial nicht versteht, verweigert sich das Material diesen scheinbar selbstverständlichen Zuschreibungen und man tritt ein in einen Prozess des Verstehens. Das ist die grundlegende Aufgabe qualitativer Sozialforschung.

Das ist wohl der wichtigste Erkenntnisprozess innerhalb von Forschung; hier muss manchmal nur der Blickwinkel gewechselt, eine neue Auswertungsmethode probiert und eine neue Theorie zum Verstehen des Datenmaterials herangezogen werden und schon ergeben sich neue Fragen und damit auch neue Antworten. Denn letztendlich soll sich nicht die Lebenswelt der Individuen uns Forschenden anpassen, sondern wir müssen uns mit unseren Theorien und Methoden der Lebenswelt der Individuen anpassen. Dass das möglich ist, verdanken wir Vordenkern und Vordenkerinnen der qualitativen Forschung, die der Meinung waren, dass eine einzige Theorie und eine einzige Methode zum Verstehen der Lebenswelten Anderer und zum Verstehen eines sozialen Phänomens nicht ausreichen. Heute stehen der qualitativen Sozialforschung viele verschiedene und sich ergänzende Theorien und Methoden zum Verstehen zur Verfügung.

- **Methodenpluralismus**

Während sich in der Naturwissenschaft Methoden durchgesetzt haben, die die Erklärung eines Phänomens zum Ziel haben, obliegt der Sozialwissenschaft die Aufgabe, ein Phänomen zu verstehen. Zum Beispiel kann die naturwissenschaftliche Methodik erklären, dass ein Auto eine Beule hat, weil es gegen einen Zaun gefahren ist (Ursache-Auto fährt gegen einen Zaun–Wirkung-Auto hat eine Beule). Für die Sozialwissenschaften stellt sich jedoch darüber hinaus die Frage, warum das passiert ist und welche beabsichtigten und unbeabsichtigten Konsequenzen dies jetzt für die zukünftigen Handlungen der Fahrenden (z. B. wird in Zukunft langsamer und achtsamer fahren) oder die Reaktionen der Gesellschaft (z. B. Tempolimit reduzieren) hat. Dieses Warum und Wozu eines Phänomens ist jedoch nicht durch ein einfaches Ursache-Wirkungs-Modell zu untersuchen. Daher entbrannte in den neu entstehenden Sozialwissenschaften Anfang des 20. Jahrhunderts ein Streit über die „richtige" Methode, der als Methodenstreit in die Wissenschaftsgeschichte einging.

Die eine Position sah die Wissenschaftlichkeit und Gültigkeit der Ergebnisse nur gesichert, wenn die Sozialwissenschaften dem naturwissenschaftlichen Methodenideal folgen; Soziales soll also messbar gemacht werden, um dieses dann erklären zu können. Die andere Position machte deutlich, dass Soziales aber nicht wie Natürliches anhand kausaler Zusammenhänge erklärt werden könne. Denn das Soziale ist eine Konsequenz sinnhafter Handlungen von Individuen, und Sozialforschung muss diesen Sinn verstehend untersuchen. Hinzu wurde das Argument geäußert, dass das Soziale überaus komplex ist und eine einzige Methode für das Verstehen nicht ausreicht. Das breite Methodenrepertoire der Sozialforschung im 21. Jahrhundert zeigt, dass sich der Anspruch an einen Methodenmonismus nicht durchsetzen konnte. Vor allem auch, weil sich im Zuge von Individualismus und Pluralismus die Lebenswelten der Menschen weiter differenzierten und sich somit die Warums und Wozus immens erweiterten.

- **Die Krise der Repräsentation**

Neben dem Methodenpluralismus ist ein Forschungsprozess aber vor allem auch eine Herausforderung, weil Wissenschaftler und Wissenschaftlerinnen erkannt haben, dass Forschende die Forschungsgegenstände nicht unmittelbar, das heißt direkt ohne Einflüsse durch etwas Drittes, erkennen können. Dieses erkenntnistheoretische Problem nennt man in der Wissenschaft „Die Krise der Repräsentation". Gingen die meisten Wissenschaftler bis ins 19. Jahrhundert davon aus, dass sie die geistige Fähigkeit besitzen, Dinge der Welt direkt wahrzunehmen, setzt sich im ausgehenden 19. Jahrhundert und im beginnenden 20. Jahrhundert zunehmend die

Erkenntnis durch, dass wir die Dinge der Welt im Zuge ihrer Wahrnehmung interpretieren. Schon Immanuel Kant wies darauf hin, dass wir Dinge nur erkennen können, indem wir die Dinge der Welt mit unserem bestehenden Wissen abgleichen. Wie uns Dinge erscheinen, ist also eine Konsequenz unserer erlernten Ordnung, Kategorisierung und Beurteilung; wir projizieren unsere Vorstellungen von der Welt auf die Dinge der Welt, und damit zeigt sich in unseren Forschungsergebnissen meist mehr von uns selbst als von den Dingen, die wir untersucht haben.

Betrachten wir folgendes Beispiel: Heutzutage ist Reisen auch an ganz entfernte Orte völlig normal. Beim Reisen fallen uns viele Dinge auf, die genauso, ähnlich wie oder total anders sind als zu Hause. Daran kann man schon feststellen, dass Erkennen immer durch Vergleich entsteht; dass das Erkannte also zum bestehenden eigenen Wissensvorrat in Relation gesetzt wird. Nun kommt man nach einer Reise wieder nach Hause und erzählt der Familie und den Freunden von den Erlebnissen der Reise. Da gab es wunderschöne Landschaften, viel mehr Ruhe und das Essen hat besser oder schlechter geschmeckt. Aber auch wenn uns das so erscheint, ist dies kein Bericht im Sinne von „dort ist das so", sondern viel mehr ein Bericht über das, was die reisenden Personen wie wahrgenommen haben. Die Reiseerzählung sagt somit eigentlich vielmehr über die Reiseerzählenden aus – die diese Landschaft schön, die Orte ruhiger und das Essen besser fanden als andere Landschaften, Orte und anderes Essen – als über das Land, über das vermeintlich gesprochen wird.

Die Dinge der Welt erscheinen uns also nicht unmittelbar, sondern erhalten durch unsere Interpretationen, Wahrnehmungen und Beurteilungen eine spezifische Bedeutung. Was bedeutet dies nun für die Forschung? Wir wissen, dass Forschung nachvollziehbar sein muss, also auch die Forschenden ihre Vorstellungen, die sie auf die Dinge der Welt projizieren, offen legen müssen. Zudem wissen wir, dass Forschung gerade dann „gut" ist, wenn Unerwartetes passiert. Denn das macht uns deutlich, dass etwas nicht in unsere Vorstellungen passt. Das heißt, dass Forschende sich ihrer eigenen Vorstellungen immer bewusst sein müssen, diese also reflektieren müssen, um nicht in ihre Fallen zu tappen. Daneben hat die Wissenschaft weitere Ansprüche formuliert, um „gute" Forschung zu gewährleisten, die im Folgenden diskutiert werden.

- **Objektivität versus intersubjektive Nachvollziehbarkeit und reflektierte Subjektivität**

Jede wissenschaftliche Forschung muss bestimmten Gütekriterien gerecht werden. Beschäftigt man sich mit Gütekriterien, begegnet man als erstes Hauptgütekriterium der Objektivität. Dieses Kriterium verlangt von einer Forschungsarbeit, dass die Ergebnisse frei von Einflüssen der Forschenden und der Untersuchungssituation sind. Wie wir mit Blick auf die „Krise der Repräsentation" wissen, können Forschende aber nicht davon ausgehen, dass sie als Wissenschaftler und Wissenschaftlerinnen einen Forschungsgegenstand objektiv erkennen und beschreiben können. Vielmehr interpretieren Forschende einen Forschungsgegenstand aufgrund ihrer disziplinären Ausbildung und auf der Basis ihrer Werte und Normen, die sie sich im Zuge ihrer persönlichen und disziplinären Sozialisation angeeignet haben. Das heißt, dass Forschende niemals frei von Einflüssen sind. Schon ihr Interesse an einem Forschungsgegenstand ist die Folge persönlicher Präferenzen, die Wahl der theoretischen Brille ist eine Konsequenz persönlicher Wertvorstellungen und die Interpretation des Datenmaterials ist ebenso situationsspezifisch gebunden an das Wissen der Forschenden zu einem bestimmten Zeitpunkt. Man könnte also sagen, dass Forschende eine Deutung über Dinge der Welt vorlegen, die von anderen Wissenschaftlern und Wissenschaftlerinnen geprüft wird.

Diese Erkenntnis bedeutet jedoch nicht, dass Forschende einfach alles behaupten können. Ganz im Gegenteil verlangt der „Verlust von Objektivität" nach Stärkung neuer Gütekriterien wie der schon erwähnten Transparenz und Nachvollziehbarkeit der Forschungsarbeit. Jan Kruse (2015) und Ines Steinke (1999) schlagen als Gütekriterien der qualitativen Forschung Intersubjektivität und reflektierte Subjektivität vor. Ersteres Kriterium verlangt, dass ein Phänomen für mehrere Betrachter und Betrachterinnen gleichermaßen erkennbar und nachvollziehbar ist. Das bedeutet auch, dass Forschen immer eine Auseinandersetzung zwischen Forschenden und zwischen Forschenden und Lesenden ermöglichen muss zum Beispiel auf Tagungen, wo man Erkenntnisse von Forschenden diskutieren oder durch Publikationen, die ermöglichen, dass man den Erkenntnisprozess nachvollziehen kann. Das zweite Kriterium der reflektierten Subjektivität prüft, ob und inwiefern Forschende ihre eigenen Vorstellungen sowie ihre Rolle innerhalb des Forschungsprozesse von der theoretischen Rahmung über die Datenerhebung und Auswertung bis hin zur Ergebnispräsentation kritisch reflektiert haben. Das heißt, dass Forschende ihre Vorannahmen, Wertvorstellungen und den Weg der Interpretation des Datenmaterials vollständig offenlegen müssen, sodass die Arbeit im Hinblick auf den situativen Kontext – in dem sie entstanden ist – beurteilt werden kann.

- **Gültigkeit und Zuverlässigkeit respektive Repräsentativität**

Gültigkeit – in der Wissenschaft „Validität" genannt – ist ein zweites Gütekriterium in der Wissenschaft, über den es diverse Streitigkeiten gab. Eine der wichtigsten Auseinandersetzungen fand in den 1920er- und 1930er-Jahren statt, als Karl Popper mit seinem Ansatz des Kritischen Rationalismus darauf hinwies, dass es nicht zielführend ist, wenn Wissenschaftler und Wissenschaftlerinnen (z. B. Vertreter des Logischen Empirismus) gültiges Wissen durch ihre Tätigkeit immer wieder bestätigen – also verifizieren. Für eine Wissenschaft, die sich weiterentwickeln will, wäre es sehr viel wichtiger, den Forschungsalltag damit zu verbringen, gültige Annahmen der Wissenschaft immer wieder zu widerlegen zu versuchen – also zu falsifizieren. Denn Theorien sind nicht dadurch gültig, dass man immer wieder empirische Beispiele für Ihre Gültigkeit findet, sondern weil man keine empirischen Beispiele für ihre Nicht-Gültigkeit ausmachen kann.

Popper verdeutlicht seine Forderung am Beispiel von Schwänen. Wir wissen, dass Schwäne weiß sind. Nun weist Popper darauf hin, dass es keinen Sinn macht, immer wieder nach weiteren weißen Schwänen zu suchen, die unser Wissen bestätigen. Viel interessanter wäre es doch, nach schwarzen (oder roten, grünen, blauen usw. Schwänen) zu suchen. Nicht die vielen weißen Schwäne bestätigen unser Wissen, sondern weil wir Schwäne mit anderen Farben nicht finden, ist unser Wissen gültig. Dieser Unterschied zwischen Verifikation und Falsifikation scheint zunächst banal, aber er verändert den gesamten Forschungsprozess, denn Popper macht damit vor allem deutlich, dass Wissen niemals für immer gültig sein kann, sondern nur so lange, bis es durch Falsifikation widerlegt wird.

Neben der Objektivität und Gültigkeit ist die Zuverlässigkeit – in der Wissenschaft „Reliabilität" genannt – das dritte Hauptkriterium der Wissenschaft. Jedoch kommt dieses Kriterium eher bei quantitativer Forschung zur Geltung, denn es prüft, ob eine wissenschaftliche Messung frei von Mess- und Zufallsfehlern ist. Qualitative Forschung misst jedoch nicht ihren Untersuchungsgegenstand, sondern zielt darauf ab, die Lebenswelten von Menschen zu verstehen. In diesem Kontext ist es viel wichtiger danach zu fragen, ob die Ergebnisse einer Forschung auch für die zu untersuchende Gruppe stehen. Wenn zum Beispiel 10 Interviews mit Menschen mit Behinderung geführt und daraus Erkenntnisse formuliert wurden, stellt sich die Frage, ob diese Erkenntnisse auf andere Menschen mit Behinderung übertragen werden können. Wenn dies so ist, dann sind die Forschungsergebnisse für die untersuchte Gruppe „Menschen mit Behinderung" repräsentativ. Das Kriterium der Repräsentativität prüft in diesem Sinne, ob die Auswahl der Stichprobe der zu untersuchenden Zielgruppe gerecht wird. Möchte man zum Beispiel über das Rauchverhalten von Jugendlichen forschen, in der Stichprobe befinden sich jedoch Personen, die gar nicht rauchen oder zwar rauchen, aber über 20 Jahre sind, dann ist es sehr fragwürdig, ob deren Aussagen repräsentativ für die Zielgruppe „rauchende Jugendliche" sind.

- **Was sind die Konsequenzen?**

Es ist anzunehmen, dass sich die Gesellschaft auch in den nächsten Jahrzehnten weiter differenzieren wird, sodass allgemeingültige Antworten für komplexe soziale Phänomene weiter an Überzeugungskraft verlieren werden. Diese Entwicklung spiegelt sich im Erfolg der Qualitativen Sozialforschung wider. Das Bedürfnis nach einem umfänglichen Verständnis für soziale Phänomene und Prozesse gewinnt stetig an Bedeutung. Dies zeigen sowohl die steigende Anzahl der Publikationen zum Thema „Qualitative Sozialforschung" als auch die hohen Teilnehmendenzahlen bei etablierten qualitativen Methodentagungen wie zum Beispiel dem Berliner Methodentreffen. Trotz der vielseitigen Fachliteratur und des breiten Workshop-Angebots sind Studierende aber vor und während eines Forschungsprozesses oft überfordert, eine eigene Forschungsarbeit zu planen und durchzuführen. Diese Probleme entstehen meines Erachtens aus mehreren Gründen: Erstens zeichnen sich auch einführende Publikationen durch einen wissenschaftlichen Schreibstil aus, der für Studierende im Bachelor-Studium eine große Herausforderung darstellt und damit nicht selten demotivierend wirkt. Zweitens repetieren wissenschaftliche Publikationen theoretische Ausführungen und gehen zu wenig auf die konkrete wissenschaftliche Praxis – also auf die handwerklichen Arbeitsschritte – ein. Damit bieten diese Publikationen drittens zwar einen theoretischen Überblick über die Methoden der qualitativen Sozialforschung, jedoch keine Inspiration für eine potenzielle Umsetzung am eigenen Material.

In diesem Kontext ist die Idee zu diesem Buch entstanden. Nicht fortgeschrittene Wissenschaftler und Wissenschaftlerinnen, sondern Studierende sollen die Möglichkeit erhalten, ihre Planungs- und Entscheidungsprozesse, die sie während ihrer Forschungsarbeit für den Bachelor- oder Master-Abschluss vollzogen haben, mit anderen Studierenden zu teilen. Dieses Buch versammelt 29 Beiträge von Studierenden, die in ihrer BA- oder Master-Arbeit qualitative Methoden der Sozialforschung sowohl Mixed Method Designs zur Anwendung gebracht haben. Das Buch konzentriert sich einerseits auf die Darstellung und den einfachen Nachvollzug des Forschungsprozesses (Warum wurde welche Entscheidung im Verlauf der Forschung getroffen?) und andererseits auf die konkrete wissenschaftliche Praxis der Empirie (Wie haben die Studierenden Daten erhoben und wie sind sie konkret mit dem Datenkorpus umgegangen?).

Dabei repetieren die Beiträge nicht einfach theoretische und methodische Ansätze, sondern formulieren konkrete Planungs- und Entscheidungsprozesse wie zum Beispiel: „Ich habe mich für die Methode der Metaphernanalyse entschieden, weil sie ein geeignetes Werkzeug ist, um…". Damit verbirgt sich hinter den Gliederungspunkten der Beiträge Wissen zu folgenden Fragen: Wie entsteht ein Forschungsinteresse? Wie kommt man zu einer Forschungsfrage? Wie entscheidet man sich für eine Theorie und eine Methode? Wie wendet man diese Methode genau an? Welche Ergebnisse sind möglich, welche nicht? Was würde man bei der nächsten Forschung anders machen? Daneben sind die Beiträge durch eine Vielzahl didaktischer Elemente charakterisiert wie Exkursboxen, um zum Beispiel theoretische Konzepte zu vertiefen. Zudem bestehen die Beiträge aus Merksätzen oder besser Erkenntnissätzen, die Wichtiges fokussieren, aber auch die Reflexion eines Forschungsprozesses ermöglichen im Sinne von: „Was würde ich beim nächsten Mal anders machen?". Und die Beiträge beinhalten Tipps und Hinweise für die Lesenden, damit diese auf erfolgreiche Strategien der Studierenden zurückgreifen können.

Insgesamt ist damit ein Buch entstanden, das neben den fachlichen Ausführungen auch zeigen soll, dass lineare Forschungsprozesse in der Qualitativen Sozialforschung nicht vorkommen. Dies hat aber nichts mit persönlichem Scheitern zu tun, sondern ist typisch für die Entwicklung, die Forschende im Verlauf eines Forschungsprozesses erleben. Damit soll das Buch Mut machen, bei etwaigen Herausforderungen nicht aufzugeben, sondern diese als Inspiration für ungeplante Wege zu verstehen. Diese unerwarteten Dinge im Forschungsalltag und die Kreativität, die aus ihnen entsteht, sind der wesentliche Kern qualitativer Sozialforschung und machen nicht zuletzt den Spaß an Forschung aus. Jetzt aber erstmal viel Spaß und Inspiration beim Lesen!

Literatur

Flick, U. (2006). *Qualitative Sozialforschung. Eine Einführung*. Reinbek bei Hamburg: Rowohlt.
Häder, M. (2006). *Empirische Sozialforschung. Eine Einführung*. Wiesbaden: VS.
Kruse, J. (2015). *Qualitative Interviewforschung: Ein integrativer Ansatz. Weinheim*. Juventa: Beltz.
Steinke, I. (1999). *Kriterien qualitativer Forschung: Ansätze zur Bewertung qualitativ-empirischer Sozialforschung*. Weinheim: Juventa.
Strübing, J. (2013). *Qualitative Sozialforschung. Eine komprimierte Einführung für Studierende*. München: Oldenbourg.

Partizipation als Grundprinzip

Dynamiken des Alter(n)s von Menschen mit Kleinwuchs

Alicia Prinz

J. Wintzer (Hrsg.), *Qualitative Methoden in der Sozialforschung,*
DOI 10.1007/978-3-662-47496-9_2, © Springer-Verlag Berlin Heidelberg 2016

2.1   Einleitung

Seit 2013 arbeite ich am Institut Mensch, Ethik und Wissenschaft (IMEW) in Berlin. Das Institut macht sich die nachhaltige Verankerung der Perspektiven von Menschen mit Behinderungen und chronischer Krankheit in Wissenschaft, Politik und Gesellschaft zum Ziel. Während meiner Tätigkeit arbeitete ich in einem Projekt zum Thema „Alt werden von Menschen mit Kleinwuchs – Anforderungen an Präventionsmaßnahmen" mit. Zeitgleich entwickelte ich erste Forschungsideen zu meiner Master-Arbeit, die sich mit Bezug zu Theorien der Alternsforschung mit dem Thema „Behinderung" beschäftigen sollte. Ein qualitativer Forschungsansatz war mir bei der Konzeption wichtig, da ich Lebenswelten „von innen heraus" beschreiben, also die Sicht der Menschen verstehen und darstellen wollte (Flick et al. 2009, S. 14).

Von der direkten partizipativen Zusammenarbeit des Instituts mit Mitgliedern des BundesselbsthilfeVerbands Kleinwüchsiger Menschen e. V. (VKM) im Projekt war ich begeistert. Als sich mir die Chance bot, mein Master-Projekt an dieses Praxisprojekt anzuschließen und auch dort von der direkten Kooperation von Expertinnen und Experten in eigener Sache[1] als „Vertreter/innen lebensweltlicher Gemeinschaften und marginalisierter Gruppen" (von Unger 2014, S. 35) zu profitieren, nahm ich diese gerne an.

Für mein Forschungsprojekt wurde Partizipation nicht nur inhaltlich ein leitendes Thema, sondern auch hinsichtlich der methodologischen Vorgehensweise relevant. Das bedeutet, die Verwendung einer partizipativen Methodologie. In der partizipativen Forschung geht es um die partnerschaftliche Erforschung der sozialen Wirklichkeit, die Forschenden versuchen sich vom Gedanken zu lösen, Forschung wäre ein allein „akademisches Unterfangen" (von Unger 2014, S. 1–2). Auf dieser „grundlegende[n] erkenntnistheoretische[n] Position" (Bergold und Thomas 2010, S. 333) aufbauend soll im Gegensatz zur nomothetischen Forschung „interessengeleitet und wertgebunden" (Bergold und Thomas 2010, S. 336) Wissen generiert und Prozesse beeinflusst werden. Das bedeutet als allererstes einmal, dass partizipative Forschung anfangs eine Reflexion meines eigenen Forschungsverständnisses beinhaltete. So war es schon zu Beginn wichtig, sich mit der eigenen Rolle im Forschungsprozess auseinanderzusetzten, das heißt, dass eigene Handeln im Bezug auf Organisation und Kommunikation zu überdenken und sich selbst zu erinnern, Partizipation kontinuierlich mitzudenken. Anhand der Darstellung eines Forschungsablaufes möchte ich Partizipation als Prinzip erklären und meine Erfahrungen mit dieser Methodologie sowie Chancen und Herausforderungen verdeutlichen.

2.2   Dynamiken des Alter(n)s von Menschen mit Kleinwuchs

In meiner Master-Arbeit mit dem Titel „Dynamik des Alter(n)s – Eine qualitative Untersuchung der Lebenswelten von Menschen mit Kleinwuchs" habe ich mich mit den subjektiv erlebten Wirklichkeiten von Menschen mit Kleinwuchs im Kontext von Alter(n) und Behinderung beschäftigt. Aufbauend auf dem Konstrukt der Lebenswelt (Kraus 2011) und dem theoretischen Hintergrund der Alternsforschung (Saake 2006; Tesch-Römer und Wurm 2009; Karl 1999; Amrhein und Backes 2008) habe ich mich mit Altersbildern, Konzepten über Alter(n), Körper sowie Behinderung und Krankheit dem Thema theoretisch genähert.

---

1   Partizipative Forschung vermeidet in neueren Studien den Begriff„Betroffene" – außer es soll explizit und implizit auf den Umstand des Betroffenseins hingewiesen werden. Um die Gleichberechtigung innerhalb partizipativer Studien auch sprachlich zu verankern, wird zunehmend von„Experten und Expertinnen in eigener Sache" gesprochen.

Die UN-Behindertenrechtskonvention (UN-BRK)

Die UN-Behindertenrechtskonvention (UN-BRK) ist am 26. März 2009 in Deutschland in Kraft getreten und seitdem geltendes Recht im Range eines Bundesgesetzes. Das „Übereinkommen der Vereinten Nationen über die Rechte von Menschen mit Behinderungen" thematisiert die Belange von Menschen mit Behinderungen aus einer menschenrechtlichen Perspektive. Es handelt sich dabei nicht um Sonderrechte, vielmehr um eine Konkretisierung und Spezifizierung der „universellen Menschenrechte aus der Perspektive der Menschen mit Behinderungen vor dem Hintergrund ihrer Lebenslagen, die im Menschenrechtsschutz Beachtung finden müssen" (Behindertenbeauftragte 2014). Der Leitgedanke der UN-BRK ist eine gleichberechtigte Teilhabe im Sinne der Inklusion: „Menschen mit Behinderung gehören von Anfang an mitten in die Gesellschaft" (Behindertenbeauftragte 2014). Konkret werden Anforderungen an die Beschaffenheit von Lebensbereichen, wie „Barrierefreiheit, persönliche Mobilität, Gesundheit, Bildung, Beschäftigung, Rehabilitation, Teilhabe am politischen Leben, Gleichberechtigung und Nichtdiskriminierung" (Behindertenbeauftragte 2014), formuliert.

Die Besonderheit dieser zahlenmäßig kleinen Zielgruppe ist, dass der körperliche Verschleiß, gesellschaftlich wahrgenommen als Alterserscheinungen, aufgrund von Über- und Fehlbelastungen wiederholt früher einsetzt, was in seinen Auswirkungen zu Problemen bezüglich Gesundheit, ökonomischer Absicherung und Mobilität führt (Behrisch und Prinz 2014; Shakespeare et al. 2007). Bisher existente Kompensationsarrangements, wie das Klettern, um an höher gelegene Gegenstände zu gelangen, zur Anpassung an eine Umwelt, die auf einen Normkörper ausgerichtet ist, können durch veränderte Bedürfnislagen im Alter von Menschen mit Kleinwuchs nicht in Anspruch genommen werden. Dies birgt die Gefahr von Exklusion und Einschränkungen der Selbstbestimmtheit und stellt folglich veränderte Anforderungen an die Teilhabe in der Gesellschaft. Die Verbindung der Perspektiven „Alter und Behinderung" ist nicht nur durch den demographischen Wandel, sondern auch im Hinblick auf die 2009 in Deutschland in Kraft getretene UN-Behindertenrechtskonvention relevant.

2.3 Partizipation von Expertinnen und Experten in eigener Sache in Forschungsprojekten: Methodologie

Partizipative Ansätze entstanden bereits in den 70er-Jahren im deutschsprachigen Raum im Rahmen der Aktionsforschung. Diese verstand sich als kritische Antwort auf die „vorherrschenden empirisch-analytischen und quantitativ naturwissenschaftlich orientierten Methoden" (Moser 1995, zit. nach Flieger 2003, S. 1). Bereits dort ist die Verbindung von Theorie und Praxis durch eine aktive Mitgestaltung von Expertinnen und Experten in eigener Sache mit ihren Erfahrungswerten und Belangen eine leitende Idee, was zur Subjektivierung und Abkehr von der Wahrnehmung dieser als „Forschungsobjekte" führte (Flieger 2003, S. 1–2). Nachdem die Aktionsforschung weitestgehend aus dem wissenschaftlichen Diskurs verschwand, setzten sich partizipative Ansätze in der Praxisforschung weiter, welche im Gegensatz zur Aktionsforschung dezidierter den „praktischen Nutzen der Forschung" fokussiert (von Unger 2014, S. 23).

In der Tradition dieser beiden Ansätze findet sich die partizipative Forschung wieder und rückt „mit dem Begriff der Partizipation das Element der Beteiligung/Teilhabe (…) stärker in den Mittelpunkt" (von Unger 2014, S. 3). Das partizipative Moment ist ein sich „sukzessive über die Begegnung, Interaktion und Verständigung von zwei Handlungssphären" (Bergold und Thomas 2012, S. 2) konstruierender Bestandteil der Forschung, zwischen Forschenden und Co-Forschenden. Die gleichberechtigte Beteiligung an Forschungsprozessen manifestiert sich dabei als das erste „Basiselement" dieser Methodologie, überdies übernehmen Befähigungs- und Ermächtigungsprozesse eine essenzielle Funktion. So bezeichnet Hella von Unger Empowerment als ein „entscheidendes Puzzlestück" der partizipativen Forschung (von Unger 2014, S. 35). Gemeinsame Forschung als Technik des gegenseitigen Lernens, der „Kompetenzentwicklung und (Selbst-)Ermächtigung" zu begreifen, unterstützt Empowerment-Prozesse im Sinne der „Kontrolle" über das eigene Leben (Rappaport 1981, zit. nach von Unger 2014, S. 45). Schließlich erfolgt durch das Prinzip der „doppelten Zielsetzung" das Verstehen und die Veränderung der sozialen Wirklichkeit unter aktivem Einbezug der Co-Forschenden (von Unger 2014, S. 47).

An dieser Stelle möchte ich auch auf das Stufenmodell der Partizipation verweisen (Wright et al. 2010, zit. in von Unger 2014, S. 40), welches für die „Gestaltung und Reflexion von Beteiligungsprozessen in Projekten der Gesundheitsförderung" entwickelt wurde (von Unger 2014, S. 39). Das Stufenmodell verdeutlicht in neun Stufen, dass Partizipation erst dort beginnt, wo Co-Forschende Entscheidungsmacht erhalten (von Unger 2014, S. 40). Auf den Vorstufen „Information, Anhörung und Einbeziehung" von Co-Forschenden aufbauend werden aber erst „Mitbestimmung, teilweise Entscheidungskompetenz und Entscheidungsmacht" als Partizipation bezeichnet (von Unger 2014, S. 40).

Da Partizipation ein Begriff aus der Demokratietheorie ist, ist es zielbewusst, sich über Machtverhältnisse und Struktur bewusst zu werden und zu überprüfen, wo diese Partizipation determinieren (Bergold und Thomas 2010, S. 336). Konkret bedeutet dies zu schauen, welche Ressourcen und Zugänge den Beteiligten unter den jeweiligen Verhältnissen zur Verfügung stehen, um gleichberechtigt mitarbeiten zu können.

2.4   Partizipative Prozesse: ein Erfahrungsbericht

Das partizipative Moment ist dynamisch, es konstruiert sich in Interaktions- und Aushandlungsprozessen. Die Herausforderung des Wissenschaftlers und der Wissenschaftlerinnen ist es, sich persistent zu reflektieren, um Partizipationsmöglichkeiten für alle Beteiligten zu schaffen. „Partizipation" bedeutet „gleichberechtigte Mitarbeit und Mitbestimmung von Menschen mit Kleinwuchs als kollaborativ Forschende".

- **Wunsch nach wissenschaftlicher Klärung von Expertinnen und Experten in eigener Sache**

Die Idee, sich den Themen „Alter und Kleinwuchs" zu widmen, entstand auf Seiten der Selbsthilfe. Der BundesselbsthilfeVerband Kleinwüchsiger Menschen e. V. (VKM) stellte fest, dass Mitglieder an Veranstaltungen aufgrund von gesundheitlichen Einschränkungen des Alters vermehrt nicht mehr teilnehmen können. Die Beobachtung veränderter Problemlagen und eingeschränkter Teilhabe der Verbandsmitglieder wurde mit dem Wunsch nach wissenschaftlicher Klärung im partizipativen Sinn vom VKM benannt. Als zentrales Moment stand demgemäß das Eigeninteresse und die gewünschte aktive Rolle des VKM in der Forschung im Raum. Dies wurde im Rahmen des Projekts „Alt werden mit Kleinwuchs. Anforderungen an Präventionsmaßnahmen" ausgehandelt. Auf diesem Praxisinteresse aufbauend konnte ich zunächst die Thematik „Behinderung" in meiner Master-Arbeit mit der Perspektive Kleinwuchs spezifizieren und gleichzeitig das Praxisprojekt um eine Theorie der Altersforschung sowie die Herangehensweise durch das Konzept der Lebenswelt erweitern.

- **Erste lebensweltliche Einblicke durch die Arbeit im Team**

Da es in der partizipativen Forschung um Kommunikation mit Co-Forschenden über deren „Lebenspraxis, Explikation und Systematisierung des praktischen Wissens" geht und der „Erkenntnisprozess" über Kommunikation gesteuert wird (Bergold und Thomas 2010, S. 335–336), erhält das gegenseitige Kennenlernen in meinen Augen eine besondere Bedeutung. Durch die Arbeit mit den Verbandsmitgliedern eröffneten sich mir erste Einblicke in die Lebenswelten von Menschen mit Kleinwuchs, lange bevor die eigentliche Datenerhebung begann. Zudem bemerkte ich, wie ich mich selbst hinsichtlich der Bedürfnislagen meiner Co-Forschenden sensibilisierte. Dies wirkte sich zielführend auf die Erarbeitung des theoretischen Hintergrundes meiner Master-Arbeit aus, da ich fokussierter im Umgang mit theoretischem Wissen war.

Als essenzielles Instrument dieses Prozesses stellte sich das gegenseitige Fragenstellen heraus. Dies etablierte sich zu einem wichtigen Bestandteil der gemeinsam geschaffenen Kommunikations- und in diesem Sinne auch Partizipationskultur. Durch den Abbau von Ängsten und Bedenken wuchs aus Forschenden und Co-Forschenden ein Team, als dessen Mitglied ich mich begriff. So empfand ich es auch als meine Aufgabe, mich selbst in diesem Zusammenhang zu reflektieren. Das war ein ungewohntes Unterfangen, so war ich es gewohnt, die meisten Hausarbeiten und auch meine Bachelor-Arbeit allein zu erarbeiten.

- **Aushandlungsprozesse**

Die gegenseitige Wertschätzung von Praxis und Wissenschaft sowie eine Atmosphäre der Meinungsvielfalt sollten laut Jarg Bergold und Stefan Thomas (2012, S. 4) die Kommunikationskultur bestimmen, damit sich ein „geschützter Raum" entwickeln kann, welcher den Erkenntnisprozess positiv beeinflusst. Vor allem in den Anfängen des Projekts war es wichtig, Details hinsichtlich des Forschungskonzepts auszuhandeln. Ich benutze bewusst das Wort „aushandeln", da im Sinne der „Perspektivenverschränkung" und des *multi-voicing* alle mitreden und mitentscheiden konnten (Bergold und Thomas 2010, S. 338). Es wurden Erwartungen und Zielvorstellungen der Teammitglieder diskutiert und der Blick darauf gerichtet, was leistbar ist. An dieser Stelle konnte ich mich auch mit dem Interesse meiner Master-Arbeit genauer positionieren, indem ich angesprochene Schwerpunktthemen aufgriff und eigene Ideen in die Diskussion einbrachte.

Neben unterschiedlichen Professionalisierungsgraden von Ehrenamt und Wissenschaft waren vor allem grundlegend unterschiedliche, insbesondere zeitliche Ressourcen festzustellen. Die Vertreterinnen des VKM hatten besonders zu Beginn große Sorgen im Bezug auf den zeitlichen Aufwand. Diese Bedenken wurden zerstreut, indem die Intensität der Partizipation von den Co-Forschenden selbst gewählt wurde. Letztendlich ist jedoch festzustellen, dass eine regelmäßige Kommunikation nicht nur das Gefühl aller, gleichermaßen am Projekt beteiligt zu sein, stärkt, sondern auch wichtig ist, um sich auf seine Teammitglieder verlassen zu können.

- **Eine Melange aus Wissenschafts- und Praxisinteresse: Methodik**

Da es sich bei der partizipativen Forschung um einen Forschungsstil handelt, können die Methoden frei gewählt werden, jedoch ist darauf zu achten, dass die Auswahlkriterien „Erkenntnisinteresse und Fragestellung" um das der Nutzbarkeit für die Co-Forschenden ergänzt werden müssen (Bergold und Thomas 2010, S. 338). An dieser Stelle ist eine „Vermittlung von analytischen Kompetenzen und theoretischen Konzepten, damit alle Beteiligten auf gleicher Augenhöhe mitreden können" (Bergold und Thomas 2010, S. 338), unabdingbar.

Von allen Mitgliedern des Teams wurden Themen formuliert, woraus kollektiv die Hauptfragestellung des Projekts konkretisiert wurde. Da wir uns für die Erhebungsmethode des problemzentrierten Interviews (Witzel 2000) entschieden, wurde vom Forscherinnenteam ein Interviewleitfaden mit neun Themenkomplexen formuliert. Die Themen meiner Master-Arbeit finden sich vor allem in den letzten drei Fragenkomplexen über Ansichten über Altern und Alter, Selbstständigkeit und Alter/Exklusionsrisiko Gesundheit und Alter und Zukunft wieder. Wobei ich die gesamten Interviews gewinnbringend in die Analyse einbeziehen konnte.

Wissenschaft und Praxis konnten mit dem Interviewleitfaden gleichermaßen bedient werden, so ist dieser als eine „Melange" aus Fragestellungen von Expertinnen und Experten in eigener Sache, welche sich Antworten auf essenzielle Fragen erhofften, aber auch wissenschaftlichen Fragestellungen zu bisher wenig erforschten und ungeklärten Forschungsinteressen, zu verstehen. Der intensiven Diskussion der Fragen mit den Co-Forschenden ist es zu verdanken, dass der Pre-Test des Interviewleitfadens sehr gut verlief. Dadurch konnten auch im Voraus Bedenken der Forscherinnen hinsichtlich einzelner Formulierungen von Fragen, wie zum Beispiel ob einige Fragen nicht zu intim gestellt sind oder ob die Befragten überhaupt über mögliche Diskriminierungserfahrungen sprechen wollen, aus dem Weg geräumt werden.

In den Interviews gelang es mir, eine intime und vertrauensvolle Atmosphäre zu schaffen, in welcher offen gesprochen werden konnte, obwohl ich selbst nicht zur Gruppe der Betroffenen gehöre. Dies widerlegte eine anfangs bestehende Befürchtung.

2.5   Anonymisierung und Datenschutz: Forschungsethik

Der Wahrung der Persönlichkeitsrechte kam in diesem partizipativen Prozess eine besondere und herausfordernde Bedeutung zu. Die Anonymität jedes Einzelnen sollte gewahrt bleiben, was in Anbetracht dessen, dass es sich beim VKM um eine gut vernetzte soziale Gruppe handelt, in der sich die Mitglieder mit ihren Lebensgeschichten untereinander gut kennen, nicht einfach gestaltete.

Das gemeinsam verfasste Anschreiben wurde von den Co-Forschenden an die Verbandsmitglieder geschickt, daraus entstand ein Pool an potenziellen Befragten, aus dem ich ohne Wissen der Co-Forschenden auswählen konnte. Dies stellte sich als ein schneller und gesicherter Weg, inklusive einer Art „Vertrauensvorschuss" gegenüber mir, heraus. Durch das Aufklärungsgespräch, welches jedem Interview voranging, wurde den Befragten erklärt, dass ihnen auch durch negative Aussagen keine Schädigung oder Nachteile entstünden, da ihre Anonymität gewahrt bleibe, generell aber auch darauf geachtet werde, dass es zu keinen Nachteilen für die soziale Gruppe komme, der sie angehören („Prinzip der Nicht-Schädigung", vgl. Hopf 2009, S. 594).

Bereits vorab wurden die Vertraulichkeitszusagen den Befragten gegenüber, die Transkriptionen der Interviews nicht gemeinsam mit den Co-Forschenden zu bearbeiten, mit jenen abgestimmt, da auch diese mit den Befragten bekannt sind. Daher wurde im Projekt und auch in meiner Master-Arbeit auf Einzelfalldarstellungen verzichtet. Auf einer allgemeinverständlichen sprachlichen Ebene wurde das durch die Grounded Theory erstellte Kodesystem des Projekts aber kollektiv diskutiert. Diese Diskussion bestärkte durch die Anerkennung der Co-Forschenden auch den Kodierprozess der Master-Arbeit.

2.6   Wissenschaftliche Ergebnisse in die Praxis zurücktragen

Wissenschaftliche Informationen so aufzubereiten, dass sie für alle verständlich sind, war für mich eine unerwartete Herausforderung. Auch beim Verfassen meiner Master-Arbeit achtete ich darauf, schließlich hatte ich versprochen, diese sowohl Co-Forschenden als auch Befragten zukommen zu lassen. Die Ergebnisse des Forschungsprojekts konnten neben einer Publikation (Behrisch und Prinz 2014) auch in Form eines Vortrages, den ich am Bundeskongress des VKM hielt, an die Mitglieder des Verbandes kommuniziert werden. Die Inhalte sowie theoretischen Überlegungen meiner Master-Arbeit konnte ich ebenfalls in Form eines Workshops auf dem Bundeskongress, den ich leitete, zurück an Menschen mit Kleinwuchs geben. Hier hatten die Teilnehmenden die Möglichkeit, sich mit dem Thema Alter(n) und dem Erhalt der Selbstbestimmung, meiner Schlüsselkategorie im Auswertungsprozess mit der Grounded Theory, auseinanderzusetzen. Mich motivierte es zu bemerken, welche Bedeutung eine wissenschaftliche Arbeit für einen Selbsthilfeverband hat. Dabei steht neben einer bedürfnisorientierten Ausrichtung der Verbandsarbeit auch das Begreifen der Forschungsergebnisse als ein Instrument, um andere Menschen auf Belange von Menschen mit Kleinwuchs aufmerksam zu machen.

2.7   Fazit: „Nichts über uns ohne uns"

Ich sehe das Projekt sowie auch meine Master-Arbeit als ein Endprodukt, „in dem Praxiswissen und Theoriewissen in ein produktives Austauschverhältnis zueinander geraten" (Bergold und Thomas 2010, S. 336) sind. Die partizipative Forschung war für mich eine Chance, die eigene Qualifikationsarbeit mit einer neuen innovativen Methodologie zu gestalten. Dieser Ansatz ermöglichte durch die Zusammenarbeit mit Befragten und Co-Forschenden sehr intime Einblicke in Lebenswelten kleinwüchsiger Menschen. Außerdem war es sehr hilfreich, durch die Co-Forschenden unmittelbar Betroffene als Ansprechpersonen, ergänzend zu der wissenschaftlichen Betreuung durch Professorinnen und Professoren, zu haben. Die Angliederung an eine außeruniversitäre Einrichtung ermöglichte mir erst die Arbeit mit dieser Methodologie. Auch die Formulierung konkreter Ziele und das Zurücktragen der Ergebnisse in die Praxis empfand ich sehr motivierend. Dort konnte ich aber auch erleben, dass ein partizipativ ausgerichteter Arbeitsprozess hohe Anforderungen an Kommunikationsbereitschaft, Zeitmanagement und den Willen zu ständiger Reflexionsbereitschaft stellt. Die Arbeit mit partizipativer Forschung sehe ich trotzdem als einen innovativen Ansatz, der es ermöglicht, die subjektiven Sichtweisen der Befragten wesentlich schneller umfangreich betrachten zu können. Zudem war die partizipative Zusammenarbeit ein Lernprozess und ich denke, dies gilt für alle Beteiligten.

Literatur

Amrhein, L., & Backes, G. M. (2008). Alter(n) und Identitätsentwicklung: Formen des Umgangs mit dem eigenen Älterwerden. *Zeitschrift für Gerontologie und Geriatrie, 41*, 382–393.

Behindertenbeauftragte (2014). *Die UN-Konvention.* http://www.behindertenbeauftragte.de/DE/Koordinierungsstelle/UNKonvention/UNKonvention_node.html. Zugegriffen: 30.03.2015

Behrisch, B. & Prinz, A. (2014). *Älter werden mit Kleinwuchs. Anforderungen an Präventionsmaßnahmen, Projektbericht.* Verfügbar über den BundesselbsthilfeVerband Kleinwüchsiger Menschen e. V.

Bergold, J., & Thomas, S. (2010). Partizipative Forschung. In G. Mey, & K. Mruck (Hrsg.), *Handbuch Qualitative Forschung in der Psychologie* (S. 333–344). Wiesbaden: Springer.

Bergold, J., & Thomas, S. (2012). Partizipative Forschungsmethoden: Ein methodischer Ansatz in Bewegung, Forum Qualitative Sozialforschung. *Forum Qualitativ Social Research, 13*, 1.. http://www.qualitative-research.net/index.php/fqs/article/view/1801/3332. Zugegriffen: 14.03.2015

Bundesverband Kleinwüchsige Menschen und ihre Familien e. V. (2012). *Mein Leben mit Kleinwuchs. Erstinformationen zum Thema Kleinwuchs.* Bremen.

Flick, U., von Kardorff, E., & Steinke, I. (2009). Was ist qualitative Forschung? Einleitung und Überblick. In U. Flick, E.von Kardorff, & I. Steinke (Hrsg.), *Qualitative Forschung. Ein Handbuch* (S. 13–29). Reinbek bei Hamburg: Rowohlt.

Flieger, P. (2003). Partizipative Forschungsmethoden und ihre konkrete Umsetzung. In G. Hermes, & S. Köbsell (Hrsg.), *Disability Studies in Deutschland – Behinderung neu Denken. Dokumentation der Sommeruni* (S. 200–204). Kassel: bifos.

Hopf, C. (2009). Forschungsethik und qualitative Forschung. In U. Flick, E.von Kardorff, & I. Steinke (Hrsg.), *Qualitative Forschung. Ein Handbuch* (S. 589–600). Reinbeck bei Hamburg: Rowohlt.

Karl, F. (1999). Gerontologie und Soziale Gerontologie in Deutschland. In B. Jansen (Hrsg.), *Soziale Gerontologie. Ein Handbuch für Lehre und Praxis* (S. 20–46). Weinheim: Beltz.

Kraus, B. (2011). Soziale Arbeit – Macht – Hilfe und Kontrolle. Die Entwicklung und Anwendung eines systemisch-konstruktivistischen Machtmodells. In B. Kraus, & W. Krieger (Hrsg.), *Macht in der Sozialen Arbeit. Interaktionsverhältnisse zwischen Kontrolle, Partizipation und Freisetzung* (S. 95–118). Lage: Jacobs.

Saake, I. (2006). *Die Konstruktion des Alters. Eine gesellschaftstheoretische Einführung in die Alternsforschung*. Wiesbaden: Springer.

Shakespeare, T., Wright, T., & Thompson, S. (2007). A Small Matter of Equality. Living with Restricted Growth. http://www.restrictedgrowth.co.uk/resources/A+Small+Matter+of+Equality.pdf.

Tesch-Römer, C., & Wurm, S. (2009). Wer sind die Alten? Theoretische Positionen zum Alter und Altern. In K. Böhm, C. Tesch-Römer, & T. Ziese (Hrsg.), *Beiträge zur Gesundheitsberichterstattung des Bundes, Gesundheit und Krankheit im Alter* (S. 7–30). Berlin: Robert-Koch-Institut.

von Unger, H. (2014). *Partizipative Forschung. Einführung in die Forschungspraxis*. Wiesbaden: Springer.

Witzel, A. (2000). *Das problemzentrierte Interview. Forum Qualitative Sozialforschung/Forum: Qualitative Social Research, 1(1), Art. 22*. http://nbn-resolving.de/urn:nbn:de:0114-fqs0001228. Zugegriffen: 15.03.2015

Forschen mit Reflexion

Machtvolle Wissenschaftspraktiken am Beispiel
heterogener Geschlechtsidentitäten

Kristian Gäckle

J. Wintzer (Hrsg.), *Qualitative Methoden in der Sozialforschung,*
DOI 10.1007/978-3-662-47496-9_3, © Springer-Verlag Berlin Heidelberg 2016

3.1   Heterogene Geschlechtsidentitäten: Forschungsinteresse

Wie werden Geschlechterrollen geprägt? Was macht sie aus und welchen gesellschaftlichen Machtverhältnissen sind sie unterworfen? Das waren einige Kernfragen, die mich während meines Studiums der Gender Studies beschäftigten. Durch meine persönlichen Reiseerfahrungen im südostasiatischen Raum begegneten mir Gesellschaften, in denen Geschlechterrollen anders ausgelebt wurden und sich vor allem heterogener mit Blick auf meine eigene Sozialisation gezeigt haben. Gerade in Thailand wird das Aufkommen eines weiteren Geschlechtertypus in der Gesellschaft immer sichtbarer, wodurch sich mein Forschungsinteresse auf die Geschlechterkonstruktion der Toms in der thailändischen Gesellschaft verdichtete. Im Jahr 2013 vollzog ich zusammen mit einer Master-Studentin der Ethnologie einen DAAD-geförderten interdisziplinären elfwöchigen Forschungsaufenthalt in Thailand, um empirische Daten für die Master-Arbeit zu sammeln. Dieser Forschungstätigkeit lag die Forschungsfrage zugrunde, mit welchen Herausforderungen Toms in der thailändischen Gesellschaft zu kämpfen haben und welche Identitätszuschreibungen ihnen zugesprochen werden. Der folgende Beitrag reflektiert die Herausforderungen im Hinblick auf eine postkoloniale und queere Perspektive im Feld.

3.2   Ein Zugang zu Heterogenität: Postcolonial Studies

Nach Encarnatión Gutiérrez Rodriguez setzt sich die akademische, postkoloniale Perspektive aus den Bedeutungsebenen „der historische[n] Abfolge von Kolonialismus, Imperialismus und nachkolonialen Gesellschaftszuständen" (Rodriguez 2003, S. 19) zusammen. In diesem Kontext ist vor allem die kritische Auseinandersetzung mit den etymologisch enthaltenen territorialen Ansprüchen der historischen, imperialen Politik von Bedeutung. Aber nicht nur die damit verbundene direkte Gewaltausübung, wie beispielsweise des Genozids von indigenen Bevölkerungen, sondern auch die Etablierung von Schrift-, Wissens- und Kulturtraditionen wird durch die Postcolonial Studies auf symbolischer, diskursiver und performativer Ebene kritisch analysiert.

Dieser Anspruch an eine kritische Analyse von Wissenssystemen schien vielversprechend für meine Forschungen, da ich selbst bemerkte, wie meine Beobachtungen in Thailand quer zu meinem eigenen Werte- und Normensystem standen. Es war also klar, dass meine Forschung ohne eine kritische Reflexion meiner selbst nicht möglich sein wird, da ich ansonsten wiederum koloniale Machtverhältnisse in die Forschung einbringen würde. Meine kritische Analyse basierte auf einer breiten Theoriebasis. Ich bezog mich auf Michel Foucault, der den Ordnungsstrukturen von Wissen immer eine machtvolle Subjektivierungspraxis beimisst, auf Edward Said, der in seiner Studie über die westliche Konstruktion des Orients weiterführend aufzeigen konnte, dass interkulturelle Zuschreibungen auf politischer Unterwerfung basieren, und nicht zuletzt auf Gayatri Chakravorty Spivaks postkolonialer Kritik, die darauf fokussiert, dass Nicht-Privilegierte in hegemonialen Diskursen von Ausgrenzungen betroffen sind. Insgesamt können alle drei Ansätze als Dekonstruktionen westlicher Zuschreibungen und Wissensmuster verstanden werden (vgl. Bennington et al. 1994).

Beschäftigt man sich mit Geschlechtsidentitäten, gelangt man bei der Literaturrecherche unweigerlich zu Arbeiten der Queer Studies. Auch diese verfolgen einen dekonstruktivistischen Ansatz, indem sie den Geschlechterdualismus grundsätzlich kritisieren, denn dieser spiegelt Machthierachien wider. Die Queer Studies ermöglichen die empirische Reflexion von bestehenden Geschlechtertheorien, die bis in die 1990er-Jahre auf dem Geschlechterdualismus basieren. Diese Ansätze gingen von einer Teilung in biologisches Geschlecht (*sex*) und soziales Geschlecht

Toms

Der thailändische Begriff „Tom" wurde vom englischen Wort „Tomboy" übernommen, wodurch im westlichen Kontext hauptsächlich junge Mädchen mit homosexuellen Neigungen beschrieben wurden, deren Verhalten und optische Erscheinung als männlich interpretiert wird (vgl. Sinnott 1999). Die thailändische Kurzform markiert bewusst einen Unterschied zur Wortherkunft. Tom hat sich diskursiv zu einem eigenständigen thailändischen Begriff gewandelt, der sich von grundlegenden etymologischen Zuschreibungen abhebt, wie zum Beispiel der Homosexualität (vgl. Chonwilai 2012). Die einzige bestehende Parallele zwischen dem englischen und dem thailändischen Begriff bleibt die Zuschreibung als maskulin identifizierte „Frau", die vorrangig mit einer als weiblich identifizierten Frau (Dee) zusammen ist.

Queer Studies

Die Auseinandersetzung mit Geschlecht nicht nur als Struktur- und Machtkategorie, sondern die damit verbundenen Normalisierungen in den Blick zu nehmen, ist eine der Stärken queerer Analysen. Dabei verorten sich die Queer Studies vor einem poststrukturalistischen, konstruktivistischen und dekonstruktivistischen akademischen Hintergrund, wobei Nina Degele (2008) die Queer Studies im Vergleich zur theoretisch ausgerichteten Queer Theory als methodologischen, methodischen und empirischen Zweig der wissenschaftlich queeren Auseinandersetzung sieht. Dadurch sollen empirische Ergebnisse bezüglich der Geschlechtervorstellungen und der damit verknüpften Machthierarchien aufgezeigt und ein kritischer Beitrag zu Geschlechterkonstruktionen geleistet werden. In Bezug auf den thailändischen Kontext legt Peter A. Jackson den kritischen Fokus der queerer Forschung auf den Einfluss des allumfassenden westlichen *gender/sex*-Systems auf die thailändische Gesellschaft und damit auf übertragene heteronormative Zuschreibungen aus dem Westen.

(*gender*) aus. Einen Paradigmenwechsel stößt Judith Butlers bekanntes Werk *Gender Trouble* an, da sie die Interdependenzen der Triade *sex, gender* und *desire* sichtbar macht und damit verbundene Abhängigkeiten im geschlechtlich konnotierten Machtgefüge offenbart.

3.3 Erste Herausforderungen: Gedachtes und Gesagtes passen nicht zusammen

Die Problematik meines Forschungsgegenstandes lag zunächst in der Übersetzung des thailändischen Geschlechtsbegriffes, der dem sozialen Geschlecht mehr Gewicht gibt als dem biologischen. Hierzu bezieht sich der Geschlechterforscher Peter A. Jackson auf den Geschlechterwissenschaftler David Halperin, der die Gewichtung des westlichen Geschlechtermodells deutlich herausarbeitet: *„As Halperin ... observes, the most distinctive feature of the contemporary Western model of homosexuality, and of Western gay and lesbian identities, is that they privilege sexuality over gender. In contrast, pre-modern Western, and also many contemporary non-Western cultures, privilege gender over sexuality"* (Jackson 2000, S. 415).

Hierin wird deutlich, dass ich zunächst mit zwei Herausforderungen konfrontiert war. Einerseits beschränkte mich meine Sozialisation im Hinblick auf die Wahrnehmung von mehr als zwei Geschlechtsidentitäten, sodass ich versuchte, die geschlechtliche Heterogenität der Thais durch das binäre Mann/Frau-Schema zu begreifen. Diese Einschränkung zeigt sich andererseits dann auch in unserem westlichen Sprach- und Wissenssystem. So konnte ich keine Übersetzung thailändischer Geschlechterbegriffe vornehmen, ohne gleichzeitig den westlichen Geschlechterdualismus zu manifestieren. Da das thailändische Geschlechtermodell Geschlecht anders definiert, konnte ich als Ausweg in deutscher Sprache die Begrifflichkeiten nur umschreiben und auf die Komplexität und Unübersetzbarkeit verweisen. Durch die Arbeiten von Foucualt, Said, Spivak, Derrida und Jackson wurde mir klar, dass ich meinen Forschungsgegenstand anders denken muss, mir die deutsche Sprache dies aber nicht ermöglichte. Sie erlaubte immer nur eine Reduktion eines komplexen sozialen Phänomens.

3.4   Weitere Herausforderungen: Wie damit umgehen?

Zunächst stand fest, dass nur eine qualitative Forschungsmethodik überhaupt die Sensibilität für diese Herausforderungen aufbringen kann. Daher habe ich mich für Erhebungsmethoden entschieden, die mir einen Zugang zu den Personen und ihrer Wahrnehmung von sich ermöglichen; dies waren informelle Gespräche, teilnehmende Beobachtungen und Interviews. Diese Erhebungsmethoden sind sensibel für den interkulturellen Kontext und können dennoch ergebnisorientiert durchgeführt werden.

Aufgrund des interkulturellen Kontextes und der Stärke, flexibel auf die Interviewten zu reagieren, nutzte ich die Methode des halbstrukturierten, teil-narrativen, leitfadengestützten Interviews (vgl. Kruse 2008). „Halbstrukturiert" bezeichnet hierbei die Möglichkeit, den Leitfaden mit standardisierten Fragestellungen auszustatten, wobei gleichzeitig das Clustern dieser Fragestellungen eine modularisierte Anwendung des Leitfadens ermöglicht, die weitgehend zum hörer*innenorientierten Erzählen aufruft. Den Interviewten wird dadurch das monologische Rederecht zugesprochen, damit sie ihre subjektiven Deutungsmuster, Denkweisen und ihre wahrgenommene Realität ausführlich darstellen können. Aus postkolonialer Perspektive sichert dieses Vorgehen schon in der Leitfadenerstellung den hohen narrativen Charakter und damit den Freiraum der subjektiven Denkweisen ab. Auf diese Weise entstehen Datenmaterialien, die es mir in der späteren Analyse möglich machten, behutsam das thailändische Geschlechtermodell empirisch fassbar zu machen sowie die westlich gedachten Theorien empirisch zu modifizieren.

Dennoch sollte durch die standardisierten Fragestellungen im Leitfaden eine Vergleichbarkeit der Ergebnisse zwischen verschiedenen Interviews für die Analyse des Datenmaterials gewährleistet werden. Der in Themenmodule untergliederte, flexible Leitfaden ließ eine Priorisierung von Themenkomplexen während des Interviews zu, ohne einschneidende Themenwechsel zu erzeugen, und wirkt somit zugleich rezeptiv und stimulierend. Dadurch wurde den zwei Grundprinzipien der qualitativen Sozialforschung, Offenheit und Kommunikation, Rechnung getragen (vgl. Kruse 2008). Diese Sensibilität spiegelte sich vor allem in der Empirie wider, da sich die interviewten Personen geschlechtlich verschieden definieren konnten, ihre Perspektiven auf ihr Umfeld ausführlich beschreiben konnten und dadurch einer Reifizierung von westlichen Perspektiven vorgebeugt wurde.

Queer Multiplicities in Thailand

Durch die mannigfaltigen Kombinationsmöglichkeiten, die sich aus thailändischen Geschlechterkonstruktionen ergeben, werden im Thailändischen nicht nur Männer und Frauen, sondern auch queere Geschlechtsidentitäten unter dem thailändischen „Geschlechtsbegriff" summiert (vgl. Jackson 2012, 2000). Durch die Analyse thailändischer Zeitungen, populärer Magazine und akademischer Publikationen extrahiert Jackson dazu vor dem Jahr 1960 drei Ausprägungen: „*normatively masculine men ..., normatively feminine women ... and an intermediate category called kathoey ...*" (Jackson 2000, S. 409). Auf die Gegenwart bezogen identifiziert er jedoch mindestens sieben verschiedene Typen: „*man, gay king, gay queen, kathoey, tom, dee and woman*" (Jackson 2000, S. 413f).

3.5 Und was ist mit mir?

Durch die Konfrontation mit „anderen" Geschlechtsidentitäten war es wichtig, meine eigenen Vorstellungen sowie meine eigene machtvolle Position als Forschender während des Forschungsaufenthaltes zu reflektieren. So wollten die Tandempartnerin und ich den Zugang zu den Interviewten möglichst nonhierarchisch gestalten. Daher versuchten wir durch Visitenkarten die Entscheidung für ein Interview nicht mit zeitlichem Druck zu verknüpfen und diese an Orten zu verteilen, an denen nur geringe Zugangshürden bestehen. Da es um die Erforschung von öffentlich tabuisierten Geschlechtsidentitäten und Fragestellungen ging, wollten wir durch ein Universitätslogo auf den Visitenkarten eine gewisse Seriosität und Professionalität vermitteln, die das Thema in einen wissenschaftlichen Kontext einbettet und somit die Hemmschwelle senkt. Vielleicht war aber gerade der professionelle Charakter das Problem, da wir durch den sporadischen persönlichen Kontakt unnahbar wirkten und wenig Vertrauen aufbauen konnten. Vermutlich dadurch wurde dieses Konzept nicht angenommen, dennoch konnten wir durch Freundschaften und die Bildung von Vertrauen zehn Interviews sowie viele informelle Gespräche führen und wurden von Informant*innen in Teile ihres Alltages mitgenommen.

Bei der Reflexion müssen wir aber nicht nur die Position als Forschende, sondern auch unsere Position als Nicht-Thai beachten. Hier offenbaren sich sprachliche Grenzen, die wir durch die weitreichenden Thai-Kenntnisse der Tandempartnerin in Gesprächen und Interviews überbrücken konnten. Dennoch benannte sich beispielsweise eine Person uns gegenüber als homosexuell, mit der Begründung, dass Personen mit europäischem Hintergrund Toms nicht verstehen würden. Im Allgemeinen gelang es uns jedoch schnell durch den Gebrauch thailändischer Sprache in Kombination mit der optisch als nicht-thailändisch wahrgenommenen Position Kontakte zu knüpfen, da diese Kombination sehr positiv aufgefasst wurde. Diese Bestätigung zeigt die Relevanz von ortsspezifischem Wissen auf, mit dem wir schnell auf die interviewten Personen eingehen konnten und uns Vertrauen geschenkt wurde.

Zwiespältig war der Hintergrund vorangegangener thailändischer Reiseerfahrungen. Einerseits lieferten sie mir spezifisches Wissen, damit verbunden einen besseren Zugang und ein gefühlt intensiveres Verständnis von angesprochenen Sachverhalten. Andererseits schaffen solche Erfahrungen Selbstverständlichkeiten, die mit einer reduzierten Wahrnehmung und Aufmerksamkeit einhergehen. Diesen Selbstverständlichkeiten begegnete ich durch thematische Reflexionen mit thematisch unvertrauten Personen (Entselbstverständlichung), den Besuch von Forschungskolloquien, die Mitarbeit in Workshops zu Intersektionalität und „Queer Multiplicities in Thailand".

Annamarie Jagose (2001) skizziert queer als vom Ansatz gedacht undefinierbar, dennoch erkennt sie Muster wiederkehrender Verwendung der Kategorie „queer". Feste Muster, Strukturen, Selbstverständlichkeiten und Normalisierungen sollen aufgegriffen und gerade im geschlechtlichen Kontext nicht als essenzialisierendes Faktum angesehen werden. Die Auseinandersetzung mit Geschlecht nicht nur als Struktur- und Machtkategorie, sondern die damit verbundenen Normalisierungen in den Blick zu nehmen, ist eine der Stärken queerer Analysen. Der geschlechtliche Fokus wird dabei vor allem durch Butlers Ausführungen zu Heteronormativität gestützt, der die Interdependenz der Triade *sex, gender* und *desire* sichtbar macht und damit verbundene Abhängigkeiten im geschlechtlich konnotierten Machtgefüge offenbart. Durch queere Auseinandersetzung soll der Mehrdeutigkeit von kritisierten geschlechtlichen eindimensionalen Festschreibungen Raum geschaffen und damit auch ein politischer Anspruch verbunden werden. Dieser Ansatz verhindert jedoch ein Festschreiben von queer in eine greifbare Definition, was dem poststrukturalistischen, konstruktivistischen und dekonstruktivistischen Ansatz der Queer Theory als akademische Disziplin entspricht (vgl. Degele 2008).

Eine auf den Kontext des Forschungsfeldes bezogene, ergiebige Perspektive auf thailändische Vergeschlechtlichungsstrategien liefern die queer-akademischen Arbeiten des Geschlechterforsches Peter A. Jackson. Im Sinne Jacksons versuchte ich mit diesem Hintergrund die westlichen Vorannahmen weitestgehend zu reflektieren und gerade den wichtigen Punkt der Sprache und Übersetzung zu fokussieren. Jackson sowie weitere Geschlechterforschende, die in diesem Feld tätig sind, benennen in älteren Beiträgen Toms häufig als Homosexuelle, später dann als Transgender. Aus queerer Perspektive drängt sich dabei vor allem die nonheteronormative, also die dem zweigeschlechtlichen Paradigma (westlicher) Gesellschaften widerstrebende Praxis der Toms in den Vordergrund.

Durch die Analyse der Empirie stellte sich heraus, dass sich die Interviewten nur in einem Falle als homosexuell identifizieren. Und selbst diese Person benennt sich nur aufgrund der Wahrnehmung von uns als europäische Gesprächspersonen als homosexuell, da sie um die Unübersetzbarkeit des Tom-Begriffes weiß. Hierbei zeigen sich deutlich die Überschneidungen von postkolonialistischen und queeren Perspektiven, die sensibel mit ethnischen Hintergründen und geschlechtlichen Machtverhältnissen und Vorannahmen umgehen müssen. Beide greifen dabei die „kulturelle, materiell gewordene Vorstellung von Geschlecht und Körperlichkeit (…) in so natürlich erscheinende Gegenüberstellungen von privat/öffentlich, passiv/aktiv, Lüge/Wahrheit, Frau/Mann" (Warner 1993b, zit. nach Jagose 2001, S. 168) auf und hinterfragen damit gleichzeitig die Normalisierungen innerhalb der Wissensproduktion. Diese zeigt sich besonders in den der Theorien widerstrebenden Eigendefinition als Toms im Vergleich zur reduzierten Übersetzung als Homosexuelle.

Eine weitere Herausforderung bestand für mich in der Kommunikation auf Thai, da sich diese nur auf wesentliche alltägliche Aspekte beschränkte. Zum Glück konnte meine Tandempartnerin die Interviews auf Wunsch der Interviewten in Thai durchführen, sodass kaum eine Kommunikationshürde für die Interviewten bestand. Durch die anschließende Hilfe von Freund*innen, den Studierenden an der Chiang Mai University sowie eines thailändischen Germanistik-Studierenden gelang es uns, die thailändischen Interviews zu transkribieren und ins Deutsche zu übersetzen. Die Transkription lässt in Teilen westliche Standards vermissen, wie beispielsweise Betonungen oder Pausensetzungen, wozu professionell Transkribierende hinzugezogen werden müssten. Auch bei den Übersetzungen ins Deutsche fehlen teils Passagen, Sätze wurden grammatikalisch unkorrekt geschrieben, Wörter mit Mehrfachbedeutung auf eines reduziert und das wohl wichtigste: eine konsequent geschlech-

Intersektionale Mehrebenenanalyse

Im Rahmen aktueller Geschlechterdiskurse erhält in den letzten Jahren die Analyse von Diskriminierungen im Sinne einer intersektionalen Ungleichheitsanalyse erheblichen Aufschwung. Vergangene Ungleichheitsanalysen fokussierten oft nur eine Dimension, wie beispielsweise Klasse oder Geschlecht. Dadurch werden jedoch Problematiken nicht erkannt, die aufgrund von dimensionenübergreifenden Überschneidungen auftreten. Die in den 1990er-Jahren aus der Kritik am weißen Mittelschichtsfeminismus aufgekommene intersektionale Analysemethode versucht verschiedene Ungleichheitsdimensionen und dadurch auch Mehrfachdiskriminierungen aufgrund von temporär oder langfristig stattfindenden Überschneidungen zu berücksichtigen (vgl. Fenstermaker und West 2001; Winker und Degele 2009).

tersensible Übersetzung fand nicht statt, insofern dies überhaupt möglich ist. Die linguistische Schwierigkeit, geschlechterbezogen die thailändischen Aussagen in binärgeschlechtliche deutsche Sätze zu transformieren, stellt nicht nur eine wesentliche Herausforderung der Übersetzenden dar, sondern wurde auch in der Master-Arbeit reflexiv behandelt. Durch die externe Interpretation bei der Transkription und der weiteren Interpretation bei der Übersetzung sind die empirischen, schriftlichen Ergebnisse nicht weiter von mir korrigiert und der deutschen Grammatik angepasst worden, um eine schon vor der Analyse stattfindenden Reifizierung vorzubeugen.

Definition

Reifizierung bedeutet, die eigenen Vorstellungen, Vorannahmen und Erfahrungen mit in die Untersuchung einzuflechten und somit die Ergebnisse frühzeitig den eigenen Erwartungen entsprechend zu prägen (vgl. Degele 2008). Anwendungsbezogen bettet Jackson Reifizierung in einen postkolonialen Kontext: *„Failure to take cultural difference seriously means that within much critical theory the non-West often exists only as a site for the projection of Western expectations and fantasies, which are then misconstrued as ‚data' to ‚prove' the ‚general validity' of Western theory"* (Jackson 2000, S. 406 H. i. O.).

Die intersektionale Perspektive ermöglichte mir die Herausforderungen wie meine Sozialisation und die alltäglichen und damit unsichtbaren machtvollen Verflechtungen sichtbar zu machen. Denn diese Auswertungsmethode legt ihren Fokus auf Verstecktes und Selbstverständliches. Damit konnte ich die alltäglichen Herausforderungen und Verflechtungen von Toms durch die Mehrebenenanalyse in strukturellen, individuellen und repräsentativen Bereichen herausarbeiten, um eine umfängliche Analyse zu gewährleisten. Durch die intensive, intersektionale Analyse des erhobenen Materials erschlossen sich weitere Zugänge zu kapitalistischen, familiären, religiösen und beziehungsrelevanten Faktoren und Überschneidungen der Bereiche wurden besonders in der Konstruktion eines Doppellebens von Toms deutlich. Dadurch wurde im postkolonialen Sinne die Analyse durch das Einnehmen einer Rolle des Zuhörens unterstützt und versucht, offen rezeptiv die interkulturellen Sachverhalte in deutsche Begriffe und Paradigmen zu transformieren.

3.6   Forschung mit Reflexion: ein Fazit

Aus diesen Reflexionen schlussfolgernd ist für eine qualitative, interkulturelle Forschung das Prinzip des Zuhörens und der Offenheit notwendig, um die Interviewten nicht zu vereinnahmen oder ein westliches, theoretisches Modell auf die thailändische Gesellschaft zu übertragen. Die empirischen Erfahrungen im Feld sollten dabei besonders zur Selbstreflexion der eigenen Vorstellungen und Annahmen anregen, um dem Kontingenzprinzip zu folgen: Es könnte alles auch anders sein. Forschung sollte dadurch dem Prinzip folgen zu überraschen und eventuelle theoretische Vorannahmen kritisch zu reflektieren. Besonders hervorzuheben ist die Reflexion auf allen Ebenen des Forschungsprozesses, um nicht im Bestehenden zu verhaften, sondern neue Erkenntnisse wahrzunehmen und dafür offen zu sein.

Literatur

Bennington, G., Derrida, J. & Lorenzer, S. (1994). *Jacques Derrida: Ein Portrait*. Frankfurt am Main: Suhrkamp.

Chonwilai, S. (2012). Ying rak ying: Women Who Love Women. In P. Boonmongkon, & P. A. Jackson (Hrsg.), *Thai Sex Talk – The language of sex and sexuality in Thailand* (S. 118–124). Chiang Mai: Mekong Press.

Degele, N. (2008). *Gender/Queer Studies*. Paderborn: Wilhelm Fink.

Fenstermaker, S., & West, C. (2001). Doing Difference revisited. Probleme, Aussichten und der Dialog in der Geschlechterforschung. Geschlechtersoziologie. *Zeitschrift für Soziologie und Sozialpsychologie, 41*(Sonderheft), 236–249.

Jackson, P. A. (2000). An explosion of Thai identities: global queering and re-imagining queer theory. *Culture, Health & Sexuality, 2*(4), 405–424.

Jackson, P. A. (2012). Introduction to the English edition. In P. Boonmongkon, & A. Peter . Jackson (Hrsg.), *Thai Sex Talk – The language of sex and sexuality in Thailand* (S. 5–14). Chiang Mai: Mekong Press.

Jagose, A. (2001). *Queer Theory. Eine Einführung*. Berlin: Querverlag.

Kruse, J. (2008). *Reader „Einführung in die Qualitative Interviewforschung"*. http://www.soziologie.uni-freiburg.de/personen/kruse. Zugegriffen: 5.01.2015

Rodriguez, E. G. (2003). Repräsentation, Subalternität und postkoloniale Kritik. In H. Steyerl, & E. Rodriguez (Hrsg.), *Spricht die Subalterne deutsch?* (S. 17–37). Münster: Unrast.

Sinnott, M. (1999). Masculinity and Tom Identity in Thailand. In P. A. Jackson, & G. Sullivan (Hrsg.), *Lady boys, tom boys, rent boys: male and female homosexualities in contemporary Thailand* (S. 97–119). New York: Harrington Park Press.

Winker, G., & Degele, N. (2009). *Intersektionalität – Zur Analyse sozialer Ungleichheiten*. Bielefeld: transcript.

Sektion 2 Forschen mit Interesse am Einzelfall

(biografische) Fallrekonstruktionen

Außerschulisches Lernen erforschen

Ein Zugang mit narrativen Interviews
und der Narrationsanalyse

Stefanie Gandt

J. Wintzer (Hrsg.), *Qualitative Methoden in der Sozialforschung*,
DOI 10.1007/978-3-662-47496-9_4, © Springer-Verlag Berlin Heidelberg 2016

Nachfolgend möchte ich meine ersten Schritte mit dem Erhebungsverfahren des narrativen Interviews und der Auswertungsmethode der Narrationsanalyse wie sie von Fritz Schütze entwickelt wurde in meinem aktuellen Forschungsvorhaben „Spuren lebensbegleitender Bildung" beschreiben. Mir ist an dieser Stelle wichtig zu betonen, dass ich in Forschungsgruppen hautnah erlebt habe, dass jede Person ihren eigenen Weg im Forschungsprozess finden muss. Entsprechend kann nachfolgende Beschreibung zwar eine Anregung bieten, aber kein verbindliches Kochrezept darstellen, „weil das die Kreativität der einzelnen Forscher unterdrücken und die Entwicklung eines eigenen Stils entmutigen würde" (Riemann 2005, S. 9). Wie in der gesamten qualitativen Forschung gilt auch in der Narrationsanalyse: Das Vorgehen ist ein Prozess, in dem Reflexion und Anpassung eine zentrale Rolle innehaben.

4.1   Ist das wirklich so oder bilde ich mir das nur ein?

Mein Forschungsinteresse resultierte aus Alltagsbeobachtungen, die ich bei der ehrenamtlichen Arbeit mit Heranwachsenden im Kontext sozialer Ungleichheit gemacht habe. Die Jugendlichen haben gemeinsam, dass sie am Nachmittag eine außerschulische Institution besuchen (BEB[1]). Das BEB ist eine Art Hort, der Kindern mit besonderen Entwicklungsrisiken eine intensive sozialpädagogische Begleitung und Förderung bietet. Mit Jugendlichen, die diese Einrichtung aufsuchen, führe ich seit ca. zehn Jahren Bewerbertrainings im Rahmen meiner Vereinstätigkeit durch. Nach jedem absolvierten Training reflektiere ich mit der Leiterin des BEB über das Spannungsfeld der erworbenen Kompetenzen innerhalb des BEB und dem Empfinden der Jugendlichen, dass sie auf dem Bewerbermarkt, aufgrund ihrer schulischen Leistungen, wenig Chancen haben. Daraus resultierte für mich die Frage: Wie kann man einen empirischen Zugang zu außerschulischem Lernen finden? Wie kann so etwas erhoben und analysiert werden?

4.2   Antworten auf konkrete Fragen

Dieses erkenntnisleitende Phänomen präzisierte ich nun als konkretes Erkenntnisinteresse. Dazu sammelte ich meine Quellen (Przyborski und Wohlrab-Sahr 2014) zunächst in einer Mind Map (◘ Abb. 4.1), um einen Überblick zu bekommen.

Aus jedem der drei Bereiche – Alltagsbeobachtung, Gespräche mit Experten und Expertinnen sowie wissenschaftlicher Literatur – erarbeitete ich eine Fragestellung. Da mir die Jugendlichen häufig noch Jahre nach den Bewerberwochenenden rückmeldeten, dass sie von den Betreuenden zu neuen Vorgehensweisen inspiriert worden waren, interessierte mich aus dem Bereich der Alltagsbeobachtungen die Fragestellung: Ob, und wenn ja was, die Interaktion mit Personen aus anderen Lebenswelten im Leben der Jugendlichen bewirkt? Aus dem Bereich der Experten- und Expertinnenbefragungen stellte ich mir die Frage, ob, und wenn ja welche, Kompetenzen aus bestimmten biografischen Verläufen abgelesen werden können?

Eine Studie zum Bildungserfolg (Becker und Schuchart 2010) liefert erste Befunde, dass Bildungserfolg stärker von individuellen Entscheidungskalkülen als von Leistungsunterschieden abhängt. „Die Frage, ob sich dieses Entscheidungsverhalten auch individuell verändern lässt (…) ist damit noch nicht beantwortet" (Solga und Becker 2012, S. 21) und kennzeichnet

---

1   BEB steht für eine Tageseinrichtung für Schulkinder und bedeutet „Bildung, Erziehung und Betreuung"; es stellt den maskierten Namen der Einrichtung dar.

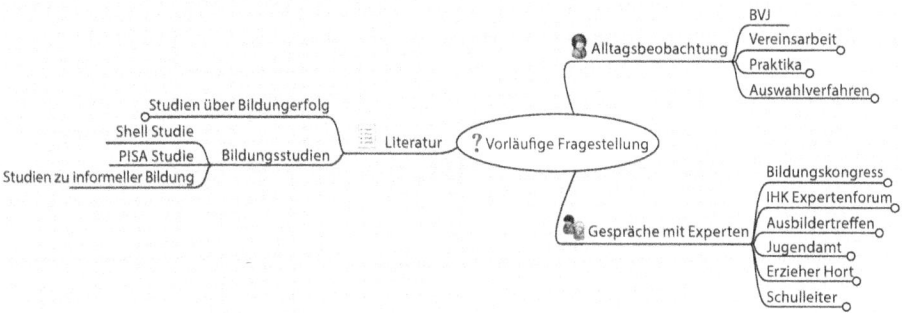

◻ Abb. 4.1 Mind-Map-Stoffsammlung für die Konkretisierung des Forschungsinteresses

die dritte Fragestellung, nach den Wandlungsprozessen informellen Lernens. An dieser Stelle dachte ich meine allumfassende, konkrete Fragestellung gefunden zu haben. Diese implizierte allerdings bereits, dass es Wandlungsprozesse bei den jungen Erwachsenen gibt. Nach meinen ersten geführten Interviews wurde mir klar, dass nicht nur greifbare Wandlungsprozesse (im Sinne von Fritz Schütze) für mich von Interesse sind, sondern auch schon hinterlassene Spuren für Biografien bedeutsam sein können. Somit änderte ich schließlich meine Fragestellung in: Welche Spuren kann eine außerschulische Institution in einer Biografie hinterlassen?

> **Tipp**
>
> Erst im Laufe meines ersten intensiven Forschungsjahres wurde mir bewusst, dass gerade in wissenschaftlichen Arbeiten sehr darauf zu achten ist, dass man Begrifflichkeiten in ihrer Gänze verstanden hat und davon Abstand nimmt, Begriffe der Alltagswelt aus Versehen unbedacht in der Wissenschaft zu verwenden.

Wie Aglaja Przyborski und Monika Wohlrab-Sahr (Przyborski und Wohlrab-Sahr 2014) in ihrem Methodenhandbuch deutlich machen, ist diese Überprüfung und Anpassung der Forschungsfrage für die qualitative Forschung typisch. Mein Erkenntnisinteresse war damit nicht verteilungstheoretischer, sondern prozessanalytischer Natur (Riemann 2010). Ich wollte wissen, welche Prozesse im Leben eines Absolventen des BEB abliefen und aktuell ablaufen, wie sich diese bedingen und was sie im Einzelfall bewirken können. Entsprechend war klar, dass meine Daten mittels qualitativer Erhebungsmethoden gewonnen werden mussten, weil nur diese einen Zugang zu den biografischen Prozessen liefern können.

4.3 Qualitativ war also klar: aber wie genau?

Aus der Tatsache, dass mich die biografische Entwicklung der Jugendlichen interessierte, leitete ich ab, dass mein Forschungsinteresse in der Biografieforschung anzusiedeln ist. Der erhobene Interviewtext sollte für mich „Mittel zum Zweck [sein], um Aussagen über tatsächliche biographische Prozesse und ihre sozialen Bedingungen zu gewinnen" (Koller und Kokemohr 1994, S. 10). Entsprechend war das Forschungsfeld definiert. Um konkret etwas über den Übergang in den Beruf zu erfahren, wollte ich junge Erwachsene befragen, die sich aktuell in einer beruflichen Anstellung befinden und das BEB absolviert haben. Die Leiterin des BEB sprach Absolventinnen und Absolventen darauf an, ob sie bereit seien, sich von mir interviewen zu lassen. Wenn ein Interview zustande kam, bat ich meine Informantinnen und Informanten darum, Freunde anzusprechen. So entstand durch ein Schneeballsystem der Zugang zum Feld. Durch die Recherche von Beispielstudien wurde ich auf narrative Interviews als Erhebungsmethode von autobiografischen Stegreiferzählungen aufmerksam.

■ **Narrative Interviews**

Das autobiografisch-narrative Interview hat nach Schütze (1983) zum Ziel, spontane Erzählungen zu generieren und besteht aus drei Hauptbestandteilen. Der erste Teil ist die autobiografische Anfangserzählung, die durch eine Erzählaufforderung generiert werden soll und den Interviewten dazu anregt, seine Lebensgeschichte möglichst ausführlich zu erzählen. Da die Leiterin des BEB für mich die Erstansprache der Jugendlichen übernahm, musste ich im Vorgespräch mein Interesse an der gesamten Lebensgeschichte deutlich machen. Meine Interviewpartner und -partnerinnen sollten nicht dazu verleitet werden, Hypothesen über die Forschungsfrage aufzustellen (nach dem Motto: Welche Spuren hat der Besuch des BEB bei mir hinterlassen … mal sehen …). Nach einer kurzen Einführung, mit entsprechendem Hinweis zum Datenschutz, eröffnete ich meine Interviews mit dem Erzählstimulus: „… dann erzähl mir doch einfach mal dein ganzes Leben von Anfang an".

Nachdem die Interviewten deutlich machten, dass die Haupterzählung abgeschlossen war, begann ich den Nachfrageteil. Den Abschluss der Haupterzählung erkannte ich an Sätzen wie „das war mein Leben bis heute". Dieser zweite Teil des Nachfragens dient dazu, weitere Erzählungen zu generieren, die in der Anfangserzählung zwar angesprochen, aber nicht ausgeführt wurden oder die durch mangelnde Plausibilität gekennzeichnet sind. Im dritten Teil des Interviews geht man schließlich erneut verstärkt auf Erklärungen und andere theoretische (wie z.B. bilanzierende oder evaluierende) Darstellungen des Befragten ein. Dies geschieht ebenfalls durch Nachfragen nach systematischen Zusammenhängen bestimmter Situationen und der Bitte, bestimmte Sachverhalte auch theoretisch zu begründen (vgl. Schütze 1983).

Definition

Formulierungen, die das Ende der Haupterzählung markieren, werden **Erzählcoda** genannt (vgl. Schütze 1983).

Im Anschluss an das Interview wurde das auf Band aufgezeichnete Interview, unter Beachtung ausgewählter Regeln nach Kuckartz et al. (2008), verschriftlicht (transkribiert). Das heißt, das man das Interview oder Teile davon wortwörtlich niederschreibt.

Tipp

Einen Überblick über die verschiedenen Transkriptionssysteme bietet Dittmar (2009). Dabei ist man frei, welches man wählt. Man sollte aber vorangestellt an die Transkripte immer deutlich machen, was man wie verschriftlicht, um Lesenden den Nachvollzug zu ermöglichen.

Da in meinem Studium der Schwerpunkt auf den quantitativen Methoden lag und mein betreuender Lehrstuhl ebenfalls auf quantitative Methoden spezialisiert ist, stellt sich mir die

Herausforderung der Methodenbegleitung. In Gesprächen wurde ich auf das Konzept der Forschungswerkstatt aufmerksam. Dabei treffen sich Studierende regelmäßig und bearbeiten und diskutieren Material, das von ihnen selbst eingebracht wird (Riemann 2005). Die unterschiedlichen beruflichen Erfahrungen der Teilnehmenden, der unterschiedliche Stand der Forschungsarbeiten und die unterschiedlichen Lesarten der Anwesenden helfen dabei das Material zu durchdringen. Auf der Homepage des Instituts für qualitative Sozialforschung wurde ich zudem auf das Konzept der Netzwerkstatt (Mey et al. 2006) aufmerksam. Dort kommen Nachwuchsforschende aus unterschiedlichen Disziplinen in einem regelmäßigen Turnus online zusammen und reflektieren, diskutieren und besprechen einzelne Forschungsschritte. Sowohl bei der Netzwerkstatt, als auch bei einer Forschungswerkstatt an einer nahen Hochschule meldete ich mich an. Neben der direkten Arbeit am Material war das Lernen am Vorbild der anderen Forschenden, die im Forschungsprozess schon vorangeschritten sind, für mich von immensem Wert.

4.4 Die Narrationsanalyse: genau hinsehen, aber kreativ bleiben

Ich führte meine ersten Interviews, transkribierte diese und brachte sie als Datenmaterial in die Forschungswerkstätten vor Ort und in die Netzwerkstatt ein. Durch die Diskussion und Analyse der Daten kristallisierte sich schließlich aus den 16 Interviews der erste Eckfall heraus.

> **Definition**
>
> Der **Eckfall** ist ein Interview, „in dem diejenigen biografischen und sozialen Prozesse besonders deutlich zum Ausdruck zu kommen scheinen, auf die sich das spezifische Interesse des Forschungsprojektes richtet" (Riemann 2010, S. 227).

Der ausgewählte Eckfall wurde Grundlage für eine schrittweise einzelfallanalytische Auswertung[2] mit dem Ziel, die Prozesse[3] des „Handelns und Erleidens" (Schütze, 1987, S. 14) des Befragten herauszuarbeiten (Detka 2005). Nach Schütze (1983) ist die Auswertung narrativer Interviews mittels der Methode der Narrationsanalyse idealtypisch durch fünf Schritte gekennzeichnet: 1. Formale Textanalyse, 2. Strukturelle, inhaltliche Beschreibung, 3. Analytische Abstraktion, 4. Wissensanalyse, 5. Kontrastiver Vergleich. Ziel der Narrationsanalyse ist schließlich die Entwicklung, Überprüfung und Verdichtung eines theoretischen Modells. Im Folgenden gehe ich auf meine persönliche Umsetzung der ersten drei Schritte ein. Für die formale Textanalyse erstellte ich mir eine Legende mit Beschreibungen der einzelnen Textsorten (◩ Abb. 4.2) (vgl. Kallmeyer und Schütze 1977).

Mithilfe der Legende markierte ich nun farblich mein komplettes Transkript. Den als narrativ identifizierten Text unterteilte ich nun in formale Sequenzen. Fritz Schütze (1987, S. 99 ff.) hat dazu Kriterien formuliert, wie Segmente erkannt werden können, dabei spielen unter anderem Rahmenschaltelemente wie zum Beispiel „und dann" eine große Rolle. Ich erstellte nun eine Tabelle mit den Segmenten und einer Kurzbeschreibung, um für mich einen Überblick über den Text zu erhalten. „Sinn dieses Auswertungsschrittes ist es, sich die formale Gestalt der Gesamterzählung mitsamt der in sie eingebetteten, auf sie bezogenen, argumentativen und

---

2 Einen sehr guten Überblick über die Vorgehensweise zur Analyse narrativer Interviews gibt Riemann (2010).

3 Nach Schütze (1987, S. 15) ist das Handeln und Erleiden stets prozesshaft, also in der zeitlichen Ablaufstruktur durch ein Davor und Danach gekennzeichnet.

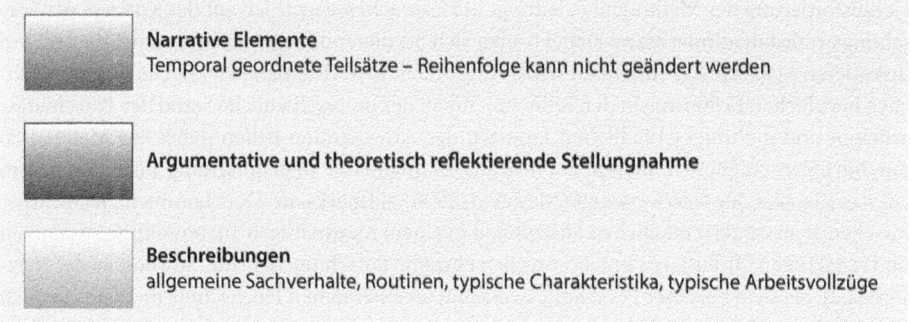

Narrative Elemente
Temporal geordnete Teilsätze – Reihenfolge kann nicht geändert werden

Argumentative und theoretisch reflektierende Stellungnahme

Beschreibungen
allgemeine Sachverhalte, Routinen, typische Charakteristika, typische Arbeitsvollzüge

Abb. 4.2 Legende zur Markierung der Textsorten (eigene Darstellung)

Segment	Zeile	Art	Inhalt	Formal	Beschreibung	Interpretation	Prozess-struktur/ Begriffe
Fortlaufende Nummer	Zeilen-nummer	Narrativ/ Beschreibend/ Argumentativ	Wörtliches Transkript	Erzählgerüstsatz/ Detaillierung etc.	In eigenen Worten beschreiben	Was steckt dahinter? Zusammenhänge?	Prozessstruktur oder andere Begrifflichkeiten/ Theorien
5	64-66	N	Genau und ähm, dann wars irgendwann so, da war ich sieben, des war kurz nach Silvester, hat meine Mama, ähm, meinen Bruder und mich eingepackt ähm, den Markus also dem seinen Papa gebeten, ähm uns nach Z Stadt ins Frauenhaus zu bringen.	2 Erzählgerüstsätze	Kinder eingepackt – das klingt nach einer schnellen Aktion es war kurz nach Silvester, d.h. Nushinda hatte Ferien Nezar war fünf Jahre alt – sie hatten also einen Tag Zeit das Haus zu verlassen. Die Flucht erscheint nicht spontan – die Mutter hat sich im Vorfeld Gedanken gemacht, wem sie sich anvertrauen kann.	Markus als signifikanter Anderer. Der Wandlungsprozess wird also in dem Moment schon eingeleitet, als sie Markus kennenlernt. (Segment 3-4)	Fluchthandlungsschema

Abb. 4.3 Analysetabelle als Grundlage für strukturelle, inhaltliche Beschreibungen und die analytische Abstraktion

beschreibenden Passagen vor Augen zu führen" (Przyborski und Wohlrab-Sahr 2014, S. 237 f.). Es geht also darum, nicht die einzelnen Lebensstationen automatisch zu Segmenten werden zu lassen, sondern zu rekonstruieren, welchen Aufbau die interviewten Personen gewählt haben. Wichtig ist dabei der Gedanke, dass sich die biografische Erlebnisaufschichtung in der sequenziellen Struktur einer Erzählung niederschlägt. So wurde in einem Interview zum Beispiel deutlich, dass sich die Erzählung der Lebensgeschichte nicht an den beruflichen Stationen, sondern an den geführten Beziehungen entlang orientierte.

Nun folgte eine etwas schwierige Zeit im Forschungsprozess. Ich wollte eine strukturelle, inhaltliche Beschreibung erstellen und wusste nicht, wie ich diesen Forschungsschritt angehen sollte. Ich erhoffte mir mit technischen Hilfsmitteln (Qualitative Data Analysis Software) zu einer strukturierten Vorgehensweise zu verhelfen und während der Auswertung einen Überblick über die vielfältigen Daten zu behalten. Mein Ziel war es, meine Gedanken nicht nur zu sammeln, sondern auch visuell vollständig umzusetzen, um die Gesamtgestalt des Textes im wahrsten Sinne des Wortes „auf einen Blick" vollständig erfassen zu können. Die Programme

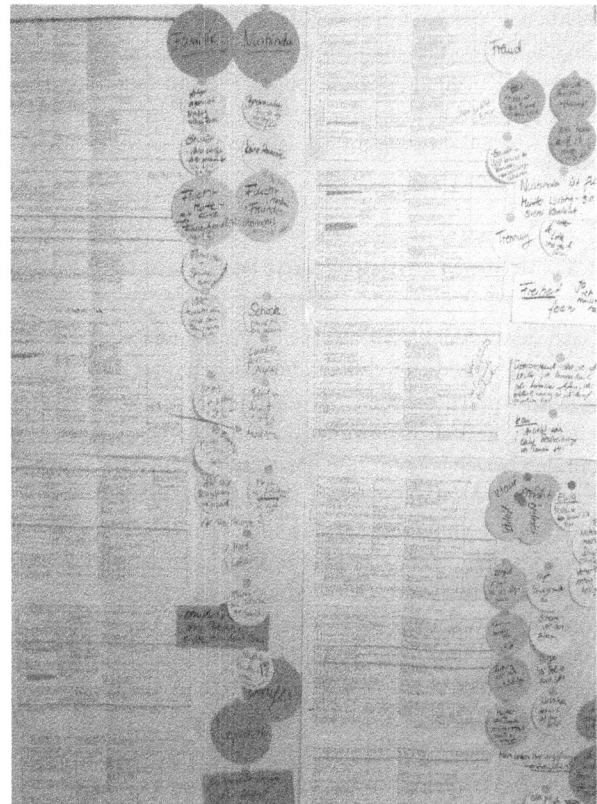

◘ **Abb. 4.4** Visualisierung der Auswertungstabelle

eignen sich sehr gut, um im Sinne anderer qualitativer Verfahren zu codieren und systematisch Texte auszuwerten. Sie erlauben aber leider nicht die Gesamtgestalt des Textes visuell zu erfassen und Prozesse abzubilden. Von deren Systematik inspiriert löste ich mich deshalb wieder von der angebotenen QDA-Software und erstellte eine eigene Analysetabelle (◘ Abb. 4.3). Die dadurch gewonnene Systematik verhalf mir zu einer strukturierten Vorgehensweise bei der strukturellen, inhaltlichen Beschreibung.

Dazu kopierte ich mein gesamtes Interview, Segment für Segment in die Tabelle, kennzeichnete die Textsorten und fragte mich bei den narrativen Elementen: Wie und unter welchen Bedingungen handeln die Erzählenden? Was kommt in bestimmten Formulierungen und Auffälligkeiten der gesprochenen Sprache zum Ausdruck? Wie würde ich das mit meinen Worten beschreiben und welche Interpretationsmöglichkeiten ergäben sich daraus? Welche Zusammenhänge lassen sich erkennen? Lassen sich Prozessstrukturen wie Verlaufskurven, biografische Handlungsschemata, institutionelle Ablaufmuster oder auch biografische Wandlungsprozesse (Schütze 1983) finden? Mit den Antworten füllte ich die einzelnen Zellen meiner Tabelle aus. Nachdem ich die narrativen Segmente in meiner Tabelle inhaltlich strukturell im Detail beschrieben hatte, schloss ich die Phase der analytischen Abstraktion an. Dazu druckte ich die komplette Analysetabelle aus (◘ Abb. 4.4) und hängte diese auf.

Ich versuchte, Zusammenhänge im Text zu erkennen und diese mittels Moderationskarten und Flipchart entsprechend grafisch deutlich zu machen und so „die für die Gesamtbiographie dominanten Prozessstrukturen des Lebensablaufs in ihren spezifischen Ausprägungen herauszuarbeiten" (Kleemann et al. 2013, S. 88). Aber auch um weitere soziale Prozesse zu erschließen, die sichtbar werden und damit in Verbindung stehen. Die Erkenntnisse der damit erarbeiteten strukturellen, inhaltlichen Beschreibung und analytischen Abstraktion wurden nun Grundlage für meine erste schriftliche Präsentationsform im Sinne einer ausformulierten Fallstudie, die die erarbeiteten Erkenntnisse nachvollziehbar (also auch mit entsprechenden Textbezügen) zusammenfasst[4].

4.5   Eine Erzählung sagt mehr als tausend Annahmen

Nach der ersten ausformulierten Fallstudie habe ich für mich verstanden, dass eine Lebensgeschichte manchmal erst auf den zweiten oder dritten Blick ihre Komplexität offenbart. Dies wurde für mich deutlich, nachdem ich den Interviewtext Satz für Satz untersucht hatte. Die Prozesse, die im Leben meiner Interviewpartnerin abliefen, wurden mir klar, während ich mich mit den einzelnen Schritten der Narrationsanalyse in den Text vertieft habe. Viele Ideen und Annahmen bezüglich meiner forschungsleitenden Fragestellung musste ich nach der ersten Analyse erst einmal zugunsten anderer Ansichten verwerfen. Hierbei wurde mir bewusst, dass ich aufgrund meiner eigenen Vorgeschichte in bestimmten Richtungen denke; das systematische Vorgehen hat mir dazu verholfen, vorschnelle Schlüsse zu vermeiden. Manche Stellen des Interviews waren für mich rätselhaft und ließen mehrere Lesarten zu. Das wurde vor allem während der Diskussionen in den Werkstätten deutlich. Aber auch durch Interviews mit der BEB – Betreuerin und der aktuellen Chefin meiner Interviewpartnerin – konnte ich manche Stellen erhellen oder auch neue Perspektiven erschließen. Dabei geht es mir nicht um die Validierung, sondern lediglich um die Ergänzung und ein besseres Verständnis meiner Primärdaten, wenn ich die Interviews der anderen Partner einbeziehe. Trotzdem werde ich nicht eine Lesart als die richtige Lesart identifizieren können. Vielmehr kann mein wissenschaftlicher Anspruch nur darin bestehen, meine Lesart mithilfe meines methodischen Vorgehens nachvollziehbar darzustellen, um fundierte Diskussionen über mein Material zu ermöglichen.

4.6   Forschen heißt eigenverantwortlich Entscheidungen treffen

Da ich während meines Studiums quantitativ ausgebildet wurde, musste ich in meinem ersten Jahr der qualitativen Forschung erst einmal verstehen lernen, dass es mir jetzt um das Erforschen von Prozessen und um das Konstruieren eines theoretischen Modells geht und nicht um Aussagen über Verteilungen bzw. Hypothesentestung. Selbst wenn ich mir dieser Tatsache von Anfang an bewusst war (im Sinne von: ich habe es immer wieder gelesen), so habe ich sie erst im Laufe meiner Forschung verstehen gelernt. Auch das beständige Hinterfragen der Vorgehensweise und das Weiterentwickeln der Ideen im Erhebungsprozess sowie das Finden des eigenen Weges im Auswertungsprozess sind immer wieder eine Herausforderung, wenn man klar definierte Vorgehensweisen in der Forschung gewöhnt ist. Der Forschungsprozess ist

---

4   Es gibt keine direkte Anweisung in der Literatur, ob und wie man eine Fallstudie verfassen sollte. In den früheren Arbeiten wurden ausführliche strukturelle Beschreibungen der analytischen Abstraktion vorangestellt (vgl. Riemann 1987, Kap. 3). In neueren Arbeiten wird die analytische Abstraktion in die Fallrekonstruktion eingearbeitet und nur zentrale Sequenzen im Sinne einer selektiven strukturellen Beschreibung dargestellt (vgl. Riemann 1987, Kap. 4). Letztendlich muss man mit der betreuenden Person besprechen, welche Vorgehensweise adäquat erscheint.

im höchsten Maße gekennzeichnet durch eigenverantwortliches Handeln. Fortlaufend muss man Entscheidungen treffen, diese offenlegen und begründen. Ob man die Literatur liest oder nicht, ob theoretische Konstrukte relevant für die eigene Forschungsfrage sind oder nicht oder ob man noch weitere Interviews führen sollte. Diese Entscheidungen können auch die Betreuer und Betreuerinnen häufig nicht abnehmen. Letztendlich erlaubt die qualitative Sozialforschung aber eben dies kreative Arbeiten: Man soll, darf und kann verschiedene Wege ausprobieren, solange man diese adäquat reflektiert und in die Forschung einbezieht.

Literatur

Becker, R., & Schuchart, C. (2010). Verringerung von Bildungsungleichheit durch Chancenausgleich? Ergebnisse einer Simulation bildungspolitischer Maßnahmen. In R. Becker, & W. Lauterbach (Hrsg.), *Bildung als Privileg. Erklärungen und Befunde zu den Ursachen der Bildungsungleichheit* (S. 413–436). Wiesbaden: VS.

Detka, C. (2005). Zu den Arbeitsschritten der Segmentierung und der strukturellen Beschreibung in der Analyse autobiographisch narrativer Interviews. *ZBBS, 6*(2), 361–364.

Dittmar, N. (2009). *Transkription. Ein Leitfaden mit Aufgaben für Studenten, Forscher und Laien.* Wiesbaden: VS.

Kallmeyer, W., & Schütze, F. (1977). Zur Konstitution von Kommunikationsschemata. Dargestellt am Beispiel von Erzählungen und Beschreibungen. In D. Wegner (Hrsg.), *Gesprächsanalysen* (S. 159–274). Hamburg: Buske.

Kleemann, F., Krähnke, U., & Matuschek, I. (2013). *Interpretative Sozialforschung.* Wiesbaden: Springer.

Koller, H.-C., & Kokemohr, R. (1994). Vorwort. In H.-C. Koller, & R. Kokemohr (Hrsg.), *Lebensgeschichte als Text* (S. 7–12). Weinheim: Deutscher Studien Verlag.

Kuckartz, U., Dresing, T., Rädiger, S., & Stefer, C. (2008). *Qualitative Evaluation. Der Einstieg in die Praxis.* Wiesbaden: VS.

Mey, G., Ottmar, K., & Mruck, K. (2006). NetzWerkstatt – Pilotprojekt zur Internetbasierten Beratung und Begleitung qualitativer Forschungsarbeiten in den Sozialwissenschaften. In K.-S. Rehberg (Hrsg.), *Soziale Ungleichheit – Kulturelle Unterschiede. Verhandlungen des 32. Kongresses der Deutschen Gesellschaft für Soziologie in München 2004, 2* (S. 4797–4805). Frankfurt am Main: Campus.

Przyborski, A., & Wohlrab-Sahr, M. (2014). *Qualitative Sozialforschung. Ein Arbeitsbuch.* München: Oldenbourg.

Riemann, G. (1987). *Das Fremdwerden der eigenen Biographie.* München: Wilhelm Fink.

Riemann, G. (2005). *Zur Bedeutung von Forschungswerkstätten in der Tradition von Anselm Strauss.* http://www.berlinermethodentreffen.de/material/2005/riemann.pdf. Zugegriffen: 8.01.2015

Riemann, G. (2010). Ein Forschungsansatz zur Analyse narrativer Interviews. In K. Bock, & I. Miethe (Hrsg.), *Handbuch Qualitative Methoden in der Sozialen Arbeit* (S. 223–231). Opladen und Farmington Hills: Barbara Budrich.

Schütze, F. (1983). Biographieforschung und narratives Interview. *Neue Praxis, 3*, 283–293.

Schütze, F. 1987. Das narrative Interview in Interaktionsfeldstudien: Erzähltheoretische Grundlagen. Teil I: Merkmale von Alltagserzählungen und was wir mit ihrer Hilfe erkennen können. Studienbrief Fernuniversität Hagen.

Solga, H., & Becker, R. (2012). Soziologische Bildungsforschung – eine kritische Bestandsaufnahme. In H. Solga, & R. Becker (Hrsg.), *Soziologische Bildungsforschung* (S. 7–44). Wiesbaden: Springer.

Strategien im Umgang mit Vorurteilen

Eine Studie über Alleinerziehende mittels narrativer Interviews und biografischer Fallrekonstruktion

Melanie Rühmling

J. Wintzer (Hrsg.), *Qualitative Methoden in der Sozialforschung,*
DOI 10.1007/978-3-662-47496-9_5, © Springer-Verlag Berlin Heidelberg 2016

5.1   Das Interesse am Erforschen von Stigmatisierungen Alleinerziehender

Stellt Euch vor, Ihr schaut gedankenversunken aus dem Fenster, plötzlich erscheint für einen kurzen Moment eine fremde Person. Was könnt Ihr über diese sagen? Wahrscheinlich könnt Ihr Euch an drei Merkmale erinnern: Geschlecht, Ethnizität und das Alter. Ihr erstellt einen Stereotyp. Um diese soziale Kategorisierung vorzunehmen, ist kein langer Denkprozess nötig; es geschieht automatisch. Wenn Ihr nun die Person vermeintlich als europäische 25-jährige Frau identifiziert habt, dann verbindet Ihr automatisch bestimmte Eigenschaften mit ihr: vielleicht studiert sie Germanistik, geht gerne tanzen und besitzt mindestens 30 Paar Schuhe. Sofern einer Eurer Vermutungen in diesem Moment eine Bewertung zukommt, dass Ihr es beispielsweise für unpassend haltet, dass die Frau 30 Paar Schuhe hat, entsteht ein Vorurteil. In diesem Beitrag geht es um jene Urteile sowie deren Bewältigung seitens der Betroffenen. Dafür rückt eine soziale Gruppe näher in den Fokus, über die in wissenschaftlichen Diskursen eher von einer Entstigmatisierung gesprochen wird und dies, obwohl gesellschaftliche, politische und institutionelle Strukturen so konstruiert sind, dass Stigmatisierungen nicht verschwunden sind und diese Familienform nicht gleichberechtigt neben anderen Familienformen positioniert ist: Alleinerziehende (Lenze 2014). Unter dem Aspekt, dass sich die Lebensrealität von Familien in den letzten Jahren stark verändert hat und Alleinerziehende die am schnellsten wachsende Familienform in Deutschland darstellen (Statistisches Bundesamt 2013), ist darüber hinaus fraglich, warum Ungleichheiten und die damit einhergehenden Stigmatisierungen so hartnäckig bestehen. Vermutlich ist es die Abkehr von der normativen Referenzgruppe Vater–Mutter–Kind, die Alleinerziehende vor die Herausforderung stellt, Ansehen zu gewinnen.

Konkrete Literatur zu den Strategien Alleinerziehender, Vorurteile zu bewältigen, ist in wissenschaftlichen Untersuchungen nicht zu finden. Vielmehr wird sich an Strategien orientiert, die die Vereinbarung von Familie und Beruf thematisieren (Schneider et al. 2001), jene, die die Anforderungen an der neuen Lebenssituation ausmachen (Arnold 1999) sowie Strategien, die dazu beitragen, einen „Normalitätsstatus" wiederherzustellen (Schiedeck und Schiedeck 1993). Weitere Literatur beschäftigt sich eher mit Ressourcen, die vonnöten sind, Belastungen zu bewältigen (Rinken 2010; Alt und Enders-Dragässer 1999; Schneider et al. 2001; Niepel 1994).

Aufgrund der Aktualität, der Forschungslücke sowie den unzureichenden, teilweise schwammigen und konträren Aussagen über Stigmatisierungen Alleinerziehender entwickelten sich meine Forschungsfragen: Mit welchen Vorurteilen werden Alleinerziehende konfrontiert? Und: Wie begegnen Alleinerziehende Vorurteilen, das heißt mit welchen Strategien bewältigen sie jene Voreingenommenheiten? Dabei bin ich nicht davon ausgegangen, dass Alleinerziehende eine passive Zielscheibe für Projektionen darstellen; auch nicht, dass sie hilflos unter diesen Vorurteilen zu leiden haben. Ganz im Gegenteil ging es mir gerade um die Rekonstruktion des Bewältigungsmanagements, also um das Herausarbeiten von Verhaltensmöglichkeiten.

5.2   Bewältigungsstrategie als theoretisches Konzept

Bezüglich des Begriffs „Bewältigung" haben insbesondere Richard Lazarus und Susann Folkman (1984) innerhalb der Stressforschung ein elaboriertes Konzept entwickelt. Dabei stehen das Verhältnis von Person und Umwelt sowie die Prozesshaftigkeit der Bewältigung im Mittelpunkt. Auf der Grundlage der sich stetig ändernden Umwelt, als auch der Bedeutungsveränderung innerhalb einer Situation sind auch die Bewältigungsreaktionen einem ständigem Wandel unterzogen. Sie stellen zwei Strategien in den Vordergrund. Zum einen *problem-focused coping* und zum anderen *emotion-focused coping* (Lazarus und Folkman 1984, S. 150). Die problem-zentrierte Bewältigungsstrategie findet dann Anwendung, wenn die Problemstrukturen, also die Belastung, modifiziert werden kann. Während die emotionszentrierte Bewältigungsstrategie eher auf der Regulierung des belastenden Gefühls basiert. Sie kommt zur Anwendung, wenn die derzeitige Belastung als nicht veränderlich eingeschätzt wird. Dabei wird versucht, das emotionale Gleichgewicht durch Umdefinieren oder Ignorieren des Ereignisses wiederherzustellen (Lazarus und Folkman 1984).

Bewältigung kann durch die vorangegangene Theorie umfassend definiert werden; jedoch ist das Konzept der Bewältigungsstrategie vor dem Hintergrund der Vorurteilsbewältigung noch zu undifferenziert. In Anbetracht der Tatsache, dass Stigmatisierung als Subtyp von Vorurteilen behandelt wird (Petersen und Six 2008), habe ich mich eines Ansatzes von Erving Goffman (2012) bedient. Er untersuchte in Bezug auf Identitätsbildung das Thema der gesellschaftlichen Marginalisierung durch Stigmata sowie die Strategien der Betroffenen im Umgang mit solchen.

> **Definition**
>
> Als **Stigma** bezeichnet Goffman (2012) solche Attribute, die eine Diskrepanz zwischen der virtualen sozialen Identität und der aktualen sozialen Identität ausmachen. Dabei besteht die virtuale soziale Identität aus von außen herangetragenen Charakterisierungen, die zum einen negativ definiert werden und zum anderen aus normativen Erwartungen resultieren. Die Attribute und Kategorien, die ein Individuum tatsächlich besitzt, werden als aktuale soziale Identität bezeichnet.

Durch die Stigmatisierung wird nicht nur die abweichende Zuschreibung, sondern die gesamte Person infrage gestellt. Gleichzeitig macht Goffman auf einen wichtigen Unterschied aufmerksam: denjenigen zwischen den Diskreditierten und den Diskreditierbaren. Sofern die stigmatisierte Person bereits davon ausgeht, dass ihre Eigenschaft bzw. ihr Verhaltensmuster, welches nicht der Norm entspricht, beispielsweise Körperbehinderung, Sucht, Arbeitslosigkeit, Ethnizität, bekannt ist, wird von den Diskreditierten gesprochen. Im Gegensatz dazu geht das diskreditierbare Individuum davon aus, dass ihr Anderssein nicht auffällt. Die Bewältigungs-strategien der Diskreditierten beschränken sich im Wesentlichen auf eine größtmögliche Korrektur bzw. das Kaschieren des Stigmas, die Anpassung an die herrschende Normalität oder die Konstruktion einer eigenen Normalität. Die Bewältigungsstrategie der Diskreditierbaren ist hingegen durch eine doppelte Belastungssituation bestimmt: „Das entscheidende Problem ist es nicht, mit der Spannung, die während sozialer Kontakte erzeugt wird, fertig zu werden, sondern eher dies, die Informationen über ihren Fehler zu steuern" (Goffman 2012, S. 56). Es wird von ihnen stets die Entscheidung abverlangt, ob und wie viel sie von ihrem Stigma eröffnen.

Um Bewältigungsstrategien Alleinerziehender darzustellen und um auch die Dimensionen zu klären, welche für die spätere Typenbildung im empirischen Teil dieser Arbeit konstitutiv sind, wurden anschließend sowohl das Schema der Bewältigung nach Lazarus und Folkman (1984), die Möglichkeiten des Stigma-Managements nach Goffman (2012) sowie Verhaltensweisen von Allein-erziehenden (Schneider et al. 2001; Arnold 1999; Schiedeck und Schiedeck 1993) in Belastungssi-tuationen komprimiert und verglichen. Dabei fällt auf, dass der Kern der jeweiligen Konzepte sich sehr ähnelt und zwei Strategien im Vordergrund stehen: Zum einen jene, die Zuschreibungen passiv begegnen und die Situation ignorieren oder gar für sich umdefinieren; zum anderen die, die der belastenden Situation konkret aktiv begegnen und dabei versuchen, die Problemstruktur zu ändern.

Exkurs

Einzelfallstudie

Aufgrund der Annahme, dass sich das Bewältigungsmanagement, d. h. die Organisation von Bewältigungsstrategien je nach Konstitution des Individuums in bestimmten Lebensphasen ändert und demnach die Bewältigung ein Prozess darstellt und Bewältigungsstrategien der stetigen Veränderung unterworfen sind (Lazarus und Folkman 1984; Goffman 2012), kann es nur konsequent sein, Verfahren heranzuziehen, welche sowohl das Subjekt in seiner Ganzheitlichkeit als auch die Historizität berücksichtigt. Dafür wird als Erhebungsmethode das narrative Interview nach Fritz Schütze (1983) und als Auswertungsmethode die biografische Fallrekonstruktion nach Gabriele Rosenthal (1995, 2011) gewählt.

Das Narrative Verfahren als Erhebungsinstrument ermöglicht Aussagen der Befragten im Kontext der gesamten Lebenssituation und -erfahrung zu betrachten, gleichzeitig bietet es viel Raum zur Entfaltung der eigenen Sichtweise der Gesprächspersonen. Dabei wird die zu interviewende Person zu einem längeren Erzähl- und Erinnerungsstrom motiviert, um so einen Zusammenhang zwischen faktischen Abläufen des Lebens sowie deren selbsttheoretisierender Interpretation herzustellen. Einzelne Erinnerungsbilder, welche durch Meinungs- und Begründungsfragen hervorgerufen werden, beispielsweise in Leitfadeninterviews, verwehren die Aufdeckung des Zusammenhangs biografischer Deutungsmuster und die autonome Interpretation der interviewten Person. Viel eher sind es die zusammenhängenden Erinnerungsprozesse, die den Umgang mit der Vergangenheit sowie deren aktuelle Handlungsorientierung deutlich machen (Fischer-Rosenthal und Rosenthal 1997).

Im Vergleich zu ähnlichen Analyseverfahren, wie beispielsweise die Narrationsanalyse, bietet die biografische Fallrekonstruktion (◉ Abb. 5.1) vor dem Hintergrund der theoretischen Konzepte den Vorteil, dass die Genese des sozialen Phänomens nicht bei der Interpretation des gegenwärtigen Erlebens bleibt, sondern auch der Prozess des Werdens, der Aufrechterhaltung, der Transformation in den Mittelpunkt gestellt wird, um mithin entscheidende Wendepunkte zu erfahren. Vor dem Hintergrund, dass Bewältigung stets prozesshaft im Verhältnis von Person und Umwelt verläuft, kann durch dieses Vorgehen genauer auf die biografische Bedeutung von erlebten Vorurteilen in der Vergangenheit als auch die Bedeutung dieser in der Selbstpräsentation der Gegenwart eingegangen werden. In der Auswertung des Datenmaterials wird die Gegenwarts- von der Vergangenheitsperspektive getrennt.

5.3   Den Einzelfall im Fokus: das methodische Vorgehen

Vor dem Hintergrund der Dominanz und dem „Fetischisieren [der] quantitativen Forschung" schreibt Siegfried Lamneck der Einzelfallstudie eher ein „Mauerblümchendasein" zu (Lamneck 2010, S. 272). Dabei scheint insbesondere die (biografische) Einzelfallanalyse prädestiniert zu sein, nach der Wirksamkeit allgemeiner und überindividueller Strukturen zu fragen. Schließlich werden gesellschaftliche Verhältnisse nur in konkreten Biografien sichtbar. Vor allen auch in Anbetracht der bisher wenig erforschten, aber gesellschaftlich relevanten Fragestellungen. Im Mittelpunkt steht eine möglichst detaillierte Beschreibung und Interpretation eines sozialen Falls (einzelne Person, Personengruppen, Kulturen und Gesellschaften sowie Organisationen), in seiner typischen Erscheinungsart samt Kontextbedingungen. Dabei ist die Einzelfallstudie weder eine eigenständige Erhebungstechnik noch ein methodologisches Paradigma. Sie ist ein Verfahren und steht damit prinzipiell offen für alle Methoden der empirischen Sozialforschung (Lamnek 2010). Doch in der Beschäftigung mit der Komplexität eines Falles liegt auch die Schwierigkeit für den Forschenden: zurücktreten, die Distanz achten, Subjektivität zulassen, aber reflektieren sind besondere Merkmale der Forschungspraxis.

1. Analyse der objektiven und biographischen Daten	• chronologisch Ereignisdaten aufnehmen • Strukturhypothesen unabhängig von der Selbstdeutung des Interviewten, Ausblendung des weiteren Interviews • Einsatz in der Forschungswerkstatt
2. Text und thematische Feinanalyse	• Entstehung der Gegenwart analysieren • Weshalb präsentiert sich der Gesprächspartner (mittels der Textsorte) so?
3. Rekonstruktion der erlebten Lebensgeschichte	• Darstellung der biographischen Vergangenheit
4. Sequenzielle Feinanalyse	• latente Sinnstrukturen in auffälligen Textstellen finden
5. Kontrastierung der erzählten und erlebten Biographie	• Erklärung für eine differenzierte Darstellung der präsentierten (2) und erlebten (3) Lebensgeschichte finden
6. Typenbildung	• auf Basis der bisherigen Analyse Strukturen sichtbar machen, die bzgl. der Forschungsfrage relevant sind

◼ **Abb. 5.1** Formale Prinzipien der biografischen Fallrekonstruktion, eigene Darstellung Rosenthal (2011)

Die Diskussion um die Aussagekraft einer Einzelfallstudie begleitet konsequent den hiesigen Forschungsprozess. Prinzipiell wird vom Auffinden des Allgemeinen im Besonderen ausgegangen, schließlich ist jeder einzelne Fall in der sozialen Wirklichkeit verankert und konstruiert. Dabei stellt auch der hier vorgestellte Fall einen möglichen Umgang mit der sozialen Wirklichkeit dar und ist gleichwohl Bestandteil dieser (Rosenthal 2011). Dennoch ist es ein Missverständnis, davon auszugehen, dass aus einer Fallschilderung bereits allgemeine Aussagen zu treffen sind. Die Einzelfallanalyse bietet zwar deutliche Hinweise auf etwas Typisches, doch haben diese noch einen hypothetischen Charakter (Rosenthal und Fischer-Rosenthal 2010).

5.4   Typus verständnisvoll Eigen: Ergebnisse

Das Spektrum der Vorurteile erstreckt sich von der alleinerziehenden Mutter in der Opferrolle bis hin zur alleinerziehenden Mutter mit Heldenstatus. Die Gesprächspartnerin berichtet zwar auch von positiver Resonanz, die sie jedoch nur wenig wertschätzen kann. Vielmehr gibt sie zu verstehen, dass ihre Hilfsbedürftigkeit häufig übersehen wird. Zu erwähnen ist auch, dass die hier interviewte Person auch gezielte Vorteilsgewährung erlebt. So berichtet sie, dass es ihr leicht fiel, einen Betreuungsplatz für ihren Sohn zu organisieren. Allein die Angabe „alleinerziehend" verhalf ihr, einen Platz zu sichern.

Hinsichtlich eines Familien-Beruf-Konflikts wird der Interviewten von Seiten der Herkunftsfamilie vorgeworfen, dass sie keinen adäquaten Beruf ausübt. Davon ausgehend, dass sie ihr Studium abschließt, kann die Gesprächspartnerin allerdings mit guten Berufschancen als Akademikerin rechnen (Arbeitslosenquote 2011: 2,4 %; BfA 2013, S. 19). Bezüglich des Alleinerziehendenstatus ist zu erwähnen, dass sowohl 70 % der alleinerziehenden Mütter als auch 70 % der Mütter aus Paarhaushalten einer Erwerbstätigkeit nachgehen (BMAS 2013, S. 18). Auch hinsichtlich ihrer Rolle als Partnerin erhält die interviewte Person häufig vermeintlich gut gemeinte Ratschläge, welche wiederum darauf beruhen, dass das Glück in einer Zweielternfamilie zu finden sei. Doch diesen Aspekt stellt die Gesprächspartnerin in dem Interview nicht in den Mittelpunkt, zumal sie eine lose Affäre hat. An dieser Stelle sei das Vorurteil „Alleinerziehende werden […] als wenig attraktive ‚Mannsweiber' oder als ungebundenes ‚Freiwild' für schnelle Nächte betrachtet" (Lohmeier 2003, S. 200) zumindest für diesen Fall widerlegt. Doch die Frage nach einem gesellschaftsfähigen Beruf oder nach einer neuen Partnerschaft scheint nur ein Element einer Kausalkette von Vorurteilen zu sein. So ist der Ausgangspunkt jeglicher Diskussion die vermeintlich prekäre finanzielle Situation der Alleinerziehenden. Daher ist es auch nicht überraschend, dass dieses Thema auch im geführten Interview auftaucht. Doch auch dieser Aspekt wird von der Gesprächspartnerin nicht vorrangig problematisiert. Zumal ungefähr die Hälfte aller Alleinerziehenden ein Nettoeinkommen von über 1300 Euro hat (Statistisches Bundesamt 2013, S. 104).

Entscheidend für den Umgang mit Stigmatisierungen ist der Aspekt, ob sich die Person als Diskreditierte oder Diskreditierbare erlebt (Goffman 2012). Eben dies fällt auch im Gespräch mit der Interviewten auf. An Stellen, an denen es für sie nicht notwendig erscheint preiszugeben, dass sie Alleinerziehende ist, versucht sie dies nicht zu offenbaren. Wobei auch anzumerken ist, dass sie ihren Sohn nicht vehement leugnet oder in ständiger Unsicherheit lebt „aufzufallen". Um dennoch das Gefühl der Belastung durch Vorurteile zu regulieren, geht es ihr in erster Linie darum, das eigene emotionale Befinden zu verbessern. Dabei modifiziert sie aktiv ihr Verhalten dahingehend, dass das Belastungserlebnis zunächst positiv umgedeutet wird. So versucht sie stets Verständnis für die Position der Anderen aufzubringen. Nicht eindeutig geklärt werden konnte, ob die verständnisvolle Haltung auch Teil eines Prozesses darstellt, in dem Zuschreibungen geleugnet werden. Anzunehmen ist, dass durch diese Strategie die emotionalen Belastungen geringer sind, weniger Stress ausgelöst und zumindest dadurch oberflächlich besser kompensiert werden können. Hinzukommt, dass die Interviewte jene Strategie anwendet, die Goffman als „Anpassung in Form von Kaschieren" bezeichnet (Goffman 2012). Um Selbstvertrauen und Selbstwertgefühl als geeignete Ressource zur Bewältigung von Vorurteilen zu generieren, konzentriert sich die Interviewpartnerin auf zwei Aspekte: Wertschätzung und Anerkennung. Es ist auffällig, dass sie besonders in jenem Bereich als ausgezeichnet gelten möchte, der in Bezug auf die Normalitätserwartungen eher unkonventionell ist. So scheint es ungewöhnlich, dass die Befragte bei ihren knappen alltäglichen Zeitressourcen vielen ehrenamtlichen Engagements mit großem Verantwortungsgehalt nachgeht. Konkret handelt sie allerdings stets so, dass sie sich nicht den Vorstellungen der Anderen beugt, sondern Entscheidungen nach eigenem Ermessen trifft.

5.5   Vorwärts denken, aber rückwärts betrachten: Erkenntnissätze

Die Herausforderung am Thema der Qualifikationsarbeit bestand darin, zwar über Vorurteile gegenüber Alleinerziehenden zu schreiben, doch gleichwohl nicht selbst in Kategorisierungen zu verfallen. Doch um diese (weitere) Diskussion angemessen führen zu können, fehlen dem theoretischen Diskurs dieser Arbeit weitere wichtige Konzepte wie Toleranz, soziale Rolle oder Wahrnehmung. Zudem wurde während des Forschungsprozesses zunehmend bedeutender, dass ich auch eine Diskussion darüber führen müsste, wie Vorurteile entstehen und wie diese abgebaut werden könnten.

Bezüglich des Auswertungsverfahrens bleibt die Frage bestehen, wie gehaltvoll eine Gegenüberstellung des erlebten sowie des präsentierten Lebens tatsächlich ist. So ist in dem geführten Interview aufgefallen, dass die befragte Person sehr bedacht auf die Anonymität ihrer Daten war. Es kann vermutet werden, dass die erzählte Lebensgeschichte auf die Präsentation von sozial erwünschtem Verhalten basiert.

Zudem bestand anfänglich die Hürde, richtige Formulierungen für einzelne Auswertungsschritte zu finden. So erfordert es sprachliches Geschick, in Schritt 2 zu schildern, wie die Entstehung der Gegenwart zu analysieren ist (und gleichzeitig auf die aktuelle Präsentation einzugehen) und im Schritt 3 die erlebte Vergangenheit darzustellen. Schließlich soll beides nicht nur inhaltlich, sondern auch formal getrennt werden, um es später vergleichen zu können. An dieser Stelle hilft es, sich Qualifikationsarbeiten heranzuziehen, die eben diese Auswertungsmethode innehaben, dabei erscheint das Thema zunächst unerheblich.

Vor dem Hintergrund, dass qualitative Forschung das Postulat der Orientierung am Gegenstand vertritt (Flick et al. 2010), ist die biografische Fallrekonstruktion sehr bürokratisch und mit vielen einzelnen Schritten bis zum eigentlichen Erkenntniswert nicht nur zeitlich aufwendig, sondern auch schematisch unflexibel. Aus diesem Grund wurde die Auswertungsstrategie modifiziert: In Schritt 3 wurde weniger das gesamte Interview zum Gegenstand gemacht, sondern das sequenzielle Vorgehen auf drei Themenbereiche reduziert, die sich bereits in den vorangegangenen Schritten als relevant darstellten. Dass jene Methode so aufwendig erscheint, hängt vermutlich auch mit dem Aspekt zusammen, dass die Rekonstruktion des sozialen Phänomens zunächst ohne Verfolgung der Forschungsfrage (und dem Interesse der hiesigen Forscherin) vorgenommen wird. Erst während der Typenbildung wird sich der Fragestellung konkret gewidmet.

Literatur

Alt, A., & Enders-Dragässer, U. (1999). *Arme Alleinerziehende? Frauen-Mutter-Leben zwischen Ansprüchen und Widersprüchen. Projektstudie zur Lebenslage alleinerziehender Frauen. Erarbeitet im Auftrag der Evangelischen Frauenhilfe in Hessen und Nassau und der Gossner Mission in Mainz.* Frankfurt am Main: Gemeinschaftswerk der Evangelischen Publizistik (GEP). epd Dokumentation, 14/99

Arnold, E. (1999). *Familiengründung ohne Partner. Eine empirische Studie mit alleinstehenden und nicht alleinstehenden Frauen zur Wahrnehmung von Anforderungen und zum Einsatz von Bewältigungsstrategien vor und nach der Geburt des ersten Kindes.* Münster: Waxmann.

Bundesagentur für Arbeit (BfA) (2013). *Arbeitsmarktberichterstattung: Der Arbeitsmarkt für Akademikerinnen und Akademiker in Deutschland – Gute Bildung – gute Chancen.* Nürnberg. http://statistik.arbeitsagentur.de/Statischer-Content/Arbeitsmarktberichte/Akademiker/generische-Publikationen/Broschuere-Akademiker-2012. pdf. Zugegriffen: 5.08.2014

Bundesministerium für Arbeit und Soziales (BMAS) (2013). *Alleinerziehende unterstützen – Fachkräfte gewinnen. Report 2013.* Berlin. http://www.bmas.de/SharedDocs/Downloads/DE/PDF-Publikationen/a858-allein-erziehe/de.pdf;j sessionid=558B859A57450CBCEB396D8474A24C60?__blob=publicationFile. Zugegriffen: 5.08.2014

Fischer-Rosenthal, W., & Rosenthal, G. (1997). Warum Biographieanalyse und wie man sie macht. *Zeitschrift für Sozialisationsforschung und Erziehungssoziologie, 17*(4), 405–427.

Flick, U., von Kardorff, E., & Steinke, I. (Hrsg.). (2010). *Qualitative Forschung. Ein Handbuch.* Reinbek bei Hamburg: Rowohlt.

Goffman, E. (2012). *Stigma. Über Techniken d. Bewältigung beschädigter Identität.* Frankfurt am Main: Suhrkamp.

Lamnek, S. (2010). *Qualitative Sozialforschung. Lehrbuch.* Weinheim: Beltz.

Lazarus, R. S., & Folkman, S. (1984). *Stress, appraisal, and coping.* New York: Springer.

Lenze, A. (2014). *Alleinerziehende unter Druck. Rechtliche Rahmenbedingungen, finanzielle Lage und Reformbedarf.* http://www.bertelsmann-stiftung.de/bst/de/media/xcms_bst_dms_39498_39499_2.pdf. Zugegriffen: 4.08.2014

Lohmeier, Alexander. 2003. *Soziale Netzwerke und soziale Unterstützung Alleinerziehender im ländlichen Raum*. Berlin: dissertation.de.

Niepel, G. (1994). *Alleinerziehende. Abschied von einem Klischee*. Opladen: Leske + Budrich.

Petersen, L. E., & Six, B. (Hrsg.). (2008). *Stereotype, Vorurteile und soziale Diskriminierung. Theorien, Befunde und Interventionen*. Weinheim: Beltz.

Rinken, B. (2010). *Spielräume in der Konstruktion von Geschlecht und Familie? Alleinerziehende Mütter und Väter mit ost- und westdeutscher Herkunft*. Wiesbaden: VS.

Rosenthal, G. (1995). *Erlebte und erzählte Lebensgeschichte. Gestalt und Struktur biographischer Selbstbeschreibungen*. Frankfurt am Main: Campus.

Rosenthal, G. (2011). *Interpretative Sozialforschung. Eine Einführung*. Weinheim: Juventa.

Rosenthal, G., & Fischer-Rosenthal, W. (2010). Analyse narrativ-biographischer Interviews. In U. Flick, E. von Kardorff, & I. Steinke (Hrsg.), *Qualitative Forschung. Ein Handbuch* (S. 456–468). Reinbek bei Hamburg: Rowohlt.

Schiedeck, G., & Schiedeck, J. (1993). Lebenswelt Alleinerziehender. Ergebnisse einer explorativen Interviewstudie. In K. Böllert (Hrsg.), *Die neue Familie. Lebensformen und Familiengemeinschaften im Umbruch* (S. 52–72). Bielefeld: Böllert.

Schneider, N. F., Norbert, F., Krüger, D., Lasch, V., Limmer, R., & Matthias-Bleck, H. (2001). *Alleinerziehen. Vielfalt und Dynamik einer Lebensform*. Weinheim: Juventa.

Schütze, F. (1983). Biographieforschung und narratives Interview. *Neue Praxis, 13*(3), 283–293.

Statistisches Bundesamt (2013). *Haushalte und Familien. Ergebnisse des Mikrozensus 2012*. Fachserie 1 Reihe 3. Berlin: destatis. https://www.destatis.de/DE/Publikationen/Thematisch/Bevoelkerung/Haushalte-Mikrozensus/HaushalteFamilien.html. Zugegriffen: 8.06.2014

Das Allgemeine im Besonderen

Alfred Lorenzers Tiefenhermeneutische Kulturanalyse
zur Erforschung der Psychodynamik einer Mutter
nach der Frühgeburt

Gesa Maier

J. Wintzer (Hrsg.), *Qualitative Methoden in der Sozialforschung,*
DOI 10.1007/978-3-662-47496-9_6, © Springer-Verlag Berlin Heidelberg 2016

6.1   Wissenschaftliche Perspektiven auf praktische Erfahrung: vom Praxis- zum Forschungsinteresse

Beim Arbeiten bin ich eine Eigenbrötlerin. Ich arbeite gern eigenständig und selbstverantwortlich. Das passt gut zur Methode der tiefenhermeneutischen Kulturanalyse nach Alfred Lorenzer (1986). Ich schreibe und lese gerne und ich mag es, den Sinn von Texten zu erforschen – besonders das, was zwischen den Zeilen steht –, um mich der Lebenswirklichkeit, dem Denken und Fühlen, von Menschen anzunähern. Von Beginn meines Studiums an habe ich mich mit psychoanalytischer Theorie beschäftigt, besonders mit der frühkindlichen Entwicklung und in diesem Kontext mit der Bindungsforschung. Auch die Sozialpsychologie fand ich spannend und war fasziniert von der Frankfurter Schule, in deren Wissenschaftstradition Lorenzer zu verorten ist. Meine Diplomarbeit trägt den Titel: „Zur Psychodynamik einer Mutter nach der Frühgeburt – Eine tiefenhermeneutische Kulturanalyse". Das spezielle Interesse am Thema „Frühgeburt" hängt sicherlich auch damit zusammen, dass ich selbst etwa vier Wochen zu früh auf die Welt gekommen bin.

> ❯ Die Forschenden und der Kontext, in dem sie leben und arbeiten, haben Einfluss auf die Forschungspraxis (Sichler 2010). Die Thematisierung dieses Kontextes entspricht der konstruktivistischen Perspektive qualitativer Forschung. Sie trägt der Annahme Rechnung, „dass die Wirklichkeiten, die wir untersuchen, soziale Herstellungsleistungen der Handelnden (…) darstellen" (Flick 2007, S. 102), die als solche reflektiert werden müssen.

Im Laufe meines Praktikums auf einer Neugeborenen-Station mit angebundener Neugeborenen-Frühstation (Neonatologie) und im Rahmen einer Projektarbeit zum Thema „Frühgeburt" habe ich mit vielen Eltern, vor allem Müttern, über ihr Erleben der neuen Elternschaft gesprochen. Ein wichtiges Thema in diesen Gesprächen war die Unsicherheit: Mache ich alles richtig? Kann ich die Bedürfnisse meines Kindes erkennen? Was ist normal und wann besteht Grund zur Sorge? Eltern von Frühchen fühlten sich in der ersten Zeit nach der Geburt in besonderem Maße abhängig von medizinischen Fachkräften, und es schien ihnen schwer zu fallen, sich in die Elternrolle einzufinden. Ich hatte den Eindruck, dass sie sich in vielen Situationen von der Pflege ihres Babys ausgeschlossen und bisweilen sogar entmündigt fühlten. Besonders Mütter schienen nach einer Frühgeburt häufig in ein Spannungsfeld zwischen den eigenen Vorstellungen, Wünschen und Erwartungen an ihre Mutterschaft einerseits und den äußeren Bedingungen andererseits zu geraten. Letztere betreffen das klinische Umfeld der Neonatologie, das soziale Umfeld und auch allgemeine gesellschaftliche Werte und Normen (z. B. Ideale von guter Elternschaft). Mich beschäftigte die Frage, inwiefern dieses Gefühl des Ausgeschlossen-Seins den Bindungsaufbau und die spätere Beziehung zwischen Eltern und Kind beeinflussen könnte. Was ich in der Praxis erlebt hatte, wollte ich im Rahmen meiner Abschlussarbeit einem wissenschaftlichen Verstehen zugänglich machen.

6.2   Auf der Suche nach Bedeutung: Entscheidung für die Tiefenhermeneutische Kulturanalyse

Als ich mit der Recherche für meine Diplomarbeit begann, fiel mir auf, dass die meisten Studien zum psychischen Befinden von Müttern nach einer Frühgeburt mit Kategorien psychischer Störungen operieren, deren Vorkommen im Rahmen deskriptiv-statistischer Forschung ermittelt wird.

> **Definition**
>
> Als **Frühgeborene** werden alle Kinder definiert, die vor der Vollendung der 37. Schwangerschaftswoche lebend zur Welt kommen (Gebker 2010).

Depression, Anpassungsstörungen und posttraumatische Belastungssymptome sind demnach mit Frühgeburt assoziiert. Des Weiteren werden zum Beispiel Schuld- oder Schamgefühle beschrieben (Gebker 2010), nicht aber die Dynamiken der Entstehung solcher Emotionen. Es fehlte an psychologischem Verstehen elterlichen Erlebens: Warum fühlen sich Eltern nach einer Frühgeburt schuldig oder schämen sich sogar? Ich entschied mich, im Rahmen meiner Diplomarbeit die Psychodynamik einer betroffenen Mutter hermeneutisch zu betrachten.

> **Definition**
>
> Die **hermeneutische Methode** in meiner Arbeit: Das Subjektive soll einem intersubjektiven Verstehen zugänglich gemacht werden. Das vollzieht sich anhand der Fragen, (1) auf welche Art und Weise das individuelle Erleben in einen Sinnzusammenhang gebracht wird und (2) wie dieser Sinnzusammenhang durch gesellschaftliche Bedingungen vermittelt ist. „Die primäre Tätigkeit ist nun das Verstehen als Deutung der Lebens- und Reflexionspraxis des interpretierenden Subjekts selbst" (Sichler 2010, S. 57).

Das Auftreten bestimmter psychischer Phänomene im Zusammenhang mit Frühgeburt, wie Schuld und Schamgefühle, konnte ich mir nicht unmittelbar (psycho-)logisch erklären, was mich irritierte. Ich vermutete, dass in diesem Zusammenhang unbewusste Konflikte eine Rolle spielen, sodass es sinnvoll erschien, die psychoanalytische Perspektive einzubeziehen, in deren Zentrum solche Konflikte stehen. Aufgrund des Eindrucks, dass in meinem Forschungsfeld jedoch auch äußere Bedingungen eine Rolle spielen, bedurfte es einer Methode, die eine Verknüpfung von psychoanalytischen mit anderen Theorieelementen erlaubt. Meine Erstgutachterin machte mich auf Lorenzers tiefenhermeneutische Kulturanalyse aufmerksam, die diese Verknüpfung methodisch leisten will. Sie greift Irritationen wie die oben beschriebenen auf, um sich unbewussten Dynamiken anzunähern und bezieht auch theoretische Perspektiven ein. Die Wahl der Methode ergab sich also aus dem Forschungsinteresse und der damit verbundenen Frage: Wie lassen sich psychische Phänomene bei Müttern nach einer Frühgeburt psychoanalytisch und vor dem Hintergrund ihres gesellschaftlichen und kulturellen Kontextes verstehen?

6.3 Lorenzers Tiefenhermeneutische Kulturanalyse: Interdisziplinarität und Gesellschaftskritik in Theorie und Forschung

Wer sich die tiefenhermeneutische Kulturanalyse als Methode für eine wissenschaftliche Arbeit aussucht, sollte Lust haben, sich in die Wissenschaftstradition der Frankfurter Schule und die Kritische Theorie einzuarbeiten. Ich möchte im Folgenden einen kleinen Einblick in die Theorie Lorenzers und sein Verständnis der Psychoanalyse geben, um einen ersten – natürlich sehr oberflächlichen – Eindruck von ihrer Argumentationsstruktur und Begrifflichkeit zu vermitteln.

> **Definition**
>
> **Kritische Theorie** bedeutet Gesellschaftskritik, die im Frankfurter Institut für Sozialfor-
> schung interdisziplinär, und so auch unter Einbezug der Psychoanalyse Freuds, begründet
> wurde (Wiggershaus 2008). Die Kritik richtet sich gegen Entfremdungsprozesse im ge-
> sellschaftlichen Wandel und fußt damit in der marxschen Kritik der politischen Ökonomie
> (Ipperciel 1996).

Alfred Lorenzer versteht die Psychoanalyse selbst als kritische Theorie. Er unterstellt der Gesellschaft – wie die klassische Psychoanalyse dem Einzelnen – ein Unbewusstes, das kollektiv verdrängte Trieb-Strebungen enthalte. Kollektiv verdrängt werden sie dann, wenn sie in unerträglichen Widerspruch zu gesellschaftlich etablierten Werten und Normen geraten (Lorenzer 1986). Solche Trieb-Strebungen gelte es mithilfe der Psychoanalyse aufzudecken, welche damit eine emanzipatorische Aufgabe erfülle. Sie diene nicht mehr nur der therapeutischen Behandlung individuellen Leidens, sondern richte sich gegen gesellschaftliche Zwänge (Lorenzer 2002). Die Triebstruktur des Individuums ist laut Lorenzer (2006, S. 106) das „Produkt eines gesellschaftlichen Herstellungsprozesses". Umgekehrt sieht Lorenzer gesellschaftliche Strukturen jedoch nicht als objektives Gebilde von gegebenen Bedingungen, sondern immer bestimmt durch die Triebschicksale der Individuen. Diese Annahme impliziert die Möglichkeit, vom Individuum auf die Gesellschaft, also vom Besonderen aufs Allgemeine, zu schließen, und dies verwirklicht Lorenzer (1986) systematisch mit der Entwicklung der tiefenhermeneutischen Kulturanalyse als wissenschaftliche Methode.

Es „steht der Konflikt zwischen unbewußten Wünschen und gesellschaftlich gültigen Werten im Brennpunkt des analytischen Interesses" (Lorenzer 1986, S. 67) und die zentrale Frage in der Analyse ist die Frage nach diesem Konflikt. Wo offenbart sich ein solcher Konflikt? So sieht Lorenzer zum Beispiel in der Veröffentlichung literarischer Texte immer auch den unbewussten Wunsch des Autors und der Autorin ausgedrückt, kollektiv verdrängte Lebensentwürfe in den gesellschaftlichen Diskurs zu tragen. Es „kreist die verhüllte Rede der Literatur um jene Unerträglichkeiten, die von den versteinerten Verhältnissen allen auferlegt werden. Auch wenn der Konflikt sich in den Erzählungen und Dramen zu Einzelschicksalen konkretisiert (…) ist das – unbewußte – Ziel der Darstellung doch die kollektive Debatte" (Lorenzer 1986, S. 65). Die verhüllte Rede soll mittels der tiefenhermeneutischen Kulturanalyse entschlüsselt werden, indem die im Text entworfenen Szenen in neue Zusammenhänge gesetzt und, wie im Therapie-Setting, unterschiedliche Deutungen ausprobiert werden, bis daraus ein latenter Text-Sinn evident wird.

> **Definition**
>
> Interpretinnen und Interpreten arbeiten mit dem psychoanalytischen Instrument des **sze-
> nischen Verstehens**. Sie müssen sich möglichst unvoreingenommen auf den Text einlassen,
> frei dazu assoziieren und bereit sein, eigene Gefühle und Impulse in die Interpretation
> einzubeziehen. Hinweis auf latente Textinhalte geben Momente der Irritation, des Unver-
> ständnisses, außergewöhnliche Reaktionen der Interpretinnen/Interpreten auf bestimmte
> Textstellen oder auch die Gruppendynamik selbst (Lorenzer 1986).

Es werden dann psychoanalytische und Gesellschaftstheorie für eine vertiefende Reflexion der Interpretation hinzugezogen, die jedoch nicht einfach dem Text übergestülpt werden sollten. Der Autor und die Autorin des analysierten Textes müsse immer wieder in die Analyse einbezogen werden (Lorenzer 1971). Also: Wie ist sein/ihr Standpunkt im Licht der Theorien zu verstehen? Wie genau dies methodisch bearbeitet werden kann, ergibt sich aus Lorenzers Ausführungen nicht unmittelbar. Eine Vorstellung dazu entwickelte ich erst, als ich tiefenhermeneutische Kulturanalysen anderer Autorinnen und Autoren las (vgl. Bereswill et al. 2010; Lorenzer 1981).

6.4 Zur Psychodynamik einer Mutter nach der Frühgeburt: eine tiefenhermeneutische Kulturanalyse

Als Text für meine Analyse habe ich ein Kapitel aus einem Buch gewählt, welches Erinnerungen einer Mutter an die Zeit um die Frühgeburt ihres Sohnes enthält (Pfister 2009, S. 188 ff). Dieses Kapitel fügt sich nicht in die chronologische Abfolge der zuvor berichteten Ereignisse ein, es erscheint im Erzählstil freier und eignete sich in meinem Empfinden nicht zuletzt durch die Eigentümlichkeit des Inhaltes für die Interpretation. Nina Pfister erzählt, wie sie nach der Frühgeburt ihre Plazenta „nach altem Brauch" im Garten eingraben und darüber einen Baum pflanzen möchte. Meine Interpretationsgruppe bestand aus Psychologie-Studentinnen, die sich im Rahmen des Studiums und/oder der eigenen Selbsterfahrung bereits mit psychoanalytischer Theorie und der dazugehörigen Haltung auseinandergesetzt hatten. Da keine der vier Interpretinnen Erfahrung mit der tiefenhermeneutischen Kulturanalyse hatte, gab ich eine kurze theoretische Einführung sowie eine praktische Anleitung für das Vorgehen.

- **Zugang zum Text**

Zunächst sollte die zuvor ausgewählte Sequenz gemeinsam laut gelesen werden. Anschließend war es die Aufgabe der Interpretinnen, anhand von Irritationen Textstellen auszuwählen, die dann tiefenhermeneutisch analysiert, das heißt unter folgenden Leitfragen diskutiert werden sollten: Lassen sich latente Inhalte identifizieren, die die Autorin unbewusst mitteilt? Lassen sich konflikthafte, den gesellschaftlichen Werten und Normen widersprechende Entwürfe finden? Was bleibt ungesagt? Es wurde die Bedeutsamkeit von eigenen Assoziationen und Impulsen auf den Text sowie der Szene in der Gruppe selbst betont und die Interpretinnen dazu ermutigt, beides in die Überlegungen mit einzubeziehen.

Es entwickelte sich eine lebhafte Diskussion, in der verschiedene Textstellen gedeutet wurden, bis ein Gefühl von Sinnhaftigkeit, von Evidenz, entstand. Das Transkript des Mitschnitts auf Tonband nutzte ich als Text für meine eigene Analyse, in der ich wiederum versuchte, mich dem Ungesagten oder Verdrängten in der Gruppendynamik anzunähern. Auch hier ging es um szenisches Verstehen, nämlich darum, die Szene in der Gruppe tiefenhermeneutisch zu deuten. Hinweise auf latente Inhalte lieferten zum Beispiel unerwartet emotionale Reaktionen (wie Lachen an unpassender Stelle), plötzliche Themenwechsel oder Widersprüchlichkeiten in der Argumentation. Die Ergebnisse meiner Analyse habe ich im Rahmen einer Supervision durch die Psychoanalytikerin und Erstgutachterin meiner Arbeit reflektiert und in Hinblick auf blinde Flecke überprüft. Abschließend diskutierte ich meine Interpretation im Licht unterschiedlicher theoretischer Perspektiven aus Psychoanalyse, Soziologie, Philosophie und Geschlechterforschung, die in meinem Empfinden zu ihrer Vertiefung beitragen konnten.

6.5   Der Spatz in der Hand: Welchen wissenschaftlichen Wert hat mein Ergebnis?

Bevor ich im letzten Abschnitt auf Inhalte meiner Analyse eingehe, möchte ich an dieser Stelle die Frage aufwerfen, welche Gültigkeit, welcher wissenschaftliche Wert, dem „Ergebnis" einer tiefenhermeneutischen Kulturanalyse zugesprochen werden kann. Das ist eine Frage, die mir während dieser Arbeit ständig präsent war, nicht zuletzt weil ich in einem Forschungsumfeld studiert habe, in dem qualitative Methoden allgemein unterrepräsentiert waren.

> **❯** Die große Offenheit der Methode der tiefenhermeneutischen Kulturanalyse in Bezug auf ihre Umsetzung (z. B. Menge o. Auswahl von Datenmaterial oder Theorien) fordert von Forscherinnen und Forschern meines Erachtens eine fortwährende kritische Reflexion und die transparente Begründung aller Entscheidungen innerhalb des Forschungsprozesses. Mir war es dabei wichtig, aktuelle Standards qualitativer Forschung wie die Beachtung von Transkriptionsregeln, die Führung eines Forschungstagebuches (Flick 2007) oder die Triangulation unterschiedlicher Daten und theoretischer Perspektiven (Flick 2010) zum Bezugsrahmen meines methodischen Vorgehens zu machen.

Im fortlaufenden Austausch mit Kollegen und Kolleginnen (auch aus anderen Fachbereichen wie Philosophie, Soziologie und Medizin) und meiner Erstgutachterin hatte ich die Möglichkeit, Entscheidungen zu erörtern und zu hinterfragen. Dennoch hatte ich immer wieder die Sorge, dass wichtige Aspekte unbeachtet bleiben könnten. Eine andere wichtige Frage war die nach dem Verdrängten in der Interpretationsgruppe. Wie kann die Gruppe – und vor allem wie kann ich – einem unbewussten Sinn auf die Spur kommen, wenn es sich dabei um kollektiv Verdrängtes handelt? Hier äußert sich auch die Verunsicherung bezüglich meiner Qualifiziertheit für das Forschungsprojekt und der damit verknüpften Glaubwürdigkeit der Interpretation – ich bin keine Psychoanalytikerin, auch keine Neonatologin, keine Soziologin etc. Aber: Ich habe viel theoretisches Wissen und praktische Erfahrungen im Feld gesammelt. Und noch wichtiger: Selbst wenn Forschende alle oben genannten Qualifikationen vorzuweisen hätten, könnten sie keine exklusive Deutungshoheit für sich beanspruchen.

> **❯** Die Frage, ob und in welchem Ausmaß die Ergebnisse einer Analyse glaubwürdig erscheinen, muss in den wissenschaftlichen Diskurs getragen werden. Sie können sich weiterhin in der praktischen Arbeit, z. B. mit Müttern Frühgeborener, individuell bewähren.

6.6   Ambivalenz, Konflikte und Widersprüche aushalten

Während der Arbeit an meiner Analyse geriet ich immer wieder in die Versuchung, die verschiedenen Aspekte der Interpretation zu einem kongruenten Bild zusammenzufassen. Mit der Zeit wurde mir allerdings bewusst, dass es darum genau nicht geht. Es würde der von Lorenzer geforderten kritischen Forschungshaltung widersprechen, die Komplexität des Forschungsfeldes durch eine Synthese der herausgearbeiteten Aspekte zu verkürzen (Lorenzer 1986). Die tiefenhermeneutische Kulturanalyse lässt Raum für Widersprüche, Ambivalenz und Konflikte. Sie bleiben als solche bestehen, sodass ein immer tieferes und differenzierteres Verstehen möglich wird. Ich möchte im Folgenden dennoch einen kleinen – natürlich sehr bruchstückhaften – Einblick in meine Interpretationsarbeit geben, indem ich einen herausgelösten Gedankengang nachzeichne. Nina Pfister erklärt, dass der Brauch des „Einpflanzens" der Plazenta nach der Frühgeburt für sie ein „Stück Normalität" bedeutete (Pfister 2009, S. 189). Wie mir im Zuge der Supervision bewusst wurde, umkreisten die Interpretinnen in ihrer Analyse den Begriff der Normalität, jedoch blieb eine tiefere Reflexion aus.

Besonders auffällig erschien mir die synonyme Verwendung der Begriffe „Normalität" und „Natürlichkeit", die sich wiederholte, obwohl Nina Pfister selbst an keiner Stelle explizit von Natürlichkeit spricht. Mich interessierte, auf welche Weise die Bedeutungen beider Begriffe von der Gruppe konstruiert und zueinander ins Verhältnis gesetzt wurden. Immer wieder geriet der Gegensatz zwischen dem Ideal der natürlichen Geburt, die idealerweise ganz ohne medizinische Eingriffe auskommt, und der technisierten Geburt auf der Neonatologie in den Fokus. Nach einer Frühgeburt leisten medizintechnische Geräte das, was das mütterliche Gespür, ihre Wärme, ihre Brust nicht ausreichend zu leisten vermögen. Ich vermutete, dass sich möglicherweise vor diesem Hintergrund das Gefühl der Scham entwickelte, das bei Müttern von Frühchen auftaucht (Gebker 2010). Scham kann aus psychoanalytischer Perspektive als ein schmerzlicher Affekt angesichts der eigenen Unzulänglichkeit beschrieben werden (Morrison 1989, S. 12). Unter Einbezug von Günther Anders Theorie zur prometheischen Scham (1961b) konnte die Scham auf die natürliche Begrenztheit des Körpers bezogen werden, der mit der Präzision der Maschinen nicht mithalten kann.

Literatur

Anders, G. (1961a). *Die Antiquiertheit des Menschen. Über die Seele im Zeitalter der zweiten industriellen Revolution.* München: Beck.

Anders, G. (1961b). *Theorie zur prometheischen Scham.* München: Beck.

Bereswill, M., Morgenroth, C., & Redman, P. (2010). Alfred Lorenzer and the depth-hermeneutic method. *Psychoanalysis, Culture & Society, 15*, 221–250.

Flick, U. (2007). *Qualitative Sozialforschung. Eine Einführung.* Reinbek bei Hamburg: Rowohlt.

Flick, U. (2010). Triangulation. In G. Mey, & K. Mruck (Hrsg.), *Handbuch Qualitative Forschung in der Psychologie* (S. 278–289). Wiesbaden: VS.

Gebker, Stefanie. 2010. *Belastungsfolgen nach Frühgeburt. Die patho- und salutogene Wirkung des Scham- und Schulderlebens und der persönlichen Resilienz auf das mütterliche Wohlbefinden.* Unveröffentlichte Dissertation, Universität Osnabrück.

Ipperciel, D. (1996). *Freud als Aufklärer.* Frankfurt am Main: Peter Lang.

Lorenzer, A. (1971). *Psychoanalyse als Sozialwissenschaft* (2. Aufl.). Frankfurt am Main: Suhrkamp.

Lorenzer, A. (1981). *Das Konzil der Buchhalter. Die Zerstörung der Sinnlichkeit. Eine Religionskritik.* Frankfurt am Main: Europäische Verlagsanstalt.

Lorenzer, A. (1986). Tiefenhermeneutische Kulturanalyse. In A. Lorenzer (Hrsg.), *Kulturanalysen* (S. 11–98). Frankfurt am Main: Fischer.

Lorenzer, A. (2002). *Die Sprache, der Sinn, das Unbewußte. Psychoanalytisches Grundverständnis und Neurowissenschaften.* Stuttgart: Klett-Cotta.

Lorenzer, A. (2006). *Szenisches Verstehen: zur Erkenntnis des Unbewußten.* Marburg: Tectum.

Morrison, A. P. (1989). *Shame. The Underside of Narcissism.* New York: Routledge.

Pfister, N. (2009). *So klein, und doch so stark. Tagebuch eines viel zu früh geborenen Babys.* Salzburg: edition riedenburg.

Sichler, R. (2010). Hermeneutik. In G. Mey, & K. Mruck (Hrsg.), *Handbuch Qualitative Forschung in der Psychologie* (S. 50–64). Wiesbaden: VS.

Wiggershaus, R. (2008). *Die Frankfurter Schule: Geschichte, theoretische Entwicklung, politische Bedeutung.* München: DTV.

Sektion 3
Forschen mit größter Offenheit

Grounded-Theory-basierte Verfahren

Alltagstest für Transidente

Eine Modellentwicklung in der Grounded Theory

Irene Thater

J. Wintzer (Hrsg.), *Qualitative Methoden in der Sozialforschung*,
DOI 10.1007/978-3-662-47496-9_7, © Springer-Verlag Berlin Heidelberg 2016

7.1   Ein Alltagstest: für wen?

Mein Forschungsinteresse entstand während meines Psychologiestudiums. Im Rahmen eines Forschungspraktikums kam ich zum ersten Mal mit qualitativer Forschung in Kontakt. Schnell stand die Entscheidung fest, eine qualitativ-sozialwissenschaftliche Abschlussarbeit zu schreiben, auch wenn mir zu diesem Zeitpunkt noch nicht klar war, zu welchem Thema ich forschen wollte. Diese Frage klärte sich etwa ein Jahr später, als sich mein Bekanntenkreis um eine transsexuelle Frau erweiterte. Ich hatte schon vereinzelt vom Phänomen der Transsexualität gehört, doch die persönliche Begegnung eröffnete mir einen erfahrungsbasierten Zugang zu diesem Thema. Der Begriff „Transsexualität" erschien mir dadurch immer missverständlicher: Im Mittelpunkt dieses Phänomens steht nämlich nicht – wie ich bisher dachte – die sexuelle Orientierung, sondern ein Gefühl der Nichtübereinstimmung der eigenen Geschlechtsidentität mit der Geschlechtskategorie, der man bei Geburt zugeordnet wurde. Beispielsweise wurde meine Freundin bei ihrer Geburt als „männlich" klassifiziert, empfindet sich selbst jedoch seit ihrer Kindheit als Frau und möchte als solche leben, gesehen, eingeordnet und anerkannt werden.[1] Im Folgenden soll daher der Begriff „Transidentität" verwendet werden (vgl. Rauchfleisch 2014, S. 25).

Welchen Problemen transidente Menschen in einer Gesellschaft ausgesetzt sind, die den Geschlechterbegriff fast ausschließlich binär (entweder männlich *oder* weiblich) konzeptualisiert, hätte ich vermutlich kaum ermessen können, wenn ich es nicht im Rahmen alltäglicher Interaktion mit meiner transidenten Freundin und weiteren transidenten Menschen, die ich im Laufe der Zeit kennenlernte, erlebt und erfahren hätte. Mein besonderes Interesse erregten dabei deren Berichte vom Gang durch die Institutionen: Nicht alle, aber viele Transidente möchten ihr äußeres Erscheinungsbild ihrer Geschlechtsidentität angleichen. Ziel ist dabei ein zunehmend gutes *Passing*, also eine Übereinstimmung zwischen beidem (vgl. Rauchfleisch 2014, S. 81–83). Dies kann beispielsweise durch Applikation von Hormonen oder chirurgische Eingriffe erreicht werden. Auch die Änderung, oder vielmehr Richtigstellung, von Vorname und Geschlecht im Personalausweis ist vielen ein wichtiges Anliegen. Derlei Maßnahmen, bzw. die damit verbundene Beantragung einer Kostenübernahme durch die Krankenkassen, setzen jedoch in vielen Fällen eine medizinische Begutachtung voraus.

Je intensiver ich mich mit dem Thema befasste, desto sicherer wurde ich mir darüber, dass „Transidentität" einen guten, aber noch viel zu weit gefassten Themenbereich für meine Abschlussarbeit darstellen könnte. Die Möglichkeit einer Themeneingrenzung ergab sich schließlich, als meine transidente Freundin mir davon berichtete, einen „Alltagstest" durchzuführen – eine Art „Erprobungsphase", in der Transidente in ihrer gewünschten Geschlechtsrolle leben und sich darin ausprobieren sollen. Ich begann, mehr darüber zu lesen: Der Alltagstest ist Bestandteil eines medizinischen Begutachtungsprozesses, dem sich viele Transidente zwecks Bewilligung der Kostenübernahme medizinischer Maßnahmen unterziehen müssen. Grundlage der deutschen Begutachtungsrichtlinien bilden die in den USA entwickelten „Standards of Care" (HBIGDA 2012), in denen von einer *full-time real life experience* die Rede ist. Aus den „Standards of Care" wurden 1997 im Auftrag der Deutschen Gesellschaft für Sexualforschung die deutschen „Standards der Begutachtung und Behandlung von Transsexuellen" von Sophinette Becker und Kollegen erarbeitet (Becker et al. 1997), in denen vom „Alltagstest" die

---

1   Dieses Phänomen wird als „Mann-zu-Frau-Transidentität" (auch abgekürzt als MzF) bezeichnet. Ist die Ausgangskategorie „weiblich", die empfundene Geschlechtsidentität jedoch „männlich", wird von „Frau-zu-Mann-Transidentität" (FzM) gesprochen. Dies sind zwei bekanntere, jedoch bei Weitem nicht alle Varianten des Phänomens Transidentität.

Rede ist. Hier wird deutlich, dass der deutschsprachige Begriff potenziell die missverständliche Assoziation einer Prüfung hervorruft, die man entweder bestehen oder nicht bestehen kann. Laut der Begutachtungsanleitung des Medizinischen Dienstes des Spitzenverbandes Bund der Krankenkassen in der Fassung vom 19.05.2009 (MDS) wird empfohlen, den „Alltagstest" ein Jahr lang vor der ersten Hormonsubstitution und eineinhalb Jahre vor einer operativen Geschlechtsangleichung durchzuführen (MDS 2009, S. 18, 23–31).

Die Recherche in Internetforen und Gespräche mit Mitgliedern einer transidenten Selbsthilfegruppe zeigten zudem, dass sowohl Konzeption als auch Sinnhaftigkeit eines solchen „Alltagstests" umstritten sind und von Transidenten sehr unterschiedlich beurteilt werden. Einen zentralen Kritikpunkt stellt ein zu diesem Zeitpunkt noch als unzureichend empfundenes Passing dar: Manche befürchten, bei dem Versuch, ihre neue Geschlechtsrolle öffentlich zu leben, diskriminiert und angefeindet zu werden, solange sie noch Merkmale aufweisen, die gesellschaftlich mit dem „anderen" Geschlecht konnotiert sind (z. B. Brüste, hohe Stimmlage, Bartstoppeln). Dies kann sich in vielen Lebensbereichen, insbesondere am Arbeitsplatz, als problematisch erweisen. Andere berichteten wiederum, die Selbsterprobung als Befreiung oder Hilfe zu empfinden, sich im neuen Geschlecht selbst austesten zu können und so auch den Umgang mit irritierten oder negativen Reaktionen ihrer Umwelt zu erlernen. Neben diesen persönlichen Erfahrungen wird auch die Auslegung der Begutachtungsrichtlinien institutionsabhängig sehr unterschiedlich gehandhabt. In vielen Fällen werden diese flexibel und individuell ausgehandelt.

■ **Forschungsfragen**

Ich wollte mich näher damit befassen, wie Transidente das scheinbar so widersprüchliche Konstrukt des sogenannten „Alltagstests" konzeptualisieren. Was bedeutet es für sie genau, „den Alltagstest zu machen"? Wie verstehen sie diesen Begriff? Was bzw. wer soll ihrer Meinung nach dabei „getestet" werden? Kann man bei diesem Test durchfallen? Wann beginnt der Alltagstest und wann endet er? Welche Aktionen oder Handlungen gehören aus Sicht transidenter Menschen zum Alltagstest? Empfinden sie ihn in Bezug auf ihren Transitionsprozess als hilfreich oder eher als behindernd? Wie sich hier zeigt, begann meine Forschung mit einer weit gefassten Fragestellung. Auch die Auswahl der Gesprächspersonen war zu diesem Zeitpunkt noch offen. Im weiteren Verlauf des Forschungsprozesses ergaben sich viele Fragen und Entscheidungen über mein weiteres Vorgehen.

7.2 Gender: theoretische Konzepte und Begriffe

■ **Typisch männlich – typisch weiblich?**

„Wir alle sind Frauen oder Männer, indem wir den Eindruck erwecken, wir seien es." Gesa Lindemann in *Das paradoxe Geschlecht* (Lindemann 2011, S. 19). Konzepte einer lebenslangen Zugehörigkeit zu einem von nur zwei möglichen, „natürlich gegebenen" Geschlechtern sehen sich nicht nur durch das Phänomen der Transidentität infrage gestellt. Die konzeptionelle Unterscheidung zwischen *sex* – körperlichen Merkmalen, anhand derer die Zuordnung zu einer Geschlechtsklasse erfolgt – und *gender* – der sozial konstruierten Geschlechtsrolle – wird immer wieder neu aufgegriffen und differenziert. Aktuelle Ansätze wenden sich vermehrt gegen essenzialistisch geprägte Geschlechtsdefinitionen, nach denen Geschlecht als „natürlich gegebene" Eigenschaft gilt. Sie tendieren stattdessen zu Auffassungen von Geschlecht als Bestandteil des Identitätsempfindens, das unabhängig von körperlichen Merkmalen erfahren und gelebt werden kann, sehen es als ein Ergebnis von Sozialisierungserfahrungen, Kategorisierungs- und Zuschreibungsprozessen, oder verstehen Geschlecht als ein soziales Konstrukt, das in Interaktionen aktiv her- oder dargestellt wird (vgl. Butler 1991, Goffman 1994).

Harold Garfinkels ethnomethodologische Studie „Agnes" berichtet von einer Mann-zu-Frau-Transidenten, die aufgrund ihrer körperlich vorhandenen Merkmale bei Geburt als männlich klassifiziert und – als Folge – sozialisiert wurde. Agnes eignete sich erst im Laufe ihres Transitionsprozesses Verhaltensweisen an, die sie in den Augen anderer als „weiblich" auswiesen, indem sie andere Frauen beobachtete und imitierte (Garfinkel 1967). Auch Candace West und Don H. Zimmermann (1987) werfen mit ihrem Konzept des „Doing Gender" den Gedanken an Geschlecht als Resultat einer Darstellungsleistung auf, die sich an normativen Vorstellungen davon orientiert, was „männlich" oder „weiblich" ist. Laut der Soziologin Gesa Lindemann (2011) vollziehen auch Nichttransidente diese Darstellungsleistung. Da sie geschlechtsspezifische Verhaltensweisen jedoch im Laufe ihrer Sozialisation bereits erlernt haben, ist ihnen diese Darstellungsleistung nicht bewusst, sondern wird als „selbstverständlich" und „normal" empfunden (Lindemann 2011, S. 19). Viele transidente Menschen haben den Wunsch, ihre Geschlechtsidentität genau so leben zu können wie nichttransidente Menschen: „selbstverständlich" und „normal", ohne durch von anderen als „geschlechtsuntypisch" empfundene Merkmale oder Verhaltensweisen aufzufallen. Somit stehen Transidente vor der Aufgabe, erst einmal herauszufinden, was als hinreichend „normal" gilt: Was gilt als „typisch männlich", was als „typisch weiblich"? Welche Kleidung, welche Frisur, welches Verhalten in welchen Situationen ist nötig, um von anderen „richtig gelesen," also in Übereinstimmung mit dem empfundenen Geschlecht erkannt zu werden?

Obwohl das binäre Geschlechterkonzept heute an vielen Stellen eine Auflockerung erfährt, zum Beispiel in Form von öffentlichen Trans*-Toiletten oder mehreren Auswahloptionen für die Geschlechtsangabe in sozialen Netzwerken, ist unser alltägliches Leben noch stark von einer binären Denkweise, institutionell bedingten Vereindeutigungszwängen sowie von Stereotypen über Männlichkeit und Weiblichkeit geprägt. Gleiches gilt für das Phänomen der Transidentität: Obwohl die neu erschienene Ausgabe des Diagnostischen und Statistischen Manuals Psychischer Störungen (APA 2013, S. 451–459) nun den Terminus „Gender Dysphoria" sowie veränderte Kriterien für dessen Beschreibung verwendet, kritisieren viele Transidente die weiterhin bestehende Konnotation mit einer psychischen Störung oder Krankheit. Auch und gerade im Rahmen von Begutachtungsprozessen sehen sie sich noch häufig mit stereotypen Bildern von Männlichkeit und Weiblichkeit konfrontiert.

7.3   Grounded Theory: Methodik

Die Hauptdatenquelle bildeten transkribierte narrative Interviews nach Fritz Schütze (1983) sowie Memos von Interaktionen mit insgesamt 4 Transidenten (3 MzF-,1 FzM-Transidente) im Alter von 49 bis 62 Jahren. Als Forschungsmethode wählte ich die Grounded Theory. Sie wurde in den 1960er-Jahren von Barney Glaser und Anselm Strauss entwickelt (Glaser und Strauss 2010). Ziel dieser Forschungsmethode ist eine auf empirischen Daten „gegründete" (*grounded*) Theorie.

▪ Reflektiert forschen

Ausgehend von einer zu Beginn meist noch unspezifischen empirischen Fragestellung begeben sich die Forschenden ins Feld. Dies muss nicht gleich mit einer Datenerhebung verbunden sein, sondern kann zunächst in einem ersten *nosing around*, also einem ersten „naiven" Orientieren in einer bisher unerschlossenen sozialen Lebenswelt, wie beispielsweise einem Kloster oder einer Krankenhausstation, sein. Der Zugang zu einer Lebenswelt, in der andere Wirklichkeitskonstruktionen Gültigkeit haben, kann sich aber auch schon durch ein Gespräch mit Nachbarn eröffnen. Meine transidente Freundin sehe ich retrospektiv als sogenannte „Gatekeeperin" – die Person, die mir „die Tür" in das soziale Feld der Transidentität öffnete. Wie insbesondere von Franz Breuer (2009, S. 128) betont wird, ist die Selbstreflexion der Forschenden ein wichtiger Bestandteil des Forschungsprozesses. Hilfreich ist dabei der regelmäßige Austausch mit anderen, beispielsweise innerhalb eines Kolloquiums, sowie das Führen eines Forschungstagebuchs (Breuer 2009, S. 129). Zudem ist es wichtig, dass sich Forschende ihrer eigenen sogenannten Präkonzepte – Vorannahmen bezüglich ihres Forschungsgegenstandes – bewusst werden. Dabei soll der aktuelle Erkenntnisstand in kurzen schriftlichen Notizen – Memos – regelmäßig und kontinuierlich dokumentiert werden.

Gerade an diesem Aspekt zeigt sich ein entscheidendes Merkmal der Grounded Theory: das Ineinandergreifen von Datenerhebung und Datenauswertung. Das regelmäßige Dokumentieren, Reflektieren und Auswerten der Daten findet nicht, wie bei den meisten quantitativen Methoden, erst nach Abschluss der kompletten Datenerhebung, sondern bereits nach der Erhebung der ersten Daten statt. Diese unmittelbare Auswertung führt stetig zu neuen Erkenntnissen und regt Bewusstwerdung und Wandel eigener Präkonzepte an. Nicht selten führen neu gewonnene Erkenntnisse dazu, dass das geplante Forschungsvorgehen noch einmal überdacht oder gänzlich neu konzipiert werden muss. Möglicherweise muss die Forschungsfrage fokussiert, angepasst oder neu gestellt, oder es müssen andere Personen befragt werden als ursprünglich geplant. Der Forschungsprozess leitet dabei auch die Auswahl der Personen, die zum Forschungsthema als nächstes befragt werden sollen. Diese prozessorientierte Auswahl der Feldmitglieder, die zusammen das Sample, also die Stichprobe, bilden, wird als *theoretical sampling* bezeichnet.

Im Prozess des Codierens (◘ Tab. 7.1) werden laut Breuer (2009) „aus einer Menge qualitativer Daten" – in meinem Fall aus Memos und transkribierten Interviews – „theoretische Konzepte und Strukturen extrahier[t] und destillier[t]" (Breuer 2009, S. 69), die die Basis für eine datengegründete Theorie über den untersuchten Gegenstandsbereich bilden. Beabsichtigt man, aus den im Codierprozess extrahierten Codes und Kategorien des untersuchten Phänomens ein Modell zu erstellen, muss auch dieses gegebenenfalls verworfen oder optimiert werden. Darauf soll im Kapitel „Modellerstellung" näher eingegangen werden.

Mir sagte an dieser Forschungsmethode am meisten zu, dass sie selbstreflexive Elemente beinhaltet, subjektive Sichtweisen als legitime Datenquelle zulässt und nicht allein den Forschenden die Deutungshoheit einräumt, sondern auch Feldmitgliedern den Status von Expert*innen für ihre eigene Lebenswelt zugesteht. Außerdem reizte mich der direkte Kontakt mit Menschen – ein persönliches Gespräch schien mir eher eine Win-Win-Situation für Befragte und Forschende darzustellen als ein unpersönlicher Fragebogen. Für mich schien es, als werde den „Versuchspersonen" in der Grounded-Theory-Methodik schon allein dadurch, dass sie dort nicht als solche, sondern als „Gesprächspartner*innen" bezeichnet werden (Breuer 2009, S. 19) ein weniger instrumenteller Charakter zugewiesen als in der quantitativen Forschung.

Der Ansatz der Grounded Theory zielt darauf ab, eine vertiefte Erkenntnis über Wirklichkeitskonstruktionen einer Lebenswelt zu gewinnen und diese einer weiteren theoretischen (oder evtl. auch praktischen) Auseinandersetzung zugänglich zu machen. Sie versucht, diese bestimmten Lebenswelten zu erfassen und zu beschreiben, indem sie kreativ neue Begrifflichkeiten zur Beschreibung und Deutung von Prozessen und Sachverhalten sucht. Lebensweltliche Spracheigenheiten, Äußerungen und Formulierungen können in der Forschungsarbeit zitiert

◘ **Tab. 7.1** Codierbeispiel

Textstelle	Code	Zugeordnet zu Kategorie
Michael (FzM): „... also man wird nirgendwo als Mann angesehen, nirgendwo als Mann behandelt, und auch in der eigenen Familie nicht als Mann behandelt, weil, dann sagen die ja, ich kann dich ja erst als Mann behandeln, wenn ... wenn du 'n Bart hast oder wenn du deinen Vornamen geändert hast, und das dauert ja alles ewig ... also bleibt man weiterhin Frau, und, ähm ... spielt eigentlich den Therapeuten vor, man macht einen sogenannten Alltagstest ..." (Z. 85–91).	„Vorspielen" (In-vivo-Code)	**Strategiekonzepte**
Carolin (MzF): „Ja, und ... Ich weiß nicht, also, wo mich der Weg jetzt hinführt, und so, aber, mir ging's einfach darum, ich hab dem Therapeuten dann auch mal gesagt, äh, ich sag: ‚Wissen Sie, es geht mir jetzt nicht darum, dass ich jetzt da ... andauernd, permanent mit 'nem Rock durch die Gegend laufe oder mit Ohrringen oder so', ich sag: ‚ich möchte arbeiten können, ich möchte kreativ arbeiten können, und ich möchte nicht, dass, äh ... ja, ich möchte so 'n ... so 'n Ballast abwerfen und nicht, nicht andauernd von 'nem Problem da ... weiß nicht, behindert werden, und so, und ich werde alles machen, was ... werde so gehen und so handeln, dass es, äh ... mir ... dass es mich befreit'. Und nicht, nicht in eine neue Abhängigkeit reinzu ... also, das ... nochmal, Stichwort Alltagstest: äh, nich', äh, in eine ... äh ... neue Abhängigkeit, in eine neue, äh ... Rolle rein, rein gehe, reingezwängt werde, die genau so 'ne Belastung ist wie, wie ... ja?" I. „Wie früher ..." C. „Also von einem zum anderen, so ... es geht hier um Freiheit, und nicht, äh, um 'ne neue, äh ... Zwangsjacke. * Denk ich, das, das wird so 'n bisschen mein, mein, äh ... Maßstab sein" (Z. 764–783).	„Zwangsjacke" (In-vivo-Code)	**Transitionshemmende Wirkungskonzepte**
Franziska (MzF): „Also, man könnte höchstens sagen, dass die Leute, also wenn die Leute ehrlich zu sich selber wären, und sagen: ‚okay', also dann als Worst-Case-Szenario, ‚es könnte ja sein, dass ... die Hormone an meinem Passing nicht wesentlich was verändern, und ... es könnte ja sein, dass ich in der Gesellschaft immer anecke', dann ... unter der ... dieser Voraussetzung, wenn man da so 'n Test macht und sagt, nur, um zu gucken, wie halt ich denn das wirklich aus, sag mal so, dann ... wär das schon real, etwas" (Z. 243–252).	„Worst-Case-Szenario" (In-vivo-Code)	**Transitionsfördernde Wirkungskonzepte**

und als *„In-vivo-Codes"*, also lebensweltgeprägte Begriffe, in das spätere Modell übernommen werden. Dadurch soll vermieden werden, Angehörigen einer anderen Lebenswelt das Kategoriensystem der Forschenden überzustülpen. Vielleicht fand sich hier der entscheidende Punkt, der meine Entscheidung für qualitative Methoden ausmachte: Meine transidenten Gesprächspersonen machten in ihrem Transitionsprozess manchmal die Erfahrung, dass ihre eigene Wahrnehmung und Wirklichkeitskonstruktion als „falsch" abgestempelt wurde, da sie den allgemeingültigen Binärcode männlich-weiblich sprengten. Dies war häufig verbunden mit der Erfahrung, dass nicht sie selbst, sondern Institutionen die Definitionsmacht darüber hatten, was genau als „männlich" oder „weiblich" galt. Die Grounded Theory bot jedoch Raum für subjektive Konstruktionen und versuchte, das zugrundeliegende Phänomen aus der Lebenswelt heraus zu erklären.

7.4 Ergebnisse

- **All is data?: yes, unfortunately**

Meine Datensammlung vollzog sich auch auf interaktiver Ebene. Gespräche und Begegnungen brachten mir mehr über das Leben transidenter Menschen nahe, als ich es jemals in Büchern hätte lesen können. Im Sinne des weitgefassten Datenbegriffs, den Barney Glaser mit seiner Aussage „All is data" (Glaser 2007, S. 57) noch einmal unterstreicht, führte ich nicht nur Gespräche, sondern dokumentierte viele Begegnungen mit Betroffenen, die meinen Blickwinkel für die Situation transidenter Menschen im Alltag schärften und mir halfen, Präkonzepte und kategorielles Denken zu differenzieren. Ich versuchte, auch diese Überlegungen in mein Modell miteinfließen zu lassen.

- **Wozu ein Modell?**

Wie weiter oben erwähnt, versucht die Grounded Theory, eine Erkenntnis über die Wirklichkeitskonstruktionen der Angehörigen einer Lebenswelt zu extrahieren. Dies geschieht u. a. durch Bildung von Codes und Kategorien. In meiner Abschlussarbeit habe ich die von mir extrahierten Codes und Kategorien sowohl schriftlich erläutert als auch in einer Grafik als Modell dargestellt. Die grafische Modellierung war im Rahmen meiner Abschlussarbeit nicht zwingend notwendig und ist auch kein unabdingbarer Bestandteil der Grounded Theory-Methodik. Dennoch wurde sie von mir und meinen Mitforschenden häufig als eine Möglichkeit genutzt: Ähnlich wie eine Mind Map kann ein Modell – sozusagen als eine Art grafisches Memo – dabei helfen, sich selbst und anderen den gegenwärtigen Erkenntnisstand zu veranschaulichen und die extrahierten Codes und Kategorien auch auf visueller Ebene in Beziehung zu setzen. Dies ist jedoch leichter gesagt als getan: Zwischen einer ersten impliziten Ahnung „wie es vielleicht funktionieren könnte" und einer schlüssigen, auch für andere nachvollziehbaren Darstellung lag ein steiniger Weg. Beim Modellerstellungsprozess zeigt sich die Wichtigkeit der Explizitmachung eigener Gedankengänge durch schriftliche Notizen oder durch Darlegung gegenüber anderen Personen. Mein Modell stellt also die visuelle Form eines theoretisch aufbereiteten, exemplarischen und explorativen Erkenntnisstandes dar, wie meine transidenten Gesprächspartner*innen den Alltagstest erlebt haben und konzeptualisieren.

- **Codes und Kategorien ausarbeiten**

Mit Blick auf den hohen Forschungsaufwand dieser Methode kann es in einer Abschlussarbeit auch ausreichen, die extrahierten Codes und Kategorien schriftlich vorzustellen, zu definieren und voneinander abzugrenzen. Hilfreich ist dabei, sich folgende Fragen zu stellen: Wodurch zeichnet sich eine Kategorie aus? Könnte sie auch mit einer anderen zusammengefasst dargestellt werden? Falls nein, warum nicht? In einem weiteren Schritt sollten die Kategorien anhand von Daten belegt werden. Dazu ein Beispiel aus meiner Abschlussarbeit. Die Kategorie „Ausklammern" wurde definiert und anhand zweier Transkriptausschnitte belegt:

Beispiel: Kategorie „Ausklammern"

„Diese Strategie bezieht sich auf das Leben der neuen sozialen Geschlechtsrolle in der Öffentlich-keit. (…) Hier kann wieder Bezug auf die Problematik des als unzureichend empfundenen Passings genommen werden. Transidente begründen die Strategie des Ausklammerns als eine Selbstschutz-maßnahme, da sie durch den sofortigen Rollenswitch eine Diskriminierung in der Öffentlichkeit oder Probleme am Arbeitsplatz befürchten. So wird die frühere Geschlechtsrolle in bestimmten Bereichen weiter aufrechterhalten. [Manche Lebensbereiche werden also nicht in den Alltagstest miteinbezogen, sondern „ausgeklammert". Die Gesprächspartnerin Franziska nennt diesen Ausdruck im Folgenden selbst. Es handelt sich somit um einen *In-vivo-Code*. Michael nennt den Begriff nicht, macht aber auch deutlich, dass er in einem Lebensbereich (Arbeit) die frühere Geschlechtsrolle beibehält, diesen also auch vorerst aus der Selbsterprobung „ausklammert."]
(Textbeispiel 1): Franziska (MzF): „… und dann hab ich auch mit diesem Alltagstest so nach und nach angefangen, ähm … halt erst privat, zu Hause, so mit … hm … zu Hause … nach Feierabend oder so, oder so im privaten Bereich, und … ausgeklammert hatte ich dann die Arbeit, und, äh … meine Eltern … das waren die Letzten, die das erfahren haben, …" (Thater 2013, S. 52–53)
(Textbeispiel 2) Michael (FzM): „… ja, okay, ähm … ich wollte mir sowieso die Haare abschneiden, aber zu der Zeit war ich eben noch inner Gastronomie und da war das eben … da musste ich meine Frauenrolle spielen … und da konnt' ich nicht einfach sagen, ‚hallo, jetzt bin ich hier ein Mann und fertig' …" (Thater 2013, S. 54).

Der Nutzen des Forschungstagebuchs, in dem ich auch meine Memos verfasste, zeigte sich bei der Modellerstellung ganz klar: Es hatte sich bewährt, relativ früh, also schon während meiner Einarbeitung ins Forschungsthema, erste Modellentwürfe in die Memos zu integrieren. Selbst wenn die Erstentwürfe keinen Eingang ins finale Modell fanden, waren sie doch eine anschauli-che und schnell zugängliche Dokumentation meines aktuellen Erkenntnisstandes. Es zeigte sich, dass ein Modell erst dann Substanz hat, wenn man in der Lage ist, es einem Außenstehenden plausibel und mit eigenen Worten zu erläutern. Eine Möglichkeit dazu bot sich mir im Rahmen des Kolloquiums. Dabei kann es allerdings vorkommen, dass man viel Zeit und Arbeit auf eine aktuelle Modellversion verwendet hatte, um sie dann im nächsten Kolloquium als untauglich beurteilt zu sehen.

▪ **Jetzt wird's grafisch**

Eine Alternative zur Modellerstellung am PC ist, sich die verschiedenen Bausteine des Modells (Kästchen, Pfeile, etc.) zunächst aus Papier auszuschneiden. Sie können dann so lange hin-und hergeschoben werden wie nötig. Die folgenden Abbildungen zeigen mein Modell zum Alltagstest in verschiedenen Entwicklungsphasen (◘ Abb. 7.1, ◘ Abb. 7.2, ◘ Abb. 7.3). Die letzte Abbildung (◘ Abb. 7.3) stellt das in die Abschlussarbeit übernommene Modell dar.

Auch die verwendeten Symbole sind wichtig: Man sollte erklären können, warum man bei-spielsweise zwei Modellbausteine durch einen Pfeil verbunden hat, andere hingegen nicht. Eines meiner Probleme war beispielsweise, den Alltagstest vom Transitionsprozess abzugrenzen. Es stellte sich heraus, dass dies gar nicht vonnöten war, da der Alltagstest im Verständnis meiner Gesprächspersonen Teil des Transitionsprozesses war. Um dies zu verdeutlichen, genügte es, das Alltagstestmodell in eine Box mit Namen „Transitionsprozess" zu platzieren. Die Modeller-stellung zwingt auch zu einer endgültigen Fokussierung: Schon allein drei Transkripte von Ge-sprächen mit einer bis zwei Stunden Dauer enthielten so viel Datenmaterial und verwiesen auf so viele interessante andere Phänomene, dass die Versuchung groß war, alles noch einmal mit einer ganz anderen Fokussierung zu lesen und auszuwerten. Ich merkte, dass ich mich häufig

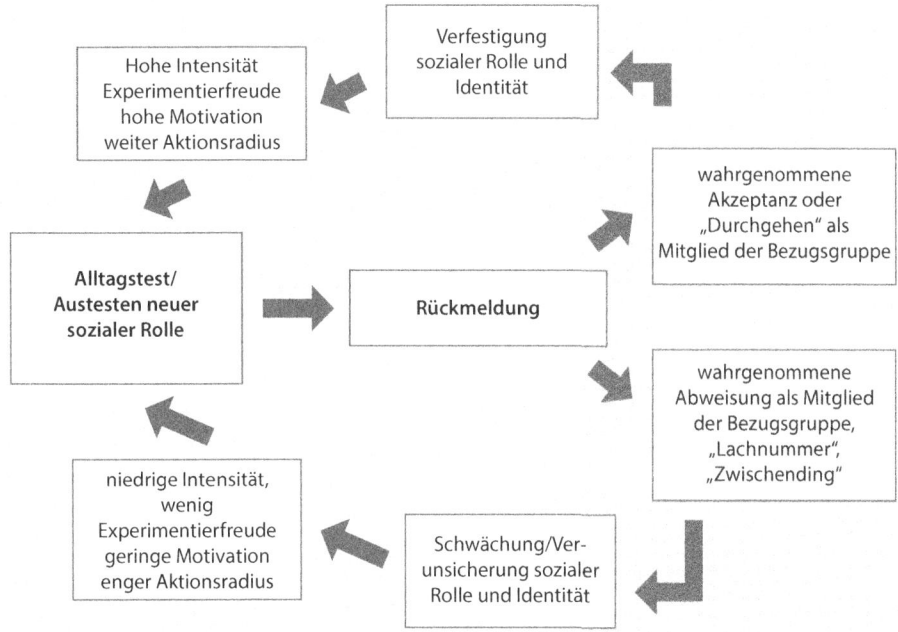

Abb. 7.1 Erster Modellentwurf

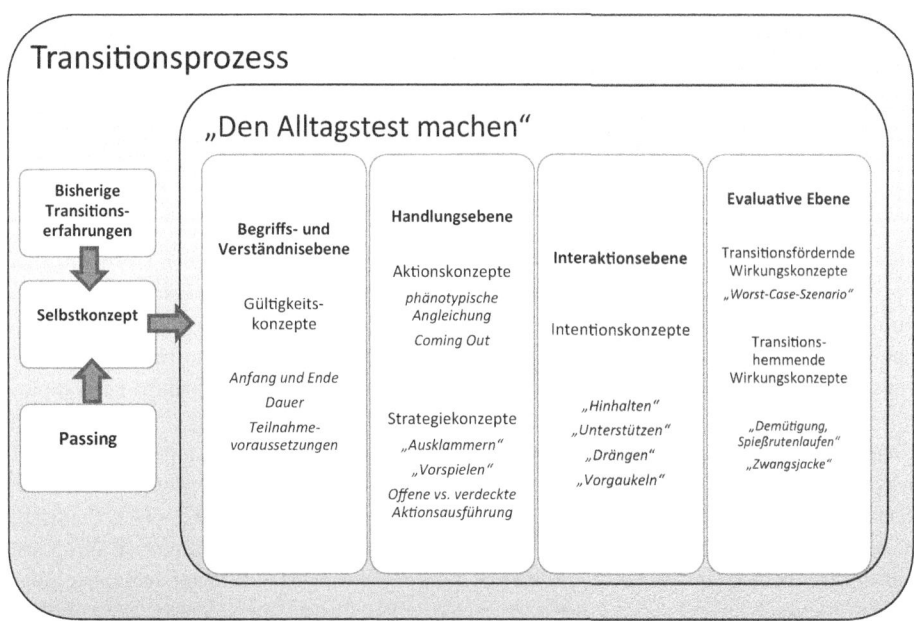

Abb. 7.2 Zweiter Modellentwurf

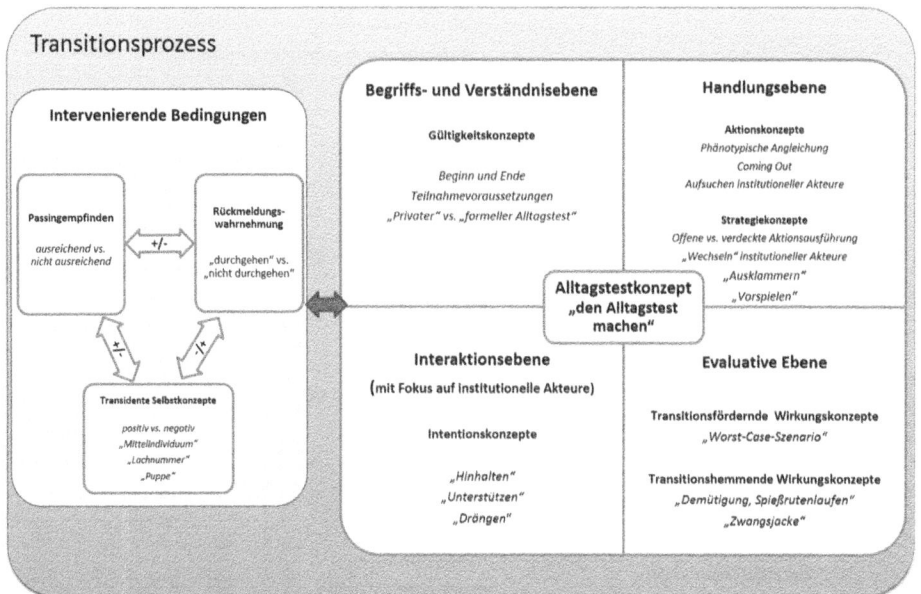

Transitionsprozess

Intervenierende Bedingungen

Begriffs- und Verständnisebene

Gültigkeitskonzepte

Beginn und Ende
Teilnahmevoraussetzungen
„Privater" vs. „formeller Alltagstest"

Handlungsebene

Aktionskonzepte
Phänotypische Angleichung
Coming Out
Aufsuchen institutioneller Akteure

Passingempfinden
ausreichend vs.
nicht ausreichend

Rückmeldungs-
wahrnehmung

+/−

„durchgehen" vs.
„nicht durchgehen"

Strategiekonzepte
Offene vs. verdeckte Aktionsausführung
„Wechseln" institutioneller Akteure
„Ausklammern"
„Vorspielen"

Alltagstestkonzept
„den Alltagstest
machen"

Transidente Selbstkonzepte
positiv vs. negativ
„Mittelindividuum"
„Lachnummer"
„Puppe"

Interaktionsebene
(mit Fokus auf institutionelle Akteure)

Intentionskonzepte

„Hinhalten"
„Unterstützen"
„Drängen"

Evaluative Ebene

Transitionsfördernde Wirkungskonzepte
„Worst-Case-Szenario"

Transitionshemmende Wirkungskonzepte
„Demütigung, Spießrutenlaufen"
„Zwangsjacke"

◼ **Abb. 7.3** Finales Modell

in neuen Ideen und Assoziationen verfing, was schließlich dazu führte, dass meine Forschung eine Zeitlang stagnierte. Der Tipp einer Kommilitonin brachte mich schließlich darauf, dass es nicht weiterführte, nach der „einzig richtigen Entscheidung" zu suchen, sondern überhaupt „eine" Entscheidung zu treffen. So entschied ich mich letztlich, die anfängliche Fokussierung beizubehalten und konzentrierte mich darauf, wie meine Gesprächspartner*innen den Alltagstest konzeptualisierten.

7.5   Fazit

Qualitative Forschung kann sehr zeitaufwendig sein. Selbst wenn es möglich erscheint, eine sogenannte *theoretische Sättigung* zu erreichen, also jenen Erkenntnisstand, an dem auch die Hinzunahme weiterer Daten keine neuen Erkenntnisse mehr generieren kann, ist dies im Rahmen einer dreimonatigen Forschungsarbeit selbst mit eingeplanter Vorlaufzeit nicht immer realisierbar. Daher kann meine Bachelor-Arbeit vorerst nur als Momentaufnahme eines explorativen Forschungsprozesses verstanden werden. Zeitlich gesehen mag auch das Konstrukt des Alltagstests eine Momentaufnahme sein. In der siebten US-Version der „Standards of Care" ist er keine Voraussetzung mehr für die Inanspruchnahme medizinischer Leistungen. Dennoch bleibt abzuwarten, ob, und wenn ja, inwiefern die neuen Inhalte der „Standards of Care" auch in die deutschen Begutachtungsrichtlinien Eingang finden oder wann sie institutionell akzeptiert und angewendet werden. So bleibt meine Forschung erweiterungsfähig, bietet dafür aber möglicherweise auch eine gute Forschungsbasis, sich mit dem Thema Transidentität tiefgründiger zu beschäftigen.

Literatur

American Psychiatric Association (2013). *Diagnostic and Statistical Manual of Mental Disorders*. 5. Aufl. Arlington, VA: American Psychiatric Association. Göttingen: Hogrefe.

Becker, S., Bosinski, H. A. G., Clement, U., Eicher, W., Goerlich, T. M., Hartmann, U., Kockott, G., Langer, D., Preuss, W. F., Schmidt, G., Springer, A., & Wille, R. (1997). Behandlung und Begutachtung von Transsexuellen: Standards der Deutschen Gesellschaft für Sexualforschung, der Akademie für Sexualmedizin und der Gesellschaft für Sexualwissenschaft. *Psychotherapeut, 42*(4), 256–262.

Begutachtungsanleitung des Medizinischen Diensts des Spitzenverbandes Bund der Krankenkassen e. V. (MDS) in der Fassung vom: 19.05.2009. http://www.mds-ev.org/media/pdf/RL_Transsex_2009.pdf. Zugegriffen: 28.02.2015.

Breuer, F. (2009). *Reflexive Grounded Theory: Eine Einführung für die Forschungspraxis*. Wiesbaden: VS.

Butler, J. (1991). *Das Unbehagen der Geschlechter*. Frankfurt am Main: Suhrkamp.

Garfinkel, H. (1967). *Studies in ethnomethodology. Social and political theory*. Cambridge: Polity Press.

Glaser, B. G. (2007). Remodeling Grounded Theory. In G. Mey, & K. Mruck (Hrsg.), *Grounded Theory Reader* (S. 47–68). Köln: Zentrum für Historische Sozialforschung.

Glaser, B. G., & Strauss, A. L. (2010). *Grounded Theory: Strategien qualitativer Forschung*. Bern: Huber.

Goffman, E. (1994). *Das Arrangement der Geschlechter*. In: ders. (Hg.) *Interaktion und Geschlecht*., Frankfurt/M./New York: Campus (1994): 105–158.

Harry Benjamin International Gender Dysphoria Association (HBIGDA). 2012. *Standards Of Care For Gender Identity Disorders, Seventh Version*.

Lindemann, G. (2011). *Das paradoxe Geschlecht. Transsexualität im Spannungsfeld von Körper, Leib und Gefühl*. Wiesbaden: VS.

Rauchfleisch, U. (2014). *Transsexualität – Transidentität. Begutachtung, Begleitung, Therapie*. Göttingen: Vandenhoeck und Ruprecht.

Schütze, F. (1983). Biographieforschung und narratives Interview. *Neue Praxis, 13*(3), 283–293. URN: http://nbn-resolving.de/urn:nbn:de:0168-ssoar-53147

Thater, Irene. (2013). *Machen Sie erst mal den Alltagstest!– Konzeptualisierungsvarianten des Alltagstests aus Sicht transidenter Betroffener*. Bachelor-Arbeit. Westfälische-Wilhelms-Universität Münster.

West, C., & Zimmerman, D. H. (1987). Doing Gender. *Gender and Society, 1*(2), 125–151.

Lebenswelten ohne Gestern

Demenzerfahrungen erforschen
mit narrativen Interviews und Reflexive Grounded Theory

Sven Wolter

J. Wintzer (Hrsg.), *Qualitative Methoden in der Sozialforschung*,
DOI 10.1007/978-3-662-47496-9_8, © Springer-Verlag Berlin Heidelberg 2016

8.1   Die Welt der Demenz verstehen

„Was, wenn ich nicht mehr weiß wo ich bin oder mich selbst nicht mehr im Spiegel erkenne? Wann werde ich nicht mehr ich selbst sein? Ist der Teil meines Gehirns, der für mein einzigartiges ‚Ich-Sein‘ zuständig ist, für diese Krankheit anfällig? Oder ist meine Identität etwas, das über Neuronen, Proteine und defekte DNA-Moleküle hinausgeht?" Die Protagonistin Alice Howland beschreibt im Roman *Mein Leben ohne Gestern* von Lisa Genova (2009) die Bedrohung ihrer Identität, ihres Ich-Empfindens durch die Demenz. Die Vorstellung eines geistlosen Zustands, das Erreichen des Nichtseins beängstigt sie. Demenz löst Bilder der Verwirrtheit, der Bedürftigkeit, des sich fremd und unverstanden Fühlens aus. Mein Wunsch war es, mich nicht diesen Bildern hinzugeben, sondern zu ergründen, welche Erlebens-, Erfahrungs- und Erkenntnisebenen sich dementierenden Menschen und ihren Angehörigen eröffnen. Bei der Auswahl der Methodik entschied ich mich für den qualitativ sozialwissenschaftlichen Ansatz der Reflexive Grounded Theory nach Franz Breuer (2009), da diese sehr realitätsnahe Methodik dem Forschenden die Möglichkeit bietet, lebensweltliche Felder teilnehmend-nah zu beleuchten und in diesem Kontext modellhafte beziehungsweise theoretische Konzepte herauszuarbeiten, die alltägliche Phänomene und menschliches Verhalten erklären.

8.2   Präkonzepte als erster Zugang zum Feld: los geht's

Charakteristisch für den Ansatz der Reflexive Grounded Theory ist der reflexive Umgang mit der Subjektivität und Perspektivität der Forschenden, die Berücksichtigung ihrer Präkonzepte, den individuellen Denkweisen und persönlich gefärbten Vorstellungen. Die Forschenden hinterfragen mit welcher Wahrnehmungsbrille sie die Thematik betrachten oder welche Wirkung ihre Anwesenheit im Feld auslöst. Die damit verbundene Thematisierung und Reflexion der eigenen Forschendenrolle stellt keine Störquelle, sondern eine wichtige Erkenntnisquelle für die Fokussierung von Problemaspekten sowie die Bewertung eigener Handlungen und Reaktionen im Feld dar.

Die Präkonzepte bilden den Ausgangspunkt des Forschungsprozesses. In der Auseinandersetzung mit den Präkonzepten reflektieren die Forschenden ihre eigenen Vorstellungen, Ideen und Verbindungen zur Forschungsthematik und generieren daraus die ersten Forschungsfragen. Welche Berührungspunkte und Erfahrungen habe ich mit meiner Thematik? Welche Gefühle, Gedanken, Bilder, (theoretische) Ideen sind damit verbunden? Dieses Vorverständnis des Forschungsgegenstands leitet das Deuten und Verstehen der Erfahrungen im Feld, der beobachteten Handlungen oder des transkribierten Materials aus den Gesprächen. Ausgehend von meinen ersten Präkonzepten lag das Ziel meiner Arbeit zunächst darin, die verschiedenen Facetten des Demenzerlebens zu erforschen. Wie bewältigen dementierende Menschen ihren Alltag? Welche Strategien setzen sie im Umgang mit ihren Symptomen ein? Wie kommunizieren sie mit ihrer Umwelt über ihre Erkrankung? Und: Welche Situationen treten im Kontext von Diagnostik und Behandlung auf? Damit verbunden war das Ziel, meine zum Teil sehr einseitigen Präkonzepte zum Umgang mit Demenz, die vorrangig auf die Dominanz der Handlungen Angehöriger und die Kompensation von Gedächtnisproblemen ausgerichtet waren, auszudifferenzieren.

In einem spiralförmigen Prozess, dem hermeneutischen Zirkel, dem „Hin und Her" zwischen Datenerhebung, Datenauswertung und Theoriebildung verändern und verdichten sich die Präkonzepte, und es vollzieht sich die Modell- und Theorieentwicklung. Im Sinne der Transparenz und Nachvollziehbarkeit dieses Prozesses ist eine fortwährende Reflexion von Veränderungen, Ideen, Beobachtungen in Form eines Forschungstagebuches unerlässlich (Breuer 2009).

8.3   Vom „Herumschnüffeln" im Feld bis zur Modellentwicklung: methodische Zugangswege der Grounded Theory

Der Begriff *„grounded"* weist darauf hin, dass die Modell- und Theoriebildung in den Daten aus Gesprächen, Beobachtungen etc. verankert ist. Die Methoden der Datengewinnung sind dabei sehr vielfältig. Eine Variante des ersten Eintauchens in das Forschungsfeld wird als „Nosing Around" bezeichnet und beschreibt das „Herumhängen, Mitfließen, Bummeln und Schnüffeln im Feld" (Breuer 2009, S. 62). Die Forschenden erhalten Zugang zu einem alltagsweltlichen Feld, entdecken erste theoretisch interessante Aspekte, entwickeln erste Kontakte zu Feldmitgliedern und nähern sich somit langsam der Thematik an. Ich erkundigte mich nach Erfahrungen in meinem Umfeld und schaute Filme und Dokumentationen zum Thema Demenz an. In der Literaturrecherche, in die auch „unwissenschaftliche" Quellen wie Belletristik und Betroffenenliteratur einbezogen werden können, geht es zu diesem Zeitpunkt vor allem darum, einen ersten Eindruck, ein erstes Gefühl für den Forschungsgegenstand zu bekommen und sich somit den Einstieg in das Untersuchungsfeld zu erleichtern. Die Einbeziehung wissenschaftlicher Literatur erfolgt eher begleitend zur Theorie- und Modellentwicklung und nimmt erst im späteren Forschungsprozess einen größeren Stellenwert bei der Einordnung und Diskussion der Modellierung bzw. Theorie ein (Breuer 2009).

Im Rahmen des Nosing Around nahm ich an der Sport- und Gedächtnisgruppe der Alzheimer-Gesellschaft Münster teil, lernte in der Memory-Clinic Münster verschiedene Stufen der Beratung und Diagnostik dementierender Menschen kennen und unterhielt mich in diesem Kontext mit Betroffenen sowie mit Personen, die mit der Betreuung und Pflege dementierender Menschen und ihren Angehörigen beschäftigt sind. Es ergaben sich daraus erste wertvolle Gesprächskontakte. In meinen ersten Beobachtungen und Erfahrungen im Zuge des Nosing Around spiegelte sich zudem eine Vielzahl von Ausdrucksformen und Umgangsweisen der Demenz wider, die erste theoretische Ideen in mir anregten und meine Präkonzepte veränderten. Beispielsweise wandelte sich meine Sicht auf das demenziell bedingte Aufgaben (müssen) von identitär verankerten Aufgaben (z. B. Autofahren) und den damit verbundenen Interaktionen. Meine Vorstellung war zunächst davon geprägt, dass dieser Prozess von erheblichen Konflikten und starkem Widerstand der Betroffenen geprägt ist. Es zeigte sich jedoch, dass viele Tätigkeiten sukzessiv einschlafen oder „wortlos" auf die Angehörigen übergehen.

■   **Gesprächspersonen durch theoretisches Sampling finden: die Auswahl**
Die Auswahl der Interviewpersonen erfolgt nach der Methode des Theoretical Sampling (Strauss und Corbin 1996) prozessbegleitend in Abhängigkeit vom Stand der eigenen Erkenntnis- beziehungsweise Theorieentwicklung. Nach der Auswertung des ersten Interviews wird auf Basis dieser Erkenntnisse nach einer weiteren Interviewperson gesucht, die in bestimmten Kernaspekten vom vorherigen Fall abweicht und die Ausdifferenzierung und Verdichtung des Modells beziehungsweise der Theorie weiter vorantreibt. Die Theoriebildung ist erst abgeschlossen, wenn aus diesem Prozess keine neuen Erkenntnisse und Gewinne mehr resultieren. An diesem Punkt wird die theoretische Sättigung erreicht.

Im Fall meiner Forschungsarbeit traf ich bei ersten Recherchen vorrangig auf Schilderungen Angehöriger und empfand die Sicht der direkt Betroffenen unterrepräsentiert. Ich entschied mich daraufhin, zunächst direkt mit dementierenden Menschen zu sprechen. Im Forschungsverlauf zeigte sich, dass im fortschreitenden Krankheitsprozess Angehörige eine bedeutsame Rolle spielen. Dies führte mich zu der Entscheidung, meine Interviews auf Familienmitglieder dementierender Menschen zu erweitern. Insgesamt führte ich Gespräche mit drei Betroffenen sowie vier Angehörigen. Die „Stichprobe" erscheint in statistischer Hinsicht klein, bot jedoch für eine erste Modellierung im qualitativen Rahmen ausreichend „Datensubstanz" und erscheint für die Grenzen einer wissenschaftlichen Master-Arbeit angemessen, obwohl der Punkt der theoretischen Sättigung (natürlich) nicht erreicht werden konnte. Dafür wären zwischen zwölf und dreißig Interviews notwendig gewesen (Küsters 2006).

■ **Narrative Gespräche als Zugang: die Erhebung**

Als Form der Datengewinnung entschied ich mich für das narrative Interview nach Fritz Schütze. Das narrative Interview basiert auf den Wirkmechanismen des Stegreiferzählens, das heißt des spontanen, unvorbereiteten Erzählens von Geschichten in alltäglichen Situationen, die mithilfe einer themenfokussierten Erzählaufforderung stimuliert werden (Küsters 2006). Meine erste Gesprächsaufforderung lautete: „Wie Sie ja wissen, möchte ich heute mit Ihnen über die Herausforderungen des Älterwerdens sprechen. Mich interessieren dabei vor allem Menschen, die mit Gedächtnisproblemen, mit zunehmender Vergesslichkeit, zu kämpfen haben. Können Sie mir erzählen, wie das bei Ihnen angefangen und sich bis heute entwickelt hat mit der Vergesslichkeit?" Ziel ist es, die interviewten Personen zum ausführlichen Erzählen über die fokussierte Thematik, zum Darstellen ihrer Sichtweisen, Problemdeutungen und Handlungserfahrungen zu bewegen. Dies ermöglicht den Forschenden die vermittelte Teilhabe an der Lebenswelt des zu Untersuchenden (Küsters 2006).

Während der Haupterzählung verhalten sich die Forschenden aufmerksam und empathisch, vermeiden jedoch thematische Eingriffe. Dieses Gesprächsverhalten ist davon motiviert, die Erzählungen nicht schon im Vorfeld künstlich auf bestimmte Themenaspekte einzuengen und den interviewten Personen so die Möglichkeit zu geben, „ihre Geschichte" möglichst frei und umfassend wiederzugeben (Küsters 2006) und sie als „Experte[n] und Theoretiker (…) [ihrer] selbst" (Schütze 1983, S. 285) zu sehen. Erst nach Abschluss der Haupterzählung, in der sogenannten Nachfragephase, besteht für die Forschenden die Möglichkeit, Unerklärtes, Unerzähltes oder Widersprüchliches zu thematisieren und in diesem Kontext die eigenen Haltungen und Vorstellungen sichtbar zu machen (Breuer 2009). Die narrativen Gespräche (der Begriff „Gespräch" scheint im Kontext der gängigen Vorstellung eines Interviews als striktes Frage-Antwort-Spiel im Kontakt mit Interviewpersonen als geeigneter) werden tontechnisch aufgenommen und im Anschluss transkribiert. Neben der Transkription beschreiben die Forschenden in einem Gesprächsmemo (eine Art Erinnerungsnotiz) erste Eindrücke aus dem Gespräch (Beobachtungen während des Interviews, Reflexion der Beziehung zum Interviewten, Ereignisse vor/nach dem Ein- beziehungsweise Ausschalten des Aufnahmegerätes) und notieren aus dem Gespräch resultierende Erkenntnisse, Ideen, theoretische Überlegungen und dokumentieren die Veränderungen und/oder Vertiefungen der eigenen Präkonzepte (Breuer 2009).

■ **Das Hin und Her des Codierprozesses: die Auswertung**

Aus den im Forschungsprozess gesammelten Daten aus Gesprächen und Feldbeobachtungen werden theoretische Ideen, Konzepte herauskristallisiert, die sich im fortlaufenden „Hin und Her" zwischen Datenerhebung und -auswertung zu einem Modell oder einer Theorie verdichten. Zur Auswertung und Analyse der empirischen Daten werden spezifische Codierproze-duren eingesetzt. Ziel der Forschenden ist es, Anzeichen und Indikatoren für Allgemeineres, „Dahinterliegendes" in den Daten zu finden. Codieren stellt die Vorgehensweisen dar, durch die die Daten aufgebrochen, konzeptualisiert und auf neue Art zusammengesetzt werden (Strauss und Corbin 1996).

Der Codierprozess nach Strauss und Corbin (1996) beginnt zunächst mit dem Offenen Codieren, um erste theoretische Konzepte zu entdecken und zu benennen. Dazu wählen die Forschenden zunächst passende Textstellen aus dem transkribierten Material aus, die im Sinne der Forschungsfragen interessant erscheinen. Die Beschreibungen der Betroffenen werden nun durch die Beantwortung offener W-Fragen (Wie gestaltet sich das Leben nach der Demenz-diagnose? Was wird unternommen, um den Alltag trotz demenzieller Einschränkungen zu bewältigen? In welchen Situationen fallen die demenziellen Symptome auf?), das Anstellen von Vergleichen und der Suche nach ersten Eigenschaften, Dimensionen, Typen, Prozessen (z. B. Indikatoren für den Fähigkeitsverlust in der Demenz, Strategien zur Verdeckung demenzieller Auffälligkeiten) „aufgebrochen".

Das Codieren stellt einen sehr komplexen Prozess dar, der sich nur schwer praxisnah be-schreiben lässt und unbedingt in der aufgeführten Literatur (vgl. Breuer 2009; Strauss und Cor-bin 1996) vertieft werden sollte. Ich will es dennoch wagen, den Einstieg in das erste (offene) Codieren am Beispiel meiner Master-Arbeit zu veranschaulichen. Während des Codierens der ersten Gesprächsdaten entwickelte ich zunächst eine Fülle an Codes. Das heißt ich ordnete den herausgefilterten, thematisch interessant erscheinenden Transkriptionsstellen ein bestimmtes theoretisches Vokabular, erste Überbegriffe, zu. Codes können übernommene Bezeichnungen aus den Gesprächen sein, beispielsweise typisierende Redensarten, Beschreibungen oder Begrifflich-keiten der Befragten. In diesem Zusammenhang spricht man von *In-vivo*-Codes (Breuer 2009).

Beispiel

Im Fall meiner ersten dementierenden Gesprächspartnerin entwickelte sich aus der folgenden Text-stelle („Und haben schon gesagt, das gewisse Ausfälle wären beim Gedächtnis. Also sowas kann man ja vertuschen. Wie jetzt. Ich vertusche auch vieles von dem, was ich nicht mehr kann.") der *In-vivo*-Code „Vertuschen" als erster Überbegriff für den nach außen gerichteten Umgang mit demenziell bedingten Auffälligkeiten.

Davon angetrieben suchte ich nach weiteren Textstellen, die solche „Vertuschungsstrategien" beschreiben und identifizierte im Codierprozess (Modellskizze I, ◼ Tab. 8.1) weitere Handlun-gen, die mit dem Umgang mit interaktionalem Auffälligkeiten (Faden verlieren, Erzählbrüche etc.) in Verbindung stehen.

Beispiel

— „Sprachliche Lebhaftigkeit" („Was haben Sie für Tricks, dass Sie Sachen vertuschen? – Weiß ich. Ne Lebhaftigkeit. Ich lebe nicht vom Exakten.")
— „Reise in die Vergangenheit (als narrativer Anker)" („Wie bei Krankenschwestern, nich, die sind ja auch, fangen bei den Embryonen an. Und so weiter. //lacht// Was wollt ich sagen? Also, ich hab das Alter kennengelernt. Wir waren beinah in anderthalbjährigem Abstand an die neun Kinder.")
— „Zurechtlegen von Äußerungen" („Und das gehörte zur Lehre, dass man sagte: Den Fehler, den der erste Geiger macht, den muss man bei der Zweiten, bei der (äh) Wiederholung mitma-chen, ne. Und man kann sich ja immer bevor man redet, wenn ich das nur täte, immer schon sagen: Wie wird es beim anderen ungefähr ankommen.").

■ Tab. 8.1 Modellskizze I: Strategien im Umgang mit demenziellen (Folge)-Erscheinungen

Kategorien, Kodes	Aufrechterhalten von Vertrautheit		"Vertuschen" – Umgang mit interaktionalen Auffälligkeiten (Faden verlieren, Erzählbrüche etc.)		Schutz des (gesunden) Selbstbilds – "Bühnenreife"			Arrangieren – Kompensationsbemühungen	
	Brückenobjekte	Reise in die Vergangenheit	Reise in die Vergangenheit als narrativer Anker	sprachliche Lebhaftigkeit	Abgrenzung	Demonstration (körperlicher Stärke)	Relativierung Diagnose (-Zuschreibung)	Auseinandersetzung	Ausgleich
Zitate aus dem Gespräch mit Margarete Stolz	z. B. alte Fotografien, Möbel	Das waren so große Etagen. Die hat der Vater später mal –. Der war Statiker mein Vater. Und in einem –, ein sehr bekannter, berühmter –, beim Brückenbau in Koblenz und Kirchen und Ratshäuser und alles, was so –. (S. 5, Z.36–39)	Wie bei Krankenschwestern, nich, die sind ja auch, fangen bei den Embryonen an. Und so weiter.//lacht//Was wollt ich sagen? Also, ich hab das Alter kennengelernt. Wir waren beinah in anderthalbjährigem Abstand an die neun Kinder. Die (Mutter) und die Eltern –. Der Vater war immer älter. (S. 5, Z.1–4)	I: *Was haben sie für Tricks, dass sie Sachen vertuschen?* Weiß ich. Ne Lebhaftigkeit. Ich lebe nicht vom Exakten und grammatikalisch (äh) – (...). (S. 8, Z.20–22)	Er hatte eine Klinik auch für Leute, die –, wie nennt man das, die der Restauration bedürften. Die den Anfangen, anfangen auch zu bröckeln und Hindernisse zu haben. Und dann hab ich auch unter denen da gelebt. (S. 11, Z.10–12)	Ja, und was ausgefallen ist. Erstens bin ich, was meinen Körper anbelangt. Das ist immer fehlerlos gelaufen, ohne jede Moles. Und auch jetzt beim Turnen sachte immer. „Keiner so wie sie hier im Haus. Sie sind die Fitteste." (S. 9, Z.39–41)	Und dann war sofort die Idee. Da fielen Worte wie Demenz und auch nen bisschen Alzheimer, möglicherweise. Aber natürlich verläuft die immer anders. Und das kann man nicht endgültig beurteilen. Und sie wissen ja um das, um das was so offenbart und das, was verheimlicht wird oder was noch nicht richtig eingeschätzt werden kann. (S. 6, Z.31–37)	Die Leute sehen's nicht so, wo man doch seine, wahrscheinlich seine Behinderung hat. Ich merk's schon (/) selbst. (S. 11, Z.19–20)	Ich glaube nicht, dass man eine Gedächtnisverbesserung (/) (äh) also mit, mit (/) mit Wahrscheinlichkeit noch aufstocken kann. Ich glaube nicht. (S. 14, Z.24–26) Ich merk schon, vor allem beim Schreiben. Das hat mich natürlich – Ich hab mir jetzt einfach ne ganz saubere Sütterlin-Schrift angewöhnt. Das is auch ne Leistung. Ich hab ne wüste, große Schrift und so. (S. 16, Z.11–14)

Solche generierten Codes basieren im Gegensatz zu den *In-vivo*-Codes auf den sprachlichen Erfindungen der Forschenden und weisen bestenfalls den „Geruch und Geschmack" des Untersuchungsfeldes auf (Breuer 2009).

Die im Codierprozess entstehenden Codes werden zu ersten Kategorien zusammengefasst. Aus dem ersten vorläufigen Code „Vertuschen" entwickelte sich beispielsweise die Kategorie „Verdecken demenzieller Einschränkungen", der die verschiedenen (meta-)kommunikativen Handlungen Betroffener zugeordnet und in der die darin enthaltenen Interaktionen und Handlungen beschrieben werden können. Somit entstehen erste Modellkomponenten und -strukturen, die im Zuge des (axialen und selektiven) Codierens (Strauss und Corbin 1996) um ein theoretisches Zentrum, der Kernkategorie, verbunden werden. Die Kernkategorie entwickelt sich häufig erst im weiteren Forschungsprozess und wird definiert als „Zentralkonzept hoher theoretischer Integrationskraft (…), um das herum sich die anderen gefundenen Kategorien anordnen lassen" (Breuer 2009, S. 92).

In meiner Forschungsarbeit zeichneten sich nach ungefähr drei bis vier Gesprächen die Kernkategorien „Eigenintegrität" und „Gesichtswahrung" als übergreifende, handlungs- und (emotional und kognitiv) verarbeitungsleitende Motive heraus. Die im Codierprozess entwickelte(n) Kernkategorie(n) und die damit verbundene Anordnung der Kategorien müssen durch Daten (beispielsweise den dazugehörigen transkribierten Textstellen) belegt werden und über eine theoretische Plausibilität verfügen (Breuer 2009). Es empfiehlt sich, das herausgearbeitete Modell zunächst grafisch in einer Art Skizze darzustellen, um die Verständlichkeit und Zugänglichkeit zur dahinterstehenden Theorie für die Lesenden zu erhöhen (◘ Tab. 8.1). Der (kreativen) Ausgestaltung des Modells sind dabei meist keine Grenzen gesetzt. Im Fließtext muss dann die ausführliche Beschreibung des Modells und der darin enthaltenen Theorie erfolgen.

8.4   Ziel erreicht: Modell der „Umgehensmuster mit demenziellen Störungen"

Als Ergebnis des hermeneutischen Erkenntnisprozesses steht ein theoretisches Modell (◘ Abb. 8.1), das sich mit den kognitiven, sozialen und emotionalen Folgen demenzieller Störungen auseinandersetzt und die daraus folgenden Handlungs- und Anpassungsmuster dementierender Menschen und ihrer Angehörigen darstellt. Es wird die alltägliche Lebenswelt Betroffener beschrieben, die durch die demenzielle Störung verändert wird. Das Modell setzt seinen Fokus auf die Betroffenen-Angehörigen-Dyade und beleuchtet zunächst getrennt voneinander die jeweiligen Handlungen der Protagonisten hinsichtlich der Eigenintegrität und der Gesichtswahrung. Umgehensmuster, die mit dem Schutz der Eigenintegrität in Verbindung stehen, zielen darauf ab, das introspektiv stabile Gefühl des Selbst des Betroffenen aufrechtzuerhalten. Umgehensmuster im Sinne der Gesichtswahrung sind eher auf den Schutz des sozialen Werts, des Images (Goffman 1975), des Betroffenen ausgerichtet.

Handlungen auf der Lebensradiusebene finden statt, um der demenziell bedingten Verkleinerung des Lebensradius entgegenzuwirken. Durch den Einsatz von kompensatorischen und adaptiven Strategien (z. B. Einsatz von Gedächtnisstützen, Anpassung des Sprachverhaltens) versuchen Betroffene vor allem an Aufgaben, Rollen und Interessen mit identitärer, biografischer Verankerung festzuhalten. Angehörige unterstützen ihre dementierenden Familienmitglieder darin, indem sie Tätigkeiten vereinfachen oder den Zugang zu Vertrautheitsobjekten und -erfahrungen erleichtern. Kompensationsbemühungen dementierender Menschen und

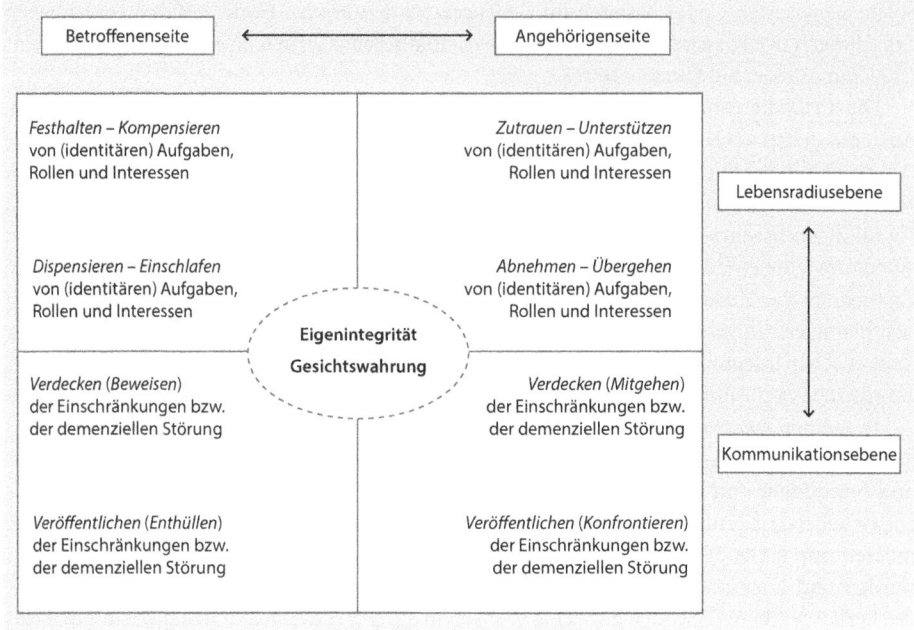

Abb. 8.1 Modelldarstellung der Umgehensmuster mit demenziellen Störungen

ihrer Angehörigen verfügen weiterhin über die (meta-)kommunikative Funktion, wahrgenommene Defizite zu verdecken und somit demenzielle Auffälligkeiten im öffentlichen Raum (Goffman 1975) zu vermeiden. Betroffene setzen verdeckende Verhaltensweisen ein, um das gewünschte soziale Bild mit den damit verbundenen anerkannten Rollen und Eigenschaften für ihre Umwelt aufrechtzuerhalten. Aufgrund des progressiven Verlaufs der Demenz werden in späteren Demenzphasen die Grenzen kompensierenden Verhaltens erreicht. Aufgaben werden abgenommen oder gehen schleichend auf die Angehörigen über. In diesem Kontext zeigen Angehörige häufig mitgehende Verhaltensweisen, indem sie sich auf die Welt der Betroffenen einlassen und sie in ihrem Erleben und Empfinden bestätigen, vor allem aus der Erfahrung, dass offene, korrektive Handlungen zumeist erfolglos bleiben und den Selbstwert der Betroffenen weiter schädigen.

8.5   Am Ende des Weges?: Grenzen subjektorientierter Demenzforschung

Das generierte Modell leistet einerseits einen Beitrag aus theoretischer Sicht zur Analyse der Handlungen auf der Betroffenen-Angehörigen-Dyade und andererseits können aus den Ergebnissen Implikationen für die Forschung und Praxis im Umgang mit dementierenden Menschen abgeleitet werden. Der von mir verwendete Datenmix aus Beobachtungen und Gesprächen mit Angehörigen und Betroffenen ermöglichte mir den Zugang zur Lebenswelt dementierender Menschen. Schilderungen von Angehörigen gaben mir vor allem Aufschluss über die Entwicklung von Verhaltens- und Erlebensweisen im späteren Krankheitsverlauf von dementierenden Menschen, die sich in dieser Phase selbst kaum noch artikulieren können. Dabei ist zu berücksichtigen, dass die Angehörigen das Verhalten der Betroffenen durch ihre „Wahrnehmungsbrille" erleben und bewerten. Hier zeigen sich die Grenzen dieser Betrachtung. Die Motive, Bedürfnisse, Denkweisen in späteren Demenzstadien lassen sich nur schwer erfragen und basieren auf Beobachtungen und Interpretationen.

Eine weitere Herausforderung der vorliegenden Subjektforschung besteht darin, dass die Betroffenen mitten in ihrer „Erkrankungsgeschichte" befragt werden (müssen) und daher selbst in der schmerzhaften Auseinandersetzung mit ihrer demenziellen Störung stehen. Die Krankheitskonfrontation im Rahmen eines Gesprächs könnte das Defiziterleben der Betroffenen verstärken und zu verdeckenden, gesichtswahrenden Verhaltensweisen führen. Dies ermöglicht den Forschenden einerseits die Kompensationsstrategien direkt zu beobachten, verschließt jedoch unter Umständen Zugangswege zu angsthaften und schambesetzten Seiten der Demenz. Andere Themenfelder wie zum Beispiel der Auszug der Kinder oder eine überstandene Krebserkrankung erscheinen im Sinne der Grounded Theory geeigneter, um die Betroffenen retrospektiv auf ihre (Krankheits-) Geschichte blicken zu lassen und somit eine differenzierte und reflektierte Sichtweise auf den Forschungsgegenstand zu erhalten.

Vor dem Hintergrund der demenziell bedingten Reduktion sprachlicher Ausdrucksmittel, die von Wortfindungsstörungen und Schwierigkeiten, eine zusammenhängende Erzählung aufzubauen (Schecker 2003), begleitet werden, stellt sich die Frage, ob das narrative Interview die Erhebungsmethode der Wahl darstellt. Insbesondere die sehr offene, non-direktive Ausrichtung dieser Methodik und die damit verbundene Anforderung, eine freie Erzählung aufzubauen, fällt Betroffenen sehr schwer. Naheliegend wäre der Einsatz von strukturierteren Interviewmethoden, da diese dem Betroffenen im Gespräch Orientierung geben könnten. Zudem kann dem Betroffenen im Vorfeld ein Fragenkatalog ausgehändigt werden, mit welchem er sich auf das Gespräch vorbereiten kann und der den Interviewten während des Interviews als (Gedächtnis-) Stütze dienen kann.

Literatur

Breuer, F. (2009). *Reflexive Grounded Theory: Eine Einführung für die Forschungspraxis.* Wiesbaden: VS.

Genova, L. (2009). *Mein Leben ohne Gestern.* Köln: Bastei Lübbe.

Goffman, E. (1975). *Interaktionsrituale: Über Verhalten in direkter Kommunikation.* Frankfurt am Main: Suhrkamp.

Küsters, I. (2006). *Narrative Interviews: Grundlagen und Anwendungen.* Wiesbaden: VS.

Schecker, M. (2003). Sprache und Demenz. In R. Fiehler, & C. Thimm (Hrsg.), *Sprache und Kommunikation im Alter* (S. 278–292). Radolfzell: Verlag für Gesprächsführung.

Schütze, F. (1983). Biographieforschung und narratives Interview. *Neue Praxis: Kritische Zeitschrift für Sozialarbeit und Sozialpädagogik, 13,* 283–293.

Strauss, A., & Corbin, J. (1996). *Grounded Theory: Grundlagen Qualitativer Sozialforschung.* Weinheim: Beltz.

Faszinierende Zukunft

Mit Experteninterviews und Freier Interpretation
in die Zukunft blicken

Daria Reinbold

J. Wintzer (Hrsg.), *Qualitative Methoden in der Sozialforschung*,
DOI 10.1007/978-3-662-47496-9_9, © Springer-Verlag Berlin Heidelberg 2016

9.1   Die Zukunft erforschen

Zukunft ist universaler Bestandteil des Lebens. Jeder Mensch hat seine ganz individuelle Zukunft vor sich liegen und wird sie mit größter Wahrscheinlichkeit auch erleben. Zukunftsthemen haben einen immensen Stellenwert in Politik, Wirtschaft und Zivilgesellschaft und das Bedürfnis, etwas über die Zukunft zu erfahren, ist so alt wie die Menschheit selbst. Postmoderne Gesellschaften haben mittlerweile eine planende, statistische Herangehensweise entwickelt, Wissen über die Zukunft zu generieren. Allerdings können weder die größte Faszination für die Zukunft noch die bahnbrechenden Forschungsmethoden einen 100-prozentigen Zugang zur Zukunft geben. Aber gerade diese Momente der Unbeeinflussbarkeit der Zukunft scheint die Menschen zu faszinieren. Unzählige Beiträge aus allen Epochen der Menschheitsgeschichte titeln sensationelle Prophezeiungen (z. B. *Der Future Hype* von Matthias Horx, *The Future and its Enemies* von Daniel Innerarity oder *Der Zukunftsschock* von Alvin Toffler). Die einen verheißen das Paradies, die anderen prognostizieren den Untergang der Menschheit. Ein Bewusstsein dafür zu schaffen, dass die Wissenschaft auch im 21. Jahrhundert keine ganzheitlichen Aussagen über die Zukunft treffen kann, war die Intention meiner Arbeit.

9.2   Die Zukunft befragen: Forschungsfragen formulieren

Unabhängig vom Forschungsthema und Fachgebiet besteht ein Forschungsprozess grundsätzlich aus zwei Phasen: der theoretischen Entwicklung und der empirischen Überprüfung (von Alemann 1984, S. 31). Aktuelle Ansätze qualitativer Forschung haben sich von dieser eher an naturwissenschaftlichen Forschungstraditionen angelegten Vorgehensweise entfernt. Diese zielen nicht mehr auf eine Testung einer Theorie. Theoretische Konzepte dienen eher als Orientierung und Einbettung eines Themas, um soziale Phänomene besser zu verstehen, und die Empirie dient durch Datenerhebung und Datenauswertung der Beantwortung der Forschungsfragen. In diesem Sinne formulieren nicht mehr alle qualitativen Forschungsprozesse Hypothesen, da eine empirische Überprüfung nicht immer eine Rolle spielt.

Welche Forschungstradition ihr auch immer verfolgt, das Ziel einer Forschungsarbeit kann nur mittels gut überlegter und exakt formulierter Forschungsfragen sowie der systematischen Einhaltung des Forschungsprozesses erreicht werden. Neben einer ersten Recherche und Analyse zur relevanten Literatur (sog. „Literaturbericht") ist die „Definitionsphase" (von Alemann 1984, S. 58) ein wichtiger Bestandteil. Hier sollten die Ziele, Theorien (Hypothesen) und alle wichtigen Fachtermini ausführlich definiert, erklärt und voneinander abgegrenzt werden.

Tipp

Definiert ganz konkret, welche Aspekte aus welchen Gründen in Eurer Forschungsarbeit näher analysiert beziehungsweise ausgelassen wurden, sodass ein systematischer Forschungsplan aufgestellt werden kann! Dadurch können später die Forschungsfragen präziser formuliert und die Theorien besser eingeordnet und angewandt werden.

„*The aporia of a dynamic society is that knowledge of the future is as necessary as it is impossible*" (Innerarity 2012, S. 34). Auf Basis dieses innerhalb der modernen Zukunftsforschung zentralen Dilemmas, welches Daniel Innerarity sehr aussagekräftig beschreibt, wurden folgende

Ein Forschungsprozess im Allgemeinen

Ziel der Forschung	Erforschung und Analyse einer Problemstellung
	Beispiel: Wie kann Wissen über die Zukunft generiert werden?
Ausgangspunkt	Theoretischer Rahmen, Literaturauswahl
	Problemstellung formulieren
	Forschungsfragen erstellen
	Identifikation und Definition von Schlüsselfaktoren
Methode/Vorgehensweise	Forschungsprozess und Herangehensweise
	Beispiel: Qualitative Sozialforschung
	(Hypothesenbildung)
	Experteninterviews mit Leitfaden
Datenmaterial	Historische Daten im Vergleich und/oder eigens erhobene Daten
	aus den Experteninterviews
Ergebnisdarstellung	Transkription, Datenanalyse und Auswertung
	Beispiel: Freie Interpretation
Herstellung von Plausibilität	Ergebnispräsentation, Qualitätskriterien der Wissenschaft
	Einhaltung des systematischen Forschungsprozesses
	Einhaltung von Objektivität, Reliabilität und Validität

übergeordnete Forschungsfragen für die weitere systematische Auseinandersetzung mit der Zukunftsforschung ausgearbeitet: Wie viel Wissen über die Zukunft brauchen wir überhaupt? Haben wir durch Wissenschaft und Technik nicht schon genug Wissen? Wie können wir dieses valide Wissen anwenden und die Geschehnisse so beeinflussen, dass uns eine Zukunft erwartet, die wir auch wollen? Können Entscheidungsträger und -trägerinnen überhaupt mit dem Wissen umgehen und sich auf einen gemeinsamen global-gültigen Lösungsansatz für aktuelle Probleme, Konfliktfelder und Herausforderungen einigen?

Inhaltlich und themenunabhängig sollten die Forschungsfragen die zentralen Aspekte des Forschungsanliegens behandeln und mit prägnanten, verständlichen Formulierungen beschrieben werden.

9.3 Methode Experteninterview: Was ist das überhaupt?

Unter dem Begriff „Experteninterview" fallen innerhalb der qualitativen Sozialforschung zahlreiche unterschiedliche Herangehensweisen und je nach Thematik und Problemstellung spezifische Forschungsansätze, welche direkt aus den Forschungskontexten heraus entwickelt werden. Diese Methode kann je nach Fragestellung, Forschungsprozess, Forschenden und Experten, -innen individuell angepasst werden. Es ist ein flexibles und beliebtes, aber aufgrund der pragmatischen Vorgehensweisen ein teils auch umstrittenes Instrument der qualitativen Sozialforschung. Es gilt wohl stets der Satz: „*Das* Experteninterview gibt es nicht" (Bogner et al. 2014, S. 3).

Empirische Sozialforschungen sind dadurch gekennzeichnet, dass sich die Forschenden immer wieder neu mit der Frage, respektive Problemstellung, auseinandersetzen und aufgrund von

Entwicklungen im Forschungsprozess das Untersuchungsdesign kontinuierlich modifizieren müssen (Kromrey 1998, S. 67 f). In einem solch vagen und komplexen Forschungsfeld wie der Zukunftsforschung bedarf es einer möglichst breiten Erhebung der Daten. Hauptfokus während der aktiven Forschung sollte dabei immer auf der Informationsgewinnung liegen (Gläser und Laudel 2009, S. 10 f). Es sollten nicht nur standardisiert Daten und Fakten erhoben werden, sondern es sollte den Experten und Expertinnen auch der nötige Freiraum gelassen werden, die im Gespräch behandelten Themen zu deuten, zu interpretieren und jeweils ihre Meinung und Einschätzung zu erläutern.

- ■ **Warum eine persönliche Befragung?**

Da die Sprache eines der besten menschlichen Mittel zur Informationsvermittlung darstellt (Alemann 1984, S. 207 f), fiel die Auswahl auf die qualitative Befragung. In einer interpersonalen Interaktion zwischen Individuen fördert dies sowohl die Abfrage von Ansichten und Meinungen zum jeweiligen Sachverhalt als auch die intuitive Reaktion der Befragten zur Äußerung ihrer persönlichen Einschätzungen. Bei solchen qualitativen Interviews steht also die Interaktion zwischen dem Interviewenden und den Experten und Expertinnen im Fokus. Das heißt, dass die Forschenden eher offene Gesprächspartner und -innen sind, die Fragen reflektiert und angepasst an den jeweiligen Dialogverlauf (Bortz und Döring 2006, S. 308) stellen. Es sollte stets eine Balance zwischen direktiver und non-direktiver Gesprächsführung realisiert werden (Bortz und Döring 2006, S. 311).

- ■ **Wer ist ein geeigneter Experte?**

Innerhalb von Experteninterviews werden die Experten und -innen als konkrete soziale Akteure und Akteurinnen (Bogner et al. 2014, S. 4), als reale Gesprächspartner und -partnerinnen wahrgenommen, die Informationen gezielt vermitteln können. Aufgrund ihres Erfahrungsschatzes sowie ihrer eigenen Forschung in dem jeweiligen Fachgebiet können wir prinzipiell ihrem Knowhow vertrauen, sollten aber auch einige verschiedene Meinungen weiterer Experten und -innen einholen und alle Aussagen miteinander vergleichen. Etymologisch stammt der Begriff „Experte" aus dem Lateinischen *expertus*: „erprobt, erfahren, bewährt" (Kluge 2002, S. 266). Sie haben also die ausreichende „wissenschaftliche Expertise" (Bogner et al. 2014, S. 10) sowie das „besondere Wissen" (Gläser und Laudel 2009, S. 10), auf welches wir zurückgreifen und als Basis für weitere Forschungszwecke heranziehen können. Es ist daher sehr wichtig, sich äußerst detailliert zu überlegen, welche Personen innerhalb eines Experteninterviews ausgewählt werden (Bogner et al. 2014, S. 10 f). Das heißt, wer als geeigneter Experte und geeignete Expertin infrage kommt, definiert sich immer aus dem jeweiligen Forschungsinteresse sowie dem jeweiligen Fachgebiet der Interviewten (Bogner et al. 2014, S. 11).

> **Tipp**
>
> Für die Auswahl von Experten und Expertinnen können folgende Faktoren hilfreich sein: Zitationszahl, Autoren und Autorinnen von wissenschaftlichen Werken, genereller Bekanntheitsgrad, Wissenschaftler und Wissenschaftlerinnen an Fakultäten und freien Forschungsinstituten.

Im Laufe meiner Forschungsarbeit wurden insgesamt sechs Experten und Expertinnen – jeweils drei aus der Trend- und der Zukunftsforschung – in persönlichen Telefoninterviews befragt. Der

Leitfaden-Fragebogen diente dazu, alle wichtigen Aspekte festzuhalten und das Gespräch zu orientieren. Bei der Konzeption des Leitfadens habe ich mir immer folgende Fragen gestellt: „Was will ich genau wissen?", „Welche Informationen brauche ich?" und „Werde ich mit dieser Frage auch eine eindeutige Antwort bekommen, die mir bei meiner weiteren Forschung helfen wird?".

Je nach Forschungshintergrund können die Fragen für den Leitfaden abgeleitet und möglichst standardisiert, dennoch mit der erforderlichen Flexibilität für individuelle Zwischenfragen den Interviewten gestellt werden. Oftmals werden mehrere Themenblöcke behandelt. Beginnend mit sogenannten „Eisbrecher-Fragen" (Noelle-Neumann und Petersen, zit. in Kromrey 1998, S. 358) zu Person, Werdegang und aktuellem Forschungsschwerpunkt wurde zum inhaltlichen Teil übergeleitet. Die Befragten sollten dabei ihre Einschätzungen zu meinen Fragen geben. Danach wurde auf weitere Aspekte zum Forschungsthema eingegangen und nochmals konkreter nachgefragt. Zwei bis drei Abschlussfragen dienten einer Art „Bilanzierung" (Kromrey 1998, S. 358) des gesamten Interviews, und mit einer eher offenen Finalfrage wurden die Interviews schließlich beendet.

Mit einem sog. „Pretest" (Alemann 1984, S. 97) sollte der Leitfaden vor der tatsächlichen Datenerhebung überprüft werden, um eventuelle Unklarheiten zu korrigieren. Ich habe meinen Entwurf an Professoren und Studierende zur Durchsicht geschickt und um Feedback gebeten. Auch wenn sie keine Experten und Expertinnen im Feld der Zukunftsforschung waren, konnte ich einige Verbesserungen bei der Formulierung sowie der Struktur des Leitfadens vornehmen.

- **Noch ein Tag bis zum Telefoninterview: Und was jetzt?**

Nach der finalen Auswahl wurden alle sechs Experten und Expertinnen mittels E-Mail allgemein über das Themengebiet meiner Forschungsarbeit informiert. Auf jeweiligen Wunsch wurde auch eine zusätzliche zweite E-Mail zugeschickt, in der detaillierter beschrieben wurde, welche Fragen im Interview gestellt werden. So konnten sich die Gesprächspersonen auf die Fragen vorbereiten und gezielt für sie wichtige Punkte ansprechen und sogar vorbereitete Studienergebnisse erläutern. Dennoch sind auch affektive und spontane Antworten sehr wichtig und interessant für die anschließende Datenauswertung. Daher sollte darauf geachtet werden, nicht zu viele Informationen über das Gespräch zu verraten. Zudem ist es sinnvoll, mehr Experten und Expertinnen als notwendig zu kontaktieren, falls kein Interesse an dem Interview besteht oder das Gespräch aus terminlichen Gründen abgesagt werden muss. Zur weiteren organisatorischen Vorbereitung (Bortz und Döring 2006, S. 310) gehören die anschließende Terminabsprache und das sorgfältige Zusammenstellen des Interviewmaterials.

- **Durchführung des Interviews – die Experten und Expertinnen am Telefon**

Gemäß den jeweiligen Terminvereinbarungen wurden alle Interviews telefonisch, also in einer künstlich hergestellten Gesprächssituation (Alemann 1984, S. 208) durchgeführt. Umfang und Dauer der Interviews resultierten aus der Gesprächsfreude und aus dem jeweiligen Ausmaß detaillierter Antworten der Befragten. Im Allgemeinen wurde angestrebt, eine 30–40-minütige Zeitspanne nicht zu überschreiten, denn sowohl Konzentration als auch Gesprächswille nehmen – vor allem bei sehr schwierigen Themen, die noch dazu über das Telefon vermittelt werden – kontinuierlich ab. Während des gesamten Interviews gilt die Faustregel: „Aktives Zuhören" (Gläser und Laudel 2009, S. 168). Mit großer Konzentration und der stetigen Rückkopplung zu den Interviewpersonen wurden die Fragen anhand des Leitfadens, flexibel an den jeweiligen Gesprächsverlauf angepasst, gestellt. Individuelle Nach- beziehungsweise Detailfragen präzisieren die Antworten. Mit den abschließenden Fragen und einer freundlichen Verabschiedung wurden die Telefonate schließlich beendet.

9.4   Und was weiß ich jetzt?
Transkription, Interpretation und Datenanalyse

■ **Transkription**

Qualitative Daten werden bei der Auswertung zunächst verbalisiert und anschließend inter-
pretatorisch verarbeitet und diskutiert (Bortz und Döring 2006, S. 296–298). Erster Schritt
ist hierbei die Transkription der Tonaufzeichnungen. Dies kann entweder manuell z. B. in ein
Word- oder Excel-Dokument eingetragen oder auch in eine spezielle Daten-Software, wie etwa
„The Ethnograph", eingegeben werden. Für eine ganzheitliche Analyse ist die Dokumentation
von nonverbalen Äußerungen (lange Pausen, das „Zwischen den Zeilen", etc.) sowie Stimmhöhe
oder Tonalität der befragten Personen notwendig und wurden von mir während des Gesprächs-
verlaufes notiert (vgl. Beitrag von Benedikt Geyer 2015). Um Stimmvariationen oder andere
Auffälligkeiten in die Transkriptionen mit aufnehmen zu können, habe ich alle Interviews jeweils manuell in Word-Dokumente aufgenommen und nach meiner persönlichen Systemati-
sierungsstrategie individuell niedergeschrieben. Anschließend wurde der gesamte Dialog para-
phrasiert, sodass sämtliche Informationen, welche in der Datenanalyse herangezogen werden,
auch in der jeweiligen Transkription wiederauffindbar sind (Liebold und Trinczek 2002, S. 48 f).

■ **Freie Interpretation**

Aufgrund der vielseitigen Antworten meiner Befragten habe ich gezielt auf das Verfahren der
Freien Interpretation nach Gläser und Laudel (2009, S. 44 ff) zurückgegriffen. Bei dieser Methode werden die Daten theoriegeleitet interpretiert, ohne diese vorab strukturieren zu müssen.
Sie wurden allein im Hinblick auf die Forschungsfragen und Theorien in der gesamten Arbeit
an den Stellen integriert, welche von mir als sinnvoll und passend erachtet wurden (Gläser und
Laudel 2009, S. 45). Diese stark hermeneutische Herangehensweise soll feststellen, was die Ge-
sprächsperson eigentlich sagen wollte und wie dies zu verstehen ist (Cropley 2005, S. 186). Wie
in ◨ Abb. 9.1 zu sehen ist, geht es also darum, die eigentliche Botschaft aus den Antworten der
Interviewten zu identifizieren und diese mit den anderen Expertenmeinungen zu vergleichen.
Kromrey spricht daher auch von einer „deutenden Interpretation" (Kromrey 1998, S. 321).

Einige Wissenschaftler und Wissenschaftlerinnen kritisieren, dass bei der Freien Interpretation keine exakten Verfahrensregeln existieren und niemand nachvollziehen kann, wie die
Forschenden von ihren empirischen Daten zu den jeweiligen Schlussfolgerungen und Aussagen
gekommen sind. Daher müssen möglichst viele wörtliche Zitate in die Analyse und Ergebnispräsentation einfließen, damit die Vergleiche zwischen den Aussagen und Antworten deutlich
werden. Ein großer Vorteil dieser Methode ist, dass in kurzer Zeit plausible und interessante
Ergebnisse produziert werden können und die Aussagen der Experten und Expertinnen zentralen Einfluss auf die weitere Ergebnisdarstellung haben (Gläser und Laudel 2009, S. 44 ff).

9.5   Wie präsentiere ich die erhobenen Daten?: Ergebnisdarstellung

Nach der Interpretation und Datenanalyse können die Ergebnisse in einem umfassenden Kapitel dargestellt und zusammengefasst werden. Oftmals ist allerdings eine präzise Ergebnispräsentation, in welcher die Problemstellung und Forschungsfrage lückenlos beantwortet wird,
aufgrund der Materialfülle fast unmöglich. Eine einfache, klar strukturierte Lösung für die
Forschungsfragen und -probleme in sozialwissenschaftlichen Kontexten gibt es quasi nie. Daher sollte während des gesamten Forschungsprozesses stets eine gewisse Flexibilität bewahrt

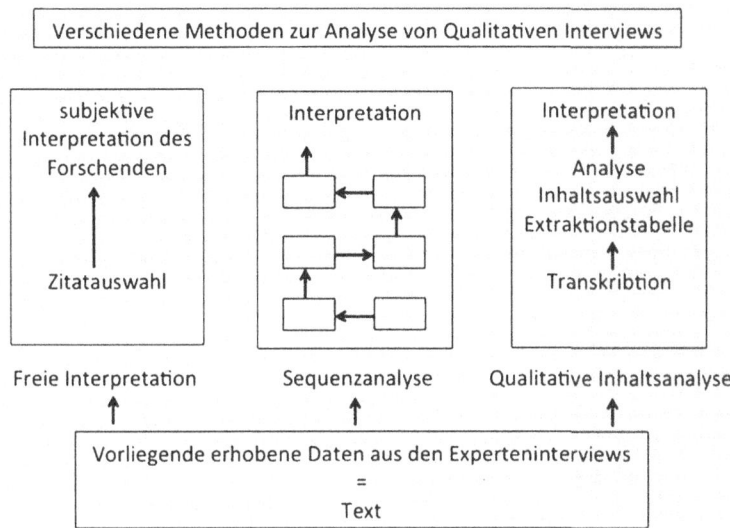

Abb. 9.1 Ein Vergleich dreier Methoden zur Analyse von Qualitativen Experteninterviews

bleiben, um auf die unterschiedlichsten Zwischenergebnisse und Vorfälle reagieren zu können, die im Vorfeld oder bei Beginn der Forschung nicht einmal in Erwägung gezogen wurden und, um eben diese auch in der Ergebnisdarstellung schildern zu können.

Die Resultate der Datenauswertung werden meist als wissenschaftliche Berichte oder Abschlussarbeiten publiziert. Die Daten sollten hierbei in aggregierter Form dargestellt und verglichen werden, um die Schlussfolgerungen und Endaussagen konkret mit Beispielen zu veranschaulichen. Natürlich sollten auch überraschende und konträre Befunde sowie schwache Argumente und Ergebnisse beschrieben werden. Besonders bei der Freien Interpretation sollten viele Zitate an den passenden Stellen im Text eingebaut werden. Damit können die Interpretationen und Schlussfolgerungen deutlich gemacht werden. Mit wissenschaftlicher Professionalität sollten alle Auswertungsschritte und Ergebnisse begründet und argumentativ formuliert werden. Besonders wichtig ist der „rote Faden", der den Lesenden hilft, alle Schritte nachvollziehen zu können und die gesamte Arbeit mit Freude zu studieren.

9.6 Ein Fazit zur Methode Experteninterview

Nach meiner Erfahrung ist für Einsteiger wissenschaftlichen Arbeitens und Forschens die Methode der qualitativen Experteninterviews sehr empfehlenswert. Auch wenn es bei der Auswertung und Interpretation der gesprochenen Daten – insbesondere die Informationen „zwischen den Zeilen" – schwierig werden kann, eine systematische Ergebnispräsentation und eine grobe Lösung der Forschungsfragen und Problemstellungen zu erstellen, empfand ich eben diesen Freiraum, die Zitate und Meinungen an passenden Stellen in die Forschungsarbeit einfließen zu lassen, besonders vorteilhaft.

Im Allgemeinen ist zu betonen, dass ab Beginn der Forschung sogenannte „Arbeitspakete" gesetzt und diese Schritt für Schritt bearbeitet werden sollten. Mit einer groben Zeiteinteilung können trotz Zeitdruck auch unerwartete Aspekte ohne Panik ausreichend analysiert werden.

Die Transkription der Daten sollte dabei z. B. eine größere Zeitspanne einnehmen, als bspw. die Literaturrecherche und der anschließende Schreibprozess. Dennoch ist die Auswahl einer geeigneten Methode immer typspezifisch und vom Themengebiet abhängig. Wer also gerne qualitative Forschung betreibt und keine Scheu vor persönlicher *face-to-face*-Interaktion hat, der/die sollte das Instrument der Experteninterviews bei der nächsten Forschungsarbeit sicherlich einmal ausprobieren.

> ❯ **Checkliste für Qualitative Experteninterviews**
> ▬ Vorbereitung für die Interviews: Schreibmaterial, Audiorekorder für die Tonband-
>   aufnahme, bisherige Forschungsmaterialien, etc.
> ▬ Leitfaden-Fragebogen als Grundgerüst für die Gespräche
> ▬ Kombination aus „offenen" (weite Formulierung) und „geschlossenen" Fragen
>   (konkrete Formulierung mit begrenztem Antwortspielraum)
> ▬ Info-Mail an die Experten mit grober Darstellung der Forschungsthematik
> ▬ Immer das Einverständnis zur Aufnahme der Gespräche einholen
> ▬ „Aktives Zuhören" während der Interviews
> ▬ Aussagen und Zitate immer anonymisieren (keine Namensnennung und keine
>   Weitergabe an Dritte)
> ▬ Ausreichend Zeit für die manuelle Transkription der Interviews einplanen!
> ▬ Zusammengefasste Ergebnisdarstellung mit Grafiken, Tabellen, Diagrammen
>   veranschaulicht
> ▬ Anonymisierte Transkriptionen der Interviews in den Anhang der Forschungsarbeit
> ▬ Wissenschaftliche Gütekriterien und Wortwahl, klare Satzstruktur, logische Vorgehens-
>   weise

Tipp

Empfohlene Zusatzliteratur

Helfferich, Cornelia. 2011. *Die Qualität qualitativer Daten. Manual für die Durchführung quali-
    tativer Interviews.* Wiesbaden: VS.
Konrad, Klaus. 1999. Die Befragung. In: Marold Wosnitza und Jäger Reinhold (Hrsg.) *Daten
    erfassen, auswerten und präsentieren – aber wie? Forschung, Statistik & Methoden,*
    S. 73–111. Landau: Empirische Pädagogik.
Kruse, Jan. 2006. *Qualitative Interviewforschung. Ein integrativer Ansatz,* Weinheim und Basel:
    Beltz Juventa.
Maindok, Herlinde. 2003. *Professionelle Interviewführung in der Sozialforschung. Interviewtrai-
    ning, Bedarf, Stand und Perspektiven.* Herbolzheim: Centaurus.
Przyborski, Aglaja, Monika Wohlrab-Sahr. 2014. *Qualitative Sozialforschung. Ein Arbeitsbuch.*
    München: Oldenbourg.
Social Science Software: *Übersicht verschiedener Daten-Software zur Transkription der
    Audiodaten* ▶ http://www.sosciso.de/de/software/datenumwandlung/transcription/
    [zugegriffen: 15.02.2015].

Literatur

Alemann, H. (1984). *Der Forschungsprozeß. Eine Einführung in die Praxis der empirischen Sozialforschung.* Stuttgart: Teubner.

Bogner, A., Littig, B., & Menz, W. (2014). *Interviews mit Experten. Eine praxisorientierte Einführung.* Heidelberg: Springer.

Bortz, J., & Döring, N. (2006). *Forschungsmethoden und Evaluation für Human- und Sozialwissenschaftler.* Heidelberg: Springer.

Cropley, A. J. (2005). *Qualitative Forschungsmethoden. Eine praxisnahe Einführung.* Eschborn: Klotz.

Geyer, B. (2015). In *Herausforderungen meistern. Qualitative Methoden von Studierenden für Studierende.* Wiesbaden: Springer.

Gläser, J., & Laudel, G. (2009). *Experteninterviews und qualitative Inhaltsanalyse.* Wiesbaden: VS.

Horx, M. (1999). *Die acht Sphären der Zukunft. Ein Wegweiser in die Kultur des 21. Jahrhunderts.* Wien: Signum.

Innerarity, D. (2012). *The Future and Ist Enemies. In Defense of Political Hope.* Stanford: Standford University Press.

Kluge (2002). *Etymologisches Wörterbuch der Deutschen Sprache.* Berlin: Walter de Gruyter.

Kromrey, H. (1998). *Empirische Sozialforschung. Modelle und Methoden der Datenerhebung und Datenauswertung.* Opladen: Leske + Budrich.

Liebold, R., & Trinczek, R. (2002). Experteninterview. In P. Strodtholz, & S. Kühl (Hrsg.), *Methoden der Organisationsforschung. Ein Handbuch* (S. 32–56). Reinbeck bei Hamburg: Rowohlt.

Praktiken und Diskurse digitaler Selbstvermessung

Eine empirische Untersuchung im Stil der Situationsanalyse

Beate Kasper, Lisa Staiger, Maja Urbanczyk

J. Wintzer (Hrsg.), *Qualitative Methoden in der Sozialforschung,*
DOI 10.1007/978-3-662-47496-9_10, © Springer-Verlag Berlin Heidelberg 2016

10.1   Make it count: Selbstvermessung als Alltagsphänomen

Mit *self knowledge through numbers* wirbt die 2007 gegründete *Quantified-Self*-Bewegung „*to help people get meaning out of their data*" (Quantified Self Labs 2012). Mit teils exzessiven Selbstvermessungspraktiken versuchen AnhängerInnen sich selbst zu erfahren und in der Konsequenz zu verbessern. Aber auch außerhalb dieser – vor allem in den USA verbreiteten – Bewegung findet Selbstvermessung statt. Meist auf viel subtileren Ebenen – sei es als nahezu unreflektierte Alltagspraxis (wie das routinierte morgendliche Wiegen), aus technischer Neugierde (wie im Falle von Schuhsensoren zur Messung der Aktivität) oder in anderen Varianten, denen gemein ist, dass das Selbst als messbarer Gegenstand definiert und letztlich quantifiziert wird. Mit der technischen Entwicklung der letzten Jahre hat sich Selbstvermessung auf breite Bevölkerungsschichten erweitert und findet nun nicht mehr nur in engen, professionalisierten Kontexten wie Medizin oder Profisport statt. Wie aktuell und brisant, gleichzeitig aber auch befremdlich der Gegenstand dieses Projektes ist, zeigt dabei nicht zuletzt das pünktlich zu dessen Abschluss erschienene iPhone 6. Dieses ist ausgestattet mit einer vorinstallierten und von NutzerInnen nicht entfernbaren ‚Health App', die gesundheits- und fitnessbezogene Daten wie Kalorien und Herzfrequenz misst, aufzeichnet, visualisiert und noch mehr als das: Apple rundet seine Werbung mit dem kurios anmutenden Versprechen ab: „‚Wie geht's?' kannst du jetzt exakt beantworten" (Apple Inc. 2014).

10.2   Unvoreingenommen sein: unsere Fragestellung

Zu Beginn unserer Forschungsarbeit im Bereich der Selbstvermessung lag noch kaum sozialwissenschaftliches Wissen über dieses weitgehend neue und dynamische Phänomen vor: Was ist Selbstvermessung überhaupt? Wie läuft sie ab? Wer und was ist daran beteiligt und was motiviert Menschen dazu, ihren Schlaf zu überwachen, ihre Ernährung zu dokumentieren oder ihre Schritte zu zählen? Um uns den Gegenstand der Selbstvermessung in all seinen Dimensionen für eine angemessene und ganzheitliche Analyse zugänglich zu machen, lag daher ein qualitatives, theoriegenerierendes Forschungsdesign nahe, das gerade zu Beginn eine Offenheit des Forschungsprozesses ermöglichte (Strübing 2013, S. 20). Offenheit bedeutet in diesem Kontext auch, dass die Fragestellung erst im Verlauf der Forschung spezifiziert wurde.

Dieser Beitrag stellt das Vorgehen und die Ergebnisse eines Lehrforschungsprojektes des Master-Studiengangs Soziologie der Universität Tübingen vor. Ausgehend von einer pragmatistisch-praxeologischen Theorieperspektive war es das Ziel dieses Projektes, Praktiken und Diskurse digitaler Selbstvermessung integrativ zu untersuchen. Das dreizehnköpfige Forschungsteam konnte mithilfe der Grounded Theory nach Anselm Strauss (im Folgenden GT) und Adele Clarkes Situationsanalyse (fortan SA) – als deren Weiterentwicklung – konstitutive Merkmale von Selbstvermessungspraktiken herausarbeiten und erklären.

10.3   Dualismen überwinden: sozialtheoretische Perspektive

Während soziales Handeln in der Soziologie im Sinne Max Webers lange als intentionale, durch bewusste Reflexion in Gang gesetzte Aktivität verstanden wurde, wird diese Vorstellung – insbesondere auch in der qualitativen Sozialforschung – in den vergangenen Jahren zunehmend infrage gestellt: Statt der Fokussierung auf das „Warum" des Handelns richten die jüngst entstandenen Praxistheorien ihren Blick verstärkt auf dessen praktische Vollzüge. Eine soziale Praktik verlangt – im Gegensatz zu einer Handlung – nicht nach einem Handlungsimpuls, sie „läuft immer schon, die Frage ist nur, *was* sie am Laufen hält und *wie* ‚man' oder ‚Leute' sie praktizieren" (Hirschauer 2004, S. 73, H. i. O.). Damit ist eine Praktik als ein „*nexus (…) of doings and sayings*" (Schatzki 1996, S. 88) zu verstehen, ein „routinisiertes […] Bündel von Aktivitäten" (Reckwitz 2003, S. 289), das sich über zeitliche und räumliche Grenzen hinweg reproduziert. Der Begriff der Praktik ist demnach umfassender als der klassische Handlungsbegriff und verspricht für unsere Analyse einen größeren Erkenntnisgewinn. Sinn und Sozialität sind also in dieser Perspektive nicht an Intentionen gebunden, sondern in Routinen verankert, sodass „Handeln im Rahmen von Praktiken zuallererst als *wissensbasierte* Tätigkeit begriffen werden [kann]" (Reckwitz 2003, S. 292, H. i. O.). Entscheidend ist jedoch, dass Wissen hier „nicht ‚praxisenthoben' als Bestandteil und Eigenschaft […] von Personen […] zu verstehen" (Reckwitz 2003, H. i. O.), sondern sowohl in Körpern als auch in Artefakten materiell verankert ist. So enthalten die in den Praktiken der Selbstvermessung involvierten technischen Geräte (z. B. Smartphones oder Pulsuhren) implizites Wissen darüber, was Selbstvermessung ‚ist', wie Selbstvermessung ‚geht' und wie mit ihnen umzugehen ist. Artefakten kommt daher in den Praxistheorien, wie bereits im Pragmatismus, epistemologisch eine ebenso bedeutende Rolle zu wie Menschen, Körpern und Settings; sie alle sind „Partizipanden sozialer Prozesse" (Hirschauer 2004, S. 74).

┌─ **Definition** ───

Praktiken: Soziale Praktiken sind zu verstehen als „know-how-abhängige und von einem praktischen ‚Verstehen' zusammengehaltene Verhaltensroutinen, deren Wissen einerseits in den Körpern der handelnden Subjekte ‚inkorporiert' ist, die andererseits regelmäßig die Form von routinierten Beziehungen zwischen Subjekten und von ihnen ‚verwendeten' materialen Artefakten annehmen" (Reckwitz 2003, S. 289).

Diskurse: In Anlehnung an Michel Foucault konzeptualisiert Clarke in ihren Ausführungen zur Situationsanalyse Diskurse „als soziale Meso-Formen, welche individuelle und kollektive Subjektivitäten produzieren sowie für das Ordnen der Dinge, das die Art und Weise herstellt, wie wir diese Dinge wissen können" (Clarke 2012, S. 101). Unsere Definition von Diskursen schließt daran an, wird jedoch durch eine praxeologische Sichtweise erweitert, in der „Diskurse selbst nichts anderes als Praktiken, d. h. wiederum bestimmte – häufig artefaktgestützte – Aktivitäten der Produktion und Rezeption von Äußerungen [sind]" (Reckwitz 2008, S. 193).

└──

Auch Clarke betont die Handlungsmacht nichtmenschlicher Elemente. Mit ihrer methodologischen Forderung, die Situation als den – nicht räumlich zu verstehenden, sondern empirisch zu bestimmenden – „Ort" der Analyse zu verwenden, spricht sie sich dafür aus, alle in dieser Situation vorhandenen menschlichen und nichtmenschlichen Elemente explizit zu berücksichtigen, da sie „die Interaktionen in der Situation strukturell durch ihre spezifischen Materialeigenschaften und -anforderungen sowie durch unsere Verpflichtungen ihnen gegenüber [konditionieren]" (Clarke 2012, S. 104). Neben menschlichen und materiellen gilt dies auch für diskursive Elemente (Clarke 2011, S. 117), wobei Clarke explizit auf Foucaults Verständnis von Diskursen als „konstitutive Elemente von Praktiken" (Clarke 2012, S. 93) rekurriert. Situationen bzw. Praktiken sind für ihn der „Ort der Verknüpfung (…) zwischen dem, was man sagt und dem, was man tut" (Foucault 2005, S. 28). Ebenfalls in Anlehnung daran versteht Andreas Reckwitz Diskurse als etwas, das *praktiziert* werden muss, etwas, das „allein in einem bestimmten sozialen Gebrauch, als ein Aussagesystem [wirkt], das in bestimmten Kontexten rezipiert und produziert wird" (Reckwitz 2003, S. 298, H. i. O.). Damit sind die für unseren Gegenstand zentralen Diskurse etwa über Ernährung, Fitness oder Körperideale nicht als übergeordnete Struktur, sondern als *diskursive Praktiken* zu verstehen, die in technischen Geräten materiell verankert sind oder über Fach- und Populärliteratur vermittelt werden.

10.4   Forschen als Prozess: methodisches Vorgehen

Wie eingangs beschrieben, handelt es sich bei unserem Untersuchungsgegenstand um ein neues, noch weitgehend unerforschtes Phänomen. Da wir es zu Beginn des Projektes unbedingt vermeiden wollten, unseren Gegenstand durch eine vorschnell formulierte, zu spezifische Forschungsfrage einzuschränken und wir noch nicht absehen konnten, auf welche Weise wir relevante Daten gewinnen würden, bedurfte es eines Analyseverfahrens, das offen ist gegenüber einer sich erst im Forschungsprozess entwickelnden Fragestellung und verschiedenen Arten der Datengewinnung. Der Forschungsstil der Situationsanalyse nach Adele Clarke als eine Weiterentwicklung der Grounded Theory nach Anselm Strauss stellt für eine solche Ausgangssituation sowohl konzeptuell als auch instrumentell adäquate Mittel bereit.

▪ **Zuerst mal uns erforschen, dann die anderen**
Das Ziel unseres Projektes, Praktiken und Diskurse digitaler Selbstvermessung integrativ zu untersuchen, setzte einen multidimensionalen empirischen Zugang voraus. Um zunächst am eigenen Leib zu erfahren, was es bedeutet, die Schritte zu zählen, den Schlaf zu überwachen oder die Ernährung zu dokumentieren, führten wir Autoethnografien (Ellis et al. 2011) durch und entwickelten daraus erste generative Fragen, anhand derer wir Leitfäden für ausführliche Interviews erstellten. Unsere Gesprächspersonen akquirierten wir vorrangig über Rundmails der Universität Tübingen. Daher bestand unser Sample primär aus Angehörigen des akademischen Milieus, was es bei der Analyse zu berücksichtigen galt.

Da Selbstvermessung zu großen Teilen im Privaten stattfindet, hätte ein umfassendes ethnografisches Vorgehen aufgrund aufwendiger Prozesse des Vertrauensaufbaus den zeitlichen Rahmen dieses Projektes gesprengt. Um dennoch die Möglichkeit zu haben, auch nichtartikulierbare Routinen erfassen zu können, ergänzten wir die Interviews durch einige teilnehmende Beobachtungen im öffentlichen Raum. Darüber hinaus nutzten wir sowohl unser Interviewmaterial als auch verschiedene print- und telemediale Beiträge, wie z. B. Werbeanzeigen, Zeitungsartikel und Online-Foren, um uns relevanten Diskursen anzunähern. Zuletzt widmeten wir uns der Untersuchung technischer Geräte und Anwendungen, etwa Schrittzählern, Pulsuhren oder Ernährungsapps, um Erkenntnisse über deren Beiträge zu den Praktiken der Selbstvermessung, über die Voraussetzungen, die sie an die Nutzenden stellen, sowie über Standards und Diskurselemente, die in sie eingeschrieben sind, zu erlangen.

▪ **Forschen ist nicht linear, sondern zirkulär**
Datengewinnung, -analyse und Theoriebildung fanden dabei im Sinne eines „iterativ-zyklischen Prozesses" (Strübing 2014, S. 82) parallel statt: In unserer Analyse verknüpften wir fortlaufend Erkenntnisse, die die Auseinandersetzung mit den unterschiedlichen Materialarten ergab, und entschieden Schritt für Schritt, wo es noch an Daten mangelte.[1] Beginnend mit einem ersten

---

1   So schloss sich bspw. an eine erste Analysephase eine zweite Interviewphase an.

◘ **Tab. 10.1** Offenes Codieren für die Situationsanalyse

Textstelle	Kode (Offenes Kodieren)	Kode Zusatzinformation
[...] //Was eigentlich, also was man alles als Selbstvermessung () bezeichnet//. Ja also so [diese Begriffsabgrenzung d- die is halt fraglich.](2) Letztlich hatte er dann noch angesprochen dass {er so was wie nen Haushaltsplan \auch\ unter Selbstvermessung fa- äh fallen kann}, weil grade ich muss mein Geld verwalten. Ich hab das jetzt #alles auf Sport bezogen# oder #so auf Körperliches# ähm (2) Ich bin sonst nen relativ unorganisierter Mensch. (lacht) Von daher würd bei mir nen Haushaltsplan bei mir überhaupt nich in dieses Thema reinfallen [...]	//S_Was ist SVM?_Definition// [SVM-Definition nicht eindeutig] {Fremddefinition_SVM} \Explizite Inklusion zu SVM-Def.\ #Selbstdefinition SVM_Einbezug# Selbstdefinition SVM_Ausschluss	//Sortierkode: Stellen bei denen es um SVM-Definition geht// [Hinweis auf nichtintentionale Verständlichkeit des Begriffs SVM] {Wie definieren andere (Einzelperonen, Artikel...) SVM?} \Anzeiger für Einbezug bestimmter Praktiken unter den Begriff SVM\ #Wie definiert ein Akteur SVM für sich? Hier: durch Einbezug ("XY gehört dazu")# Wie definiert ein Akteur SVM für sich? Hier: durch Ausschluss ("XY gehört NICHT dazu")

besonders ergiebig erscheinenden Fall zogen wir gemäß der „Methode des ständigen Verglei-chens" (Strübing 2014, S. 14 ff.) sukzessiv weitere Fälle heran, wobei jeder einzelne von ihnen durch minimale oder maximale Kontrastierung zur Spezifizierung der Fragestellung und zur Entwicklung theoretischer Konzepte beitrug.

Die Methode des ständigen Vergleichens spielte auch im Codierprozess eine zentrale Rolle. Beim offenen Codieren[2] bedienten wir uns vor allem der Line-by-Line-Analyse, da unser Da-tenmaterial zu großen Teilen aus Interviewtranskripten sowie Foren- und Blogeinträgen be-stand: Durch das ‚Aufbrechen' des Textes können mithilfe der Line-by-Line-Analyse „hinter der leicht für selbstverständlich und vertraut genommenen Oberfläche des manifesten Textes weitere Sinndimensionen [erschlossen werden]" (Strübing 2013, S. 118). Während des axialen Codierens[3] setzten wir die im offenen Codieren generierten Codes zueinander in Beziehung, wodurch sich uns neue Perspektiven eröffneten, mit denen wir uns erneut ins Material begaben (◘ Tab. 10.1). Das selektive Codieren[4] endete in unserem Fall nicht in einer, sondern in zwei Kernkategorien, da sich zwei (Teil-)Fragestellungen als entscheidend erwiesen: die Frage nach der Motivation, sich selbst zu vermessen (Warum?) sowie die nach der konkreten Ausgestal-tung von Selbstvermessungspraktiken (Wie?). Nach Jörg Strübing (2013) „kann es durchaus angemessen sein, mehrere Schlüsselkategorien auszuarbeiten – diese sollten dann aber jeweils einen klaren Bezug auf eine Teilfrage aufweisen" (Strübing 2013, S. 123).

---

2   Strauss entwickelte die – zusammen mit Barney Glaser formulierte – Heuristik des ständigen Vergleichens hin zu einem dreistufigen Codierprozess weiter: Offenes, axiales und selektives Codieren (Strübing 2014, S. 16).

3   „Das axiale Codieren zielt also auf erklärende Bedeutungsnetzwerke, die in der Lage sind, die jeweils fokussierte Kategorie möglichst umfassend zu erklären" (Strübing 2013, S. 120).

4   Bisher erarbeitete Konzepte und Beziehungen werden im Hinblick auf eine Kern- oder Schlüsselkategorie über-dacht, zum Teil umcodiert und so die gesamte Analyse in einen homogenen Theorieentwurf integriert (vgl. Strübing 2013, S. 122).

■ **Methoden anpassen und weiterentwickeln**

Obwohl die klassische Grounded Theory ein breites Instrumentarium für Datenanalyse und Theoriegenese anbietet, fehlte uns hier der explizite Rekurs auf Diskurse sowie die Betonung der Beteiligung nichtmenschlicher Partizipierender. Zur Erforschung dieser eignet sich besonders die von Clarke entwickelte Situationsanalyse, bei der – auf der Basis eines erweiterten Situationsbegriffs – die gesamte Handlungssituation in den Blick genommen wird. So können umfassende „Analysen von unterschiedlichen Perspektiven und hoch komplexen Situationen (…), von heterogenen Diskursen, die uns alle ständig überfluten, und von den situierten Wissensbeständen des Lebens selbst, die dadurch entstehen" (Clarke 2012, S. 25), durchgeführt werden. Diskurse sind in diesem Ansatz also, ebenso wie Artefakte, Individuen, Institutionen etc., konstitutive Bestandteile der Untersuchungssituation. Gerade durch das Anfertigen sogenannter Situations-Maps – einer der „neue[n] Zugänge zu einer ganzen Palette von Datenquellen" (Clarke 2012, S. 121), der sich insbesondere für bereits codierte Daten anbietet –, konnte dies grafisch veranschaulicht und grundsätzlich mitgedacht werden: Situations-Maps verfolgen das Ziel, „alle wichtigen menschlichen und nichtmenschlichen Elemente in der interessierenden Situation im weitesten Sinne, so gut wie irgend möglich, deskriptiv darzulegen" (Clarke 2012, S. 124), um sie so einer relationalen Analyse zugänglich zu machen. So konnten wir u. a. herausarbeiten, inwiefern Artefakte Selbstvermessungspraktiken (mit-)konstituieren. In unserem Material fanden sich bspw. Fälle, in denen Brusthaare abrasiert wurden, um die Sensoren des Brustgurtes nicht zu stören, oder Bahngleise gemieden wurden, weil deren Oberleitungen die GPS-Verbindung unterbrachen. Die Situations-Map (■ Abb. 10.1) zum Fall von Isabella verdeutlicht zudem, welche diskursiven Elemente eine Selbstvermessungssituation beeinflussen können.

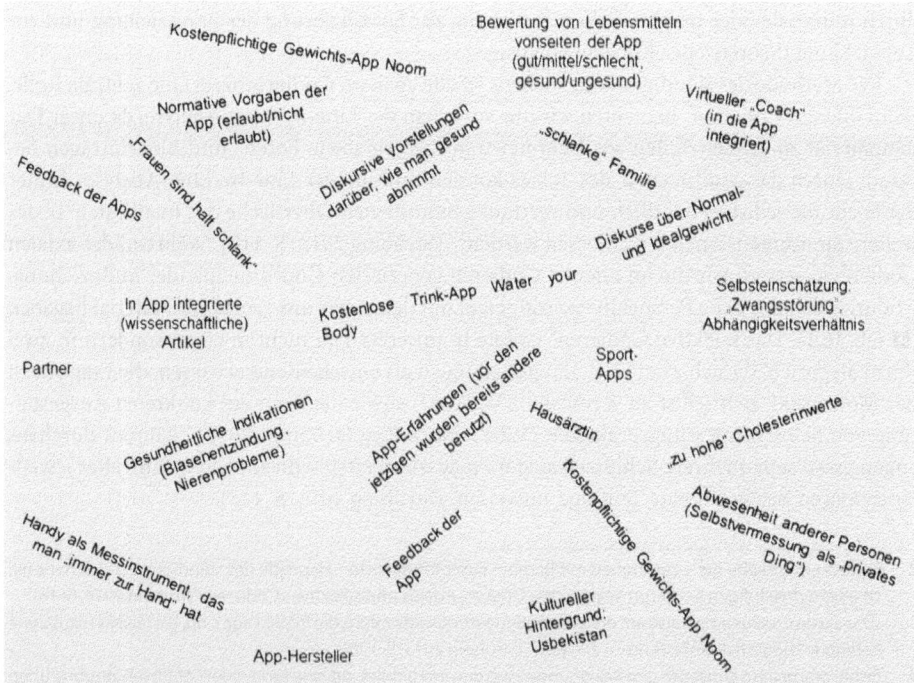

■ **Abb. 10.1** Situations-Map Isabella Schmidt

Als konstruktiv erwies sich im gesamten Analyse- und Theoriebildungsprozess die Vielzahl divergenter Beiträge der Teammitglieder: Indem sich die Forschenden gegenseitig ergänzten, konnten die Gefahren, die die Offenheit und Kreativität des von uns gewählten Forschungsstils mit sich bringen, minimiert werden (Strübing 2013, S. 114). Während des ganzen Untersuchungsprozesses hielten wir zudem theoretische Ideen, analytische Ergebnisse und Absprachen bezüglich des weiteren Verlaufs in Memos fest, denn „[a]uch wenn ein Forscher allein an einem Projekt arbeitet, befindet er sich in einem kontinuierlichen inneren Dialog – (…) darin besteht schließlich das Denken. Wenn zwei oder mehrere Forscher zusammenarbeiten, läuft der Dialog jedoch offen. In jedem Fall bilden die Memos einen konstitutiven Teil dieser Dialoge" (Strauss 1994, S. 152).

Neben dem Schreiben von Memos half uns auch ATLAS.ti – ein zur Unterstützung qualitativ-interpretativer Forschungsprozesse entwickeltes Computerprogramm, das sich am Forschungsparadigma der GT orientiert (Mey und Mruck 2011, S. 33), – bei der Koordination der analytischen Arbeit und der gemeinsamen Bearbeitung des Materials.

10.5 Experimentelle Selbstoptimierung: unsere Ergebnisse

Auf Basis unserer pragmatistisch-praxeologischen Theorieperspektive und mithilfe der Kombination aus GT und SA gelang es uns, unseren Untersuchungsgegenstand während des Forschungsprozesses kontinuierlich zu präzisieren, von anderen Phänomenen – beispielsweise der medizinisch begründeten oder der leistungssportbezogenen Selbstvermessung – abzugrenzen und seine konstitutiven Merkmale herauszuarbeiten. Als ein solches Merkmal hat sich die experimentelle Grundhaltung der Selbstvermessenden erwiesen, die auf eine zunehmende Verwissenschaftlichung des Alltags hindeutet. Selbstvermessende scheinen sich mit ihrem Vorgehen an den Ansprüchen quantitativ-standardisierter Forschung zu orientieren, was sich vor allem in ihrem Streben nach Objektivität, Akribie, Systematik und Komplexitätsreduktion zeigt. Dabei objektivieren sie ihre Körper und machen sich dadurch selbst zum Forschungsgegenstand. Weiter handelt es sich bei den Bestrebungen von Selbstvermessenden, kontinuierlich besser, stärker und schneller zu werden, um ein wesentliches Charakteristikum der untersuchten Praktiken. In solchen Verbesserungsprozessen werden Ziele formuliert, die sich maßgeblich an Diskursen sowie Normen, Standards und Idealen orientieren. Diese treten menschlichen Partizipierenden in Form von Richtwerten entgegen und sind häufig bereits in die technischen Artefakte eingeschrieben. Darüber hinaus zeigte sich ein starker Zusammenhang zwischen Selbstvermessung und (Selbst-)Disziplin: Letztere ist zum einen die Voraussetzung für eine kontinuierliche Selbstvermessung und zum anderen kann Selbstvermessung als Mittel verstanden werden, sich selbst zu disziplinieren. Das Veröffentlichen von Daten in sozialen Netzwerken, Foren und auf Gerätewebseiten hingegen erwies sich in unserem Sample als weniger bedeutend als anfangs angenommen: Selbstvermessende vergleichen ihre Daten zwar mit eigenen Werten, teilen diese jedoch nur in Einzelfällen mit anderen, obwohl technische Geräte und Anwendungen unentwegt dazu auffordern. Letztere nehmen eine sehr zentrale Stellung ein, indem sie nicht nur (An-)Forderungen an die Nutzenden richten, sondern sie gleichzeitig auch entlasten und Selbstvermessung häufig überhaupt erst ermöglichen.

Zwei dieser Konzepte erwiesen sich für die Erklärung des Phänomens „Selbstvermessung" als besonders fruchtbar: die selbstexperimentelle Haltung und das Streben nach kontinuierlicher (Selbst-)Verbesserung. Jedes der beiden Konzepte beantwortet einen Teil unserer Forschungs-

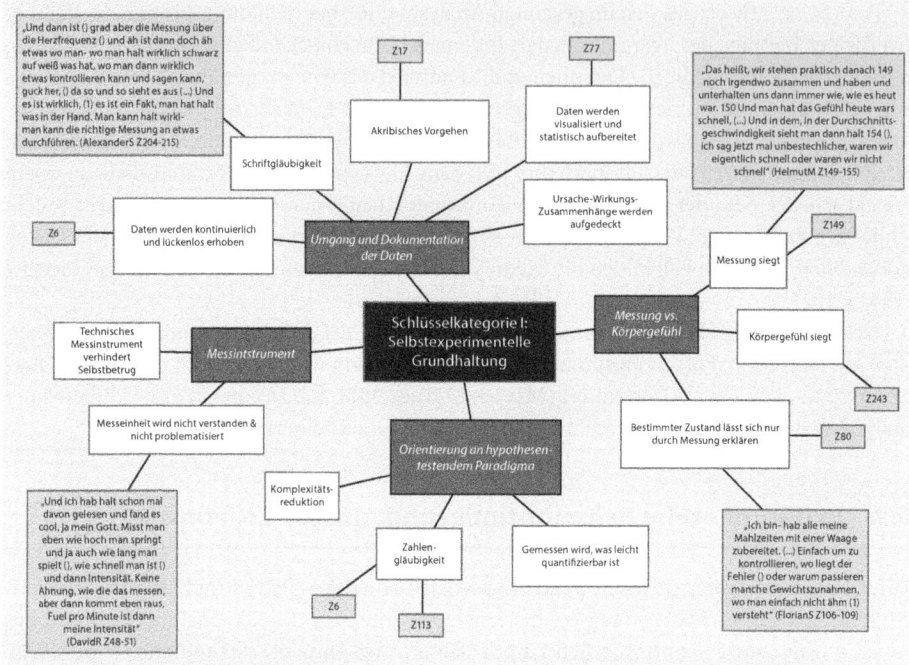

❏ **Abb. 10.2** Konzepte und Kategorien für die Schlüsselkategorie I: selbstexperimentelle Grundhaltung

frage: Was ist Selbstvermessung? Während die Selbstverbesserungsbestrebungen uns eine Antwort auf die Frage liefern, warum Menschen sich selbst vermessen, beantwortet die experimentelle Grundhaltung der Selbstvermessenden die Frage, wie sie es tun. Personen vermessen sich selbst, weil sie – längst nicht mehr nur in der Arbeitswelt, sondern nun auch im Bereich der privaten Lebensführung – danach streben, sich kontinuierlich zu optimieren, wobei dieses Streben hier nicht etwa dem Druck von Vorgesetzten oder der Angst vor Arbeitsplatzverlust entstammt, sondern der Unzufriedenheit mit sich selbst. Die Frage, wie sich Menschen selbst vermessen, sehen wir demgegenüber in deren (labor-)wissenschaftlich anmutender Vorgehensweise beantwortet (❏ Abb. 10.2). Genauigkeit und Präzision scheinen Grundvoraussetzungen für Selbstvermessungspraktiken zu sein. Während die Ansprüche an Akribie bei anderen Alltagspraktiken (Putzen, Lernen) geringer sind, beziehungsweise von Person zu Person variieren, verlieren Selbstvermessungen durch mangelnde Sorgfalt gewissermaßen ihren Sinn.

Beide, die Verwissenschaftlichung und die Optimierung des Alltags, sprechen für eine neue Qualität des Bestrebens, expliziten und impliziten Ansprüchen an das Selbst genügen zu wollen. Besonders unter Berücksichtigung technischer Entwicklungen verweist das Phänomen Selbstvermessung auch auf gesellschaftliche Veränderungen, die es durch fundierte soziologische Untersuchungen im Blick zu behalten gilt.

10.6 Theorie-Methoden-Paket: Reflexion

Zu Beginn unserer Reise war uns unser Untersuchungsgegenstand ebenso unbekannt wie unser Ziel: Selbstvermessung begegnete uns im Alltag zunächst als ein befremdlich anmutender

Trend, mittels technischer Geräte Daten etwa über sportliche Leistungen oder den Kalorienverbrauch zu gewinnen. Was jedoch für deduktiv-nomologisch Forschende ein Ausschlusskriterium wäre, machte unser qualitatives Forschungsvorhaben überhaupt erst aus, denn: „Als theoriegenerierendes Verfahren verzichtet die Grounded Theory bei der Formulierung eines Forschungsvorhabens auf gegenstandsbezogene theoretische Vorannahmen. Es wird also nicht vor der empirischen Untersuchung theoretisch darüber spekuliert, wie sich die fragliche Sache wohl verhalten mag, und es werden demzufolge vorab auch keine empirisch zu überprüfenden Hypothesen aufgestellt" (Strübing 2013, S. 112).

Stattdessen näherten wir uns dem Phänomen „Selbstvermessung" mithilfe von GT und SA unvoreingenommen und mit einem offenen Blick, worin uns unsere pragmatistisch-praxeologische Theorieperspektive zusätzlich bestärkte: Die Vermeidung einer akteurszentrierten Betrachtungsweise und eines intentional angelegten Handlungsbegriffs sowie die Berücksichtigung nicht-menschlicher Partizipierender eröffnete uns ganz neue Blickwinkel. Für unseren Untersuchungsgegenstand, die Selbstvermessung, lässt sich deshalb sagen, dass SA bzw. GT gepaart mit einer pragmatistisch-praxeologischen Theorieperspektive ein optimales „Theorie-Methoden-Paket" (Clarke 2012, S. 46) bilden.

Literatur

Apple Inc. 2014. iOS 8: Health. www.apple.com/de/ios/whats-new/health/?cid=wwa-de-kwg-features-com. Zugegriffen: 19.09.2014.

Clarke, A. E. (2011). „Für mich ist die Darstellung der Komplexität der entscheidende Punkt." Zur Begründung der Situationsanalyse. In G. Mey, & K. Mruck (Hrsg.), *Grounded Theory Reader* (S. 109–131). Wiesbaden: Springer VS.

Clarke, A. E. (2012). *[2007].*
    Situationsanalyse: Grounded Theory nach dem Postmodern Turn. Wiesbaden: Springer VS.

Ellis, C., Adams, T. E., & Bochner, A. P. (2011). *Autoethnography. An Overview.* http://nbn-resolving.de/urn:nbn:de:0114-fqs1101108. Zugegriffen: 24.02.2015

Foucault, M. (2005). *Schriften in vier Bänden. 1954–1988 Bd. IV.* Frankfurt a. M.: Suhrkamp.

Hirschauer, S. (2004). Praktiken und ihre Körper: Über materielle Partizipanden des Tuns. In K. H. Hörning, & J. Reuter (Hrsg.), *Doing Culture: Neue Positionen zum Verhältnis von Kultur und sozialer Praxis* (S. 73–91). Bielefeld: transcript.

Mey, G., & Mruck, K. (2011). Grounded-Theory-Methodologie: Entwicklung, Stand, Perspektiven. In G. Mey, & K. Mruck (Hrsg.), *Grounded Theory Reader* (S. 109–131). Wiesbaden: Springer VS.

Quantified Self Labs (2012). *Quantified Self: Self Knowledge through Numbers.* www.quantifiedself.com/about/. Zugegriffen: 2.09.14

Reckwitz, A. (2003). Grundelemente einer Theorie sozialer Praktiken: Eine sozialtheoretische Perspektive. *Zeitschrift für Soziologie, 32*(4), 282–301.

Reckwitz, A. (2008). Praktiken und Diskurse: Eine sozialtheoretische und methodologische Relation. In H. Kalthoff, S. Hirschauer, & G. Lindemann (Hrsg.), *Theoretische Empirie: Zur Relevanz qualitativer Forschung.* Frankfurt am Main: Suhrkamp.

Schatzki, T. (1996). *Social Practices: A Wittgensteinian Approach to Human Activity and the Social.* Cambridge: Cambridge University Press.

Staiger, L., Kasper, B., Urbanczyk, M., Flischikowski, C., Ehlert, P., Gerloch, T., Hammerl, A., Schleifer, T., Klaiber, M., Klose, M., & Wurst, M. (2015). *Das vermessene Selbst. Praktiken und Diskurse digitaler Selbstvermessung.* Tübingen: Universitätsbibliothek.

Strauss, A. L. (1994). *Grundlagen qualitativer Forschung.* München: Fink.

Strübing, J. (2013). *Qualitative Sozialforschung: Eine komprimierte Einführung für Studierende.* München: Oldenbourg.

Strübing, J. (2014). *Grounded Theory: Zur sozialtheoretischen Fundierung eines pragmatischen Forschungsstils.* Wiesbaden: Springer.

Der aktivierende Sozialstaat

Mit widersprüchlichen qualitativen Auswertungsstrategien auf den Spuren seiner Folgen: Experteninterviews, Inhaltsanalyse und Grounded Theory

Christina Reithmeier

J. Wintzer (Hrsg.), *Qualitative Methoden in der Sozialforschung*,
DOI 10.1007/978-3-662-47496-9_11, © Springer-Verlag Berlin Heidelberg 2016

11.1   Was interessiert mich eigentlich? Forschung und Interesse

Zu Beginn des Studiums der Geographie musste ich mich erst einmal in der akademischen Welt zurechtfinden und die Abschlussarbeit war noch unvorstellbar weit entfernt. Jeder kennt die Herausforderungen: die Auseinandersetzung mit verschiedenen theoretischen Forschungsperspektiven, die praktische Anwendung von Theorien mittels unterschiedlicher empirischer Methoden und vieles mehr. Im Verlauf des Studiums lernte ich die verschiedenen Handwerkszeuge kennen und war somit – zumindest hypothetisch – gerüstet, meine Abschlussarbeit zu schreiben. Dieses Vorhaben praktisch umzusetzen fiel mir jedoch – wie vielen anderen auch – sehr schwer. Die Abschlussarbeit war für mich eine besondere Herausforderung, da es nun zum Abschluss des Studiums galt, das erlernte Rüst- und Handwerkszeug anzuwenden und sinnvoll einzusetzen.

Die Forschungsfrage und die Methoden der eigenen Abschlussarbeit bilden dabei die Eckpfeiler, aber das Fundament ist das eigene Forschungsinteresse. Aber welches Erkenntnisinteresse habe ich? Was interessiert mich so stark, dass ich mir damit eine intensive Beschäftigung über einen längeren Zeitraum vorstellen kann? Interesse kann auf die verschiedensten Arten entstehen: durch einen Text, der einen besonders angesprochen hat, oder durch eigene Erfahrungen. Bei mir war es zum Beispiel so, dass ich im zweiten Semester eine erste kleine Hausarbeit in einem Seminar zur „Kritischen geographischen Stadtforschung" geschrieben habe. Ich befasste ich mich damals mit der Verdrängung und Diskriminierung von obdach- und wohnungslosen Personen aus dem öffentlichen Raum. Ich fand das Thema Obdach- und Wohnungslosigkeit mit all seinen Facetten auch im Verlauf des weiteren Studiums spannend, und während die Abschlussarbeit näher rückte, war das Thema städtische Austeritätspolitik in der Politik und Presse sehr aktuell. Aus meinen beiden Interessen – Wohnungslosigkeit und Austeritätspolitik – entstand schließlich eine erste Idee für eine Abschlussarbeit.

> **Definition**
>
> Unter **Austerität** wird die Haushaltskonsolidierung und Gewährleistung der Etatintegrität des Nationalstaates durch Sparpolitik verstanden. Austeritätspolitik zeichnet sich durch soziale Kürzungen, Privatisierungen, Deregulierungen sowie strafende Maßnahmen bei Nichteinhaltung von Vorgaben aus. Im Zuge der anhaltenden Finanz- und Wirtschaftskrise wird die Austeritätspolitik als alternativloser Weg aus der Krise dargestellt (Peck et al. 2013, S. 1092; Peck 2012, S. 626).

11.2   Die Kunst der guten Frage

Die Formulierung einer guten Fragestellung fällt mir auch noch nach zahlreichen Hausarbeiten und dem Schreiben der Abschlussarbeit schwer. Sich bewusst zu machen, was man eigentlich genau untersuchen möchte, ist ein wichtiger Schritt, um eine Forschungsfrage formulieren zu können. Wayne C. Booth et al. (2008, S. 45 ff) haben hierzu ein Schema entwickelt, welches mir schon häufiger eine große Hilfe war. In drei Schritten werden das Thema, die Fragestellung und die Relevanz der Fragestellung verdeutlicht. Exemplarisch stelle ich die Anwendung des Schemas für die Entwicklung meiner Forschungsfrage vor: 1. Ich beschäftige mich mit dem Arbeitsalltag der Mitarbeiter und Mitarbeiterinnen sozialer Einrichtungen im Bereich der Wohnungslosenhilfe, 2. weil ich herausfinden will, ob sich eine veränderte städtische Sozialpolitik feststellen lässt, 3. um meinen Lesern und Leserinnen zu zeigen, dass diese Politik

Die unternehmerische Stadt

Ein Kennzeichen der unternehmerischen Stadt ist die Abgabe von öffentlich-kommunalen Aufgaben und Dienstleistungen an soziale Dienstleister des Non-Profit-Sektors. Infolgedessen übernehmen sogenannte Träger soziale Dienstleistungen. Agierten die Träger ursprünglich nicht gewinn- oder einkommensorientiert, so erfolgte auch in diesem Bereich einerseits eine Ökonomisierung des Sozialen, das heißt auch die Träger stehen im Wettbewerb zueinander. Andererseits werden so „unnötige" Ausgaben durch Auslagerung gespart (Mayer 2007, S. 98). Neben der Auslagerung von sozialen Dienstleistungen lassen sich Zusammenhänge zwischen Neoliberalisierung und dem Phänomen der Obdach- und Wohnungslosigkeit feststellen, welche durch die ökonomische Restrukturierung und Reorganisation des Wohlfahrtsstaates bedingt sind (Takahashi 1996, S. 293). Andere Autoren und Autorinnen sehen diesen Prozess noch kritischer und verstehen Armut und Obdachlosigkeit als eine direkte Folge von Kapitalismus (Katz 2007; Mitchell 2007).

gravierende Folgen sowohl für Mitarbeiter und Mitarbeiterinnen als auch für obdach- und wohnungslose Personen hat. Aus diesem Schema heraus habe ich für meine Abschlussarbeit zwei Forschungsfragen entwickelt: Welche Rückschlüsse lassen sich durch den Arbeitsalltag von Mitarbeitern und Mitarbeiterinnen sozialer Einrichtungen auf die städtische Sozialpolitik ziehen? Welche sozialen und politischen Veränderungen haben innerhalb des letzten Jahrzehnts stattgefunden und wie haben diese sich auf die Klientel, die Einrichtungen und deren Mitarbeiter und Mitarbeiterinnen ausgewirkt? Eine Forschungsfrage bedingt sowohl die theoretischen Konzepte, mit denen gearbeitet wird, als auch die empirischen Methoden, die zur Anwendung kommen. Vor diesem Hintergrund werde ich im Folgenden die von mir verwendeten Konzepte und Theorien skizzieren, um darauf aufbauend auf die verwendeten Methoden einzugehen.

11.3 Die Welt mittels Theorien verstehen

Keine wissenschaftliche Arbeit kommt ohne theoretische Konzepte aus. Sie bilden die Basis jeder Arbeit und bestimmten die eigene Perspektive. Die Grundlage für meine Arbeit stellte die Kritik am Konzept des Neoliberalismus dar. Dieser wird als dominierende Ideologie des Kapitalismus angesehen, dessen oberste Maxime die Etablierung einer freien Marktwirtschaft darstellt. Die Krise des Fordismus Anfang der 1970er-Jahre führte zu einer Reihe von Strukturveränderungen und verhalf neoliberalen ökonomischen und sozialen Strategien zum Aufstieg (Häußermann et al. 2008, S. 160; Jessop 2002, S. 457). In der geographischen Neoliberalismus-Debatte gibt es mehrere Ansätze, aus welchen heraus das Phänomen „Neoliberalismus" diskutiert und erforscht wird. In Anlehnung an die strukturalistische Regulationstheorie arbeitete ich mit dem Konzept der „unternehmerischen Stadt". Der oben angesprochene Strukturwandel und die zunehmende Globalisierung lassen Städte eine globale Umwelt erfahren, welche durch Konkurrenz geprägt ist (Mayer 2007, S. 91). Die Städte müssen auf den erhöhten Standortwettbewerb und Konkurrenzdruck mit der Aufwertung ihrer Potenziale reagieren (Heeg und Rosol 2007, S. 492). Der urbane Raum wird daher durch städtische Politik zu einer Arena für marktorientiertes, ökonomisches Wachstum umgeformt (Mayer 2007, S. 91). Die Folge ist eine von kapitalistischen Kriterien geprägte Urbanität, die den Logiken von Kapitalakkumulation und -zirkulation unterworfen ist (Harvey 1989, S. 3).

11.4   Ein Widerspruch? Kategorienbildung mit Qualitativer Inhaltsanalyse und Grounded Theory

■ **Erhebung von Daten durch Experteninterviews**

Um die Fragestellung „Welche Rückschlüsse lassen sich durch den Arbeitsalltag von Mitarbeitern und Mitarbeiterinnen sozialer Einrichtungen auf die städtische Sozialpolitik ziehen?" beantworten zu können, musste ich Informationen über den Arbeitsalltag der Mitarbeiter und Mitarbeiterinnen der verschiedenen Einrichtungen sammeln. Es gilt bei jeglicher Forschungsarbeit die Methode auszuwählen, mit der sich die Fragestellung am besten beantworten lässt. Zur Erfassung des Arbeitsalltags kann beispielsweise eine teilnehmende Beobachtung über einen längeren Zeitraum erfolgen, um so die alltäglichen Praktiken der Mitarbeiter und Mitarbeiterinnen kennenzulernen.

Diese Methode war für mich nicht durchführbar, da der zeitliche Rahmen der Abschlussarbeit hierfür nicht ausreichend war. Daher entschied ich mich für halbstandardisierte Experteninterviews. Diese lassen eine Aufteilung in Themenblöcke, offene und hypothesengerichtete Fragen zu, sodass die Möglichkeit besteht, das Gespräch in die gewünschte Richtung zu lenken (Flick 2012, S. 203; Helfferich 2011, S. 36 f). Auf diese Weise lassen sich Informationen über alltägliche Praktiken und mögliche Probleme, mit denen sich die Mitarbeiter und Mitarbeiterinnen konfrontiert sehen, generieren, die sonst verschlossen blieben (Gläser und Laudel 2010, S. 11 f). Für die Datenerhebung wurden insgesamt vier Mitarbeiter und Mitarbeiterinnen unterschiedlicher sozialer Einrichtungen im Obdach- und Wohnungslosenbereich in Frankfurt am Main interviewt. Der Kontakt wurde per Email hergestellt und die Auswahl der Mitarbeiter und Mitarbeiterinnen erfolgte durch die Einrichtungen selbst. Der zuvor erstellte Interviewleitfaden mit den beiden Themenblöcken „Die Einrichtung" und „Der Arbeitsalltag" diente als Orientierung und gab gleichzeitig eine Entscheidungsfreiheit, ob und wann eine Frage gestellt wurde (Gläser und Laudel 2010, S. 142). Alle Interviews wurden mit einem Diktiergerät mitgeschnitten und anschließend einheitlich transkribiert.

■ **Auswerten von Daten durch Qualitative Inhaltsanalyse und Grounded Theory**

Das empirisch erhobene Datenmaterial lässt sich nun auf die verschiedensten Weisen auswerten. Eine Möglichkeit stellt die Qualitative Inhaltsanalyse dar, welche eine systematische Auswertung des Materials vorsieht (Diekmann 2012, S. 576). Ebenso wie beim Experteninterview sind hier verschiedene Vorgehensweisen möglich. Die qualitative Inhaltsanalyse nach Mayring sieht ein flexibles, aber vorab festgelegtes Hauptkategoriensystem vor, welches durch die Bearbeitung und Analyse des Datenmaterials angepasst und überarbeitet werden kann. Die drei Hauptschritte bestehen aus Zusammenfassen, Explizieren und Strukturieren. Die Zusammenfassung dient der Reduktion des Datenmaterials, während die wesentlichen Inhalte erhalten bleiben. Im Rahmen der Explikation werden zu einzelnen Textteilen zusätzliches Material oder Quellen herangezogen, um so das Verständnis zu vertiefen. Die abschließende Strukturierung führt zu einer Offenlegung der bedeutendsten Aspekte mithilfe der vorher festgelegten Kategorien (Mayring 2010, S. 65 f).

Im Gegensatz dazu bietet die Grounded Theory nach Glaser und Strauss eine eher explorative Vorgehensweise, welche eine induktive Kategorienbildung zulässt. Hierbei stellen nicht Theorien den Ausgangspunkt dar, sondern diese werden erst im Analyseprozess entdeckt und aus dem Material heraus entwickelt. Der Ablauf einer solchen Analyse lässt sich als triadischer, zirkulärer Prozess aus Datenerheben, Datencodieren und Schlussfolgern beschreiben. Zunächst werden Fragen mit Fokus auf Interaktionen zwischen Akteuren und Akteurinnen und den Rahmenbedingungen sowie Konsequenzen solcher Verbindungen an das Material gestellt. Durch

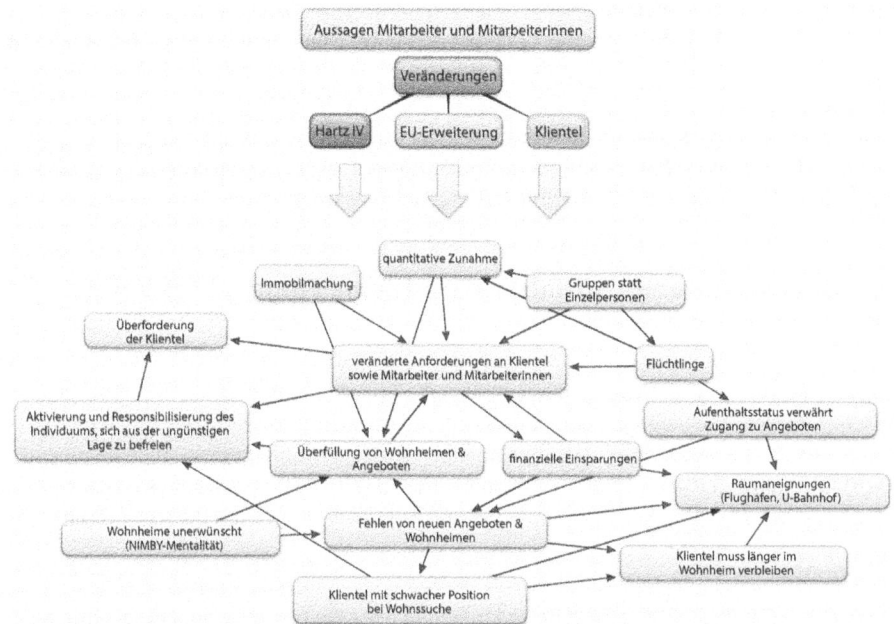

Abb. 11.1 Mind Map des Kategorien-Clusters

das anschließende Codieren werden Hypothesen generiert, die wiederum durch die Erhebung und Analyse von neuem Datenmaterial überprüft werden (Hildenbrand 2013, S. 33 ff). Diese Art des Codierens kann auch als offenes, axiales und selektives Codieren bezeichnet werden: beim offenen Codieren sollen Begriffe gefunden und Kategorien formuliert werden. Das axiale Codieren beinhaltet die Differenzierung der Kategorien und sieht das Herausarbeiten von möglichen Verbindungen zwischen den einzelnen Kategorien vor. Anschließend wird durch das selektive Codieren die Kernkategorie herausgearbeitet (Böhm 2013, S. 477 ff; Flick 2012, S. 388 ff).

Obwohl sich die Kategorienbildung bei beiden Methoden unterschiedlich darstellt, lassen sich beide Vorgehensweisen jedoch auch sinnvoll miteinander kombinieren. So erfolgte die Auswertung meines Datenmaterials zunächst durch von mir vorab festgelegte Kategorien. Zu diesem Zweck listete ich die theoretisch abstrahierten Kategorien auf und ordnete die jeweiligen Textstellen der verschiedenen Interviews diesen zu. Für mich interessante Textstellen ohne Kategorienzuordnung wurden zunächst in einem Dokument gesammelt. Anschließend ließen sich aus den kategorielosen Daten explorativ neue Kategorien bilden. Im Rahmen des Explizierens fand ich weitere Quellen, die die Aussagen der Mitarbeiter und Mitarbeiterinnen stützten. Um nun Beziehungen und Verbindungen im Sinne des axialen Codierens zwischen den einzelnen Kategorien zu identifizieren, fertigte ich mir auf einer DIN-A3-Seite ein großes Kategorien-Cluster (**D** Abb. 11.1) an und konnte mir somit einen besseren Überblick verschaffen als in dem digitalen Dokument.

Das Kategoriensystem, welches durch vorgegebene und explorativ entwickelte Kategorien entstanden ist, wurde im Verlauf der Auswertung überarbeitet und die Hauptkategorien „Leistungen & Angebote", „Veränderungen" und „Folgen" festgelegt. „Veränderungen" ließ sich dabei in die Unterkategorien „soziale" und „politische Veränderungen" teilen, die Kategorie „Folgen" verästelte sich wiederum in „Mitarbeiter und Mitarbeiterinnen" und „Klientel". **D** Abb. 11.1 zeigt zunächst die Hauptkategorie „Veränderungen", die nach Mayring bereits vorher festgelegt wurde. Innerhalb der Hauptkategorie wurden explorativ die Kategorien „Hartz IV", „EU-Erweiterungen" und „Klientel" gefunden. Die aus den jeweiligen Veränderungen resultierenden Folgen sind stark miteinander verwoben und bedingen meist einander, sodass eine Trennung schwerfällt. Auf den ersten Blick erscheint das Cluster chaotisch, folgt man jedoch den Pfeilen, ergibt sich ein Überblick über die Verbindungen der Folgen. Diese Folgen können nun den Kategorien „Mitarbeiter und Mitarbeiterinnen" und „Klientel" zugeordnet werden. Die Kategorien gaben anschließend auch die Gliederung des Ergebnisteils vor.

11.5   Der aktivierende Sozialstaat und seine Folgen: Ergebnisse

Zunächst habe ich in meiner Arbeit die Angebote und Leistungen der Einrichtungen erläutert, da diese den rechtlichen Handlungsrahmen, in dem die Mitarbeiter und Mitarbeiterinnen agieren müssen, vorgeben. Die tiefgreifenden politischen und sozialen Veränderungen durch die Hartz-Gesetze, die EU-Erweiterungen, den abnehmenden sozialen Wohnungsbau, der zunehmenden NIMBY-Mentalität und der veränderten Zusammensetzung der Klientel wirken sich zum Teil dramatisch auf die Einrichtungen, die Mitarbeiter und Mitarbeiterinnen und die Klientel selbst aus.

> ┌─ **Definition** ───
>
> Die **Hartz-Gesetze** zielten auf die Restrukturierung des Arbeitsmarktes ab und sollten zum Abbau von Massenarbeitslosigkeit dienen. Jedoch beschränkten sich die Gesetze auf die Erscheinungs- und nicht die Ursachenebene (Butterwegge 2014; S. 183).

> ┌─ **Definition** ───
>
> Der Begriff **NIMBY** steht für *Not in my back yard* und bezeichnet den Widerstand von Anwohnern und Anwohnerinnen gegen vermeintlich negative Auswirkungen von unerwünschten Einrichtungen in der Nähe des eigenen Zuhauses (DeVerteuil 2013).

Der „aktive" Sozialstaat wandelt sich zu einem „aktivierenden" Staat, welcher von seinen hilfsbedürftigen Bürgern und Bürgerinnen entsprechende Gegenleistungen im Sinne einer Marktlogik fordert und eine solche Logik festigt. Eine weitere Folge ist die ständige Überbelegung der Einrichtungen, welche durch den Mangel an bezahlbarem Wohnraum zusätzlich zu längerem stationärem Aufenthalt führt. Aber auch das Fehlen von Angeboten – vor allem für Asylsuchende – führt zu einer Aneignung von städtischem und privatem Raum durch obdachlose Personen, die auf der Suche nach sicheren, warmen Aufenthalts- und Übernachtungsmöglichkeiten sind. Die prekären Aufenthaltsmöglichkeiten wie zum Beispiel in den Terminals des Frankfurter Flughafens werden jedoch als Legitimation für die Nicht-Schaffung von neuen Einrichtungen oder Angeboten genutzt, da die Stadt durch die Duldung der Raumaneignungen ihrer rechtlichen Pflicht, jedem ein Dach über dem Kopf zur Verfügung zu stellen, ausreichend nachkomme. Für die Mitarbeiter und Mitarbeiterinnen bedeutet die Entwicklung hin zum aktivierenden Sozialstaat eine höhere Belastung im Arbeitsalltag. Sie müssen mehr Klientel betreuen und finden sich in einem Spannungsfeld verschiedener Interessen wieder, in welchem sie das „Fördern-und-Fordern"-Prinzip *face-to-face* umsetzen müssen und sich direkt mit den Folgen konfrontiert sehen.

11.6   Reflexion

Wenn man durch das eigene Forschungsinteresse geleitet eine empirische Fragestellung verfolgt und diese auch mit entsprechenden Methoden beantworten kann, so ist dies ein sehr motivierendes und befriedigendes Erlebnis. Die Anwendung qualitativer Methoden erscheint dabei manchmal etwas abstrakt oder sperrig und stellt die Forschenden vor Herausforderungen, die es zu bewältigen gilt. Die von mir verwendete Theorie führte mich zunächst zu einer Fragestellung, die es mithilfe geeigneter Methoden zu beantworten galt. In meinem Fall führte die Durchführung von Experteninterviews zu einer umfangreichen Datengrundlage, welche ich durch eine Kombination zweier qualitativer Analysestrategien sinnvoll auswerten konnte. Die Auswertung war jedoch nicht immer einfach und die theoretischen Anleitungen konnten nicht eins zu eins eingehalten werden, wie zum Beispiel die Erhebung neuer Daten, so wie es die Grounded Theory vorsieht. Ich habe mir allerdings immer wieder bewusst gemacht, dass der Verlauf der Auswertung, so wie er in der Literatur beschrieben wird, praktisch nicht erreicht werden kann. Durch die Kombination der Inhaltsanalysen nach Mayring und der Grounded Theory konnte ich mein erhobenes Datenmaterial sehr gewinnbringend auswerten und folglich auch meine Fragestellungen beantworten. Die Wahl der qualitativen Forschungsmethode ermöglichte mir somit Erkenntnisse über soziale und soziopolitische Prozesse in der „unternehmerischen" Stadt.

Literatur

Böhm, A. (2013). Theoretisches Codieren: Textanalyse in der Grounded Theory. In U. Flick, E.von Kardorff, & I. Steinke (Hrsg.), *Qualitative Forschung. Ein Handbuch* (S. 475–485). Reinbek: Rowohlt.
Booth, W. C., Colomb, G. G., & Williams, J. M. (2008). *The Craft of Research.* Chicago: The University of Chicago Press.
Butterwegge, C. (2014). *Krise und Zukunft des Sozialstaates.* Wiesbaden: Springer VS.
DeVerteuil, G. (2013). Where has NIMBY gone in urban social geography? *Social & Cultural Geography, 14,* 599–603.
Diekmann, A. (2012). *Empirische Sozialforschung. Grundlagen, Methoden, Anwendungen.* Reinbek bei Hamburg: Rowohlt.
Flick, U. (2012). *Qualitative Sozialforschung. Eine Einführung.* Reinbek bei Hamburg: Rowohlt.
Gläser, J., & Laudel, G. (2010). *Experteninterviews und qualitative Inhaltsanalyse als Instrumente rekonstruierender Untersuchungen.* Wiesbaden: VS.
Harvey, D. (1989). *From Managerialism to Entrepreneurialism: The Transformation in Urban Governance in Late Capitalism. Geografiska Annaler Series B 71* (S. 3–17).
Häußermann, H., Läpple, D., & Siebel, W. (2008). *Stadtpolitik.* Frankfurt am Main: Suhrkamp.
Heeg, S., & Rosol, M. (2007). Neoliberale Stadtpolitik im globalen Kontext. Ein Überblick. *Prokla, 37,* 491–509.
Helfferich, C. (2011). *Die Qualität qualitativer Daten. Manual für die Durchführung qualitativer Interviews.* Wiesbaden: VS.
Hildenbrand, B. (2013). Anselm Strauss. In U. Flick, E.von Kardorff, & I. Steinke (Hrsg.), *Qualitative Forschung. Ein Handbuch* (S. 32–42). Reinbek bei Hamburg: Rowohlt.
Jessop, B. (2002). Liberalism, Neoliberalism, and Urban Governance. A State-Theoretical Perspective. *Antipode, 34,* 452–472.
Katz, C. (2007). Hiding the Target: Soziale Reproduktion in der privatisierten Stadt. In B. Belina, & B. Michel (Hrsg.), *Raumproduktionen. Beiträge der Radical Geography. Eine Zwischenbilanz* (S. 156–172). Münster: Westfälisches Dampfboot.
Mayer, & Margit (2007). Contesting the Neoliberalization of Urban Governance. In H. Leitner, J. Peck, & E. S. Sheppard (Hrsg.), *Contesting Neoliberalism: Urban Frontiers* (S. 90–115). New York: The Guilford Press.
Mayring, P. (2010). *Qualitative Inhaltsanalyse. Grundlagen und Techniken.* Weinheim: Beltz.
Mitchell, D. (2007). Die Vernichtung des Raums per Gesetz: Ursachen und Folgen der Anti-Obdachlosen-Gesetzgebung in den USA. In B. Bern, & B. Michel (Hrsg.), *Raumproduktionen. Beiträge der Radical Geography. Eine Zwischenbilanz* (S. 256–289). Münster: Westfälisches Dampfboot.
Peck, J. (2012). Austerity Urbanism. American cities under extreme economy. *City, 16,* 626–655.
Peck, J., Theodore, N., & Brenner, N. (2013). Neoliberal Urbanism Redux? *International Journal of Urban and Regional Research, 37,* 1091–1099.
Takahashi, L. (1996). A decade of understanding homelessness in the USA. *Progress in Human Geography, 20,* 291–331.

Sektion 4
Forschen mit
Informationsinteresse

Inhaltsanalytische Verfahren

Persönliche Bezugspunkte und das Konzept des *sense of place*

Fotografiegestützte Leitfadeninterviews und Qualitative Inhaltsanalyse

Nora Rudersdorf

J. Wintzer (Hrsg.), *Qualitative Methoden in der Sozialforschung*,
DOI 10.1007/978-3-662-47496-9_12, © Springer-Verlag Berlin Heidelberg 2016

12.1   Der Einfluss des Lebensraums auf das mentale Wohlbefinden

Von unserem alltäglichen Lebensraum ist anzunehmen, dass er mit verschiedenen, teilweise individuellen Bedeutungen ausgefüllt und wahrgenommen wird, die das persönliche Wohlbefinden beeinflussen. Diesem Gedanken wird in der Wissenschaft mit dem Konzept des *sence of place* Rechnung getragen. Es beschreibt die Bindung einer Person oder einer Gruppe an einen Ort, das dort entstehende Gemeinschaftsgefühl und die tatsächliche Abhängigkeit von diesem als Grundpfeiler des Wohlbefindens. In der vorliegenden Arbeit ermittle ich, inwiefern diese Bedeutungen an einzelne Objekte gebunden sind und untersuche den Einfluss einer städtischen Umgebung auf das mentale Wohlbefinden in den Städten Aachen und Bonn in Deutschland. Ausschlaggebende Faktoren für den *sence of place* werden darin identifiziert und miteinander in Verbindung gebracht. Reflexive Fotografie und Fotoelizitation bilden dabei die methodische Basis und werden von Leitfadeninterviews gestützt.

Das zu erwartende Spektrum der Bezugspunkte reicht von bekannten und öffentlichen Objekten wie dem Bonner Münster oder dem Aachener Rathaus bis hin zu individuellen und unscheinbaren Stellen wie einem einzelnen Baum vor einem Wohnhaus. Diese Objekte sollen in einem ersten Schritt identifiziert und kategorisiert werden. Gemäß verschiedener zu erwartender Kategorien von Bezugspunkten entsteht der Wert ebendieser für Personen und Gruppen aus unterschiedlichen Zusammenhängen. Ein Bezugspunkt kann dem Alltag entspringen, er kann aber auch stellvertretend für eine Erinnerung oder eine Institution stehen. Bezugspunkte wie zum Beispiel Sehenswürdigkeiten der Stadt, aber auch private Gärten oder öffentliche Grünflächen werden von den Befragten auf verschiedene Arten als Bezug auf die Vergangenheit oder aktuelle Lebenswelten wahrgenommen und in den eigenen Alltag integriert. Diese Wahrnehmung der Bezugspunkte, die mit der Gestaltung der Bindung an den jeweiligen Ort einhergeht, führt zur Frage, ob die Bezugspunkte und die aus ihnen resultierende persönliche Bindung Auswirkungen auf das mentale Wohlbefinden in der Stadt haben. Es ergeben sich die folgenden Forschungsfragen: Werden die Bezugspunkte bewusst wahrgenommen? In welchen Zusammenhängen entstehen diese Bezugspunkte? Welche Arten von Bezugspunkten gibt es? Wie wirkt sich die Ortsbindung auf das mentale Wohlbefinden der Teilnehmer aus? Welche Bedeutung haben die Bezugspunkte für die Teilnehmer?

12.2   Mentales Wohlbefinden und Raum: das Konzept des *sense of place*

Gesundheit ist mehr als die Abwesenheit von Krankheiten; Gesundheit wird durch den „Zustand völligen körperlichen, seelischen und sozialen Wohlbefindens und nicht nur als das Freisein von Krankheit und Gebrechen" beschrieben (WHO 2006, eigene Übersetzung). Dementsprechend sollte in der Beurteilung der menschlichen Gesundheit auch das mentale Wohlbefinden seine Beachtung finden, das sich nicht ausschließlich auf psychische Krankheiten beschränkt. Es beinhaltet das allgemeine Wohlbefinden, das heißt positive oder negative Einflüsse auf das eigene, subjektive Wohlbefinden und die Steigerung desselben (WHO 2007).

Der Begriff *sense of place* steht stellvertretend für die verschiedenen in der Literatur genannten Konzepte und Unterkategorien wie *community attachment, sense of community, place attachment, place identity, place dependence, place satisfaction* und *sense of place* (Kianicka et al. 2006). Sie alle umfassen verschiedene Ebenen der Bindung und der Empfindungen. Bei allen

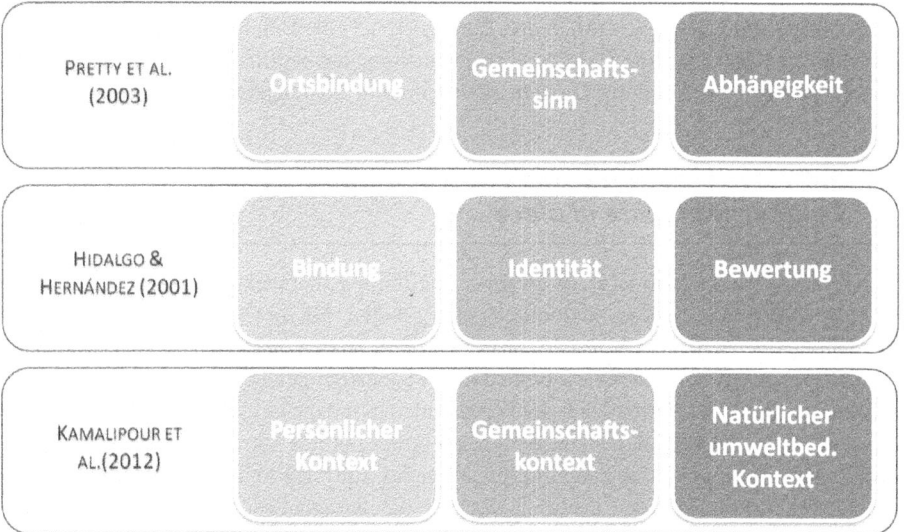

SENSE OF PLACE

□ **Abb. 12.1** Begrifflichkeiten des *sense of place*

handelt es sich um ortsabhängige Konstrukte der Gesundheit, die das Verhältnis von Menschen zu Räumen und Orten beschreiben (DeMiglio und Williams 2008). Sie umfassen die natürliche, erbaute, soziale und symbolische Umgebung (Hummon 1992) und die Interaktion des sich in ihr befindlichen Individuums mit der Umgebung. Doch all diese Ebenen sind miteinander verschlungen, sie beeinflussen sich gegenseitig und können nicht isoliert betrachtet werden (Kaltenborn 1998). Der *sense of place* ist immer individuell, da er von den Werten, Interessen und Erfahrungen des Einzelnen beeinflusst ist (Kianicka et al. 2006). Der Einfluss des Raumes spielt sich nicht immer bewusst ab. Er wird mit Interpretationen belegt, lässt reagieren und hat Einfluss auf die Handlungen. Dies kann jedoch auch unbewusst geschehen (Livingston et al. 2008). Unbekannte Orte werden als neutral wahrgenommen und erst durch eine Aneignung mit emotionaler Bindung und emotionalem Einfluss mit Bedeutung ausgestattet (DeMiglio und Williams 2008).

David Hummon (1992) unterteilt den *sense of place* anhand der Ebenen „Verwurzelung", „Distanzierung", „Relativität" und „Heimatlosigkeit". Er basiert größtenteils auf individuellen Erfahrungen innerhalb eines Raumes und ist abhängig von einer Vielzahl an Faktoren wie Zeit, Charakteristika des Ortes und persönliche Variablen (kultureller Hintergrund, persönliche Geschichte, Wohnstatus) (DeMiglio und Williams 2008). Einzigartige Elemente einer Umgebung verstärken die Bindung an den Ort und somit den *sense of place*, ebenso wie Orte, die für alle Generationen nutzbar sind (Kamalipour et al. 2012). Auch die Länge des Aufenthalts an einem Ort verstärkt die Bindung, ebenso wie die Anzahl der Freunde, befreundeten Nachbarn oder der Familie in der Nähe. Ein negativer Einfluss kann durch den Verlust der Einzigartigkeit eines Ortes, zum Beispiel durch die mit der Globalisierung einhergehende optische und funktionale Annäherung unterschiedlicher Räume, verstärkt werden.

In ◪ Abb. 12.1 werden die Konzepte zum *sense of place* nach Grace Pretty et al. (2003), M. Carmen Hidalgo & Bernardo Hernández (2001) und Hesam Kamalipour et al. (2012) miteinander in Zusammenhang gebracht. Es zeigt sich, dass sich die Konzepte ähneln und vor allem die Begrifflichkeiten abweichen. Allen drei Konzepten liegt die Unterteilung des *sense of place* in drei Bereiche zugrunde, für die in dieser Untersuchung die Begriffe nach Pretty et al. (2003) verwendet werden: Ortsbindung, Gemeinschaftssinn und Abhängigkeit.

12.3 Reflexive Fotografie und Fotoelizitation: Zugang zum *sense of place*

Ziel der reflexiven Fotografie ist es, einen zuvor bestimmten Themenkomplex fotografisch festzuhalten. Teilnehmende dieser Methode werden gebeten, für sie wichtige Aspekte zu einer Fragestellung oder einem Sachverhalt anhand von Fotografien erschöpfend zu beantworten. Der Vorteil dieser Herangehensweise besteht in der Subjektivität und Eigenständigkeit der Fotografien, die durch die Abwesenheit der Forschenden in möglichst geringer Weise von diesen beeinflusst sind. Allein der vorher ausgesprochene Arbeitsauftrag schränkt die Befragten in der Auswahl ihrer Motive ein, wobei die Interpretation des Auftrages weiterhin ihnen selbst überlassen bleibt (Dirksmeier 2009). Dadurch, dass sich die Befragten bei der reflexiven Fotografie anhand des Arbeitsauftrages zunächst selbstständig der Fragestellung annähern, werden sie zu Experten und Expertinnen für das Thema (Harper 2004) und können dem Forschenden auf Augenhöhe gegenübertreten (Hurworth 2012).

Um die Teilnehmenden meiner Untersuchung in Bezug auf ihre persönlichen Landmarks nicht einzuschränken und dennoch den zu untersuchenden Rahmen einzuhalten, wurde die Grundfrage: „Welches sind Ihre persönlichen Bezugspunkte?" präzisiert und zu folgendem Arbeitsauftrag ausformuliert: „Welches sind die öffentlich sichtbaren Bezugspunkte Ihres Alltagslebens in Ihrer städtischen Umgebung?" Bei den folgenden Interviews wurden den Befragten die entwickelten Bilder vorgelegt; sie dienten der Illustration und Veranschaulichung ihrer Aussagen.

Dieses Einbringen von Fotografien in ein Interviewgespräch bezeichnet man als Fotoelizitation (Harper 2004). Es werden Impulse erhofft, die Aussagen aus den Interviewten herauslocken können, die bei einem Interview allein im Verborgenen geblieben wären (Harper 2004; Schulze 2007). Durch Fotoelizitation können Interviews aufgelockert werden. Während des zeitweise anstrengenden Verlaufes eines längeren qualitativen Interviews schaffen Fotos eine bessere Atmosphäre, da sie den Fokus weg von den Befragten nehmen und hin auf deren persönliche Sichtweisen, repräsentiert durch die Bilder (Rose 2007) lenken. So werden oft neue, vielleicht bisher als selbstverständlich erachtete Themenbereiche angesprochen und die Interviewinhalte vertieft (Lapenta 2011).

> **Definition**
>
> Die Begriffe **reflexive Fotografie** und **Fotoelizitation** sind nicht klar voneinander abgrenzbar (Rose 2007; Schulze 2007). Je nach Quelle wird die reflexive Fotografie als Teil der Methode „Fotoelizitation" betrachtet (Lapenta 2011), bei der explizit Fotos von Befragten erstellt werden, um sie anschließend in Interviews zu besprechen. Für diese Arbeit wurden beide jedoch als verschiedene, sich ergänzende Methoden betrachtet.

Die geeignete Wahl des Aufnahmegerätes: womit fotografieren?

Die Verwendung klassischer analoger Einwegkameras in der Untersuchung zu den persönlichen Bezugspunkten hat im Nachhinein Vor- und Nachteile gezeigt. Die Wahl fiel auf diese, weil die begrenzte Anzahl an Fotografien und die leichte Bedienbarkeit als vorteilhaft erschienen. Während der Interviews wurde zudem deutlich, dass es für die Befragten sehr angenehm war, die entwickelten Fotografien in der Hand halten und sie auf dem Tisch sortieren zu können. Allerdings gab es auch technische Schwierigkeiten. Bei einer Kamera waren alle Bilder fehlerhaft und konnten nicht verwendet werden. Zudem hatten viele Fotos eine sehr schlechte Qualität, die auf die mittelmäßigen Lichtverhältnisse des Spätwinters/ Frühjahrs zurückzuführen sind, mit der die günstigen Kameras überfordert waren. Unter Berücksichtigung der heutigen Verbreitung von Smartphones und Tablets sollten für ähnliche Untersuchungen diese als Aufnahmegerät für die Fotografien in Betracht gezogen werden. Zu erwarten sind eine bessere Bildqualität und ein insgesamt abgekürzter Erhebungsprozess durch ein schnelleres Übergeben der Bilder zurück an die Forschenden. Voraussetzung bleibt es, den Arbeitsauftrag möglichst präzise zu formulieren, um zu hohe Bildzahlen und unspezifische Darstellungen (je nach Gestaltung der Untersuchung) zu vermeiden. Dennoch sollten auch digitale Fotografien für die Fotoelizitation entwickelt bzw. ausgedruckt werden.

Während des von der Fotoelizitation begleiteten Interviews spielten die von den Teilnehmenden erstellten Fotografien eine wichtige Rolle. Sie dienten als Erinnerungsstütze für die Interviewten, die sich immer wieder auf die Abbildungen beziehen konnten, zum anderen konnten anhand der Bilder auch mir gegenüber immer wieder einzelne Details veranschaulicht werden. Die Interviewten und ihre Aussagen sind nicht mehr alleiniger Mittelpunkt der Gespräche; an ihre Stelle treten die Bilder als Repräsentanten der Bezugspunkte (Rose 2007). Durch das Fotografieren im Voraus war eine Auseinandersetzung der Befragten mit ihren persönlichen Bezugspunkten vonnöten, sodass keine interviewte Person vollkommen unvorbereitet in das Interview ging. Die Interviews wurden anschließend nach der inhaltlich strukturierenden qualitativen Inhaltsanalyse (Kuckartz 2012) unter Zuhilfenahme der Software MAXQDA ausgewertet.

12.4 Persönliche Bezugspunkte in Aachen und Bonn und die Dimensionen des *sense of place*

Basierend auf den ausgewerteten Interviews und Fotografien ergeben sich zwei in den Ergebnissen hervorzuhebende Bereiche: die Bezugspunkte selbst und das mentale Wohlbefinden, repräsentiert durch das *Sense-of-place*-Konzept. Beide stehen miteinander in Verbindung, indem die Bezugspunkte als einflussnehmend auf den *sense of place* der Bewohner einer Stadt wahrgenommen werden und ihm somit zugrunde liegen.

Entsprechend der ersten Forschungsfrage wurden zunächst die Bezugspunkte der Teilnehmenden identifiziert. Diese halten Ausschnitte unterschiedlicher Bereiche des Stadtgefüges fest wie zum Beispiel Privatgrundstücke, Verkehrsbereiche, Grün- und Wasserflächen, allgemeine Sehenswürdigkeiten sowie unauffällige, aber individuelle Details der Stadt (◻ Abb. 12.2). Es sind einzelne Punkte, aber auch Flächen, die von den Befragten als persönlich wichtig genannt wurden. Einige der Bezugspunkte überschreiten in ihrer Bedeutung das eigentlich dargestellte Motiv. So stellt zum Beispiel eine Kreuzung für eine der Teilnehmerinnen nicht nur den abge-

Kategorien	Σ
Szenen	
(Statt bestimmter Objekte wurden Situationen festgehalten.)	
- *Stadtleben*	19
- *Wohngebiet*	7
- *Sonstiges*	2
Verkehrsbereiche	10
Grün- und Wasserflächen	22
Arbeit, Universität, Schule	13
Wahrzeichen	
- *Gebäude*	15
- *Kunst/Brunnen*	7
Private Bereiche	5
Umbruch, Wandel, Transformation	5
(z.B. Baustellen)	
Funktionale Orte	14
(z. B. Supermarkt, Fitnessstudio)	

◘ **Abb. 12.2** Identifizierte Kategorien von Bezugspunkte

bildeten Verkehrsbereich dar, sondern repräsentiert für sie auch die Abgrenzung des eigenen Stadtteils von einem anderen.

Die Entstehung der Bezugspunkte sowie deren bewusste oder unbewusste Wahrnehmung zeigen sich in den Interviews. Wie David Hummon (1992) andeutet und Lily DeMiglio und Allison Williams (2008) bestätigen, wird die Wahrnehmung des eigenen Lebensraum immer von ganz individuellen Faktoren wie der persönlichen Geschichte, dem kulturellen Hintergrund beeinflusst. Die Wahl der Bezugspunkte wird anhand ähnlicher, nicht trennbarer Verknüpfungen getroffen, die daher nicht zu isolieren sind (Kaltenborn 1998). Kindheits- und Vergangenheitserinnerungen, Verknüpfungen mit konkreten Ereignissen der persönlichen Biografie, individuelle Gestaltung des Alltags und weitere miteinander in Beziehung stehende Einflüsse.

Dennoch werden der eigene Lebensraum und die Bezugspunkte von den Befragten in unterschiedlichem Maße bewusst wahrgenommen (Hummon 1992). So gibt es Personen, die selbstverständlich verschiedene Punkte in ihrer städtischen Umgebung nennen und festhalten konnten, mit denen sie bestimmte Bedeutungen und Gefühle verbinden. Nach Hummon (1992) wird dies als „ideologische Verwurzelung" bezeichnet. Andere, mit einer alltäglichen Verwurzelung, haben sich mit dieser Fragestellung erst durch den Auftrag im Rahmen dieser Untersuchung auseinandergesetzt und hatten ein praktisch differenziertes Bild ihrer Umgebung, ohne oder mit wenig emotionaler Bedeutungszuweisung. Insgesamt nennt Hummon (1992) fünf verschiedene Ausprägungen des *sense of place*, die mehr oder weniger ausgeprägt alle bei den Befragten beobachtet werden konnten (◘ Abb. 12.3): ideologisch und alltägliche Verwurzelung, Distanziertheit, Relativität und ungebundene Heimatlosigkeit.

Diese Dimensionen wurden alle durch die Untersuchung der Bezugspunkte angesprochen. Neben der Tatsache, dass viele der Bezugspunkte Orte des Alltags sind und dadurch eine räumliche Bindung an die jeweiligen Orte darstellen, stellen sie oft für die jeweiligen Teilnehmenden nennenswert wichtige Elemente ihrer Stadt dar. Die Teilnehmenden gestehen ihren Bezugspunkten einen persönlichen Wert zu. Auch der Gemeinschaftssinn wird von vielen Bezugspunkten charakterisiert. Betrachtet man die Aussagen in Hinblick auf die Themen „Geselligkeit" und „Wohlbefinden" im sozialen Kontext, erkennt man, dass viele Bezugspunkte Orte abbilden,

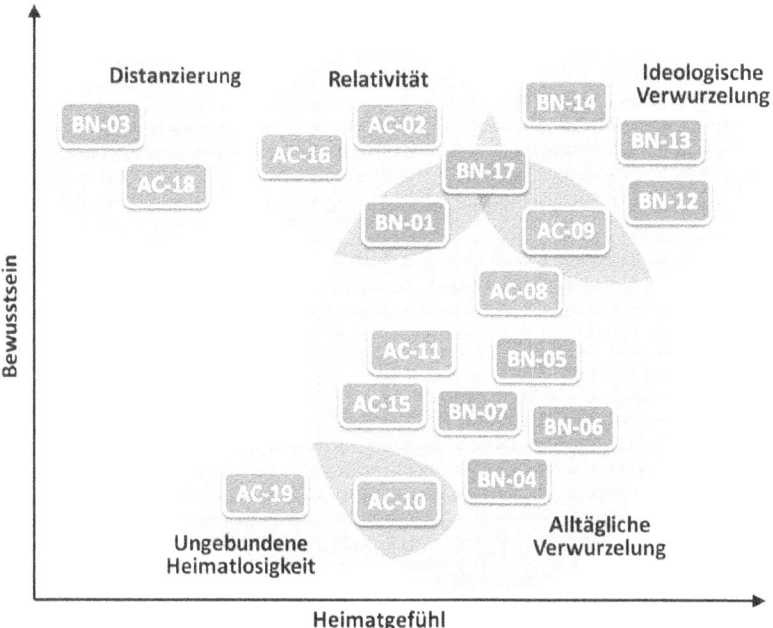

☐ Abb. 12.3 Zuordnung der Interviewten zu den Dimensionen des *sense of place* nach Hummon (1992)

die gemeinsam mit Freunden oder der Familie aufgesucht werden oder an denen man ein Gemeinschaftsgefühl innerhalb einer Gruppe empfindet. Die Abhängigkeit von den Orten wird allein durch die alltägliche Nutzung geschaffen sowie von der Besonderheit der Lage, der Ausstattung und der sozialen Bindung ergänzt. Indem der *sense of place* gestärkt wird, kann er positiv zum mentalen Wohlbefinden beitragen. Die persönliche Zufriedenheit mit der Umgebung, die einem etwas bedeutet, die soziale Einbettung in einen funktionierenden Familien- und Freundeskreis und die Möglichkeit, die eigenen praktisch-strukturellen Bedürfnisse zu befriedigen tragen insgesamt zu einem positiven Wohlbefinden bei.

12.5   Kann man den *sense of place* fotografieren? Zusammenfassung und Fazit

Durch die Auseinandersetzung mit den Fotografien in den Interviews hat sich bestätigt, dass sich die gewählten Methoden ideal für die Untersuchung individueller Perspektiven und im Speziellen zur Darstellung des individuellen *sense of place* eignen. Sie ermöglichen es den Teilnehmenden, Elemente ihres eigenen Lebens zu präsentieren, und die Fotos unterstützen sowie visualisieren ihre persönlichen Erzählungen. Die insgesamt 197 entstandenen Fotografien wurden während der Interviews intensiv von allen Teilnehmenden genutzt. Sie haben zusätzliche Erzählimpulse geschaffen und wurden mir gegenüber zur Verdeutlichung bestimmter Sachverhalte verwendet. Obwohl einige Teilnehmende laut eigener Aussage ihre Umwelt wenig reflektieren und daher zu manchen Fragen nur wenig Auskunft geben konnten, konnten diese Ergebnisse in der Interpretation und Bewertung verwendet werden und haben dazu beigetragen, die Interviews anhand des *Sense-of-place*-Konzeptes auszuwerten.

Literatur

DeMiglio, L., & Williams, A. (2008). A Sense of Place, A Sense of Well-being. In E. John, & A. Williams (Hrsg.), *Sense of Place, Health and Quality of Life* (S. 15–30). Aldershot: Ashgate.

Dirksmeier, P. (2009). *Urbanität als Habitus. Zur Sozialgeographie städtischen Lebens auf dem Land*. Bielefeld: transcript.

Harper, D. (2004). Photography as Social Science Data. In U. Flick, E.von Kardoff, & I. Steinke (Hrsg.), *A Companion to Qualitative Research* (S. 231–236). London: Sage.

Hildalgo, M. C. & Hernández, B. (2001): Place Attachment: Theoretical and Empirical Questions. *Journal of Environmental Psychology , 21*, 273–281.

Hummon, D. (1992). Community Attachment. Local Sentiment and Sense of Place. In I. Altman, & S. M. Low (Hrsg.), *Place Attachment* (S. 253–278). New York.: Plenum Press.

Hurworth, R. (2012). Techniques to assist with interviewing. In J. Arthur, M. Waring, R. Coe, & L. V. Hedges (Hrsg.), *Research Methods & Methodologies in Education* (S. 177–183). London.: Sage.

Kaltenborn, B. (1998). Effects of sense of place on responses to environmental impacts. A study among residents in Svalbard in the Norwegian high Arctic. *Applied Geography, 18*(2), 169–189.

Kamalipour, H., Yeganeh, A. J., & Mehran, A. (2012). Predictors of Place Attachment in Urban Residential Environments: A Residential Complex Case Study. *Procedia – Social and Behavioral Sciences, 35*, 459–467.

Kianicka, S., Buchecker, M., Hunziker, M., & Müller-Böker, U. (2006). Locals' and Tourists' Sense of Place. A Case Study of a Swiss Alpine Village. *Mountain Research and Development, 26*(1), 55–63.

Kuckartz, U. (2012). *Qualitative Inhaltsanalyse. Methoden, Praxis, Computerunterstützung*. Weinheim: Beltz Juvena.

Lapenta, F. (2011). Some Theoretical and Methodological Views on Photo-Elicitation. In E. Margolis, & L. Pauwels (Hrsg.), *The SAGE Handbook of Visual Research Methods* (S. 201–213). London: Sage.

Livingston, M., Bailey, N., & Kearns, A. (2008). *People's attachment to place – the influence of neighborhood deprivation*. York: Chartered Institute of Housing: Coventry/The Joseph Rowntree Foundation.

Pretty, G., Chipuer, H., & Bramston, P. (2003). Sense of place amongst adolescents and adults in two rural Australian towns: The discriminating features of place attachment, sense of community and place dependence in relation to place identity. *Journal of Environmental Psychology, 23*, 273–287.

Rose, G. (2007). VisualMethodologies. An Introduction to the Interpretation of Visual Materials. London: Sage.

Schulze, S. (2007). The usefulness of reflexive photography for qualitative research: a case study in higher education. *South African Journal of Higher Education, 21*(5), 536–553.

WHO – World Health Organization (2006). *Constitution of the World Health Organization*. http://www.who.int/governance/eb/who_constitution_en.pdf. Zugegriffen: 11.05.2013

WHO – World Health Organization (2007). *What is mental health?*. http://www.who.int/features/qa/62/en/index.html. Zugegriffen: 12.05.2013

Jugendliche Lebenswelten in peripherisierten Regionen

Ein subjektorientierter Zugang durch Gruppendiskussionen und qualitative Inhaltsanalyse

Tom Schwarzenberg

J. Wintzer (Hrsg.), *Qualitative Methoden in der Sozialforschung*,
DOI 10.1007/978-3-662-47496-9_13, © Springer-Verlag Berlin Heidelberg 2016

13.1   Eine Schwerpunktsetzung auf Umwegen: von der Idee zu den Forschungsfragen

Die Inspiration für meine Bachelor-Arbeit entsprang aus einer Anstellung als studentische Hilfskraft am Leibniz-Institut für Länderkunde in Leipzig. Im Rahmen des DFG-Forschungsprojektes *Diskurse und Praktiken in Schrumpfenden Regionen*, das sich mit dem Altenburger Land beschäftigt, entstand die Idee, mit einer Arbeit zu möglichen politischen Radikalisierungstendenzen unter Jugendlichen im ländlichen Raum an die geographische Schrumpfungsdebatte anzuknüpfen. Ziel war es, auf lokaler Ebene einen Zusammenhang zwischen regional wahrgenommenen Schrumpfungsprozessen und extremistischen Einstellungen zu untersuchen. Nach einer Einarbeitung in die Literatur reifte die Forschungsinspiration schnell zu dem konkreteren Entschluss, diesen Zusammenhang mit einer qualitativen, fallbezogenen Erhebung zu betrachten.

Das empirische Material wurde durch Gruppendiskussionen mit Jugendlichen aus dem Altenburger Land gewonnen. Zu Beginn der Erhebung zeigte sich jedoch rasch, dass der gesetzte thematische Fokus zu eng gefasst war, da die Teilnehmenden wenig auskunftsfreudig waren, wenn das Gespräch auf politische Aspekte gelenkt wurde. Um nicht durch ein Festhalten am bisherigen Konzept bewegungsunfähig zu werden, führte dieses empirische Feedback zu einem Überdenken der theoretischen Herangehensweise: Politische Radikalisierung muss nicht nur als ein „Endprodukt" im Sinne extremistischer Einstellungen verstanden werden. Bedeutend vielversprechender schien es, den thematischen Fokus auf soziale Stigmatisierungsprozesse als eine alltäglichere Form menschenfeindlicher Einstellungen zu legen. Dieser empirisch initiierte Schwenk zeigt, dass thematische Nachjustierungen bei der Schwerpunktsetzung nicht gefürchtet oder gar als persönliches Versagen gedeutet werden sollten. Im Gegenteil: Sie können aus einer eingefahrenen Starre befreien und helfen, sich mit den eigenen theoretischen Überlegungen näher an die vorgefundenen Gegebenheiten im Feld zu bewegen.

Das übergeordnete Erkenntnisinteresse der Arbeit zielte also auf die Frage ab, welche Rolle(n) Stigmatisierungsprozesse – im Sinne negativer Bedeutungszuschreibungen – bei Jugendlichen in einer peripherisierten Region spielen. Mit der ersten Forschungsfrage sollte dabei beleuchtet werden, welche sozialen Stigmata (gegenüber Personengruppen) und auch räumlichen Stigmata (gegenüber Orten) überhaupt produziert und reproduziert werden. Neben der politischen Dimension lag dabei ein Fokus auf der Frage, wie bestimmte Räume in der Kommunikation mit diskursiv ausgehandelten Negativeigenschaften belegt werden. Darauf aufbauend widmete sich eine zweite Forschungsfrage den möglichen Handlungskonsequenzen sowie Zukunfts- und Wanderungsüberlegungen der Jugendlichen, die aus den spezifischen Stigmata resultieren können. Folglich sollte ein Bogen zwischen Schrumpfungskontext und Stigmatisierungsprozessen, im Sinne gruppenbezogener Abwertungspraktiken, gespannt werden, um aus einer fallbezogenen Perspektive heraus mögliche Zusammenhänge aufzuzeigen.

13.2   Von Peripherisierungsprozessen über Desintegrationsdimensionen zu sozialräumlichen Stigmatisierungsdiskursen: das theoretische Fundament

Ausgangspunkt des theoretischen Fundaments ist eine kritische Auseinandersetzung mit der in der Geographie vielfältig geführten Debatte über schrumpfende Regionen. Denn in dieser wird oft unhinterfragt auf die normative Unterscheidung zwischen positivem Wachstum und problematisierter Schrumpfung zurückgegriffen. Nach Lang (2012, S. 1749) kommt hinzu, dass die geographische Schrumpfungsforschung teils durch eine einseitige Beschreibung von Symptomen bestimmt wird, welche eine differenzierte Betrachtung von Gründen vernachlässigt. Um einen dynamischen Blick auf das Phänomen „Schrumpfung" zu erhalten, wurde der Arbeit ein Verständnis von Peripherie zugrunde gelegt, das ebendiese als Ergebnis des gesellschaftlichen Prozesses der Peripherisierung und nicht als Raumkategorie konzipiert.[1] Damit soll nach Stephan Beetz (2008, S. 15) deutlich werden, dass Entwicklungen vor Ort nicht allein Eigenschaften einer Region sind; sie liegen in deutungsmächtigen sozialräumlichen Prozessen begründet.

Um daran anknüpfend eine Verbindung zwischen Peripherisierung und Stigmatisierung herzustellen, wurde auf die Studie *Deutsche Zustände* zurückgegriffen. Hier wird das Syndrom der *Gruppenbezogenen Menschenfeindlichkeit* (GMF) konzipiert (Heitmeyer 2006, S. 21 ff.). Dessen sozialpsychologische Grundlage wird in einer *Ideologie der Ungleichwertigkeit* ausgemacht, die zu einer fortwährenden Konstruktion von „Opfergruppen" seitens deutungsmächtigerer Gruppen führe (Heitmeyer 2008). Hier lässt sich der zentrale Begriff der Stigmatisierung anknüpfen, welcher nach Erving Goffman (1967, S. 11) als die Zuweisung einer zutiefst diskreditierenden Eigenschaft definiert wird. Versteht man diese Zuweisung als gruppenbezogenen Abwertungsprozess, so lässt sich Stigmatisierung im engeren Sinn als Medium der *Gruppenbezogenen Menschenfeindlichkeit* (GMF) begreifen. Der Bogen zur Peripherisierung kann im Rahmen des begrifflich ergänzten GMF-Konzeptes über Desintegrationsdimensionen hergestellt werden: Wahrgenommene Desintegrationserfahrungen und -ängste können Nährboden für die *Ideologie der Ungleichwertigkeit* (Mansel und Kaletta 2009, S. 74) und folglich auch abwertende Stigmatisierungsprozesse sein. Hierzu illustriert die Studie *Deutsche Zustände* schließlich, dass bestimmte Spezifika peripherisierter Räume, wie z. B. Konformität im Kontext der Abwanderung, sozioökonomische Strukturschwäche oder auch erhöhter normativer Anpassungsdruck, über Desintegrationserfahrungen und Gefühle wie Orientierungslosigkeit und relative Deprivation zu einer verstärkten Ausprägung gruppenbezogener Abwertungsprozesse führen können (Petzke et al. 2007; Hüpping und Reinecke 2007; Wolf et al. 2006).

An dieser Stelle soll betont werden, dass kein kausaler Zusammenhang zwischen Peripherisierung und Stigmatisierungsprozessen angenommen wird: Im Zentrum stehen zwischengelagerte Emotionen, Befindlichkeiten und Wahrnehmungen, die ihrerseits zu entsprechenden Handlungsmustern führen. Letztendlich wird mit dem theoretischen Fundament die Absicht verfolgt, eine Verschränkung zwischen sozialen und räumlichen Stigmata zu konzeptualisieren. Räumliche Stigmatisierung wird dabei nach Thomas Bürk (2013, S. 171) als ein Akt der kommunikativen Konstruktion von Raum verstanden, der auf diskursiv ausgehandelten, negativ bewerteten (sozialen) Themenbereichen beruht. Die damit einhergehende Überlegung einer unauflösbaren Verschränkung von Räumlichem und Sozialem lässt den Schluss zu, dass auch lokal verankerte soziale Stigmata über kommunikatives Handeln in ein verortetes bzw. verortbares, diskreditierendes Label überführt werden können. Dieser Zusammenhang soll mit dem zentralen Begriff „sozialräumlicher Stigmatisierungsdiskurse" aufgenommen und der Analyse zugeführt werden.

---

1   Hier gehe ich von einem konstruktivistischen, handlungszentrierten Raumverständnis im Sinne Benno Werlens (2008, S. 279) aus: Räume sind nicht als a priori gegebene, determinierende Objekte zu verstehen, sie werden erst durch alltägliches Handeln der Subjekte konstruiert.

13.3   Eine empirische Annäherung an jugendliche Lebenswelten

▪ Wahl der Erhebungsmethode

Im Kontext der komplexen Thematik war klar, dass eine empirische Betrachtung keinesfalls auf allgemeingültige oder repräsentative Aussagen im quantitativen Sinne abzielen kann. Hierbei wäre das Risiko viel zu groß, die Untersuchten unter einen Generalverdacht zu stellen. Die Forschungsfrage nach den Verschränkungen und Bedeutungen unterschiedlicher Stigmata erforderte eine differenzierte Untersuchung von Wahrnehmungen und Einstellungen der Jugendlichen im Sinne einer Annäherung an ihre spezifischen Lebenswelten. Dazu brauchte es einen offenen und reflexiven Zugang, der ein kritisches Bewusstsein für die eigene begriffliche Positionierung im Feld zulässt. Denn die erläuterte Konstruktion sozialräumlicher Stigmatisierungsdiskurse sollte nicht zum Selbstzweck existieren, sie musste sich möglichst an die vorgefundenen Alltagskonzeptionen anschließen, um soziale Wirklichkeit sinnvoll zu rekonstruieren (Przyborski und Wohlrab-Sahr 2010, S. 26). Neben einer selbstreflexiven galt es aber vor allem auch eine subjektorientierte Perspektive einzunehmen. Da Stigmata immer an kommunikative Prozesse gebunden sind, kann der Zugang zu ihnen nur über die subjektiven Sprechakte vor Ort gesucht werden. Für diese perspektivbedingten Anforderungen schien es notwendig, eine qualitative Forschungsmethode zu wählen.

Aus dem Kanon der qualitativen Ansätze fiel die Wahl auf Gruppendiskussionen, da sie nach Siegfried Lamnek (2010, S. 379) einen Zugang zu den kollektiven Prozessen ermöglichen, aus denen sich spezifische Meinungen und Einstellungen generieren. Stigmata entspringen schließlich nicht den Überlegungen einzelner Personen. Sie sind ein diskursives Produkt gruppenspezifischer Aushandlungen. Im thematischen Kontext schien die Gruppendiskussion in zweierlei Hinsicht besonders geeignet: Erstens ermöglicht sie nicht nur die Identifikation der spezifischen Stigmata vor Ort, sondern auch die Interpretation deren gruppenspezifischer Relevanz. Die Interaktionsebene verhilft zur Einordnung hinsichtlich ihrer Dominanz bzw. Marginalität. Zweitens schien die Methode auch im Hinblick auf die nachgelagerte Forschungsfrage nach den Zukunftsüberlegungen im Rahmen des sozialräumlichen Stigmatisierungsdiskurses vielversprechend. Denn nach Karin Schittenhelm (2010, S. 94 f) ist der Übergang zwischen Schule und Beruf, vor dem die teilnehmenden Jugendlichen allesamt standen, eine kollektiv absolvierte Statuspassage, die untereinander, also gruppenbezogen, ausgehandelt wird.

▪ Planung und Durchführung der Gruppendiskussionen

Ziel war es, Gruppendiskussionen mit Jugendlichen im Alter von 15 bis 18 Jahren an weiterführenden Schulen (Klassenstufe 9 bis 12) des Altenburger Landes durchzuführen. Wählt man einen solchen institutionellen Zugang, müssen zunächst rechtliche Rahmenbedingungen sondiert werden. So war es im Voraus zum Beispiel notwendig, einen Antrag beim Staatlichen Schulamt Ostthüringen einzureichen, auf Basis dessen Genehmigung erst die einzelnen Schulleitungen kontaktiert werden konnten. Bei Untersuchungen mit Minderjährigen ist zudem stets die Teilnahmegenehmigung der Eltern einzuholen. Nachdem der Zugang zum Feld organisatorisch geklärt war, wurden innerhalb von drei Monaten insgesamt sieben ca. einstündige Gruppendiskussionen durchgeführt. Auf eine idealtypische Beschreibung wird im Folgenden verzichtet, da diese in der einschlägigen Literatur sehr gut aufgearbeitet ist (vgl. Lamnek 2005; Kühn und Koschel 2011; Bohnsack et al. 2010). Es sollen stattdessen einige praktische Erfahrungen im Hinblick auf die Durchführung beschrieben werden.

Tipp

Moderiere Gruppendiskussionen – wenn möglich – zu zweit und erläutere den Gesprächsablauf!

Alle Diskussionen wurden zu zweit moderiert, was den Wechsel zwischen beobachtender und gleichberechtigt moderierender Rolle ermöglichte. Dies brachte zudem den Vorteil mit sich, die hohe Konzentrationsanforderung der Methode „aufteilen" zu können. Im Rahmen der Diskussionseinführung war es zunächst hilfreich, die gewünschte Gesprächsdynamik zu erläutern. Denn oft wurde diesbezüglich eine „klassische" Frage-Antwort-Situation erwartet. Indem man die Jugendlichen darüber aufklärt, dass sie sich unaufgefordert äußern und aufeinander Bezug nehmen dürfen und sollen, kann von vornherein einer hemmenden Frontalsituation entgegengewirkt werden.

Tipp

Berücksichtige die Wahl des Erhebungsortes!

Dies schien im Hinblick auf den Erhebungsort umso sinnvoller: Denn dass die Diskussionen direkt in Klassenzimmern der jeweiligen Schulen stattfanden, hatte zwar den Vorteil, dass somit ein vertrauter Bezugsrahmen der Alltagskommunikation gegeben war, aber gleichzeitig auch den Nachteil einer institutionellen, möglicherweise autoritären Wirkung des gewohnten Unterrichtskontexts. Es kann durchaus hilfreich sein, eine solche Wirkung pointiert anzusprechen und zu entschärfen.

Tipp

Spreche alle Gruppenteilnehmenden gleichberechtigt an!

Nach einer (themenbezogenen) Vorstellungsrunde sollte der Fokus auf der Herstellung einer Selbstläufigkeit der Diskussion liegen, da erst durch diese ein Zugang zu kollektiven Orientierungen möglich werde (Bohnsack 2008, S. 379). In der Praxis erwies sich das jedoch als schwieriges Oszillieren zwischen Intervention und Zurückhaltung. Dabei spielte die Gruppendynamik eine ganz entscheidende Rolle. Denn die Untersuchung einer Realgruppe von Jugendlichen im Klassenverband birgt die Schwierigkeit, dass bereits eine lang eingefahrene Hierarchie untereinander herrschen kann. Diese spiegelt sich nicht nur in einer Trennung in Schweigende und viel Redende wieder, sondern auch im Effekt der sozialen Erwünschtheit, aufgrund dessen die Teilnehmenden nur so viel preisgäben, wie es ihre eigene Position in der Gruppe nicht gefährde (Kühn und Koschel 2011, S. 238). Zudem könne es im Zuge eines normativen Anpassungsdrucks zu (fälschlich) konformen Meinungsbildern kommen (Kühn und Koschel 2011, S. 245). Diese oft hartnäckige Dynamik kann durch ein möglichst gleichmäßiges Einbinden und das Erzeugen einer Atmosphäre der nahbaren Vertrautheit zumindest positiv beeinflusst werden. Diesbezüglich war es förderlich, nicht zu stark am eigenen Leitfaden zu hängen, sondern mit interessierten

Nachfragen direkt an das Gesagte der Teilnehmenden anzuknüpfen. Diese Flexibilität zeigte sich oftmals als entscheidend für den Zugang zu den Jugendlichen, da man ihnen dabei entschlossen nahebringen kann, dass man ihre subjektive Lebenswelt ernst nimmt; sie keinesfalls auf ein Mittel zum Zweck der Forschung reduziert werden! Das Vermitteln dieses Gefühls unterstützte auch in eher schweigsamen Gruppen passagenweise eine höhere Diskussionsbereitschaft.

> **Tipp**
>
> Teilnehmende kommen vor dem Leitfaden! Halte Dich nicht zu stark am Leitfaden fest, sondern reagiere auf die Gruppe und das Gesagte!

■ **Analyse und Interpretation des erhobenen Materials**

Um das erhobene Material einer textbasierten Analyse zuzuführen, mussten alle Audiomittschnitte transkribiert werden. Speziell bei Gruppendiskussionen empfiehlt es sich, Sprechüberschneidungen zu kennzeichnen und auch Nonverbales zu verschriftlichen, um die Interaktionsebene umfangreicher interpretieren zu können. Zur anschließenden Analyse der Protokolle wurde sich an einer qualitativen Inhaltsanalyse nach Mayring (2000, 2010) orientiert. Diese läuft zwar, anders als eine freie Interpretation, nach vorab definierten Analyseschritten ab, jene lassen sich aber intuitiv und gegenstandsbezogen konstruieren (Mayring 2010, S. 49). In der angewandten Form einer inhaltlich strukturierenden qualitativen Inhaltsanalyse steht der Schritt der Kategorienbildung im Zentrum (Kuckartz 2014, S. 77 ff.). Er ist wesentlich, um die Komplexität der untersuchten Lebenswelten forschungsbezogen zu reduzieren und Übersicht in das Material zu bringen. Kategorien können deduktiv (theoriegeleitet) oder induktiv (empiriegeleitet) erstellt werden (ebd.). Im Falle der Bachelor-Arbeit kam eine Mischform zum Einsatz.

Anders als beim Ansatz der Grounded Theory, bei welchem die Theorie primär erst im Zuge induktiver Kategorienbildung generiert wird (Przyborski und Wohlrab-Sahr 2010, S. 198), sollte das bereits im Vorfeld ausgearbeitete theoretische Konzept strukturierend in die Analyse einfließen. So wurden zunächst deduktiv Hauptkategorien entwickelt, um danach induktiv anhand der artikulierten Themenbereiche in einem vertiefenden Codierprozess differenzierende Subkategorien herauszuschälen. Das Erstellen dieser Subkategorien läuft ähnlich dem Prinzip eines hermeneutischen Zirkels[2] ab (Kuckartz 2014, S. 31 f) und ist nach Mayring (2000, S. 3) zweifellos der zentrale Prozess einer Qualitativen Inhaltsanalyse. In mehrmaligem, reflexivem Lesen der Protokolle wird sich in einer Art Rückkopplungsschleife der Struktur und den dominanten Themen der Erhebung angenähert (Mayring 2000, S. 3 f).

Dieser zeitaufwendige Vorgang wurde computergestützt mit MAXQDA durchgeführt, was zahlreiche Erleichterungen und Möglichkeiten mit sich bringt. Das so entstandene Kategoriensystem diente im Folgeschritt als Grundlage für eine interpretative Auswertung des sozialräumlichen Stigmatisierungsdiskurses. Dazu wurden die als markant codierten Textpassagen inhaltsbezogen hinsichtlich ihrer semantischen Besonderheiten, wie z. B. zentraler Begriffe und Formulierungen, ihrer dominanten Argumentationsweisen sowie ihrer gruppenspezifischen Interaktionen (Konsens- und Dissensbildung) kontextbezogen, aber auch diskussionsübergreifend interpretiert.

---

2   Das Konzept des Hermeneutischen Zirkels beschreibt nach Lamnek (2010, S. 56 ff.) eine fortwährend „spiralförmige" Annäherung an den Sinngehalt eines Textes: Ausgehend von einem Vorverständnis führt das Lesen des Materials zu einem Textverständnis, welches bei erneutem Lesen, durch das nun erweiterte Vorverständnis, zu einem erweiterten Textverständnis führt usw.

◘ Tab. 13.1 Beispiel aus der Analyse der Protokolle

Transkribierte Diskussionspassage	Interpretation / Analyse	Kategorie-zuordnung
Schüler H: „Ähm, ja, wir sind auch schon mal in der Nacht durch Altenburg Nord gelaufen und, ähm, da muss man aber echt Angst haben dort rumzulaufen, weil da ist hinter jedem Gebüsch irgendjemand, der einen verfolgen kann. ((vereinzeltes Lachen)) Also da stand wirklich jemand hinterm Gebüsch und ist immer näher gekommen. Wir sind dann weggerannt." Moderator: „Also jetzt muss man fragen: Ist hinter jedem Gebüsch jemand, der einem folgen kann?" Schülerin D: „Ja, hinter jeder Ecke steht irgendjemand, irgendwelche, keine Ahnung-„ […]	Schüler H begründet das *Angstgefühl*, das er, besonders des Nachts, in Altenburg Nord verspürt, hier direkt mit der Anwesenheit von „Drogendealern". Um die artikulierte Angst („da ist hinter jedem Gebüsch irgendjemand…") einzustufen, kann die *non-verbale Interaktionsebene* herangezogen werden: Vereinzelt entkräftendes Gelächter in der Runde offenbart, dass die Angst nicht von allen so extrem geteilt wird. (*divergierende Gruppenmeinung*) Abgesehen von diesem individuell geäußerten Detail, besteht jedoch breite Zustimmung bezüglich der Feststellung, dass Altenburg Nord wirklich gefährlich sei und sich nicht nur so anfühle.	Code: Soziale Stigmatisierung; Subcode: Drogen-konsumenten / -Dealer Code: Interaktionsebene; Subcode: divergierend Code: Interaktionsebene; Subcode: konvergierend Code: Räumliche Stigmatisierung; Subcode: Kontext Drogenproblematik
Schüler H: „Da gibt es, keine Ahnung, irgendwie überall solche Drogendealer und- Es wurden ja auch schon welche weggesperrt." Moderator: „Also naja, das ist jetzt die Frage. […] Es gibt so Orte, die fühlen sich so ein bisschen gefährlich an und es gibt Orte, die sind gefährlich." Schüler C: „Ja, Nord ist es gefährlich." Moderator: „Nord ist gefährlich?" ((allgemeine Zustimmung))	Interessant ist hierbei die diffuse Personifikation der Ursache: Schuld an der gefahrenbehafteten Wahrnehmung seien „die Leute". Diese abstrakte Identifikation wird auch im weiteren Verlauf der Diskussion nicht näher konkretisiert. Man könnte vermuten, dass die DrogenkonsumentInnen gemeint sind (im Sinne angsteinflößender, krimineller Menschen). Eine andere Interpretation wäre, dass sich hier bewusst einer undefinierten (im sozialen Umfeld aufgefassten) Erklärungsvariable bedient wird, da die ursächlichen sozialen Zusammenhänge gar nicht reflektiert werden. (*diffuse Negativzuschreibung als vereinfachendes/ordnendes Stigma*)	Code: Soziale Stigmatisierung; Subcode: diffuse Zuschreibung Code: Soziale Stigmatisierung; Subcode: Drogen-konsumenten / -Dealer
Schülerin D: „Ja." Moderator: „[…] Ähm, was ist da gefährlich?" Schüler I: „Die Leute." Schülerin D: „Die Leute."	Diesem unspezifischen Stigma wird mit dem Stadtteil Altenburg Nord wiederum ein konkreter Raumbezug verliehen, welcher dann, ohne den sozialen Ursprung noch genau nachvollziehen zu können, als Argument für die Meidung des Ortes dient. (Beispiel für enge Verschränkung von Sozialem und Räumlichem im Stigmatisierungsdiskurs)	Code: Räumliche Stigmatisierung; Subcode: Kontext Drogenproblematik

Dieser komplexe Analyseschritt kann sehr gut in tabellarischer Form strukturiert und visualisiert werden (◼ Tab. 13.1). Besonders wichtig war es dabei, die Interpretationen im Rahmen des Einzelfalls zu belassen, um, im Sinne fälschlicher Generalisierungen, keine „Schrumpfform quantitativer Forschung" (Przyborski und Wohlrab-Sahr 2010, S. 18 f) zu betreiben.

13.4   Von stigmatisierten Menschen und Orten: Erkenntnisse aus der Untersuchung

Die Forschungsfrage nach den sozialen und räumlichen Stigmata vor Ort konnte mithilfe des empirischen Designs an zwei lokal relevanten Themenbereichen nachvollzogen werden: Zum einen an häufig artikulierten kritischen Einstellungen gegenüber Menschen mit Migrationshintergrund und zum anderen an einer von den Jugendlichen als omnipräsent wahrgenommenen Drogenproblematik mit Crystal Meth. Besonders anhand Letzterer lässt sich nachvollziehen, wie tradierte soziale Stigmata – bezogen auf Menschen des Drogenmilieus – im Rahmen des lokalen Diskurses eng mit der Stigmatisierung der Region bzw. bestimmter Orte innerhalb der Region verbunden werden (z. B. „Drogenstadt" oder „Meth-Stadt Nummer eins"). Diesbezüglich zeigt sich auch eine Verräumlichung der empfundenen Gefahr im Kontext der Drogenproblematik, indem bestimmte Orte als materielle Träger dieser sozialen Negativmerkmale ausgewiesen werden. So beschreiben die Jugendlichen konkrete Stadtviertel als No-go-Areas, welche es im Alltag bewusst zu meiden gelte. Hieran wird deutlich, wie im Rahmen der ausgehandelten Negativzuschreibungen Handlungsüberlegungen und -konsequenzen entstehen. Daran anknüpfend lässt sich ein vereinzelter Einfluss des Stigmatisierungsdiskurses auf Zukunftsüberlegungen nachvollziehen: Vor dem Hintergrund des nahenden Schulabschlusses werden teils spezifische Stigmata als Argument für einen Wegzug gewählt. Das lässt eine Anschlussüberlegung zu: Ausgehend von der aufgestellten Annahme, dass – über Zwischenschritte – ein begünstigender Zusammenhang zwischen den Spezifika peripherisierter Räume und Stigmatisierungsprozessen besteht, könnten die aus dem konkreten Diskurs resultierenden Zukunftsüberlegungen schließlich in eine Ausweitung der regionalen Abwanderungstendenzen münden.

13.5   Resümee der Methodenwahl

Die vorsichtig formulierte Anschlussüberlegung macht eines deutlich: Der gewählte empirische Zugang allein ist natürlich nicht ausreichend, um komplexe lebensweltliche Zusammenhänge *en detail* nachzuvollziehen. Um ein umfassendes Bild zu erhalten, sollten die Vorteile verschiedener qualitativer Ansätze kombiniert werden. Da das aber gerade in einer studentischen Abschlussarbeit meist nicht zu realisieren ist, lag die Priorität darauf, eine passende Methode mit wenigen Kompromissen für das Forschungsvorhaben zu finden. Rückblickend lässt sich festhalten, dass sich die Kombination aus Gruppendiskussion und qualitativer Inhaltsanalyse für eine Annäherung an den sozialräumlichen Stigmatisierungsdiskurs gut bewährt hat.

> ◗ Die Gruppendiskussion zeigte sich als ein flexibler Zugang zu heiklen, kollektiv geteilten Alltagswahrnehmungen, da sie den Aushandlungsprozess sozialer Phänomene erfassbar macht. Die dynamische Gesprächsatmosphäre führte dabei zu einer Offenheit, die sich durch eine frontalere Interviewsituation nicht imitieren lässt.

Die Stärke der Gruppendiskussion stellt jedoch auch gleichzeitig eine ihrer Grenzen dar: Man sollte nicht der Illusion erliegen, mit verhältnismäßig geringem Aufwand viele Einzelmeinungen erheben zu können: „Individuelles kann nicht in seiner Eigengesetzlichkeit untersucht werden, sondern nur in Relation zum kollektiven Geschehen" (Przyborski und Wohlrab-Sahr 2010, S. 106). Bezogen auf die Erkenntnisse der Arbeit müssten zum Beispiel ergänzende Einzelinterviews durchgeführt werden, um individuelle Argumentationsweisen ausgrenzender Stigmata zu verstehen. Bezogen auf die Interpretation des Materials bot die qualitative Inhaltsanalyse einen guten Kompromiss aus offener und regelgeleiteter Annäherung. Wenn, wie im vorliegenden Fall, eine stark themenbezogene und weniger soziolinguistisch fokussierte Interpretation im Vordergrund steht, ist sie eine gute Wahl, um auch effektiv größere Erhebungen zu bewältigen. Zudem ist der computergestützte Prozess der Codierung intuitiv und ohne langwieriges Anlernen zu bewältigen, weshalb er einen guten Einstieg in qualitatives Arbeiten bieten kann.

❯ Qualitative Inhaltsanalyse ist eine geeignete Methode, um eine strukturierte Annäherung an das Datenmaterial vor allem für Forschungseinsteiger zu gewährleisten. Für tiefgründigere Einsichten in komplexe sozialräumliche Phänomene müsste die Qualitative Inhaltsanalyse durch weitere Methoden der qualitativen Forschung ergänzt werden.

Literatur

Beetz, S. (2008). Peripherisierung als räumliche Organisation sozialer Ungleichheit. In E. Barlösius, & C. Neu (Hrsg.), *Peripherisierung – Eine neue Form sozialer Ungleichheit?* (S. 7–16). Berlin: Berlin-Brandenburgische Akademie der Wissenschaften.

Bohnsack, R. (2008). Gruppendiskussion. In U. Flick, E.von Kardorff, & I. Steinke (Hrsg.), *Qualitative Forschung. Ein Handbuch* (S. 369–383). Reinbek bei Hamburg: Rowohlt.

Bohnsack, R., Przyborski, A., & Schäffer, B. (2010). *Das Gruppendiskussionsverfahren in der Forschungspraxis*. Barbara Budrich: Opladen.

Bürk, T. (2013). Voices From the Margin: The Stigmatization Process as an Effect of Socio-Spatial Peripheralization in Small-Town Germany. In A. Fischer-Tahir, & M. Naumann (Hrsg.), *Peripheralization. The making of spatial dependencies and social injustice* (S. 168–186). Wiesbaden: Springer.

Goffman, & Erving (1967). *Stigma. Über Techniken d. Bewältigung beschädigter Identität*. Frankfurt am Main: Suhrkamp.

Heitmeyer, W. (2006). Gruppenbezogene Menschenfeindlichkeit. Gesellschaftliche Zustände und Reaktionen in der Bevölkerung aus 2002 bis 2005. In W. Heitmeyer (Hrsg.), *Deutsche Zustände Folge* (Bd. 4, S. 15–36). Frankfurt am Main: Suhrkamp.

Heitmeyer, W. (2008). Die Ideologie der Ungleichwertigkeit. Der Kern der gruppenbezogenen Menschenfeindlichkeit. In W. Heitmeyer (Hrsg.), *Deutsche Zustände Folge* (6. Aufl. S. 36–43). Frankfurt am Main: Suhrkamp.

Hüpping, S., & Reinecke, J. (2007). Abwärtsdriftende Regionen. Die Bedeutung sozioökonomischer Entwicklungen für Orientierungslosigkeit und Gruppenbezogene Menschenfeindlichkeit. In W. Heitmeyer (Hrsg.), *Deutsche Zustände Folge* (Bd. 5, S. 77–101). Frankfurt am Main: Suhrkamp.

Kuckartz, U. (2014). *Qualitative Inhaltsanalyse. Methoden, Praxis, Computerunterstützung*. Weinheim: Beltz Juventa.

Kühn, T., & Koschel, K. V. (2011). *Gruppendiskussionen. Ein Praxis-Handbuch*. Wiesbaden: VS.

Lamnek, S. (2005). *Gruppendiskussion: Theorie und Praxis*. Weinheim: Beltz.

Lamnek, S. (2010). *Qualitative Sozialforschung*. Weinheim: Beltz.

Lang, T. (2012). Shrinkage, Metropolization and Peripheralization in East Germany. *European Planning Studies, 20*, 1747–1754.

Mansel, J., & Kaletta, B. (2009). Desintegrationsprozesse, Anerkennungsprobleme und Gruppenbezogene Menschenfeindlichkeit. Ein Ost-West-Vergleich. In W. Heitmeyer (Hrsg.), *Deutsche Zustände Folge* (Bd. 7, S. 73–92). Frankfurt am Main: Suhrkamp.

Mayring, P. (2000). *Qualitative Content Analysis. Forum Qualitative Sozialforschung/Forum: Qualitative Social Research 1, Art. 20.* http://nbn-resolving.de/urn:nbn:de:0114-fqs0002204. Zugegriffen: 13.02.2015

Mayring, P. (2010). *Qualitative Inhaltsanalyse. Grundlagen und Techniken*. Weinheim: Beltz.

Petzke, M., Endrikat, K., & Kühnel, S. (2007). Risikofaktor Konformität. Soziale Gruppenprozesse im kommunalen Kontext. In W. Heitmeyer (Hrsg.), *Deutsche Zustände Folge* (Bd. 5, S. 52–76). Frankfurt am Main: Suhrkamp.

Przyborski, A., & Wohlrab-Sahr, M. (2010). *Qualitative Sozialforschung. Ein Arbeitsbuch*. München: Oldenbourg.

Schittenhelm, K. (2010). Statuspassagen zwischen Schule, Ausbildung und Arbeitswelt. Eine Analyse auf der Basis von Gruppendiskussionen. In R. Bohnsack, A. Przyborski, & B. Schäffer (Hrsg.), *Das Gruppendiskussionsverfahren in der Forschungspraxis* (S. 93–108). Opladen: Barbara Budrich.

Werlen, B. (2008). *Sozialgeographie. Eine Einführung*. Bern: Haupt UTB.

Wolf, C., Schlüter, E., & Schmidt, P. (2006). Relative Deprivation. Riskante Vergleiche treffen schwache Gruppen. In W. Heitmeyer (Hrsg.), *Deutsche Zustände Folge* (Bd. 4, S. 67–85). Frankfurt am Main: Suhrkamp.

Ethnographie neu denken

Mental Maps und Wahrnehmungstouren für städtische Forschungskontexte

Christiane Werner

J. Wintzer (Hrsg.), *Qualitative Methoden in der Sozialforschung,*
DOI 10.1007/978-3-662-47496-9_14, © Springer-Verlag Berlin Heidelberg 2016

14.1 Stadt als ethnographisches Feld

Laut dem UN-Habitat-Report (2009) lebt heute mehr als die Hälfte der Weltbevölkerung in Städten, der Trend ist steigend. Ethnographische Forschung hingegen entstand in relativ überschaubaren Kontexten, die wenig mit den Anforderungen und Bedingungen ethnographischer Forschung in Städten oder Metropolen gemeinsam haben. Feldforschende lebten meist fernab großer Metropolen direkt mit den Forschungsteilnehmenden zusammen, was sich sowohl auf den Zugang zum Feld als auch auf Aspekte des Vertrauens und der Empathie während des Datenerhebungsprozesses auswirkte. In städtischen Kontexten gestaltet sich das Zusammenleben eher anonym. Je nach sozialer oder ethnischer Gruppe, die untersucht werden soll, stellen sich neue Herausforderungen hinsichtlich der thematischen sowie inhaltlichen Ausrichtung und der methodischen Vorgehensweise (vgl. Antweiler 2004, S. 285–307; Baumgärtner 2009, S. 121). Warum eine ethnographische Herangehensweise sich für die Forschung in städtischen Kontexten dennoch als sinnvoll erweist, soll dieser Artikel aufzeigen.

In meinem Ethnologiestudium war das fünfte Semester für ein ethnologisches Studienprojekt vorgesehen, das als Feldforschung angelegt sein sollte. Ich verband dies mit einem einjährigen Erasmus-Studienaufenthalt, was mir den Zugang zu internationalen Studierenden erheblich erleichterte. Meine ursprüngliche Intention war es, nach einem *sense of place* oder einem Gefühl der Ortsverbundenheit bei Studierenden zu fragen. Für viele der Studierenden, die ich traf, war dies jedoch unter anderem aufgrund der begrenzten Aufenthaltsdauer kein primäres Thema, sie beschäftigten sich eher damit, wie London auf sie wirkte, wie sie das städtische Umfeld wahrnahmen und wie es sich auf ihre Gewohnheiten auswirkte. Die Metropole London bietet dabei eine ergiebige Projektionsfläche für urbane Vorstellungen, nicht selten entstehen aber Diskurse und Imaginationen über die Metropole aus einer distanzierten Perspektive, sie werden reproduziert und tradiert. Doch wie nehmen Menschen, die über einen längeren Zeitraum in London leben, diese Metropole wahr?

Die zentrale Leitfrage während der Datenerhebung entwickelte sich vor Ort dahingehend, dass ich mich darauf fokussierte, wie die Metropole London von internationalen Studierenden wahrgenommen wird. Welches sind die Inhalte und zentralen Aspekte der Wahrnehmungen Londons sowie deren mentale Repräsentationen bei Studierenden? In welchen sprachlichen Diskursthemen manifestieren sich die Wahrnehmungen über die Metropole London? Und wie kommen diese Themen in sogenannten *mental maps* zum Ausdruck? Das Sample umfasste 13 Vollzeit- und Austauschstudierende, die mindestens sechs Monate oder länger in London lebten.

14.2 Stadt, Metropole oder Megastadt?

Die Anfänge der empirischen Untersuchung von Städten werden häufig mit den Forschungen der Chicago School of Sociology[1] in den 1920er-Jahren gleichgesetzt.[2] Waren die Untersuchungen von Städten und dem Leben in Städten bis dahin eher theoretisch ausgerichtet (vgl.

---

1 Wichtige Vertreter der Chicago School of Sociology waren u. a. Robert E. Park (1927), Ernest W. Burgess (1925) und Louis Wirth (1938).

2 Dabei wird jedoch übersehen, dass bereits Friedrich Engels mit seiner Untersuchung *Die Lage der arbeitenden Klassen in England* (1845) einen wichtigen Beitrag für die empirische Soziologie lieferte. Ähnlich wie Engels über die Situation der Arbeiterklasse in Manchester, berichtete Henry Mayhew (1851) zur Zeit der Choleraepidemie 1849 über das Leben in London (vgl. Lindner 2004, S. 43–70).

Simmel 1903), so verwendeten die Vertreter der Chicagoer Schule zunehmend empirisch-ethnographische Methoden. Während der Stadtbegriff bei Georg Simmel noch primär durch die Distinktion zwischen Stadt und Land geprägt war, ergänzte Louis Wirth (1938, S. 97–104) diesen um die Komponenten „Größe, Dichte, Wachstum" und „Heterogenität". Diese Kriterien sind auch heute noch wichtig bei einer Definition von Stadt (vgl. Fassmann 2009, S. 41–51). Ein kulturwissenschaftlicher Ansatz sieht neben den physisch-materiellen und sozialen Aspekten die Stadt auch „als Ergebnis kulturellen Handelns" (Fassmann 2009, S. 23). Der Gebrauch der Stadt sowie Vorstellungen über die Stadt spielen dabei eine wichtige Rolle.

Während der Status einer Megastadt an der Einwohnerzahl festzumachen ist (laut Definition der UN werden acht Millionen Einwohner vorausgesetzt), gibt es für den Begriff der Metropole verschiedene Definitionsansätze. Neben den oben genannten Kriterien für einen Stadtbegriff zeichnet sich eine Metropole vor allem durch ihre Bedeutung als Zentrum aus; als ein „Ort höchster nationaler wie internationaler politischer, ökonomischer und vor allem (hoch-)kultureller *Zentralität*" (Reif 2006, S. 3, H. i. O.). Unabhängig von der Einwohnerzahl (verschiedene Definitionen gehen von drei, fünf, acht oder zehn Millionen Einwohnern aus) sind Metropolen oft auch das historische Zentrum einer Region. Ein weiterer Faktor für eine Metropole ist ihre Magnetfunktion. Diese bewirkt nicht nur einen permanenten Zuzug neuer Bewohner und dadurch auch eine Zuwanderung an Arbeitskräften und Kapital, sondern eine Metropole stiftet auch Identität und Zugehörigkeit. Mit acht Millionen Einwohnern erfüllt London den Status einer Megastadt, im Hinblick auf seine historische, kulturelle, wirtschaftliche und politische Bedeutung auch den einer Metropole.

14.3 Ethnographische Methoden in der Stadtforschung: Anpassung und Erweiterung.

Methodisch ist die Arbeit ethnographisch angelegt, das heißt sie beruht auf einem mehrere Monate umfassenden, stationären Feldforschungsaufenthalt, in dessen Verlauf verschiedene Methoden zur Datengewinnung angewandt werden; vor allem teilnehmende Beobachtung, informelle Gespräche und qualitative Interviews kamen zum Einsatz. Ziel ist es, durch die Teilnahme am Alltag der Menschen deren emische Sichtweise, subjektive Sinnzuschreibungen und subtile Bedeutungen kennenzulernen (vgl. Geertz 1987). In urbanen Lebensräumen ist die Teilnahme am Leben der Forschungsteilnehmenden jedoch erschwert durch Unüberschaubarkeit und Größe, aber auch durch die Heterogenität der Lebenswelten. Ethnographische Forschung gestaltet sich dadurch fragmentarischer und partieller.

■ Das urbane Feld erfahren

Der Prozess des Kennen- und Verstehenlernens von Sinnzuschreibungen und Bedeutungen sowie Bedeutungen im urbanen Umfeld entsteht nicht durch direkte und dichte Teilnahme am Alltagsleben der Menschen, sondern eher dadurch, dass man sich dem urbanen Lebensraum aussetzt. In Anbetracht der Komplexität des urbanen Umfeldes war es jedoch kaum möglich, von teilnehmender Beobachtung im klassischen Sinne zu sprechen. Mich auf die Aussagen der Interviews alleine zu fokussieren, hätte jedoch bedeutet, andere Sinneseindrücke, besonders akustische, zu vernachlässigen, was angesichts des Themas „Wahrnehmung" nicht sinnvoll gewesen wäre. Daher war es notwendig, die klassischen Methoden ethnographischer Feldforschung an die Bedingungen des Forschungsfeldes anzupassen und durch weitere Methoden zu ergänzen. So wurde zum Beispiel die teilnehmende Beobachtung erweitert durch Beobach-

⬛ Abb. 14.1 Beispiele einer Wahrnehmungstour von Lambeth aus …

tungs- und Wahrnehmungstouren. Bei dieser Form des Umherschweifens in der Stadt werden die Feldforschenden selbst zu Akteuren und Akteurinnen, gleichzeitig nehmen sie am Lebensumfeld „Stadt" der untersuchten Personen teil.

Ähnlich der Figur des *flâneur* von Charles Baudelaire (1863) und Walter Benjamin (posthum Benjamin und Tiedemann 1982) stellt diese Form der bewussten Wahrnehmung eine Annäherungsform dar, um die Stadt zu erleben. Der Schwerpunkt liegt jedoch auf den Aspekten der Beobachtung und den eigenen Erfahrungen. Die Methode – Karin Wildner (2003, S. 27) nennt sie „Wahrnehmungsspaziergänge" – wird in der ethnologischen Stadtforschung seit einiger Zeit auch als Beobachtungswerkzeug eingesetzt (vgl. Dürr 2005, S. 4). Unter „Wahrnehmungstouren" verstand ich Beobachtungstouren zu Fuß, aber auch mit dem Bus oder der U-Bahn (daher die Bezeichnung Wahrnehmungstouren). Meine Beobachtungen, Gedanken und Reflexionen, aber auch Erlebnisse, Situationen und Unterhaltungen während diesen Touren dokumentierte ich in Form von Notizen, sprachlichen Aufzeichnungen, Fotografien und Skizzen. Besonders durch die Fotografien konnte ich Alltagsmomente festhalten und dokumentieren, wohin mich die Wahrnehmungstouren (⬛ Abb. 14.1⬛ Abb. 14.2⬛ Abb. 14.3 ⬛ Abb. 14.4) führten. Dies half mir bei der Auswertung nachzuvollziehen, worauf sich die gemachten Notizen, Skizzen und Aufnahmen bezogen. Fotos waren somit Erinnerungsstütze und Dokumentationsmittel zugleich.

Diese Methode der Wahrnehmungstouren setzte ich in der Anfangsphase als Annäherung an das Feld ein, später um Orte aufzusuchen, die von den Studierenden erwähnt wurden. Ich verbrachte viel Zeit an öffentlichen Plätzen, fuhr mit dem Bus in weiter entfernte Gegenden der Stadt. Ohne dass ich es erwähnte, äußerten mehrere Studierende in den Interviews, dass sie sich genau dieser Herangehensweise bedienten, um London kennenzulernen. *„I'm absorbing London!"*, nannte eine Studentin ihre Haltung dabei.

Abb. 14.2 … über Southwark (Blick von der Tower Bridge auf die City von London) …

Abb. 14.3 … nach Whitechapel …

■ **Abb. 14.4** … und in die City
von London

■ **Mental Maps**

Zudem ergänzte ich die halbstrukturierten Interviews (vgl. Schlehe 2008) durch *mental maps*. Diese Methode wurde von dem Architekten und Stadtplaner Kevin Lynch (1960) populär gemacht, der sie als Zugang zur Erfassung von kognitiven Repräsentationen von Stadtvorstellungen nutzte. Nach Lynch sind *mental maps* subjektive Raumausschnitte, die verdeutlichen, wie die Umgebung eines Akteurs von diesem wahrgenommen wird. Die Methode wurde von Roger M. Downs und David Stea (1982) weiterentwickelt und wird besonders in der Kulturgeographie und seit einiger Zeit auch in der Ethnologie zur Untersuchung von Raumwahrnehmung angewandt. Die Interviewten wurden gebeten, eine Skizze von London anzufertigen (■ Abb. 14.5), in der sie einzeichnen, was für sie persönlich wichtig ist in Bezug auf London. Dies konnten Orte oder Gegenden sein, an denen sie sich häufig aufhalten, an denen sich ihr Alltag abspielt.

Ein Nachteil dieser Methode besteht darin, dass ihre Ergebnisse vom räumlichen Darstellungsvermögen und den zeichnerischen Fähigkeiten der Studienteilnehmenden abhängig sind. Auch hat sie ihre Grenze darin, dass vor allem visuelle Dinge dargestellt werden können. Oder, wie ein Studienteilnehmer meinte: „Wie mal' ich Kultur?!" Die Qualität der Wahrnehmung lässt sich hingegen nicht oder nur sehr schwer durch *mental maps* darstellen. Während aus den Karten hervorgeht, welche Gebäude und Objekte wahrgenommen werden, erfährt man nicht, wie diese auf die jeweilige Person wirken. Aspekte wie Atmosphären, Stimmungen, die wahrgenommene Hektik und Lautstärke in der Stadt oder auch dass London für viele eine

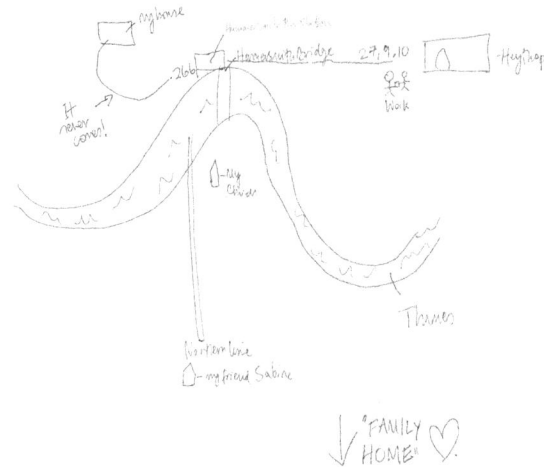

◻ **Abb. 14.5** Beispiel einer
mental map

Lernerfahrung darstellte, lässt sich nicht gut zeichnerisch widergeben. Dennoch waren dies wichtige Aspekte für die Studierenden in den informellen Gesprächen und Interviews oder bei meinen eigenen Wahrnehmungstouren. Hier werden die Chancen, aber auch die Grenzen der Methode der *mental maps* deutlich: Sie kann besonders visuelle Aspekte erfassen, ist aber abhängig von der Bereitschaft und Fähigkeit der Studienteilnehmenden zu zeichnen sowie vom räumlichen Darstellungsvermögen der zeichnenden Person. Gleichzeitig können aber nicht alle Aspekte der Wahrnehmung visuell dargestellt werden. Damit wird deutlich, wie sich die Daten aus Interviews, Gesprächen, *mental maps* und Wahrnehmungstouren ergänzten.

▪ **Auswertungsmethode**
Für die Analyse wertete ich zunächst die Interviews im Sinne der qualitativen Inhaltsanalyse (vgl. Mayring 2002, S. 114–121; Mayring und Gläser-Zikuda 2005) aus. Dabei werden durch offenes Kodieren Kategorien erstellt, die sich möglichst nahe an den Aussagen und Begriffen der Interviewpartner orientieren. Für diese Kategorien werden dann Oberbegriffe ausgewählt, die einen höheren Grad an Abstraktion aufweisen als die ursprünglichen Kategorien. Personenbezogen wurde dann geschaut, ob und wie die Aspekte aus den Interviews in den jeweiligen mental maps auftauchen und dargestellt werden, bzw. welche Aspekte neu hinzu kommen oder weggelassen werden. Die Ergebnisse der Interviewanalysen und mental maps wurden ergänzt durch Aspekte aus informellen Gesprächen, den Wahrnehmungstouren und teilnehmenden Beobachtungen. Ziel war es dabei, die Aspekte der Wahrnehmungen von Studierenden herauszukristallisieren: Was wird wahrgenommen? Wie wird das Wahrgenommene beschrieben? Gibt es wiederkehrende Themen? Welche Vorstellungen und mentalen Repräsentationen im Sinne von gespeichertem, erinnertem und zugeschriebenem Wissen haben die Studierenden von London? Auch bei der Analyse achtete ich darauf, jegliche Quantifizierung des empirischen und ethnographischen Materials zu vermeiden. Die individuelle Betonung und Gewichtung der einzelnen Aspekte konnten so besser im Zusammenhang und im Kontext des jeweiligen Bedeutungshorizontes der betreffenden Person gesehen werden.

14.4   Und was kommt dabei raus?

Als Ergebnisse der Arbeit konnte zunächst einmal festgehalten werden, dass sich die Wahrnehmungen der Studierenden stark auf die wahrgenommenen Möglichkeiten und Chancen in London beziehen, die sich durch das urbane Umfeld und dessen Bevölkerungsdichte ergeben, sowie die hektische Atmosphäre, das physische Erscheinungsbild, soziale Aspekte wie Freundschaften und Beziehungen, Heterogenität, das Verhalten anderer Menschen und das eigene Verhalten im urbanen Umfeld Londons.

Die *mental maps* gaben darüber Aufschluss, wie sich die Studierenden selbst in der Stadt positionieren. Oft wurde zunächst der eigene Wohnort und dessen unmittelbare Umgebung gezeichnet, was vor dem Hintergrund der Aufgabenstellung nicht verwunderlich ist. Dennoch kann dies darüber Aufschluss geben, was in dieser Umgebung wahrgenommen wird und wie sich die Studierenden orientieren (meist über tube Linien oder markante Gebäude). Die Stärke der Methode der *mental maps* liegt darin, dass sie sich vor allem auf visuell wahrgenommene Aspekte konzentriert. Während die Studierenden zeichneten, kamen ihnen oft neue Gedanken, die während des vorangegangenen Interviews nicht angesprochen wurden, vor allem waren dies visuelle und soziale Aspekte beispielsweise Gebäude und soziale Beziehungen, die über die Stadt verteilt waren.

Im Unterschied zu anderen Formen ethnographischer Arbeit ist bei der Stadtforschung die Schwierigkeit, dass das Untersuchungsfeld zu groß ist für eine dichte Teilnahme am Leben der Forschungsteilnehmenden. Durch einen Methodenmix bei der Datenerhebung kann dieser Umstand teilweise kompensiert werden und man kann zu einem umfassenderen Bild gelangen, als wenn man sich beispielsweise nur auf die sprachlichen Äußerungen der Interviews stützen würde. Ein ethnographischer, qualitativer Ansatz bietet sich dafür an, verschiedene Methoden in die Arbeit einzubeziehen und anzupassen, sofern es das Untersuchungsthema erfordert. Ethnographische und sozialwissenschaftliche Beiträge aus neuerer Zeit arbeiten daher mit Methoden, wie dem flâneur (Frisby 1994), dem *dérive* beziehungsweise dem Umherschweifen nach Guy Debord (1995), *mapping* nach Wildner (2003) oder Go-alongs im Sinne von Margarethe Kusenbach (2003). Anja Schwanhäußer (2010) betont die Bedeutung der Sinne bei der Stadtforschung. Und gerade hierfür bieten Wahrnehmungsspaziergänge oder auch die klassische teilnehmende Beobachtung ethnographischer Forschung verschiedene methodische Möglichkeiten, die es ermöglichen, dies mit einzubeziehen.

Literatur

Antweiler, C. (2004). Urbanität und Ethnologie. Aktuelle Theorietrends und die Methodik der ethnologischen Stadtforschung. *Zeitschrift für Ethnologie, 129*, 285–307.

Baudelaire, C. (1972). [1863]. The painter of modern life. In C. Baudelaire, & P. E. Charvet (Hrsg.), *Selected writings on art and artists* (S. 395–422). Harmondsworth: Penguin.

Baumgärtner, E. (2009). *Lokalität und kulturelle Heterogenität Selbstverortung und Identität in der multi-ethnischen Stadt*. Bielefeld: transcript.

Benjamin, W., & Tiedemann, R. (1982). *Das Passagenwerk. Gesammelte Schriften Bd. 5*. Frankfurt am Main: Suhrkamp.

Burgess, E. W. (1925). *The growth of the city: an introduction to a research project*. Chicago: The Universtiy of Chicago Press.

Clifford, J., & Marcus, G. E. (1986). *Writing culture: the poetics and politics of ethnography*. Berkeley: University of California Press.

Debord, G. (1995). [1958]. Theorie des Umherschweifens. In *Der Beginn einer Epoche. Texte der Situationisten*. Hamburg: Edition Nautilus.

Downs, R. M., & Stea, D. (1982). *Kognitive Karten: Die Welt in unseren Köpfen*. New York: Harper & Row.

Dürr, E. (2005). *Identitäten und Sinnbezüge in der Stadt: Hispanics im Südwesten der USA*. Münster: Lit.

Fassmann, H. (2009). *Stadtgeographie I*. Braunschweig: Westermann.

Frisby, D. (1994). The flâneur in Social Theory. In K. Tester (Hrsg.), *The flâneur* (S. 81–110). London: Routledge.

Geertz, & Clifford (1987). *Dichte Beschreibung. Beiträge zum Verstehen kultureller Systeme*. Frankfurt a. M.: Suhrkamp.

Kusenbach, M. (2003). Street phenomenology. The go-along as ethnographic research tool. *Ethnography, 4*(3), 455–485.

Lindner, R. (2004). *Walks on the wild side. Eine Geschichte der Stadtforschung*. Frankfurt am Main [u.a.]: Campus-Verlag.

Lynch, K. (1960). *The image of the city*. Cambridge: M. I. T. Press.

Mayhew, H. (1851). *London labour and the London poor*. London: George Woodfall and Son.

Mayring, P., & Gläser-Zikuda, M. (2005). *Die Praxis der Qualitativen Inhaltsanalyse*. Weinheim, Basel: Beltz Verlag.

Mayring, P. (2002). *Einführung in die qualitative Sozialforschung. Eine Anleitung zu qualitativem Denken*. Weinheim, Basel: Beltz Verlag.

Mutizwa-Mangiza, N. D. (Hrsg.). (2009). *Global Report on Human Settlements 2009. Planning Sustainable Cities. United Nations Settlements Programme. London*. Sterling, VA: Earthscan. United Nations Habitat Report

Park, R. E. (1927). *The city*. Chicago: University of Chicago Press.

Reif, H. (2006). Metropolen. Geschichte, Begriffe, Methoden. Working Paper Series 001-2006: 1–21.

Schlehe, J. (2008). Formen qualitativer ethnografischer Interviews. In B. Beer (Hrsg.), *Methoden ethnologischer Feldforschung* (S. 119–142). Berlin: Dietrich Reimer.

Schwanhäußer, A. (2010). Stadtethnologie – Einblicke in aktuelle Forschungen. *dérive. Zeitschrift für Stadtforschung, 40*. http://www.derive.at/index.php?p_case=2&id_cont=940&issue_No=40. Zugegriffen: 15.02.2015

Simmel, G. (1903). Die Großstädte und das Geistesleben. In K. Bücher (Hrsg.), *Jahrbuch der Gehe-Stiftung* (Bd. 9, S. 185–206). Dresden: Zahn & Jaensch.

Wildner, K. (2003). *Zócalo – Die Mitte der Stadt Mexiko. Ethnographie eines Platzes*. Berlin: Dietrich Reimer.

Wirth, L. (1938). Urbanism as a way of life. *The American Journal of Sociology, 44*(1), 1–24.

Gelingende politische Partizipation von Jugendlichen?

Leifadeninterviews für eine Evaluationsanalyse

Julia Schöfer

J. Wintzer (Hrsg.), *Qualitative Methoden in der Sozialforschung*,
DOI 10.1007/978-3-662-47496-9_15, © Springer-Verlag Berlin Heidelberg 2016

15.1   Gelingende Partizipation ermöglichen: Forschungsinspiration

Als „politischen Seismographen" (Hurrelmann 2012) kommt Kindern und Jugendlichen besondere Relevanz beim Geben politischer Impulse zu. Im Gegensatz dazu werden sie jedoch im öffentlichen Diskurs als politikverdrossen dargestellt. Demnach interessieren sie sich weniger für formelle Politik als noch vor 20 Jahren (vgl. Schneekloth 2010, S. 130). Bezugnehmend auf diesen Diskurs hat die Bertelsmann-Stiftung in Kooperation mit der Staatskanzlei Rheinland-Pfalz ein Konzept entwickelt, um Jugendliche wieder stärker zur politischen Teilhabe zu befähigen. Im Jahr 2012 führten die Akteure ein Partizipationsprojekt mit dem Namen „liken, teilen, was bewegen – jugendforum rlp" durch. In diesem Projekt, welches Methoden der On-line- und Offline-Beteiligung miteinander verknüpft, hatten Jugendliche die Möglichkeit durch jugendgerechte Angebote auf einer Online-Plattform ihre politischen Anliegen und Wünsche zu sammeln, zu diskutieren und zu vertiefen. Die Ergebnisse der dreimonatigen Online-Diskussion wurden bei einer zweitägigen Jugendzukunftskonferenz mit rund 120 Jugendlichen diskutiert. Dabei wurden Zukunftsvisionen, konkrete Lösungsvorschläge und Ansätze zu eigenem Engagement entwickelt und im Ergebnispapier „Unsere Zukunft bestimmen wir – Jugendmanifest rlp" festgehalten.

Als eine von 25 Jugendmoderatorinnen und -moderatoren war ich selbst im Jugendforum aktiv und hatte Gelegenheit, den gesamten Prozess zu begleiteten. Dort bestanden meine Aufgaben darin, die Beiträge dem entsprechenden Themengebiet zuzuordnen und auf die Einhaltung der Netiquette zu achten. Außerdem habe ich dabei geholfen, die Online-Diskussionen durch Zusammenfassungen und Denkanstöße zu moderieren. Offline habe ich im Rahmen der Jugendkonferenz die Diskussionsleitung an einem der Thementische übernommen und die Teilnehmenden dabei unterstützt, ihre Anliegen abschließend zu formulieren. Die in diesem Projekt gesammelten, praktischen Erfahrungen nahm ich zum Ausgangspunkt meiner Abschlussarbeit, um das Projekt vor dem Hintergrund wissenschaftlicher Erkenntnisse und Theorien zu reflektieren und zu vertiefen. Mein empirisch-analytisches Ziel war es, das Jugendforum mit einer qualitativen Evaluationsanalyse auszuwerten. Als Untersuchungsgegenstand dienten dabei die Qualitätsstandards für Jugendpartizipation, deren Umsetzung ich evaluierte und im Anschluss Optimierungsvorschläge für Projekte der politischen Jugendpartizipation formulierte.

Motiviert durch die Eindrücke und Erfahrungen in der Moderation des „jugendforum rlp", stellten sich mir folgende Fragen: Wie muss politische Partizipation für diese Zielgruppe gestaltet werden, was wünscht sie sich? Wurden die „pädagogischen" Qualitätsstandards und die stiftungseigenen Gütekriterien eingehalten? Wie bewerten die Teilnehmenden das Forum? Welche Optimierungsmöglichkeiten bestehen für zukünftige Partizipationsprojekte? War das Jugendforum aus Sicht der Teilnehmenden erfolgreich? Um diese Fragen zu beantworten, wurden qualitative Leitfadeninterviews durchgeführt. Einige von diesen dienten zur Evaluation der Qualitätsstandards.

15.2   Ausarbeitung der theoretischen Konzepte

Zu Beginn eines Forschungsprozesses müssen der aktuelle Forschungsstand der Wissenschaft aufgearbeitet und theoretische Konzepte für die Untersuchung ausgewählt werden. Einführend ist zu erwähnen, dass alle angewandten Konzepte und Definitionen differenziert zu sehen sind, da sie sich teils wechselseitig ausschließen: So könnte man beispielsweise behaupten, dass Jugendliche sich in ihrem politischen Verhalten nicht von Erwachsenen unterscheiden oder aber, dass politisches Handeln von Jugendlichen grundsätzlich anders, zum Beispiel nicht über institutionalisierte Formen politischer Beteiligung definiert werden sollte. Für mein Forschungsprojekt handelte es sich um drei zentrale Begriffe, die einer Definition bedürfen: „politische Partizipation", „Jugendliche" sowie „politische Jugendpartizipation".

┌─ Definition ───

Partizipation ist als aktive Praxis der Demokratie zu verstehen, welche das „Recht auf freie, gleichberechtigte und öffentliche Teilhabe der BürgerInnen an gemeinsamen Diskussions- und Entscheidungsprozessen in Gesellschaft, Staat und Institutionen" (Knauer und Sturzenhecker 2005, S. 68) beinhaltet.

Als theoretisches Konzept der Zielgruppe **Jugendliche** wurde die „Lebensphase Jugend" nach Klaus Hurrelmann (2012) angewandt, die die biografische, entwicklungs- und persönlichkeitspsychologische Phase zwischen der Kindheit und dem Erwachsenenalter beschreibt. Worin bestehen aber die politischen Interessen der Jugendlichen? Sie dienen in heutigen Debatten als „Trendsetter" in Fragen der Werteorientierung, Ausrichtung der Lebensstile und Formen der politischen und gesellschaftlichen Teilhabe (vgl. Hurrelmann 2012, S. 202 f).

Im Rahmen der Shell-Jugendstudie werden in regelmäßigen Abständen die politischen und gesellschaftlichen Einstellungen von Jugendlichen untersucht. Danach ist der Anteil der Jugendlichen, die aktiv zur Wahl gehen, in den letzten Jahrzehnten gesunken (vgl. Schneekloth 2010). Weitere Indikatoren wie die Beteiligung an Unterschriftenaktionen zeigen aber, dass Jugendliche nicht generell politisches Handeln ablehnen, sondern sich eher verdrossen gegenüber Politikern und Politikerinnen sowie Parteien verhalten. Die Bereitschaft an informellen und spontanen politischen Aktionen teilzunehmen besteht. Hierzu müssen Partizipationsangebote an die Lebenswelt der Jugendlichen anschlussfähig sein, um die Bereitschaft von Jugendlichen, sich politisch zu engagieren, zu vergrößern. Aus diesen und weiteren theoretischen Überlegungen lassen sich Qualitätsstandards benennen, die die Motivation der Jugendlichen, sich an partizipativen Projekten zu beteiligen, stärken: 1. Freiwilligkeit der Teilnahme, 2. Ergebnisoffenheit und Flexibilität, 3. Möglichkeit, Verantwortung zu übernehmen, 4. vertrauensvolle Beziehung und 5. Anerkennung der Jugendlichen (vgl. Pohl und Stauber 2007, S. 222 ff).

15.3 Evaluationsanalyse: Methodenwahl

Im Rahmen der Evaluationsanalyse wurden verschiedene, qualitative Instrumente kombiniert. Dieses Vorgehen dient der Distanzierung meinerseits gegenüber den Ergebnissen, da ich als Jugendmoderatorin das Projekt aktiv mitgestaltet habe. Zunächst erfolgte eine Beschreibung des Jugendforums, der interne Dokumente der Bertelsmann-Stiftung zugrunde lagen. Zudem wurden die zwei Offlineevents mittels teilnehmender Beobachtung begleitet und dokumentiert. Dies war vor allem hilfreich, um darzustellen, wie die Jugendlichen am Thementisch „Soziale Gerechtigkeit" die Anliegen erarbeitet haben und welche Konflikte aufgetreten sind. Zu beachten ist dabei stets der Zugang zum Feld und die Positionierung des Forschenden in diesem und die teilweise problematische Gratwanderung zwischen Nähe und Distanz (vgl. Przyborski und Wohlrab-Sahr 2010, S. 56–58). Beides gestaltete sich in diesem Fall unproblematisch, da die Rolle der Jugendmoderatorin im Vorfeld definiert wurde. Die Rolle der Forscherin entstand erst einige Monate nach der Moderation. Transparent differenzierte und zeitlich getrennte Rollen ermöglichten es, in allen Situationen beide Blickwinkel einzunehmen.

Die Untersuchung der Qualitätsstandards für Partizipation wurde als Evaluation durchgeführt, deren Grundlage Leitfadeninterviews mit den Teilnehmenden bildete. Die Entscheidung für die Anwendung von qualitativer Evaluation wurde, trotz der kritischen Diskussion in der Fachwelt (vgl. Kromrey 2001) getroffen, da sich Evaluationsforschung als Überprüfungsmethode definiert: „Evaluation ist ziel- und zweckorientiert. Diese hat primär das Ziel, praktische Maßnahmen zu überprüfen, zu verbessern oder über sie zu entscheiden" (Wottawa und Thierau 2003, S. 14). Evaluationsforschung bot die Möglichkeit, das Evaluandum, hier das „jugendforum rlp", zu bewerten und neue Handlungsmöglichkeiten aufzuweisen. Im Mittelpunkt standen die systematische Untersuchung des Projektnutzens und die Umsetzung der Ziele, beschrieben durch die stiftungseigenen Erfolgskriterien.

Vorteilhaft erwies sich meine Tätigkeit als Moderatorin vor allem im Hinblick auf die kurzen Kommunikationswege und den Wegfall der Einarbeitungszeit. Mangelnder Distanz, einem Kritikpunkt der internen Methode, wurde begegnet, indem die Ergebnisse der Evaluation auf die Aussagen und Empfindungen der Teilnehmenden basieren. Als Ablaufmodell der Evaluation diente ein Konzept von Stefanie Ernst (2006), welches in gekürzter Form durch die folgenden sechs Schritte angewandt wurde: 1. Zielklärung und Festlegung des Untersuchungsgegenstandes, 2. Arbeitskreis konstituieren, 3. Definition von Qualität und Indikatoren für diese, 4. Festlegung der Form der Datenerhebung, Erstellung des Interviewleitfadens und Auswahl der Interviewpersonen, 5. Erhebung der Daten, 6. Auswertung der Daten (Qualitätsstandards umgesetzt? Welche Optimierungsmöglichkeiten bestehen?).

Ziel der Arbeit war es, das Projekt „jugendforum rlp" bzw. politische Partizipation von Jugendlichen im Jugendforum zu beschreiben und die Ergebnisse des Projektes zu bewerten. Zudem wurden die Erreichung der Projektziele, also die Umsetzung der Qualitätsstandards, und die positive Bewertung durch die Jugendlichen untersucht und Handlungsempfehlungen und Optimierungsmöglichkeiten herausgearbeitet. Als Arbeitskreis fungierte das Projektteam, bestehend aus einer Vertreterin der Bertelsmann-Stiftung und einem Mitarbeiter der Staatskanzlei Rheinland-Pfalz, die beide das Jugendforum im gesamten Prozess begleitet haben und daher für Rückfragen und für die Informationsgewinnung zur Verfügung stehen konnten.

In der dritten Phase eigneten sich Qualitätsstandards für Jugendpartizipation und die darauf basierenden stiftungseigenen Erfolgskriterien (Lebenswelt steht im Mittelpunkt, Transparenz und klare Kommunikation, Wertschätzung und Ernsthaftigkeit, Vielfalt, Wirksamkeit, Nachhaltigkeit und Rechenschaft und Partizipation), um Qualitätsanforderungen an das Projekt zu erstellen und die Erfüllung dieser zu überprüfen? Wurden diese Kriterien eingehalten? Kann das Jugendforum in der vorliegenden Arbeit als gelungen bewertet werden?

■ **Evaluation qualitativ angehen**

Evaluationsforschung beruht meist auf der Analyse quantitativer Daten. In meiner Untersuchung habe ich mich für Erhebung und Auswertung qualitativer Daten entschieden, da konkrete Kritikpunkte und Optimierungsprozesse identifiziert werden sollen. Diese Daten wurden mittels offener Leitfrageninterviews erhoben. Die Aussagen der interviewten Jugendlichen, welche am Jugendforum teilgenommen haben, dienten als Grundlage für die Evaluation. Im ersten Teil des Interviews wurden die Einstellungen der Befragten zu Politik und die politischen Interessen ermittelt, um die Ergebnisse im theoretischen Kontext einzubetten. Im zweiten Teil wurden Erzählungen angeregt, um eine Bewertung der stiftungseigenen Erfolgskriterien zu ermöglichen. Des Weiteren sollten die Teilnehmenden ihre Empfindungen und ihre schönsten und schlechtesten Erinnerungen beschreiben. Bei der Auswahl der drei Personen wurde darauf geachtet, dass nicht alle aus der gleichen Region in Rheinland-Pfalz kommen. Zwei sind zum Zeitpunkt der Befragung in der Schule, eine Person im Studium. Ebenfalls wurden der Migrationshintergrund und das Geschlecht (eine Frau) berücksichtigt. Die Wahl unterschiedlicher Fälle diente dazu, eine möglichst große Bandbreite unterschiedlicher Standpunkte und Deutungen auszuwählen.

Themenschwerpunkte im Interviewleitfaden

Untenstehend finden sich die Themenbereiche, die in den Interviews behandelt wurden. Aus diesen Themen bildeten sich in der Interviewsituation spontan Fragen. Kursiv wurde aufgeführt, welche der stiftungseigenen Kriterien durch diesen Themenbereich angesprochen werden sollten. Jedoch ist dies nur als Struktur zu sehen, gerade in den offenen Bereichen, wie der Beschreibung des Konzeptes oder die positiven und negativen Erinnerungen, wurden mehrere Bereiche durch die Interviewten angesprochen.

1. Aufmerksamkeit auf Projekt „jugendforum rlp"
2. Interesse an Politik/Themenfelder/Ebene
3. Politisches bzw. gesellschaftliches Engagement
4. Zukunftsängste
5. Politisches Interesse im persönlichen Umfeld (Eltern/Freunde)
6. Vertrauen in Politiker
7. Beschreibung des Konzepts des „jugendforum rlp"
8. Beteiligung an Entscheidungen und Übernahme von Verantwortung *(Partizipation, Wirksamkeit)*
9. Informationen über das Projekt zu jeder Zeit zugänglich/Transparenz *(Transparenz)*
10. Anerkennung als Projektteilnehmenden *(Wertschätzung und Wirksamkeit)* durch Beziehung zu Moderatoren und Projektteam, Achtung der Projektteilnehmenden, Symmetrische Kommunikation zwischen Projektteam und Teilnehmern, Unterstützung durch das Projektteam
11. Einschätzung über die Umsetzung des Jugendmanifests von der Landesregierung *(Nachhaltigkeit, Partizipation)*
12. Grund der Teilnahme
13. Empfehlung der Teilnahme/erneute Teilnahme *(Lebenswelt, Partizipation)*
14. Die drei besten/schlechtesten Dinge am „jugendforum rlp" *(Lebenswelt, Wirksamkeit)*
15. Zukunft des „jugendforum rlp"
16. Was ist noch nicht angesprochen worden?

Eine Auswertung der Interviews erfolgte durch einen Vergleich der Inhalte (◩ Tab. 15.1). Dabei wurden die sieben stiftungseigenen Erfolgskriterien der Bertelsmann-Stiftung als Kategorien genutzt. Es handelt sich um folgende Kriterien: 1. Die Lebenswelt der Jugendlichen steht im Fokus, 2. Transparenz, 3. Wertschätzung und Ernsthaftigkeit, 4. Vielfalt, 5. Wirksamkeit, 6. Nachhaltigkeit und Rechenschaft und 7. Partizipation. Die zielorientierte Methode überprüfte, ob die Ziele, im konkreten Fall die Qualitäts- und Erfolgskriterien der Jugendpartizipation, erreicht wurden. Vereinfacht lautet die Frage: „Wurde Indikator x aus Sicht der Teilnehmenden umgesetzt? Welche Punkte sprechen dafür, welche nicht?" Faktoren, die die Umsetzung der Kriterien beschreiben, wurden als positive Faktoren, nicht umgesetzte Aspekte als negative Faktoren in einem tabellarischen Vergleich aufgeführt. Um einen direkten Vergleich, ähnlich einer qualitativen Inhaltsanalyse, zu ermöglichen, wurden die zentralen Aussagen der Interviews in tabellarischer Form aufgelistet. So konnte bspw. dargestellt werden, dass in der Auffassung von Thomas

□ Tab. 15.1 Vergleich der Interviewergebnisse am Beispiel von drei Kategorien

	Lebenswelt	Transparenz	Wertschätzung
Thomas	Ebene der Visionenphase war zu hoch. Bei der Konferenz ging es zu wenig um die echten Probleme.	Namensabstimmung Unklar, was jetzt passiert.	Nur Kurt Beck in der Diskussion Jugendmanifest = seltsamer Kompromiss Gefühl, an Entscheidungen beteiligt zu sein, nahm im Prozess immer mehr ab. Teilw. schlechte/arrogante Moderatoren. Zu wenig inhaltliche Unterstützung im Prozess.
		Ablauf und Konzept war klar.	Symmetrische Kommunikation Vermittlung, dass jeder seine Berechtigung dazu hat, teilzunehmen. Finanzielle Unterstützung Konflikte wurden gut gelöst.
Michael	Verwaschung der Aussagen im Jugendmanifest. Zuweisung der Teilnehmer an die Thementische.	Namensabstimmung über Facebook. Unklar, wer hinter dem Projekt steht und wie es finanziert wird. Unklar, was jetzt mit den Ergebnissen passiert.	Verwaschung der Aussagen im Jugendmanifest. Jugendliche, die sich nicht am Online-Prozess beteiligt haben, waren auf der Jugendkonferenz.
	Themenkomplexe und Schwerpunkt geben Lebenswelt der Jugendlichen wieder.	Basisinformationen (Konzeption, Ziel etc.) transparent	Tragen von Verantwortung Möglichkeit, eigene Meinung zu äußern Moderatoren und Projektteam haben alle gleichbehandelt. Anerkennung in der Gruppe Symmetrische Kommunikation
Anna		Zu wenig inhaltliche Hinweise und Inputs auf der Konferenz und im Dialogprozess. Namensabstimmung über Facebook Unklar, was jetzt mit den Ergebnissen passiert.	Moderatoren nur als stumme Gäste, zu wenig Beteiligung und Unterstützung durch die Moderatoren.
	Teilnehmende konnten sich aussuchen, an welchem Thementisch sie mitarbeiten wollten. Themenvielfalt	Der Prozess war insgesamt transparent.	Chance, das eigene Anliegen zu bekunden Anerkennung durch die Gruppe Fürsorge durch Projektteam Es gab kaum Konflikte, die, die es gab, wurden gut gelöst.

15

die Lebenswelt der Jugendlichen nicht berücksichtigt wurde, da auf der Jugendkonferenz von ihm als unwirklich empfundene Probleme besprochen wurden. Der Vergleich ermöglicht es abschließend zu bewerten, welche Kriterien aus Sicht der Jugendlichen besonders gut umgesetzt wurden und welche noch verbessert werden müssen.

15.4 Überblick der Ergebnisse

Im Anschluss an die Auswertung der drei Interviews konnten die Ergebnisse der Evaluation formuliert werden. Die Erfahrungen der drei Befragten wurden mit den stiftungseigenen Erfolgskriterien und den Qualitätsstandards für Jugendpartizipation kontrastiert, um bewerten zu können, wie erfolgreich diese aus Sicht der Teilnehmer umgesetzt worden waren.

Der Lebensweltbezug der Jugendlichen wurde laut Michael und Anna durch ein breites Spektrum von jugendnahen Themen hergestellt. Transparenz war für alle drei Interviewten gegeben, da Konzept, Aufgaben und Ziele für jeden einsehbar waren. Eine Wertschätzung und Anerkennung wurde vor allem zwischen den Jugendlichen, aber auch durch das Projektteam und die Jugendmoderatoren wahrgenommen. Vielfalt konnte nur teilweise erreicht werden. Thomas und Anna bemängelten die Werbung für das Jugendforum, da diese nicht zielgruppenspezifisch und in zu geringem Maße durchgeführt worden sei. Michael hat sich demgegenüber positiv über die Bewerbung geäußert. Bei der Wirksamkeit des Projektes bemängelten alle die Umsetzung der Projekt-Homepage. Im Bereich der Effektivität sind Thomas und Anna skeptisch, ob die Ergebnisse von der Landespolitik umgesetzt werden. Michael vertraut auf die Worte der Verantwortlichen. Die Jugendzukunftskonferenz als partizipatives Element lobten alle. Zusammenfassend ist herauszustellen, dass die Befragten diverse Kritikpunkte aufführten und Verbesserungsvorschläge einbrachten. Gleichwohl beschreiben sie das Projekt als gelungen und würden bei einer zweiten Durchführung erneut teilnehmen. Optimierungsvorschläge werden bspw. für die thematische Offenheit, die Umsetzung der Projekt-Homepage, die Gestaltung des Prozesses und die Öffentlichkeitsarbeit formuliert.

Die Umsetzung der allgemeinen Qualitätsstandards für Jugendpartizipation lassen sich durch eine zusammenfassende Auswertung bewerten. Die individuelle Entscheidung der Jugendlichen, am Jugendforum teilzunehmen (Freiwilligkeit), war gegeben. Eine Ergebnisoffenheit und Flexibilität im Projekt ist bedingt vorzufinden. Auf der einen Seite waren die Strukturen und Prozessschritte, wie die Aufgabenstellung innerhalb der Beteiligungsphase oder die Programmplanung der Jugendkonferenz, durch die Initiatoren vorgegeben, auf der anderen Seite wurde die erste Online-Beteiligungsphase um zwei Wochen verlängert, da sich viele Jugendliche erst kurz vor Ende des ursprünglichen Zeitrahmens beteiligt haben. Jedoch war es den Jugendlichen nicht möglich, die Strukturen des Prozesses mitzugestalten. Eine Ergebnisoffenheit bestand insofern, als dass die Inhalte des Jugendmanifestes durch die Jugendlichen und deren politische Anliegen bestimmt wurden. Eine Verantwortung trugen die Teilnehmenden durch die Äußerung und Diskussion von politischen Anliegen. Jedoch zeigen die Ergebnisse der Interviews und Befragungen auf, dass diese Verantwortung durch die Jugendlichen nicht wahrgenommen wurde. Nicht beurteilt werden kann der Aspekt der vertrauensvollen Beziehung. Die Jugendlichen geben an, dass sie durch die Gruppe und durch die Verantwortlichen eine Anerkennung und Wertschätzung erfahren haben.

15.5   Reflexion und Fazit

Zusammenfassend lässt sich herausstellen, dass die methodische Durchführung zielführend und persönlich bereichernd war. Sie ermöglichte es, die Forschungsfragen zu beantworten und sich noch einmal intensiv mit politischer Partizipation und dem Jugendforum auseinanderzusetzen. Hilfreich hierbei waren die Offenheit der Jugendlichen und die Unterstützung durch die Projektträger, ohne die die Arbeit nicht zu realisieren gewesen wäre.

Für weitere Forschungsvorhaben dieser Art würde ich in erster Linie die Auswertung der Daten vertiefen. Eine Nutzung von sequenzanalytischen Verfahren könnte hierbei hilfreich sein. Jedoch war die Entwicklung einer systematischen Auswertungsmethode im Rahmen einer Bachelor-Arbeit nicht möglich.

Tipp

Unterschätze nicht den Zeitaufwand für die Transkription!

Eine Software zur Transkription wie beispielsweise *f4* erleichtert den Umgang mit bis zu 90-minütigen Interviews durch die Möglichkeit die Wiedergabegeschwindigkeit zu variieren oder automatisch Zeitmarken zu setzen, entscheidend. Auch wäre eine professionellere Art der Datenorganisation und der Gegenüberstellung der Ergebnisse ratsam. Dazu empfiehlt sich MAXQDA, welche die Daten übersichtlicher darstellt, als eine Tabelle Im Rahmen meiner Fallzahl ließ sich dies meiner Meinung nach noch mit gängigen Office-Anwendungen bewerkstelligen, weshalb ich mir die entstehenden Anschaffungskosten für die Programme erspart habe.

Literatur

Ernst, S. (2006). Die Evaluation von Qualität – Möglichkeiten und Grenzen von Gruppendiskussionsverfahren. In U. Flick (Hrsg.), *Qualitative Evaluationsforschung, Konzepte- Methoden- Umsetzung* (S. 183–213). Reinbek bei Hamburg: Rowohlt.

Hurrelmann, K. (2012). *Lebensphase Jugend. Eine Einführung in die sozialwissenschaftliche Jugendforschung.* Weinheim: Juventa.

Knauer, R., & Sturzenhecker, B. (2005). Partizipation im Jugendalter. In B. Hafeneger, M. Jansen, & T. Niebling (Hrsg.), *Kinder- und Jugendpartizipation. Im Spannungsfeld von Interessen und Akteuren* (S. 63–94). Opladen: Budrich.

Kromrey, H. (2001). Evaluation – ein vielschichtiges Konzept. Begriff und Methodik von Evaluieren und Evaluationsforschung. Empfehlungen für die Praxis. *Sozialwissenschaften und Berufspraxis, 24*(2), 1–23.

Pohl, A., & Stauber, B. (2007). „Auf einmal ist Dir das nicht mehr egal…". Motivation und Partizipation in zwei Projekten der Jugendsozialarbeit. In B. Stauber, A. Pohl, & A. Walther (Hrsg.), *Subjektorientierte Übergangsforschung. Rekonstruktion und Unterstützung biographischer Übergänge junger Erwachsener* (S. 201–225). Weinheim: Juventa.

Przyborski, A., & Wohlrab-Sahr, M. (2010). *Qualitative Sozialforschung. Ein Arbeitsbuch.* München: Oldenbourg.

Schneekloth, U. (2010). Jugend und Politik: Aktuelle Entwicklungstrends und Perspektiven. In Shell Deutschland Holding (Hrsg.), *Jugend 2010. 16. Shell Jugendstudie* (S. 129–164). Frankfurt a. M.: Fischer.

Staatskanzlei Rheinland-Pfalz (2012). *jugendforum rlp.* http://www.wir-tun-was.de/jugendforum-rlp.597.0.html. Zugegriffen: 12.01.2015

Wottawa, H., & Thierau, H. (2003). *Lehrbuch Evaluation.* Bern: Hans Huber.

Identität und Migration

Auf der Suche nach Schutzfaktoren mit Problemzentrierten Interviews (PZI) und der Kernsatzmethode

Theresa Burkhardt

J. Wintzer (Hrsg.), *Qualitative Methoden in der Sozialforschung*,
DOI 10.1007/978-3-662-47496-9_16, © Springer-Verlag Berlin Heidelberg 2016

16.1   Sechzehn-Millionen-mal „Ich": Themenrelevanz

In Deutschland leben etwa sechzehn Millionen Menschen mit Migrationshintergrund (Engels et al. 2011). Sechzehn Millionen Geschichten. Sechzehn Millionen Identitäten. Im öffentlichen Diskurs wird insbesondere der Frage nachgegangen, inwieweit diese sechzehn Millionen zugewanderten Menschen integriert sind. Beim Blick auf das Allgemeine wird das Individuelle häufig aus den Augen verloren. Als wesentliche Voraussetzung für die soziale Integration eines Individuums gilt jedoch seine und ihre ganz persönliche Identitätskonstruktion. Für zugewanderte Menschen besteht ein erhöhtes Risiko, in ihrer Identitätsbildung beeinträchtigt zu werden. Das Finden einer Passung zwischen dem subjektiven Persönlichen (innere Welt) und der sozialen Rolle (äußere Welt) kann sich aufgrund der konträren kulturellen Erwartungen schwierig gestalten (Özbek 2006; Keupp et al. 2006; Uslucan 2011). Um die Ausbildung einer kulturellen Doppelidentität im Sinne eines doppelten Gewissens zu verhindern, müssen die ambivalenten Anteile innerhalb der eigenen Person stimmig miteinander verbunden werden (Özbek 2006). Es stellt sich die Frage, welche Faktoren diesbezüglich eine protektive Funktion einnehmen und zu einer Auflösung der erlebten Ambivalenz bzw. einer Anordnung derselben in ein individuell akzeptables Spannungsfeld (Keupp et al. 2006) beitragen. Das Wissen darum kann einen Mehrwert für die präventive Arbeit mit jugendlichen Migranten und Migrantinnen darstellen. Da Menschen mit einem türkischen Migrationshintergrund die größte Migrantengruppe in Deutschland darstellen (Oswald 2007), fiel der Entschluss, sich auf diese Personengruppe zu fokussieren.

Ausgehend von der These, dass viele Schutzfaktoren aus dem sozialen Netzwerk hervorgehen, wurde Folgendes relevant: Das Individuum muss in der Eigenschaft als Grenzgänger oder Grenzgängerin zwischen den beiden kulturellen Welten unterstützt und anerkannt werden (Kohte-Meyer 2009; Keupp 2009; Leuzinger-Bohleber 2009). Insbesondere die Bedeutung der Familie wird von Jugendlichen mit Migrationshintergrund dabei in der Regel sehr hoch eingeschätzt. Ein ausgeprägter Familienzusammenhalt kann zur Ausbildung von Widerstandskraft gegen gefährdende Entwicklungsbedingungen beitragen (Speck-Hamdan 1999). Es wird davon ausgegangen, dass das stark im familiären Bereich geprägte Selbstbild von Kindern aus interdependent orientierten Kulturen durch negative Einflüsse von Außen nur wenig belastet wird (Herwartz-Emden und Küffner 2006).

16.2   Verstehen lernen mittels qualitativer Methoden

Da sich der zu untersuchende Sachverhalt komplex darstellt, erschien es sinnvoll, ein wissenschaftliches Verfahren zu wählen, das der vielseitigen Lebens- und Erfahrungswelt türkischer Migranten und Migrantinnen gerecht wird. Gemeinsam mit meiner Kommilitonin, Johanna Deitmer, wurde eine qualitative, Verständnis generierende Herangehensweise gewählt. Der empirische Zugang erfolgte über sechs Interviews mit türkischstämmigen Jugendlichen im Alter zwischen 19 und 21 Jahren. Die Grundlage für die konkrete Vorbereitung und Durchführung der Interviews bildete das theoriegenerierende Verfahren des Problemzentrierten Interviews (PZI) nach Andreas Witzel (2000). Des Weiteren erfolgte eine Orientierung am hermeneutischen Verfahren der Kernsatzmethode, wie es von Thomas Leithäuser und Birgit Volmerg (1988) als Auswertungsmethode der Sozialforschung beschrieben wird.

Wichtig bleibt für unsere Arbeit der Grundsatz, eine auf das Verstehen der Interviewpersonen ausgelegte Forschung zu betreiben. In diesem Sinne wurde versucht, eine möglichst offene Grundhaltung gegenüber der Lebenswelt der Befragten einzunehmen. Den Forschungsprozess und die daraus gewonnenen Erkenntnisse gilt es zu dokumentieren und den Lesenden nach-

Das Problemzentrierte Interview nach Andreas Witzel (2000)

Das Problemzentrierte Interview (PZI) wird der Kategorie der Leitfadeninterviews zugeordnet (Bortz und Döring 2006). Es handelt sich um ein erzählungs- und verständnisgenerierendes Verfahren, im Fokus steht die Aufdeckung der subjektiven Problemsicht der Interviewpartner.

Das PZI basiert auf drei Grundpositionen:

1. Problemzentrierung: Das Gespräch unter Einbezug des theoretischen Wissens nach und nach auf die gesellschaftlich relevante Problemstellung (Forschungsfrage) hin zuspitzen.

2. Gegenstandsorientierung: Einen flexiblen, dem Untersu-

chungsgegenstand angepassten Umgang mit der verwendeten Forschungsmethode finden.

3. Prozessorientierung: Ein Vertrauensverhältnis aufbauen, welches Raum für Selbstreflexion gibt und dadurch eine vielschichtige Entfaltung der Problemsicht ermöglicht.

vollziehbar zu machen (Leithäuser und Volmerg 1988). Durch diesen reflektierten und mitteilenden Arbeitsprozess kann der Forderung nach einer validen und zuverlässigen Forschung nachgekommen werden (Kühn und Koschel 2011).

16.3 Die Erhebung und das Problemzentrierte Interview

Andreas Witzel (1985) fordert Forschende dazu auf, verstärkt die Sicht des Individuums einzunehmen, um auf diese Weise dessen Konstruktion der gesellschaftlichen Wirklichkeit zu erfahren. Das PZI ist daher auf eine „möglichst unvoreingenommene Erfassung individueller Handlungen sowie subjektiver Wahrnehmungen und Verarbeitungsweisen gesellschaftlicher Realität" (Witzel 2000) ausgelegt. Es stellt sich als ein Verfahren dar, das als induktiv-deduktives Wechselspiel organisiert ist. Auf der einen Seite werden für die Vorbereitung der Erhebungsphase und Einordnung der Ergebnisse in einen wissenschaftlichen Kontext Annahmen über den Forschungsgegenstand benötigt, wie sie etwa in der Einleitung dieses Beitrags festgehalten werden. Auf der anderen Seite besteht jedoch das Prinzip der Offenheit. Demnach gilt es, individuelle Gegebenheiten aufzudecken, um daraus neue Erkenntnisse abzuleiten, die eine Veränderung der bestehenden, allgemeinen Sicht ermöglichen, wie beispielsweise die Infragestellung eines individualistisch geprägten Selbstkonzepts als elementaren Bestandteil der Identität.

Nach der Literatursichtung erstellten wir zur Einarbeitung in das Thema einen groben Leitfaden, der zur Orientierung diente und eine spätere Vergleichbarkeit der Interviews sichern sollte. Um zu Beginn des Gesprächs kein Frage-Antwort-Schema aufkommen zu lassen, erstellten wir zudem einen demografischen Kurzfragebogen wie Witzel (2000) ihn vorsieht. Darin werden das Alter, das Geburtsland, die Anzahl der Geschwisterkinder und die Berufstätigkeit der Eltern erfragt. Im Fall einer nicht gewollten Gesprächspause können diese Informationen, genauso wie die Fragen aus dem Leitfaden, zum Wiedereinstieg in die Thematik herangezogen werden.

Nach der Vorbereitungsphase erfolgte die Kontaktaufnahme zu möglichen Personen. Den Feldzugang fanden wir über einen türkischen Kiosk, ein Schulzentrum sowie ein Theaterprojekt zur Berufsorientierung. Die Interviews wurden von uns jeweils zu zweit durchgeführt und als offen und angenehm erlebt. Die einzelnen Gespräche gestalteten sich jedoch im Detail sehr unterschiedlich. Während einige Jugendliche vor allem ernste und emotionale Themen ansprachen, gingen andere sehr humorvoll an die Fragestellung heran. Wir begannen stets mit der von uns vorformulierten, erzählungsgenerierenden Eingangsfrage („Deine Familie kommt ja ursprünglich aus der Türkei – wie kam das denn, dass ihr hierher gezogen seid?"). Im weiteren Gesprächsverlauf griffen wir dann die einzelnen Aspekte aus der Antwort auf die Einleitungsfrage auf. Schrittweise konnte so die subjektive Erlebniswelt aufgedeckt werden. Nachfragen nutzten wir insbesondere dazu, einen roten Faden in den Gesprächsverlauf zu bringen und eine detailliertere Darstellung einzelner Aspekte zu erreichen (Bsp. „Wie findest du es, wenn du in der Türkei zu Besuch bist?").

Tipp

- Erfrage in den Interviews konkrete Beispiele, um so einen Bezug zwischen Handlungen und den erlebten Kontextbedingungen aufzeigen zu können!
- Nimm die interviewten Personen ernst! Die Interviewten sollten sich durch die Vermittlung von Vertrauen und Offenheit immer wahrgenommen fühlen.
- Vermeide Suggestivfragen, um einen offenen Erzählstil zu generieren! Ein Beispiel dafür ist: „Aber mit der Sprache war es dann schon besser?"

Die wenigen durch Suggestion entstandenen Aussagen wurden von uns nicht in die Analyse der Interviews mit einbezogen. Bewusst nutzten wir dagegen, wie von Witzel (2000) vorgeschlagen, spontane Ad-hoc-Fragen. Einige dieser Fragen bewährten sich im Laufe der Interviews zunehmend. Zum Beispiel Fragen zur Zukunft wie: „Möchtest du deine Kinder später einmal genauso erziehen wie du von deinen Eltern erzogen worden bist?" An einzelnen Stellen setzten wir neben der erzählungsgenerierenden auch eine verständnisgenerierende Kommunikationsstrategie ein. Durch den Einsatz von rückspiegelnden Fragen wird die Selbstreflexion der Befragten unterstützt. Auch Verständnisfragen sind wichtig, um ausweichende oder widersprüchliche Angaben zu hinterfragen.

Eine Tonträgeraufzeichnung wurde zur genauen und authentischen Erfassung der erzählten Inhalte genutzt. Anschließend erfolgte die Transkription der Interviews anhand eines entsprechenden Leitfadens von Erhard Mergenthaler (1992).

16.4   Die Auswertung anhand der Kernsatzmethode

Der Vorteil der von Thomas Leithäuser und Birgit Volmerg (1988) entwickelten Kernsatzmethode zeigt sich in der Verbindung einer vertikalen sowie horizontalen Hermeneutik. Wie von Witzel (2000) bezüglich der Interviewauswertung vorgesehen, wird sowohl eine Detailanalyse der einzelnen Interviews als auch eine zusammenfassende Untersuchung aller Interviews möglich.

Definition

Unter **Kernsätzen** sind natürliche Verallgemeinerungen und Aussagen zur Erfahrungs- und Konfliktanalyse zu verstehen, wie sie von den Interviewten auch im Alltag verbalisiert werden, um ein Thema auf den Punkt zu bringen (Leithäuser und Volmerg 1988).

Den Forschenden obliegt es, die im Feld vorgefundene Umgangssprache durch den Auswertungsprozess in einen wissenschaftlichen Sprachgebrauch zu überführen. Wir setzten uns zunächst alleine mit den verschriftlichen Interviews auseinander und markierten alle für uns thematisch relevanten sowie überraschenden Aussagen. Das Vorgehen erfolgte durch die „ex-

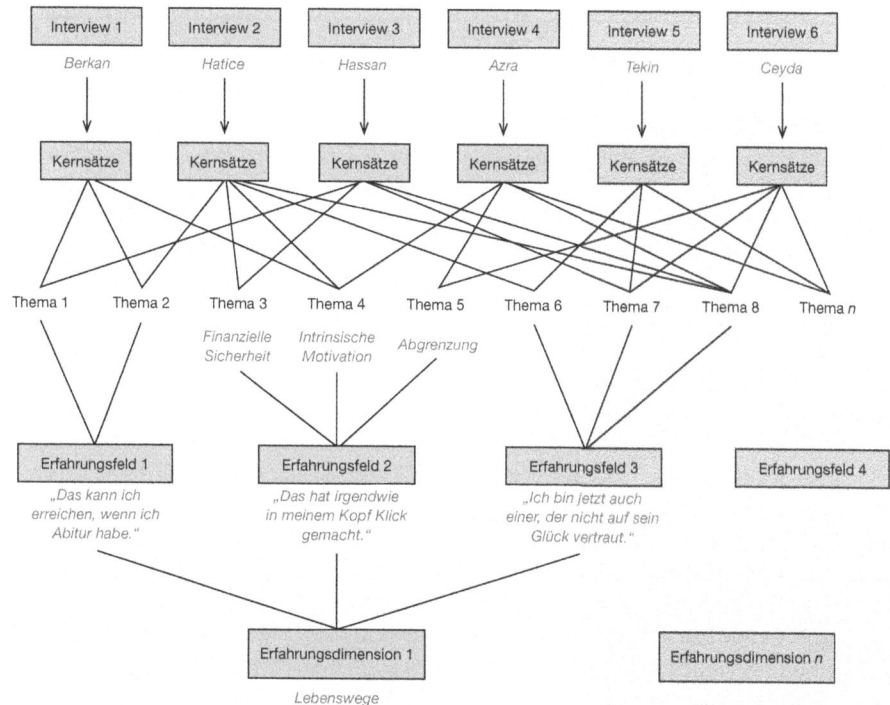

● **Abb. 16.1** Auswertungsschema für die Systematisierung der Kernsätze am Beispiel der Erfahrungsdimension Lebenswege (verändert nach Leithäuser und Volmerg 1988, S. 148). (Die Namen der Jugendlichen wurden von der Autorin geändert.)

emplarische Auswahl einer Textstelle" (Leithäuser und Volmerg 1988, S. 245 f). Anschließend sichteten wir gemeinsam die transkribierten Interviews. Bei fehlender Übereinstimmung hinsichtlich der Kernsatzauswahl tauschten wir unsere Interpretationen zu den betreffenden Stellen aus und entschieden gemeinsam über deren Eignung. Im Anschluss notierten wir die Kernsätze auf Karten. Neben dem Kernsatz wird auch der einfassende Kontext festgehalten.

Im weiteren Vorgehen werden die Sätze nun auf strukturelle Ähnlichkeiten hinsichtlich der individuellen Perspektiven untersucht. Aussagen vergleichbaren Inhalts wurden zu Kernsatzbündeln zusammengefasst, die ein bestimmtes Thema repräsentieren. Im Laufe der Auswertung ergaben sich dabei immer wieder Kernsatzbündel, die sich als ungeeignet erwiesen und neu ausgewertet werden mussten. Der Prozess stellte sich sehr dynamisch dar. Kernsätze, deren Inhalt sich nicht zu anderen Aussagen in Bezug setzen ließen, mussten aussortiert werden. Gemeinsam wurde erarbeitet, welche Themenblöcke zusammen ein Erfahrungsfeld repräsentieren.

Letztendlich kristallisierten sich zehn verschiedene Erfahrungsfelder heraus, denen jeweils ein Kernsatz als Titel zugeordnet wurde. Zusammengenommen ließen sie auf drei Erfahrungsdimensionen türkischer Migranten im Spannungsfeld der Identitätskonstruktion schließen. Beispielhaft wird die Erfahrungsdimension „Lebenswege" genannt, welcher die Erfahrungsfelder „Das kann ich erreichen, wenn ich mein Abitur habe.", „Das hat irgendwie in meinem Kopf Klick gemacht." und „Ich bin jetzt auch einer, der nicht auf sein Glück vertraut." zugrunde liegen (● Abb. 16.1). In der sich anschließenden Diskussion wurden die gewonnen Erkenntnisse mit der zu Beginn erarbeiteten Literatur in Verbindung gebracht.

16.5   Und was mach' ich nun damit?: Neue Erkenntnisse

Welche Schutzfaktoren lassen sich in Bezug auf die Identitätskonstruktion aus den gewonnen Erkenntnissen ableiten? Als zentral kann im Hinblick auf diese Frage, wie bereits vermutet, die familiäre Einbindung beschrieben werden. In diesem Kontext werden diverse schützende Funktionen erfahren. Insgesamt geben die als positiv beschriebenen Beziehungserfahrungen innerhalb der Familie deutliche Hinweise auf die Ausbildung einer resilienten Identität. Die familiäre Unterstützung bringt eine schützende Funktion bezüglich der Planung und Umsetzung von Identitätsprojekten mit sich. Die Mehrheit der Jugendlichen erfährt Orientierung durch die Werte ihrer Eltern; dies kann grundsätzlich als protektiver Faktor betrachtet werden. Die Interviewten selbst nehmen keinen Konflikt bezüglich ihres bikulturellen Hintergrunds wahr. Sie empfinden ihre individuelle Lebensgeschichte als kohärent und damit verstehbar. Es hat eine Auseinandersetzung mit der eigenen ethnischen Identität stattgefunden. Im schulischen Umfeld wird durch das Hervorheben migrationsspezifischer Fähigkeiten ein positiver Beitrag zur Identitätsentwicklung geleistet. Das Unterrichtsfach Türkisch wird von den Jugendlichen als Bereicherung beschrieben. Bezüglich ihrer Schulleistungen beschreiben die Befragten einen Zusammenhang zwischen der eigenen Anstrengung und den resultierenden Ergebnissen. Dieses Erleben von Selbstwirksamkeit stellt eine wichtige Grundlage für die Entwicklung von Handlungsfähigkeit dar und kann als Schutzfaktor hinsichtlich der Identitätskonstruktion betrachtet werden. Für die schulische Motivation erscheint insbesondere das Vorhandensein beruflicher Ziele zentral. Einige Jugendliche beschreiben, von ihren Eltern Unterstützung in Bezug auf die schulische und berufliche Ausbildung zu erfahren. Diesem Sachverhalt kann ebenfalls eine protektive Funktion zugeschrieben werden.

16.6   Kritische Reflexion der Forschung: Herausforderungen und Sternstunden

Insgesamt stellten wir fest, dass sich die gewählten Methoden als geeignet zur Annäherung an den untersuchten Forschungsgegenstand erwiesen. Dennoch ergaben sich im Verlauf der Forschung einige Hindernisse. Die von Witzel (2000) postulierte Abkehr des erzählungsgenerierenden Verfahrens vom traditionellen Interviewstil gelang uns in den meisten Interviews, jedoch nicht immer vollständig. In einigen Fällen verfielen wir in ein klassisches Frage-Antwort-Schema. Die dabei entstandenen Aussagen wurden in die Auswertung mit aufgenommen, brachten jedoch zumeist keine relevanten Kernsätze hervor. In der Regel erzählten die befragten Personen allerdings frei.

Im Auswertungsprozess ließen sich die einzelnen Kernsätze nicht immer zu stimmigen Bündeln zusammenfassen. Häufig war es nicht möglich, eine Aussage einem einzigen Themengebiet zuzuordnen, da es zu Überschneidungen zwischen den einzelnen Gebieten kam. Teilweise entschieden wir uns hier für eine doppelte Zuordnung. In einigen Fällen stieß die Problematik auch neue Denkprozesse an und führte zu einer Umstrukturierung der Themenfelder. Insgesamt ergab sich ein Netz verschiedener Themengebiete, die dennoch sehr eng miteinander verwoben waren.

Zudem gestaltete es sich schwierig, Erfahrungsfelder innerhalb der vielschichtigen, teilweise ambivalenten Aussagen herauszuarbeiten. Besonders da eine derartige Abstrahierung zwangsläufig mit einer Vernachlässigung individueller Schicksale einhergehen würde. Die angestrebte Verbindung einer vertikalen mit einer horizontalen Hermeneutik erschien uns daher nicht

immer umsetzbar. Die Offenlegung dieser Problematik sowie eine Rückversicherung innerhalb des Vorgehens anhand der zugrunde gelegten Theorie (Leithäuser und Volmerg 1988)
konnten jedoch zur Lösung dieses Konflikts beitragen. Auf diese Weise gelang eine intensive
Auseinandersetzung mit den individuellen Verarbeitungsformen sowie eine Darstellung der
Erlebnisperspektiven junger, türkischer Migranten und Migrantinnen.

Literatur

Bortz, J., & Döring, N. (2006). *Forschungsmethoden und Evaluation: für Human- und Sozialwissenschaftler.* Heidelberg: Springer.

Engels, D., Köller, R., Koopmans, R., & Höhne, J. (2011). *Zweiter Integrationsbericht.* http://www.bundesregierung.de/ Content/DE/Publikation/IB/2012-01-12-zweiter-indikatorenbericht.pdf?__blob=publicationFile. Zugegriffen: 17.10.2012

Herwartz-Emden, L., & Küffner, D. (2006). Schulerfolg und Akkulturationsleistungen von Grundschulkindern mit Migrationshintergrund. *Zeitschrift für Erziehungswissenschaft, 9*(2), 240–254.

Keupp, H. (2009). Identitätskonstruktion in der spätmodernen Gesellschaft – Riskante Chancen bei prekären Ressourcen. In H. Theunert (Hrsg.), *Jugend – Medien – Identität. Identitätsarbeit Jugendlicher mit und in Medien* (S. 53–77). München: Kopaed.

Keupp, H., Ahne, T., Gmür, W., Höfer, R., Mitzscherlich, B., Kraus, W., & Sraus, F. (2006). *Identitätskonstruktionen: das Patchwork der Identitäten in der Spätmoderne.* Reinbek: Rowohlt.

Kohte-Meyer, I. (2009). Funktionsstörungen des Ich und die Neuorientierung der Ich-Identität im Migrationsprozess. In Y. Erim (Hrsg.), *Klinische Interkulturel le Psychotherapie. Ein Lehr- und Praxisbuch* (S. 146–157). Stuttgart: Kohlhammer.

Kühn, T., & Koschel, K. V. (2011). *Gruppendiskussionen: Ein Praxishandbuch.* Wiesbaden: VS.

Leithäuser, T., & Volmerg, B. (1988). *Psychoanalyse in der Sozialforschung. Eine Einführung am Beispiel einer Sozialpsychologie der Arbeit.* Opladen: Westdeutscher Verlag.

Leuzinger-Bohleber, M. (2009). Resilienz – Eine neue Forschungsperspektive auf frühe Entwicklungsprozesse. In M. Leuzinger-Bohleber, J. Canestri, & M. Target (Hrsg.), *Frühe Entwicklung und ihre Störungen. Klinische, konzeptuelle und empirische psychoanalytische Forschung. Kontroversen zu Frühprävention, Resilienz und ADHS* (S. 18–37). Frankfurt a. M.: Brandes & Apsel.

Mergenthaler, E. (1992). *Die Transkription von Gesprächen. Eine Zusammenstellung von Regeln mit einem Beispieltranskript.* Ulm: Ulmer Textbank.

Oswald, I. (2007). *Migrationssoziologie.* Konstanz: UVK.

Özbek, T. (2006). Autonomieentwicklung und Identität im transkulturellen Alltag. In E. Wohlfart, & M. Zaumseil (Hrsg.), *Transkulturelle Psychiatrie – Interkulturelle Psychotherapie. Interdisziplinäre Theorie und Praxis* (S. 95–109). Heidelberg: Springer.

Speck-Hamdan, A. (1999). Risiko und Resilienz im Leben von Kindern ausländischer Familien. In G. Opp, M. Fingerle, & A. Freytag (Hrsg.), *Was Kinder stärkt. Erziehung zwischen Risiko und Resilienz* (S. 221–228). München: Ernst Reinhardt.

Uslucan, H.-H. (2011). Resilienzpotenziale bei Jugendlichen mit Migrationshintergrund. In Z. Margherita (Hrsg.), *Handbuch Resilienzförderung* (S. 555–574). Wiesbaden: Verlag für Sozialwissenschaften.

Witzel, A. (1985). Das problemzentrierte Interview. In G. Jüttemann (Hrsg.), *Qualitative Forschung in der Psychologie. Grundfragen, Verfahrensweisen, Anwendungsfelder* (S. 227–255). Weinheim: Beltz.

Witzel, A. (2000). *Das problemzentrierte Interview.* http://www.qualitative-research.net/index.php/fqs/article/view/1132/2519. Zugegriffen: 07.08.2012

Sektion 5
Forschen
mit Interesse
am impliziten Sinn

Rekonstruktive Verfahren

Kritische Soziale Arbeit im Kontext von Ökonomisierungsprozessen

Eine Studie mit teilnehmender Beobachtung und Objektiver Hermeneutik

Josephina Schmidt

J. Wintzer (Hrsg.), *Qualitative Methoden in der Sozialforschung*,
DOI 10.1007/978-3-662-47496-9_17, © Springer-Verlag Berlin Heidelberg 2016

Im folgenden Beitrag wird eine Möglichkeit für Forschung in der Sozialen Arbeit am Beispiel meiner Abschlussarbeit zum Thema „Markt, Wettbewerb und Kritik? – Praxis Sozialer Arbeit im Kontext von Ökonomisierung. Eine rekonstruktive Studie am Beispiel einer sozialpsychiatrischen Organisation" aufgezeigt. Die Datenerhebung folgt einer teilnehmenden Beobachtung als Teil der fokussierten Ethnographie nach Karin Oester und die Datenauswertung orientiert sich an der Methodik der Objektiven Hermeneutik im Sinne Ulrich Oevermanns. Zur Übersicht über mein Vorgehen dient ◘ Tab. 17.1.

17.1   Kritische Soziale Arbeit statt unreflektierte Übernahme von Ökonomisierungsprinzipien: der Forschungsanlass

Bezogen auf vielfach verkürzt dargestellte Ökonomisierungsprozesse in der Sozialen Arbeit habe ich in meiner Masterthesis einen sozialtheoretisch-kritischen Standpunkt (vgl. Kessl 2002, S. 1118) eingenommen, welcher die Praxis Sozialer Arbeit und die marktförmigen Umstrukturierungen im sozialen Dienstleistungssektor im Zusammenhang mit kapitalistisch-gesellschaftlichen Dynamiken versteht. Eine gesellschaftskritische Reflexion ist für die Soziale Arbeit unbedingt notwendig, weil ihre Praxis auf historisch entwickelten gesellschaftlichen Wirklichkeits- und Normalitätsmodellen basiert (Scherr 2008, S. 106). Während des Master-Studiums habe ich mich anlässlich der Teilnahme am Arbeitskreis „Kritische Soziale Arbeit" der Hochschule mit Kritischer Theorie auseinandergesetzt. Ich ging deshalb den Versuch ein, den Bogen zwischen dem Anspruch einer kritischen sozialarbeiterischen Professionalität und einer in Organisationen eingebetteten Praxis zu spannen.

Dementsprechend stellte ich mir die Forschungsfrage: Inwiefern ist in einer exemplarischen sozialen Organisation der freien Wohlfahrtspflege im Arbeitsfeld „Sozialpsychiatrie", die Praxis einer kritischen sozialarbeiterischen Professionalität im Kontext von Ökonomisierung erkennbar und wodurch wird diese Praxis ermöglicht? Als exemplarisches Arbeitsfeld wurde die Sozialpsychiatrie gewählt, weil diese aus der psychiatrie-kritischen, politischen und reformerischen Entstehungsgeschichte heraus kritisches Potenzial verspricht (Dörner 1970, zit. nach Peukert 2014; Keupp 1997) und mir das Arbeitsfeld durch meine Berufserfahrungen bekannt war. In Anlehnung an Frank Bettinger (2013, S. 426) wollte ich mit meiner Arbeit Reflexionswissen zur Verfügung stellen, Deutungs- und Handlungsmuster aufzeigen und Schritte „zu einer selbstbestimmteren Sozialen Arbeit zur Verunsicherung tradierter Praxis" (Bettinger 2013, S. 427) vorschlagen.

17.2   Kritik und Praxis als theoretische Konzepte

Unter Bezug auf Fabian Kessl und Susanne Maurer (2012, S. 43–45) habe ich einen Kritikbegriff für Soziale Arbeit bestimmt, welcher radikale, an Befreiung orientierte Reflexivität gesellschaftlicher Macht- und Herrschaftsverhältnisse und der eigenen Verwobenheit darin meint und Kapitalismuskritik als Grundlage hat. Dieses Verständnis führte zur Auseinandersetzung mit dem gesellschaftlichen Bezugsrahmen von Ökonomisierungsprozessen und deren Auswirkungen auf verschiedene Dimensionen der Sozialen Arbeit wie die theoretisch-fachliche und die institutionell-organisatorische Ebene, die Ebene der Beschäftigten und die der Adressaten und Adressatinnen. Die von Sylvia Staub-Bernasconi (2012), Bettinger (2013) und Franz Segbers (2010) theoretisch entwickelten Aktionsmöglichkeiten für kritische Praxis, habe ich sys-

◘ **Tab. 17.1** Überblick über den Forschungsprozess

Forschungsschritt	Wissenschaftliche Ansätze	Konkretes Vorgehen
Inhaltlich-theoretische Rahmung	Kritische Soz. Arbeit, Ökonomisierung, Praxistheorie, Sozialpsychiatrie	Begriffsbestimmungen
Erkenntnishaltung	Rekonstruktive Sozialforschung	
Sampling		Auswahl eines Sozialpsychiatrischen Dienstes
Datenerhebung	Teilnehmende Beobachtung	Vorbesprechung mit der felderöffnenden Schlüsselperson, tabellarische Zusammenfassung der pragmatischen Einbettung der Forschung, begleitendes Forschungstagebuch, drei teilnehmende Beobachtungen: Teamsitzung, Beratungsgespräch, Kooperationstreffen, (jeweils ein Beobachtungsprotokoll)
Datenauswertung	Objektive Hermeneutik	teilweise in der Auswertungsgruppe, Entwicklung von Fallstrukturhypothesen für vier Protokolle, Kommunikative Validierung

tematisch aufgearbeitet, damit sie mit der empirischen Analyse der Praxis konfrontiert werden konnten. Diese habe ich für das Arbeitsfeld der Sozialpsychiatrie und für deren spezifische Aktionsmöglichkeiten konkretisiert.

Mit dem allgemein definierten Kritikbegriff wurden Spannungsfelder der Sozialpsychiatrie aufgezeigt und die kritische Perspektive um die Gesichtspunkte der kritischen Sozialpsychologie nach Heiner Keupp ergänzt. Keupp kritisiert beispielsweise den naturalisierenden biologistisch-deterministischen Diskurs psychischer Erkrankungen und fordert eine sozialpsychiatrische Bewegung, die neben einer Philosophie der Selbstbestimmung materielle und soziale Teilhabechancen aller in einem sozialen System anstreben solle (vgl. Keupp 1997, S. 24, S. 198–205). Dieses Konzept bot mir die Grundlage für eine Argumentation für eine notwendig kritische Praxis in der Sozialpsychiatrie, statt einer ausschließlich auf Heilung oder Normalisierung ausgerichteten Perspektive.

Anschließend habe ich das analytische Verständnis von Praxis anhand der *Theorie der Praxis* von Pierre Bourdieu ausgeführt. Für die Untersuchung von kritischer Praxis Sozialer Arbeit habe ich Bourdieus Ansatz ausgewählt, weil er die Routinen und Handlungsstrukturen von Akteuren und Akteurinnen im Spannungsverhältnis zwischen sozialem Feld (objektive Strukturen) und Habitus (einverleibte Strukturen in der Geschichtlichkeit des Subjektes) betrachtet (vgl. Bourdieu 1976). So konnten meiner Meinung nach die gesellschaftlichen Strukturen und die Wechselwirkung mit dem Handeln in Organisationen analytisch am besten gefasst werden.

17.3 Rekonstruktive Sozialforschung: teilnehmende Beobachtungen und der Anschluss einer sequenziellen Auswertung

Nach der Ausarbeitung der theoretischen Grundlage habe ich mich für eine empirische Analyse entschieden, welche der zur qualitativen Forschung zugeordneten „rekonstruktiven Sozialforschung" (Kruse 2014, S. 24–26) folgt. Damit ist die erkenntnistheoretische Haltung einer Analyse von Strukturen gemeint, die hinter den Absichten von Subjekten stehen und zu der verschiedene methodische Ansätze zählen. Dies ist meinem Forschungsgegenstand deswegen angemessen, weil es mir statt einer deskriptiven Untersuchung von Aussagen der Beteiligten und ihrer benannten „Wirklichkeit" darum ging, den „Versuch der Beschreibung grundlegender allgemeiner Mechanismen, mit deren Hilfe Handelnde in ihrem Alltag eine gemeinsame soziale Wirklichkeit *herstellen*" (Flick et al. 2007, S. 21, H. i. O.) zu wagen und den „Sinn hinter dem Sinn" (Kruse 2014, S. 25) nachzuvollziehen. Zur Reflexion der von Selektion und Subjektivität geprägten empirischen Sozialforschung sind die von Jan Kruse formulierten Gütekriterien „Intersubjektivität, reflektierte Subjektivität" und „reflexive Kritik" zu berücksichtigen (vgl. Kruse 2014, S. 54–58).

■ **Sampling und Feldeinstieg**

Sechs Wochen vor dem offiziellen Beginn der viermonatigen Forschungszeit habe ich per E-Mail Kontakt zu neun sozialpsychiatrischen Organisationen mit ambulanten Hilfen in der Trägerschaft von Wohlfahrtsverbänden in der Region aufgenommen. Da es um die Analyse einer Organisation ging und kein Vergleich in ähnlichen oder kontrastierenden Rahmenbedingungen durchgeführt wurde, bestimmte hauptsächlich die Teilnahmebereitschaft die Fallauswahl eines Sozialpsychiatrischen Dienstes.

Mein Feldaufenthalt hat sich über drei Monate erstreckt. Die Daten des Feldeinstiegs, von der ersten Kontaktaufnahme bis zur ersten teilnehmenden Beobachtung, habe ich auf einem Zeitstrahl visualisiert, um sie systematisch auswerten zu können und Hinweise auf die Struktur des Feldes zu rekonstruieren. Der Feldeinstieg wird als „heikelste und schwierigste Phase" (Cloos 2008, S. 208) in der Ethnographie bezeichnet, in der es darum geht, Kreditwürdigkeit und Vertrautheit zu erzeugen, während Feldforschenden Abwehr- und Vereinnahmungsstrategien begegnen können. Der ausgewählte Fall hat die Zusage zur Forschungsteilnahme durch Nachfragen verschoben und bereits zu Beginn die Bedingung der Anonymität gestellt. Mein Feldzugang wurde während des gesamten Forschungsprozesses deutlich von einer Schlüsselperson ermöglicht und in der Interaktion mit ihr gestaltet. Sie hatte ich persönlich als Teamleitung per E-Mail angeschrieben, weil sie auf der Internetseite des Dienstes als Ansprechpartnerin genannt wurde.

❯ Mir wurde klar, dass der Feldzugang eine Aufgabe für den ganzen Forschungsprozess ist. Das Verständnis von Ethnographie als „Ko-Produktion" (Huf 2006, S. 81), das heißt einer Gleichberechtigung von Perspektiven von Forschungsteilnehmenden und von pädagogischer Ethnographie als partizipative und dialogische Forschung (vgl. Bock und Maischatz 2010, S. 61), standen für mich im Vordergrund.

Dadurch blieb ich weiterhin in der Logik der Praxistheorie, nach der Akteure und Akteurinnen über Praxiswissen verfügen und Experten und Expertinnen in ihrem System, also in den jeweiligen Organisationen, sind. Gleichzeitig mussten dabei qualitative Unterschiede einer Handlung aus praktischem Handlungsinteresse des Feldes und theoriegeleitetem Erkenntnisinteresse von mir als Forscherin anerkannt werden (vgl. Huf 2006, S. 81).

> Für ein reflektiertes Wechseln zwischen den Rollen, in denen ich als Feldforscherin ange-sprochen wurde, wie zum Beispiel Feldnovizin, Quasi-Kollegin, Forscherin, Privatperson, Bezugsperson, (vgl. Cloos 2008, S. 215; Huf 2006, S. 66), habe ich ein Forschungstagebuch genutzt. Dadurch wurde eine Befremdung im Sinne der Ethnographie möglich und Verein-nahmungsstrategien konnten abgewehrt oder lanciert werden.

▪ **Teilnehmende Beobachtung**

Ethnographie ist eine Forschungstradition, welche verschiedene Datenerhebungs- und Auswertungsmethoden zulässt. In meiner Thesis entschied ich mich für teilnehmende Beobachtung, „das Kernstück jeder ethnographischen Feldforschung" (Friebertshäuser und Panagiotopoulous 2010, S. 309), weil ich vor allem interaktive Praxen und Routinen der Organisation betrachten wollte. Bei der Auswahl der Beobachtungssituationen und -phasen habe ich mich an der gegebenen Struktur des Feldes (Routinen) orientiert, um diese einerseits sinnhaft zu erheben und andererseits die für Forschungsteilnehmende sinnvolle Struktur zu achten (vgl. Huf 2006, S. 51). Entsprechend der drei theoretisch erarbeiteten Organisationsebenen, 1. externe Beziehungen, 2. Ebene des organisationalen Handelns, 3. Ebene des konkreten Arbeitshandelns (vgl. Hielscher et al. 2013), wurden daher gemeinsam mit der Schlüsselperson drei routinierte Situationen für die teilnehmende Beobachtung ausgewählt. Während der drei teilnehmenden Beobachtungen habe ich Feldnotizen mit Kontext, Akteure und Akteurinnen, allgemeinem Verlauf und wörtlichen Äußerungen, teilweise auch mit Intonation, Konnotation und Gestik als Erinnerungshilfe notiert (vgl. Friebertshäuser und Panagiotopoulou 2010, S. 312–313; Huf 2006, S. 81 f). Dafür habe ich ein Formular entwickelt, mit dem ich nach den Selektionskriterien relevante Aspekte notieren konnte (◘ Tab. 17.2).

Die Beobachtungsprotokolle habe ich am gleichen Tag der Beobachtungen außerhalb der Organisation verfasst und konnte durch die zeitnahe Verschriftlichung die Feldnotizen um Erinnerungen ergänzen. Zur Strukturierung des Beobachtungsprotokolls wurde mit situationsspezifischer Sensibilität die Struktur der Beobachtungssituation verwendet, ohne dass vorher ein starres Strukturierungsschema entwickelt wurde (vgl. Huf 2006, S. 86). Beispielsweise wurde das Beobachtungsprotokoll einer Teamsitzung nach den Tagesordnungspunkten der Sitzung strukturiert. Da die Ereignisse außerhalb der Beobachtungssituationen, wie die Begrüßung und Verabschiedung oder auch die Vor- und Nachbesprechungen mit der Schlüsselperson, mir sehr viele zusätzliche Informationen boten, wurden diese ebenfalls chronologisch in die Beobachtungsprotokolle aufgenommen. Für Objektive Hermeneutik geeignete Protokolle müssen außerdem einen Ablaufcharakter haben, also sequenzierte Konstrukte sein, damit sie die Interpretation nach der Sequenzialität ermöglichen (Wernet 2009, S. 12, S. 17) und die Einstiegssequenz eines Geschehens besonders ausführlich beschreiben. Ich habe mich in der Gesamtform der Protokolle dafür entschieden, die einzelnen Interaktionsepisoden szenisch und so detailliert wie möglich zu beschreiben, anstatt mich spezifisch auf ein Element des Geschehens zu fokussieren (vgl. Streck et al. 2013, Abs. 13–17). Darüber hinaus entschied ich mich auch, Aspekte des Settings und der Atmosphäre zu notieren, damit der institutionelle Rahmen für die Praxis kritischer sozialarbeiterischer Professionalität rekonstruiert werden konnte[1].

---

1   Die methodologische Reflexion der Anfertigung von Beobachtungsprotokollen ist wichtig, weil das Schreiben ein selektiver Prozess ist, in dem Beobachtung und subjektive Interpretation nicht voneinander getrennt werden können, jedoch die Struktur der Selektion Aussagen über Vorannahmen zur Strukturiertheit des Feldes ermöglicht (vgl. Streck et al. 2013, S. Abs. 65).

◻ **Tab. 17.2** Strukturierungshilfe für Feldnotizen einer teilnehmenden Beobachtung

Datum und Uhrzeit	…
Ort/Setting (Raum, Verpflegung)	…
Situation und Anlass Akteur_innen und Rollen (Gesprächsführung, Einladende)	…
Atmosphäre	…
Selektionskriterien (nach Forschungsfrage, Forschungsstand und theoretischer Ausarbeitung)	…
Struktur der Situation/Verlauf (wörtliche Äußerungen siehe extra Seite)	…
Eigene emotionale Reaktionen	…

Hinweise: Eingangssituation besonders beachten, Situationsspezifische Sensibilität, Selektionen akzeptieren und reflektieren, offen und ruhig bleiben, man kann nicht alles wahrnehmen

> ❯ **Ethnographische Forschung ist grundsätzlich eine sehr zeitaufwendige Forschungsmethode. Allerdings bedarf es auch dabei einer klar definierten „Raum-Zeit-Konstellation" (vgl. Bock und Maischatz 2010, S. 59–61), weil Ergebnisse ethnographischer Forschung nur außerhalb des beobachteten Feldes verhandelt werden können und nicht innerhalb, wenn die Involviertheit im Feld die Reflexion behindert.**

Folgende Rahmenbedingungen kennzeichnen meine Forschung als fokussierte Ethnographie (vgl. Oester 2008, S. 234–235): Feldaufenthalt im Sozialpsychiatrischen Dienst von insgesamt sechs Wochen, thematischer Fokus auf kritische sozialarbeiterische Praxis in Bezug auf Ökonomisierung, ein einführendes Gespräch mit der Schlüsselperson, drei terminierte teilnehmende Beobachtungen, jeweils Vor- und Nachbesprechungen (Teamsitzung, Beratungssituation, Kooperationstreffen), statt teilnehmender Interaktion, vorwiegend beobachtend, Kommunikative Validierung.

■ **Objektive Hermeneutik**

Das Anliegen ethnographischer Forschung, das „Nicht-offensichtliche von pädagogischen Settings" (Bock und Maischatz 2010, S. 54) in den Blick zu nehmen, ergaben für mich den Anknüpfungspunkt für die rekonstruktive Auswertung nach der Objektiven Hermeneutik. Methodentechnisch habe ich mich an den Ausführungen von Wernet (2009) orientiert, die sich auf Ulrich Oevermann stützen. Als Gegenstand der Methodologie bestimmt Oevermann „die latenten Sinnstrukturen und objektiven Bedeutungsstrukturen von Ausdruckgestalten" (Oevermann 2002, S. 1, H. i. O.). Damit ist gemeint, dass Andere immer nur die ausgedrückte, objektive und gemeinsame Bedeutungsgrundlage wahrnehmen, worüber der subjektiv gemeinte Sinn vermittelt wird. Wir verstehen Andere also nur durch einen gemeinsamen Bezugsrahmen von historischen „objektiven Handlungsproblemen" (Oevermann 1973, S. 4).[2]

Eine Fallstruktur wird bei Objektiver Hermeneutik per Sequenzanalyse rekonstruiert und ist dabei der jeweiligen Lebenspraxis eventuell nicht bewusst (vgl. Oevermann 2002, S. 12). Der

---

2   Dies knüpft auch an das praxistheoretische Verständnis von der gegenseitigen Bedingtheit von Habitus und sozialem Feld nach Bourdieu an.

Fokus liegt auf „Krisen", in welche eine Lebenspraxis kommt, wenn eine Störung des alltäglichen Ablaufs zur Entscheidung zwingt. Dies ist der Normalfall, weil ständig Entscheidungen getroffen werden müssen. Entscheidet eine Lebenspraxis routiniert, reproduziert sie ihre Fallstruktur. Verändert sie ihr Verhalten, wird die Fallstruktur transformiert. Reproduktion und Transformation zusammen führen zur Fallstruktur der jeweiligen Lebenspraxis (vgl. Oevermann 2002, S. 10 f). An der von Oevermann angenommenen universellen Geltung von objektiven Handlungsstrukturen, die unabhängig vom gemeinten Sinn der Lebenspraxis erkennbar sein soll, setzt die hauptsächliche Kritik an der Methodologie an (vgl. Wernet 2009, S. 13 f).

Für die Textinterpretation habe ich die Prinzipien Kontextfreiheit (zunächst den Kontext ausblenden und überlegen, in welchem Kontext der Text Sinn machen könnte), Wörtlichkeit (am Text bleiben und nicht etwas Anderes dazu interpretieren), Sequenzanalyse (Text in seinem Nacheinander betrachten), Extensivität (möglichste viele verschiedene Gedankenexperimente zulassen) und Sparsamkeit (nur erklärbare Gedankenexperimente zulassen) beachtet (vgl. Wernet 2009, S. 21–38). Dementsprechend habe ich vier Protokolle ausgewertet und jeweils eine Fallstrukturhypothese entwickelt, was folgende Arbeitsschritte bedeutete: Zunächst die Feinanalyse der objektivierbaren Daten des Feldzugangs „pragmatische Einbettung" durch die Durchführung des Dreischritts nach Wernet (2009, S. 39–52): 1. Geschichten erzählen, 2. Lesarten bilden, 3. Lesarten mit tatsächlichem Kontext konfrontieren. Nach der Feinanalyse habe ich eine erste Fallstrukturhypothese formuliert. Anschließend wurde die Feinanalyse auch für die drei Beobachtungsprotokolle durchgeführt.

Die Interpretation in einer Analysegruppe gilt für rekonstruktive Auswertungsverfahren als sehr bereichernd und eine „unschätzbare Ressource" (Lucius-Hoene und Deppermann 2002, zit. nach Kruse 2014, S. 568), weil sich Interpretationen kollegial validieren lassen und eine gegenseitige reflexive Sensibilisierung ermöglicht wird (vgl. Kruse 2014, S. 568–574). Daher habe ich in vier Sitzungen mit einer Analysegruppe von Studierenden und einem Professor Fallstrukturhypothesen intersubjektiv ausgehandelt. Um den sequenziellen Interpretationsweg zu sichern, habe ich die Sitzungen auf Tonband aufgenommen. Für die Protokollierung der Auswertungsergebnisse habe ich eine im Studium von Mitstudierenden entwickelte Auswertungstabelle verwendet, bei welcher zu den jeweiligen Sinneinheiten die Geschichten, Lesarten und auftauchenden theoretischen Bezüge erfasst wurden.

Auf der Grundlage dieser Tabellen (◘ Tab. 17.3) konnte ich die Auswertungsergebnisse systematisch sichern und Auszüge in meiner Thesis darstellen. Die gesamten Tabellen habe ich zum Belegen der Ergebnisse in einem Anhang mitgereicht.

■ **Kommunikative Validierung**

Mit meiner Umsetzung von Ethnographie als Co-Produktion und der forschungsethisch begründeten Anerkennung der subjektiven Ebene der Forschung habe ich in der Datenauswertung an die methodologische Haltung der reflexiven und dialogisch interpretativen Hermeneutik (vgl. Bliemetsrieder und Dungs 2014, S. 97) als Erweiterung der klassischen Objektiven Hermeneutik angeknüpft. Mit kommunikativer Validierung habe ich keine universellen Regeln rekonstruiert, sondern durch Reflexion und intersubjektive Aushandlung mit der Schlüsselperson nachvollziehbare Strukturhypothesen formuliert, die nicht die „Objektivität von Wirklichkeit" (Bliemetsrieder und Dungs 2014, S. 97) in den Vordergrund stellen, sondern die „Triftigkeit von Forschungsergebnissen" (Bliemetsrieder und Dungs 2014, S. 97). Mit einer frühzeitigen Transparenz der Ergebnisse kann meiner Meinung nach dem erlebten Professionalisierungsdruck von Akteuren und Akteurinnen gegenüber der Wissenschaft entgegengewirkt werden, da Handlungen in ihrem Kontext gesehen werden und die verallgemeinerbaren Strukturen im

▣ **Tab. 17.3** Auswertungstabelle zur Sicherung der Interpretationsergebnisse		
Zweite Sinneinheit (Zeile 95, Beobachtungsprotokoll x) **„Zunächst meldet sich niemand."**		
Geschichten	**Lesarten**	**Schlagworte zur Theoretisierung**
Es wird die Möglichkeit gegeben, sich freiwillig zu melden Niemand möchte freiwillig das Protokoll verfassen Zurückhaltung Es wird abgewartet Es ist nicht vorbesprochen worden, wer das Protokoll schreibt „zunächst" weist auf die Änderung der Situation hin „Meldung" weist auf einen formalen Akt hin, der nur auf den ersten Blick freiwillig ist und immer von einem Vorgesetzten bestätigt werden muss: Meldung zum Wehrdienst, Wortmeldung in der Schule, Meldung im Sprechfunk	Subjekte übernehmen nicht freiwillig eine zusätzliche Aufgabe Subjekte verweigern autonom die Meldung	Teamarbeit Leitungsstil Demokratisch?

Vordergrund stehen, statt subjektivierte Kompetenzen. Die Schlüsselperson konnte die Ergebnisse weitestgehend nachvollziehen und hat an vielen Stellen mit praktischen Beispielen und eigenen Erklärungsansätzen zu einer Verfeinerung der Ergebnisformulierungen beigetragen.

17.4   Eine kritische Betrachtung des Forschungsprozesses

Mit dem praxistheoretischen Blick auf Routinen war es möglich, Strukturen kritischer Sozialer Arbeit zu rekonstruieren. In der untersuchten Organisation konnten einzelne Praktiken ausgemacht werden, die einzelnen kritischen Handlungsstrategien zugeordnet werden können.

Der Forschungsverlauf war insgesamt keineswegs linear, sondern zirkulär, sodass die Prozessualität als wichtiges Erkenntnisprinzip rekonstruktiver qualitativer Forschung (vgl. Kruse 2014, S. 121) möglich wurde. Beispielsweise habe ich mit der Datenauswertung bereits während der Datenerhebungsphase begonnen, sodass mit den ersten Auswertungserfahrungen die Selektionskriterien für die teilnehmende Beobachtung noch gezielter formuliert werden konnten. Zudem ergaben sich weitere theoretische Bezugspunkte zum Thema erst durch den Feldaufenthalt. Die gewagte Verbindung einer ethnographischen Datenerhebung mit der Auswertung nach der Objektiven Hermeneutik als Kombination zweier zeit- und ressourcenaufwendiger Methoden ist meiner Meinung nach gelungen und weiter zu empfehlen.

❯ Qualitative Forschungsprozesse sind immer zirkulär.

Die Forschungsmethoden musste ich an die Rahmenbedingungen des Forschungsprozesses anpassen, was zwar zu interessanten, jedoch in ihrer Übertragbarkeit begrenzten Ergebnissen führte. Beispielsweise beeinträchtigt eine fokussierte Ethnographie die Erkenntnismöglichkeiten dahingehend, dass wichtige Informationen entfallen können, wenn weniger informelle Situationen beobachtet wurden. Denn es kann sein, dass die festgelegten Beobachtungssituationen nicht diejenigen sind, in welchen sich die Gemeinschaft dieser Praxis konstruiert (vgl. Oester 2008, S. 239–243). Diese Begrenzungen konnten jedoch teilweise kompensiert werden, weil meine vorhandenen Feldkenntnisse den Anpassungs- und Integrationsprozess verkürzt haben und die Schlüsselperson sehr engagiert war.

> **Tipp**
>
> Forschungsmethoden müssen ans Feld angepasst werden.

Während des intensiven Forschungskontakts ist mir die Relevanz forschungsethischer Prinzipien sehr deutlich geworden. Wie auch Christina Huf (2006, S. 67–78) betont, habe ich festgestellt, dass durch meine Anwesenheit als Feldforscherin vorhandene Paradoxien der Praxis durch die Irritation meiner Beobachtung von den ForschungsteilnehmerInnen stärker reflektiert und in Frage gestellt werden als im routinierten Alltagshandeln. Dies hat auch zu Verunsicherungserfahrungen geführt, sodass ich bei der Forschung jeweils besonders darauf achten musste, dass niemand durch die Forschung geschädigt werden darf[3].

> **Tipp**
>
> Ethik ist ein bedeutender Aspekt innerhalb jedes Forschungsprozesses.

Eine weitere Herausforderung dieses Forschungsvorhabens war es, das soziale Feld so einzugrenzen, dass es in sich schlüssig und in der vorgegebenen zeitlichen Enge wissenschaftlich fundiert zu erfassen war. Im Spannungsfeld der Involviertheit und Fremdheit als ethnographische Forscherin konnte ich außerhalb des Feldaufenthalts ein abstrahierendes und theoriegenerierendes Niveau erreichen. Mit der Objektiven Hermeneutik habe ich ein Verfahren angewandt, das eine beeindruckende Tiefe in die Rekonstruktion von Sinnstrukturen bringen konnte und auch in dem verkürzten Vorgehen zu triftigen Ergebnissen führte. Die zeitintensive Datenauswertung ist nur durch die Analysegruppe so aufschlussreich und intensiv gelungen. Reflexivität und Mehrperspektivität als Analysehaltungen konnten ebenfalls nur im kollegialen Austausch bzw. in der systematischen Aufarbeitung des Forschungstagebuchs eingesetzt werden.

> ❯ Wissenschaftlicher und kollegialer Austausch sind innerhalb eines Forschungsprozesses sehr wichtig.

---

3 Ethische Überlegungen habe ich zu folgenden Aspekten vorgenommen und in meiner Thesis ausgeführt: Sicherung der Anonymität und den Umgang mit brisanten, aber vertraulichen Infos; den Umfang der Aufklärung über das Untersuchungsinteresse; Umgang mit schädigenden Informationen, Einmischung bei Verstoß gegen ethische Prinzipien; Wirkung der Publikation, Rückmeldungen an das Untersuchungsfeld.

Literatur

Bettinger, F. (2013). Widerstand an allen Fronten! Plädoyer für eine selbstbestimmtere, politische und kritische Soziale Arbeit. In I. Zimmermann, J. Rüter, B. Wiebel, A. Pilenko, & F. Bettinger (Hrsg.), *Anatomie des Ausschlusses. Theorie und Praxis einer Kritischen Sozialen Arbeit* (S. 339–441). Wiesbaden: Springer.

Bliemetsrieder, S., & Dungs, S. (2014). In der Tretmühle der Genialität. Sozialpädagogische Forschung als dialogisch-nachahmende Entschleunigung. In E. Mührel, & B. Birgmeier (Hrsg.), *Perspektiven sozialpädagogischer Forschung. Methodologien – Arbeitsfeldbezüge – Forschungspraxen* (S. 87–106). Wiesbaden: Springer.

Bock, K., & Maischatz, K. (2010). Ethnographie und Soziale Arbeit – Ein kritisches Plädoyer. In F. Heinzel, W. Thole, S. Köngeter, & P. Cloos (Hrsg.), *Auf unsicherem Terrain. Ethnographische Forschung im Kontext des Bildungs- und Sozialwesens* (S. 49–65). Wiesbaden: Springer.

Bourdieu, P. (1976). *Entwurf einer Theorie der Praxis auf der ethnologischen Grundlage der kabylischen Gesellschaft.* Frankfurt am Main: Suhrkamp.

Cloos, P. (2008). „Na Herr Forscher, Sie machen doch bestimmt auch mit." Ethnographen als Ko-Akteure des pädagogischen Geschehens. In B. Hünersdorf, C. Maeder, & B. Müller (Hrsg.), *Ethnographie und Erziehungswissenschaft. Methodologische Reflexionen und empirische Annäherungen* (S. 207–219). Weinheim: Juventa.

Flick, U., von Kardoff, E., & Steinke, I. (2007). *Qualitative Forschung. Ein Handbuch.* Reinbek bei Hamburg: Rowohlt.

Friebertshäuser, B., & Panagiotopoulou, A. (2010). Ethnographische Feldforschung. In H. Boller, B. Friebertshäuser, A. Langer, A. Prengel, & S. Richter (Hrsg.), *Handbuch qualitative Forschungsmethoden in der Erziehungswissenschaft* (S. 301–322). Weinheim: Juventa.

Hielscher, V., Nock, L., Kirchen-Peters, S., & Blass, K. (2013). *Zwischen Kosten, Zeit und Anspruch. Das alltägliche Dilemma sozialer Dienstleistungsarbeit.* Wiesbaden: Springer.

Huf, C. (2006). *Didaktische Arrangements aus der Perspektive von SchulanfängerInnen. Eine ethnographische Feldstudie über Alltagspraktiken, Deutungsmuster und Handlungsperspektiven von SchülerInnen der Eingangsstufe der Bielefelder Laborschule.* Bad Heilbrunn: Klinkhardt.

Kessl, F. (2002). Ökonomisierung. In W. Schröer, N. Struck, & M. Wolff (Hrsg.), *Handbuch Kinder- und Jugendhilfe* (S. 1113–1128). Weinheim: Juventa.

Kessl, F., & Maurer, S. (2012). Radikale Reflexivität als zentrale Dimension eines kritischen Wissenschaftsverständnisses Sozialer Arbeit. In E. Schimpf, & J. Stehr (Hrsg.), *Kritisches Forschen in der Sozialen Arbeit. Gegenstandsbereiche – Kontextbedingungen – Positionierungen – Perspektiven* (S. 43–56). Wiesbaden: Springer.

Keupp, H. (1997). *Ermutigung zum aufrechten Gang.* Tübingen: Dgvt.

Kruse, J. (2014). *Qualitative Interviewforschung. Ein integrativer Ansatz.* Weinheim: Beltz Juventa.

Oester, K. (2008). ‚Fokussierte Ethnographie': Überlegungen zu den Kernansprüchen der Teilnehmenden Beobachtung. In B. Hünersdorf, C. Maeder, & B. Müller (Hrsg.), *Ethnographie und Erziehungswissenschaft. Methodologische Reflexionen und empirische Annäherungen* (S. 233–243). Weinheim: Juventa.

Oevermann, U. (1973). *Zur Analyse der Struktur von sozialen Deutungsmustern. Fragment, unveröff. Manuskript,* Frankfurt a. M.. http://www.agoh.de/download/oeffentliche-texte.html. Zugegriffen: 4.07.2014

Oevermann, U. (2002). *Klinische Soziologie auf der Basis der Methodologie der objektiven Herme-neutik – Manifest der objektiv hermeneutischen Sozialforschung.* http://www.agoh.de. Zugegriffen: 15.12.2013

Peukert, R. (2014). *Einführung in die Gemeindepsychiatrie II.* http://www.ibrp-online.de/gemeindeb.htm. Zugegriffen: 22.6.2014

Scherr, A. (2008). Ideologiekritik und Theoriebildung. In J. Bakic, M. Diebäcker, & E. Hammer (Hrsg.), *Aktuelle Leitbegriffe der Sozialen Arbeit. Ein kritisches Handbuch,* (S. 106–119). Wien: Löcker.

Segbers, F. (2010). Wohlfahrtsverbände im Wettbewerbsstaat. *Widersprüche, 116,* 7–22.

Staub-Bernasconi, S. (2012). *Fachpolitische Positionierung und Einmischung als Teil von Professionalität der Sozialen Arbeit, am Beispiel des ASD/KSD. Bundeskongress Soziale Arbeit. Bundesarbeitsgemeinschaft allgemeiner Sozialer Dienst/Kommunaler Sozialer Dienst und Kooperation mit der Fachhochschule Kiel.* Hamburg. http://imos.web. fh-koeln.de/bagasd/wp-content/endfassung-vortragsilvia-staub-bernasconi-bundeskongress-sozarbeit.pdf (Erstellt: 13.09.2012). Zugegriffen: 24.07.2014

Streck, R., Unterkofler, U., & Reinecke-Terner, A. (2013). *Das „Fremdwerden" eigener Beobachtungsprotokolle – Rekonstruktionen von Schreibpraxen als methodische Reflexion. Forum Qualitative Sozialforschung (Hrsg.) (Art. 16).* http://www.qualitative-research.net/index.php/fqs/article/view/1821. Zugegriffen: 2.04.2014

Wernet, A. (2009). *Einführung in die Interpretationstechnik der Objektiven Hermeneutik.* Wiesbaden: Springer.

Junge Frauen*
im öffentlichen Raum

Rekonstruktion von Aneignung und Grenzüberschreitung
durch Gruppendiskussion und Dokumentarische Methode

Lisa Gießauf

J. Wintzer (Hrsg.), *Qualitative Methoden in der Sozialforschung*,
DOI 10.1007/978-3-662-47496-9_18, © Springer-Verlag Berlin Heidelberg 2016

18.1   Der Weg zu den Forschungsfragen

Im Folgenden reflektiere ich den Forschungsprozess meiner Diplomarbeit mit dem Titel „Zwischen Handlungsmacht und Gewaltbetroffenheit. Eine rekonstruktive Studie zu Raumaneignung und Grenzüberschreitungserfahrungen von jungen Frauen*[1] im öffentlichen Raum", die ich im Fach Psychologie verfasste. In meiner Studienzeit setzte ich mich sehr ausführlich mit (queer)feministischen Theorien und Themenfeldern auseinander und entdeckte in der Analyse von gesellschaftlichen Phänomenen eine große Leidenschaft. Dabei weckte das Thema der Gewalt gegen Frauen* im öffentlichen Raum ganz besonders mein Interesse und meinen Forscher*innenspürsinn. Gewalt gegen Frauen* sowohl in öffentlichen als auch in privaten Räumen ist seit vielen Jahrzehnten eine zentrale Thematik in feministischen Auseinandersetzungen und Kämpfen (Petran und Thiel 2012). Aktuell wird die Thematik rund um (sexualisierte) Gewalt im öffentlichen Raum in Österreich, Deutschland und anderen europäischen Staaten in den Medien und auf politischer Ebene wieder sehr ausführlich und kontrovers diskutiert (Kapfer 2013; Wiesböck 2013; Simoner 2013). Der Fokus dieser Auseinandersetzungen liegt eher auf der individuellen Ebene von Opfern und Tätern. Das Verhältnis von Übergriffen gegen Frauen* und strukturell verankerten Machtverhältnissen wird bisher jedoch vielfach ignoriert. Dieser blinde Fleck der Beschäftigung war der wesentliche Grund, warum ich begann, mich mit diesem Thema in einer Forschungsarbeit auseinanderzusetzen.

In einer ersten Annäherung fokussierte ich mich ausgehend von persönlichen Erfahrungen und aufgrund einer forschungspraktisch notwendigen Eingrenzung des Phänomens auf (sexualisierte) Gewalt im öffentlichen Raum. Angelehnt an die Raumkonzepte von Susanne Rau (2013) und Waltraud Ernst (2008) verstehe ich unter Gewalt im öffentlichen Raum Übergriffe, die auf der Straße, in der U-Bahn oder in Parks begangen werden, im Unterschied zu Gewalt, die in privaten Räumen oder am halböffentlichen Arbeitsplatz ausgeübt wird. Die Eingrenzung des Erkenntnisinteresses betrachte ich rückblickend als sehr wichtig, da ohne Fokussierung die Gefahr besteht, dass der zeitliche Rahmen und der Umfang einer wissenschaftlichen Arbeit gesprengt werden. Bei näherer Auseinandersetzung kamen weitere Herausforderungen auf mich zu. Cornelia Behnke und Michael Meuser (1999) weisen darauf hin, dass bei der Geschlechterforschung die Gefahr besteht, Frauen* in der Rolle der Opfer zu manifestieren, wenn eine einseitige Blickrichtung eingenommen wird. Dann werden binär codierte geschlechtliche Zuschreibungen reproduziert. Frauen* sind weitaus häufiger subtilen Formen von Gewalt ausgesetzt, die sich nicht nur unter dem Begriff der sexualisierten Gewalt zusammenfassen lassen, sondern eines weiten Blickwinkels bedürfen. Um einer begrenzten Perspektive zu entgehen, richtete ich in einem nächsten Schritt mein Interesse auf (potenzielle) Grenzüberschreitungen im öffentlichen Raum. Der Begriff der Grenzüberschreitung soll ein weites Spektrum eröffnen, in welchem einerseits physische und verbale, aber auch subtile oder symbolische Übergriffe enthalten sind. Das in Klammer stehende „potenziell" weist darauf hin, dass nicht nur real ausgeübte Gewalt, sondern auch die Möglichkeit zur Ausübung dieser Gewalt Machtverhältnisse herstellen oder verstärken kann.

---

1   Wenn in dieser Arbeit von Frauen* und Männern* die Rede ist, verweist das Sternchen darauf, dass diese binär gesetzten Subjektpositionen aus hegemonialen naturalisierten Zuschreibungen bestehen. Das dieser Diplomarbeit zugrunde liegende Verständnis von „Geschlecht" geht davon aus, dass es kein biologisches, binär gesetztes Geschlecht geben kann, sondern dass es sich vielmehr um sozial hergestellte Kategorien handelt (vgl. Kraml 2012).

> **Tipp**
>
> Studierenden, die sich mit genderspezifischen Themen auseinandersetzen, empfehle ich die zu untersuchende Zielgruppe stark einzugrenzen, um keine allgemeingültige Kategorie „Frau" oder „Mann" zu reproduzieren.

Mein Fokus lag schließlich auf Mädchen*, die in Wien leben und zwischen dreizehn und siebzehn Jahre alt sind. Diese Gruppe ist vor allem auch deshalb interessant, da der biografische Übergang der Kindheit zur Jugend mit veränderten Möglichkeiten einhergeht, sich im öffentlichen Raum zu bewegen. Diese Lebensphase stellt einen wichtigen Moment dar, der Hinweise auf die Herstellung bestimmter Handlungspraxen im öffentlichen Raum bereithalten kann (Schön 1999). Diese ersten Überlegungen sowie die Inspirationen aus theoretischen Texten, medialen Diskursen, Gesprächen mit Freund*innen und auch die Erkenntnisse meiner ersten Gruppendiskussion führten zu folgenden Forschungsfragen: Wie gehen junge, in Wien lebende Frauen* mit (potenziellen) Grenzüberschreitungen im öffentlichen Raum um? Wie eignen sich junge, in Wien lebende Frauen* Räume in der öffentlichen Sphäre an? Wie gestaltet sich das Spannungsverhältnis zwischen Gewaltbetroffenheit und Handlungsmacht? Welche intersektionalen Kategorien wirken auf den Umgang von Frauen* mit Aneignung von öffentlichen Räumen und (potenziellen) Grenzüberschreitungen?

18.2 Metatheoretische Perspektiven

Die theoretische Basis meines Forschungsprojektes bildeten einerseits feministische Ansätze der Psychologie und andererseits Perspektiven zu Intersektionalität, da diese konzeptuell die Ausgangslage für meine weiterführende Arbeit waren.[2] Beide Ansätze unterstützten mich dabei, den Blick auf gesellschaftliche Strukturen und Mechanismen zu lenken, die einen Einfluss auf das Agieren im öffentlichen Raum nehmen. Dadurch konnte ich meine Forschungsfragen reflektiert und kritisch beantworten. Eine wichtige Forderung dieser Ansätze besteht zudem darin, die Privilegierung und wissenschaftliche Verortung als Forscherin transparent zu machen. Besonders wichtig war es mir dabei, meine Position als zur Mehrheitsgesellschaft gehörende, körperlich und psychisch gesunde[3], sozioökonomisch (relativ) abgesicherte, junge Studentin zu reflektieren. Ich erachte diesen Reflexionsprozess grundsätzlich für jede wissenschaftliche Arbeit als essenziell, da das Schreiben über ein Thema einen potenziell machtvollen Akt darstellt.[4]

Rekonstruktive Forschungsprozesse, wie die dokumentarische Methode, zeichnen sich zu Beginn der Auseinandersetzung durch eine metatheoretische Einführung aus. So geht auch die Herangehensweise an gesellschaftlich-soziale Phänomene anhand der von mir verwendeten dokumentarischen Methode mit einer metatheoretischen Perspektive auf die Thematik einher. Im Kontrast zur Gegenstandstheorie, die sich mit konkreten Studienergebnissen und bisherigen

---

2   Als einführende Basisliteratur für Interessierte empfehle ich dafür das Buch *Feministische Psychologien* von Anna Sieben und Julia Scholz (2012).
3   Nach momentanen gesellschaftlichen Normen.
4   Eine Konsequenz dieser Überlegungen war, dass der Präsentationsmodus der Diplomarbeit tendenziell von einer bekennenden Erzählperspektive im Sinne van Maanens (1988; zit. nach Przyborski und Wohlrab-Sahr 2010) geprägt war. Es handelt sich dabei um einen persönlichen Stil, in welchem ich als Autorin oder Autor als Teil des Analyseprozesses immer wieder erkennbar werde.

wissenschaftlichen Erkenntnissen auseinandersetzt, zielt die Metatheorie darauf ab, zentrale Begrifflichkeiten für einen Forschungsprozess zu erarbeiten (Przyborski und Wohlrab-Sahr 2010). Diese sind als Handwerkzeuge für die weitere Forschung zu verwenden. Behnke und Meuser (1999) machen deutlich, dass bei der Analyse mittels der dokumentarischen Methode empirisches Material nicht anhand vorformulierter (gesellschafts-)theoretischer Konzepte interpretiert wird.

> ┌─ **Definition** ───
>
> Die **Gegenstandstheorie** setzt sich mit konkreten empirischen Studienergebnissen und daraus gewonnenen wissenschaftlichen Erkenntnissen auseinander. In wissenschaftlichen Arbeiten, die sich auf Gegenstandtheorien beziehen, werden auf Basis von bereits beforschten Themen empirische Annahmen gezogen, die als Grundlage für die eigene Forschung dienen (Przyborski und Wohlrab-Sahr 2010).

▪ Gewalt, Handlungsmacht und öffentliche Räume

Da es in meiner Arbeit sehr stark um das Wechselspiel zwischen Handlungsmacht und Gewaltbetroffenheit von jungen Frauen* geht, konzentrierte ich mich in meiner metatheoretischen Einführung auf die feministische Gewaltforschung. Dabei versuchte ich eine für mich passende Begrifflichkeit von Gewalt zu erarbeiten, die ein weites Spektrum abzudecken vermag. Dabei war das Konzept der strukturellen Gewalt des Friedens- und Konfliktforschers Johan Galtung (1975) eine wichtige Basis. Es bietet eine Analyseperspektive auf Gewaltphänomene, für die kein*e einzelne*r Täter*in ausgemacht werden kann, sondern die vielmehr in gesellschaftliche Strukturen eingebettet sind (Petran und Thiel 2012). Ein weiterer relevanter Begriff ist jener der Handlungsmacht. Zentral in dieser Auseinandersetzung ist es, Handlungsmacht zu thematisieren und Frauen* nicht auf einen Opferstatus festzuschreiben. Im Begriff der Handlungsmacht steckt auch das Potenzial der Raumaneignung, welche in meiner Diplomarbeit eine zentrale Rolle spielte. Raumaneignung ist ein komplexer Prozess innerhalb von historisch und gesellschaftlich geprägten Raumdynamiken, welche die Entstehung, Aufrechterhaltung und Auflösung von räumlichen Anordnungen umfassen. Unter Raumaneignung in der öffentlichen Sphäre ist zu verstehen, dass unterschiedliche Individuen oder Gruppen bestimmte teilweise bereits konstituierte Räume für ihre Bedürfnisse nutzen (Rau 2013).

Da der Begriff des öffentlichen Raumes im Fokus meines Erkenntnisinteresses lag, wurde dieser als Begrifflichkeit ebenfalls ausgearbeitet. Hannah Arendt (1981) geht davon aus, dass „sich der Charakter des öffentlichen Raumes [ändert], je nachdem, welche Tätigkeiten ihn ausfüllen, aber auch die Tätigkeit selbst ändert ihr Wesen, je nachdem sie privat oder öffentlich ausgeübt wird" (Arendt 1981, S. 47). Darin liegt die Annahme zugrunde, dass die Aufteilung von Räumen in öffentliche und private keine permanente und statische ist, sondern vielmehr von historischen und gesellschaftlichen Prozessen verändert wird (Ernst 2008). Die Bezeichnung „öffentlich" erhalten Räume, „wenn sie dem Gemeinwohl (…) dienen oder allgemein zugänglich sind" (Rau 2013, S. 164). Zur öffentlichen Sphäre gehören demnach Straßen, Plätze, Parkanlagen, Verkehrsmittel und Gebäude für kulturelle Veranstaltungen sowie (halb)öffentliche Orte wie Schulen, Universitäten und Behörden (Ernst 2008).

▪ Das Konzept der Intersektionalität

Da ich mich mit der Intersektionalität auch methodisch beschäftigt habe, möchte ich Leser*innen, die sich vorab noch nicht mit intersektionalen Perspektiven auseinandergesetzt haben, eine kurze theoretische Einführung geben. Intersektionalität als Analyseparadigma in feministischen Wissenschaftsdiskursen wird in den letzten Jahren vor allem im deutschsprachigen Raum immer stärker präsent. Die historischen Ursprünge liegen in den 1980er-Jahren im angloamerikanischen Raum, als afroamerikanische Feministinnen Kritik am weißen, mittelständischen Feminismus übten und zusätzliche Diskriminierungskategorien wie *race* und *class* einführten (Walgenbach 2011).

Die amerikanische Rechtswissenschaftlerin Kimberle Crenshaw (1989) entwickelte die Metapher der *intersection* – der Straßenkreuzung, welche für die sich überschneidenden Diskriminierungsachsen *„gender", „class"* und *„race"* steht. Aber auch im deutschsprachigen Raum gab es erste Bemühungen, getragen von „Migrantinnen, Afro-Deutschen, Jüdinnen, Lesben und Frauen mit Behinderungen" (Walgenbach 2011, S. 116), die eine theoretische Nähe zur intersektionalen Perspektive aufwiesen. Intersektionalität ist kein einheitlicher Ansatz, sondern es haben sich vielseitige Blickrichtungen im Rahmen dieses Paradigmas[5] entwickelt (Walgenbach 2012). Den vielgestaltigen Ausprägungen und Ausrichtungen der intersektionalen Perspektive ist gemeinsam, dass additive Betrachtungsweisen überwunden werden sollen, „indem der Fokus auf das gleichzeitige Zusammenwirken bzw. Wechselwirken von sozialen Ungleichheiten und kulturellen Differenzen gerichtet wird" (Walgenbach 2011, S. 113). Wissenschaftler*innen, die sich mit der intersektionalen Perspektive befassen, gehen von einem Zusammenspiel verschiedener Kategorien und Hierarchieverhältnisse aus. Die Soziologin Patricia Hill Collins (1993) kritisiert die aufgezwungene Dichotomisierung und verweist darauf, dass in einer Gesellschaft jeweils unterschiedliche, parallel wirkende Kräfte von Unter- und Überordnung stattfinden. Eine Person kann gleichzeitig unterdrückt werden und selbst auch andere unterdrücken.

18.3 Verquickung der Methoden? Gruppendiskussion, Dokumentarische Methode und Intersektionale Perspektive

Da ich mich für kollektive Wissensbestände und Strukturen interessierte, entschied ich mich als Erhebungsmethode für Gruppendiskussionen. Die Gruppe interessiert Forschende als Repräsentantin eines spezifischen sozialen Feldes und als Zugang zu jenen kollektiven Orientierungen, auf die das Forschungsinteresse abzielt (Przyborski und Wohlrab-Sahr 2010). Bei den Gruppen soll es sich im Idealfall um natürlich bestehende Konstellationen von Menschen handeln. Solche sogenannten Realgruppen haben gemeinsame Anknüpfungspunkte, die im besten Fall zu einer lebendigen, interaktiv dichten Diskussion führen. Die Teilnehmerinnen meiner Diskussionsgruppen kannten einander entweder, weil sie in gemeinsamen Freizeitorganisationen aktiv waren, dieselbe Schule besuchten oder in der gleichen religiösen Gemeinde involviert waren. Es ist wichtig als Diskussionsleiter*in möglichst wenig in das Gespräch einzugreifen und einen selbstläufigen Gesprächsfluss zu ermöglich (Przyborski und Riegler 2010). Ich führte vier Gruppendiskussionen mit jeweils zwei bis vier jungen Frauen* im Alter von dreizehn bis siebzehn Jahren durch, wobei ich bei der Auswahl darauf achtete, dass sie sich aufgrund ihrer Bildungsnähe und Herkunft unterschieden. Diese Entscheidung wurde getroffen, da ich aufgrund der Differenzierungen unterschiedliche Erfahrungen in öffentlichen Räumen erwartete. Die Auswahl der Gruppen ergab sich erst im Laufe der Analyse. Im Anschluss an die ersten Auswertungen jeder

5   Nach Thomas Kuhn (1973) sind Paradigmen Erklärungsmodelle, welche für eine bestimmte wissenschaftliche Gruppe und/oder Ausrichtung eine anerkannte Herangehensweise und Grundlage für Forschungen darstellen.

Gruppendiskussion entschied ich mit anhand der gefundenen Fährten für die nächsten Diskussionsteilnehmer*innen. Dieses Ineinandergreifen von Diskussion, Auswertung und Auswahl der nächsten Gruppe folgt der zirkulären Forschungslogik der dokumentarischen Methode. Dies bedeutet, dass der Forschungsprozess nicht linear verläuft, sondern die unterschiedlichen Forschungsschritte auch parallel stattfinden können (Przyborski und Wohlrab-Sahr 2010).

Als Auswertungsmethode wählte ich die dokumentarische Methode, die auf die Tradition der Wissenssoziologie von Karl Mannheim und der Ethnomethodologie zurückgeht (1980, zit. nach Przyborski und Wohlrab-Sahr 2010). Sie eröffnet einen Zugang zum handlungsleitenden Wissen der Akteur*innen und deren Handlungspraxis.

Definition

Handlungspraxis: Der Begriff ist angelehnt an das Konzept des Habitus von Bourdieu (1976). Es geht dabei um un- oder vorbewusstes Wissen, welches in der Praxis angeeignet wird und die Praxis gleichzeitig hervorbringt (Przyborski und Wohlrab-Sahr 2010). Das Ziel der dokumentarischen Methode ist die Rekonstruktion der Handlungspraxis und des dahinter liegenden Orientierungswissens.

Orientierungswissen: Dieses Wissen bezieht sich auf das reflexiv nicht unmittelbar verfügbare Erfahrungswissen, welches die Handlungspraxis strukturiert und anleitet (Bohnsack et al. 2007). Das Orientierungswissen beeinflusst somit unser Handeln maßgeblich, ohne dass wir uns dessen immer bewusst sind. Es handelt sich gewissermaßen um Routinen und Automatismen. Bei meinen Gruppendiskussionen interessierte ich mich besonders für Erzählungen über erlebte Grenzüberschreitungen und Aneignungen von öffentlichen Räumen. Diese reichten von sexualisierten Belästigungen in öffentlichen Verkehrsmitteln bis hin zu aggressivem und somit aneignendem Verhalten vonseiten der Mädchen* in Parkanlagen.

Ein zentraler theoretischer Grundbegriff der dokumentarischen Methode ist der „konjunktive Erfahrungsraum". Mit dem Begriff des konjunktiven Erfahrungsraums wird „das menschliche Miteinandersein, das sich in der gelebten Praxis fraglos und selbstverständlich vollzieht, gefasst" (Przyborski und Wohlrab-Sahr 2010, S. 279). Diese konjunktiven Erfahrungsräume führen dazu, dass sich Menschen, die sich nicht kennen, miteinander verständigen können und einander intuitiv verstehen, weil sie bestimmte Erfahrungen teilen. Der Fokus der dokumentarischen Methode liegt nicht darauf, was gesellschaftliche und kulturelle Tatsachen sind, sondern wie diese soziale Realität hergestellt wird. Dieser Fokus machte die dokumentarische Methode besonders wertvoll für mich, da ich bezugnehmend auf meine Forschungsfragen gerade den Einfluss gesellschaftlicher Praktiken auf das Agieren im öffentlichen Raum untersuchen wollte.

▪ **Schritt für Schritt ans Material**

Der erste von vier Arbeitsschritten der dokumentarischen Methode besteht in der Erstellung eines sogenannten thematischen Verlaufs, der gleichsam einen groben Überblick über die Abfolge der Themen einer Gruppendiskussion gibt. Dazu wird das zuvor aufgezeichnete Gespräch abgespielt und währenddessen die chronologische Abfolge der übergeordneten Themen und die darin befindlichen Passagen notiert. Eine Passage ist die kleinste Einheit für Interpretationen und stellt eine thematisch abgeschlossene Einheit dar. Für jede Gruppendiskussion werden zwei bis vier Passagen ausgewählt und transkribiert. Von großer Relevanz ist in den meisten Diskussionen die Anfangspassage, welche auf den Eingangsstimulus der Diskussionsleiter*innen folgt. Darin manifestiert sich die erste Reaktion der Teilnehmer*innen, wie das Setting und die Frage verstanden wurden. Bei den Anfangspassagen meiner Gruppendiskussionen zeigten sich meist Schwerpunkte, die auch im weiteren Verlauf des Gesprächs zentral blieben. So fokussierte sich eine Gruppe sehr stark auf das Zusammensein mit der Familie im öffentlichen Raum, während eine zweite Gruppe von zahlreichen Freizeitaktivitäten berichtete, die ihr Bewegen im öffentlichen Raum strukturierten. Diese Tendenzen wiederholten sich im Laufe der Diskussionen.

Der zweite Arbeitsschritt ist die formulierende Interpretation. Sie ist eine zusammenfassende Reformulierung des immanenten Sinngehalts in eine verständliche Sprache. Der immanente Sinngehalt bezieht sich auf das tatsächlich Gesagte. Es werden die zuvor ausgewählten Passagen behandelt. Es geht dabei um das Was des Gesprochenen. Es geht somit nicht mehr darum, wer spricht, sondern nur, was gesagt wird. Dabei werden Pausen, unvollständige Sätze und Überlappungen in eine lesbare Form gebracht, wobei trotzdem ganz nahe am Gesagten geblieben wird.

Beim dritten Arbeitsschritt, der reflektierenden Interpretation, wird nun der latente, der sogenannte dokumentarische Sinngehalt in den Blick genommen: Es werden Handlungsorientierungen rekonstruiert. Der Fokus liegt auf den konjunktiven Erfahrungsräumen und den für sie typischen Sinnstrukturen, die sich im Wie des Gesagten manifestieren. Konkret rekonstruiert werden hierzu sogenannte (Handlungs-)Orientierungen, die sich in einer Diskussion zeigen. Es folgt nun eine formulierende und reflektierende Interpretation anhand eines Transkriptausschnittes aus meiner Diplomarbeit.

Transkript[6]

```
1 F:                                                             |_ @(.)@
                                                                 Ja (.)
                                                                 nein
2      aber viele Freundinnen von mir, die äh haben es erlebt und die (.) gehen auch jetzt nur noch mit
3      Jungs raus oder halt äh zu mehrt (.) und (.) sie waren halt auch so:: ja (2) es gibt auch im
4      dreizehnten @komische Leute; es ist ja nicht so@
5 E:                                                     |_ Es ist immer so
6 D:                                                     |_Ja eh;
                                                                 ja eh
7 F:   nicht nur vor einem Club oder so
8 E:          |_ Es ist immer so
9 F:                 |_ Es gibt immer komische (Leute);
10     auch in der Straßenbahn;
```

---

6   Die Transkriptionsregeln werden im Buch *Qualitative Methoden. Ein Arbeitsbuch* von Przyborski und Wohlrab-Sahr (2010) erklärt.

Formulierende Interpretation

Viele Freundinnen, die ein ähnliches Erlebnis hatten, gehen nun eher in Gruppen oder mit Jungs hinaus. Im 13. Bezirk gibt es auch komische Leute. Komische Leute gibt es immer. Übergriffe passieren nicht nur vor Clubs. Es gibt überall seltsame Leute, auch in der Straßenbahn.

Reflektierende Interpretation

1–4 – Proposition durch Fiona (F) im beschreibenden Modus

Das Thema wird inhaltlich fortgeführt, es geht allerdings nun spezifischer um die Konsequenz und die Handlungsmöglichkeiten, die aus den (potenziellen) Erlebnissen gezogen werden. Wieder werden Übergriffe mit „es" (2) bezeichnet, es fehlen die Worte. Viele Freundinnen gehen nur mehr mit „Jungs" oder „zu mehrt" (3) hinaus. Fiona argumentiert, dass es auch im dreizehnten Bezirk „komische Leute" (4) gibt, wobei darin implizit die Annahme zum Ausdruck kommt, dass es unterschiedlich gefährliche Bezirke und Gegenden in Wien gibt. Die Bezeichnung „komisch" wird verwendet, um eine Person zu beschreiben, welche Grenzen überschreitet. Der negative Horizont ist die permanente Anwesenheit von potenziell bedrohlichen Personen im öffentlichen Raum, welcher dem positiven Horizont gegenübersteht, sich unbehelligt in diesem Raum bewegen zu können. Das Enaktierungspotenzial ergibt sich aus verschiedenen Möglichkeiten, diesen positiven Horizont zu verwirklichen, wie beispielsweise nur mehr mit „Jungs" oder in größeren Gruppen (3) hinauszugehen.

Fiona beschreibt, dass ihre Freundinnen „jetzt" (2), nachdem sie „schwerwiegende Erlebnisse" hatten, anders agieren. Der Orientierungsgehalt bezieht sich darauf, dass die jungen Frauen* aufgrund der (potenziellen) Grenzüberschreitungen ihr Verhalten im öffentlichen Raum ändern, weil eine permanente potenzielle Bedrohung im öffentlichen Raum wahrgenommen wird.

5–6 – Validierung durch Eva (E) und Dana (D)

Eva und Dana validieren mit „Es ist immer so" (5) und „Ja eh" (6). „Immer" kann ersetzt werden mit ständig, andauernd, längerfristig. Darin dokumentiert sich der Zustand der potenziellen Gefahr als zeitlich überdauernd, als permanent.

7–8 – Differenzierung durch Fiona, Validierung Eva

Fiona differenziert, dass unangenehme Situationen „nicht nur vor einem Klub" (7), sondern überall passieren können. Damit erweitert sie auch die potenziellen Örtlichkeiten, an denen Übergriffe geschehen können. Eva validiert wieder mit „es ist immer so" (8).

9–10 – Elaboration durch Fiona

Fiona validiert die zeitliche Komponente mit „immer" (9). „Immer" (5, 8, 9) wird nun schon dreimal wiederholt und damit verstärkt. Es dokumentiert sich also erneut die temporale Universalität potenzieller Grenzüberschreitungen im öffentlichen Raum. Öffentliche Räume, welche bisher im Gespräch genannt wurden, sind Verkehrsmittel, Parks und Klubs. Es wird also nicht nur zeitlich, sondern auch örtlich von einer permanenten Gefahr ausgegangen.

Die Typenbildung ist der abschließende vierte Schritt in der dokumentarischen Forschungslogik und zielt darauf ab, die innerhalb der einzelnen Gruppen gefundenen Orientierungen zueinander in Bezug zu setzen. Dabei werden nacheinander zwei Schritte verfolgt: die sinngenetische und die soziogenetische Typenbildung. Bei der sinngenetischen Typenbildung werden auf der Basis von beobachteter/erzählter Handlungspraxis zentrale Orientierungsmuster herausgearbeitet und fallübergreifend und fallintern verglichen, abstrahiert und spezifiziert (Nentwig-Gesemann 2007). Es wird zuerst nach thematisch vergleichbaren Passagen und ähnlichen Orientierungen innerhalb einer Diskussion gesucht, um so die Reproduktionsgesetzlichkeit, das heißt die Wiederholung zentraler Sinnstrukturen, nachzuweisen. Parallel dazu sollen auch thematisch ähnliche Passagen aus anderen Diskussionen in den Blick genommen werden, wobei diese Vorgehensweise dem Prinzip des minimalen Kontrasts entspricht. Dabei werden zunächst Gruppen verglichen, welche ähnliche Strukturen bezüglich der Teilnehmer*innen und Inhalte aufweisen.

Nach der Durchführung meiner ersten Gruppendiskussionen versuchte ich ähnliche Erzählungen über Situationen im öffentlichen Raum zu finden. Dabei konzentrierte ich mich anfangs auf Grenzüberschreitungen in öffentlichen Verkehrsmitteln, um einen minimalen Kontrast und somit Vergleichsmöglichkeiten zu erhalten. Aus diesen Vergleichen und den daraus erarbeiteten Abstraktionen wird eine Basistypik entwickelt, die beispielsweise eine Geschlechts-, Milieu- oder Generationstypik sein kann. In einem Vergleich mit maximalen Kontrasten, also in Bezug auf (für das Forschungsinteresse) relevante Kriterien unterschiedlicher Gruppen, kann die Basistypik und ihre verschiedenen Ausprägungen differenziert werden (Przyborski und Wohlrab-Sahr 2010). Indem ein Thema in verschiedenen Gruppen ähnlich oder unterschiedlich abgearbeitet wird, zeigt sich oft sehr deutlich eine Orientierung und ihre möglichen Ausprägungen (Bohnsack 2008). Um beim vorangegangenen Beispiel zu bleiben, beziehe ich mich wieder auf die Erzählungen über öffentliche Verkehrsmittel. Dabei zeigten sich in den verschiedenen Gruppen einerseits aktives Zugehen auf Aggressor*innen, Amüsement gegenüber Übergriffen und andererseits auch Schweigen oder Ignorieren.

Im zweiten Schritt der Typenbildung handelt es sich um die soziogenetische Typenbildung und dabei vor allem darum, die Basistypik von anderen Typiken abzugrenzen. Die Basistypik in meiner Diplomarbeit bezog sich auf das Geschlecht und ergab sich aus dem Erkenntnisinteresse. Davon abgrenzend und ergänzend entwickelten sich Hinweise auf eine Alters-, Herkunfts- und Bildungstypik sowie Hinweise auf den Einfluss des Wohnortes. Die Differenzierung funktioniert umso besser, je kontrastierender die Vergleichsfälle gewählt werden. Der Fokus liegt auf den zugrunde liegenden Erfahrungsräumen, welche sich mit anderen Typiken überlagern, abgrenzen und in Relation stehen, sowie auf der Entstehung dieser Erfahrungsräume (Bohnsack 2008). Bei der soziogenetischen Typenbildung soll letztlich die Frage beantwortet werden, für welche Erfahrungszusammenhänge bestimmte Orientierungsmuster typisch sind. Auf Basis der sich in den Fällen zeigenden Orientierungen, die wieder auf konjunktive Erfahrungsräume verweisen, werden Typiken gebildet. Dabei wird darauf geachtet, welche sozialen Kontextfaktoren wie Herkunft, Geschlecht, Bildungsnähe, Alter, sexuelle Orientierung usw. einen Einfluss auf diese Typiken nehmen (können).

18.4 Dokumentarische Methode und Intersektionalität

Es war mein Ziel, die dokumentarische Methode mit einer intersektionalen Perspektive zu verbinden. Nachdem ich den intersektionalen Ansatz im theoretischen Teil schon kurz eingeführt habe, werde ich mich im Folgenden mit Intersektionalität als Methode beschäftigen. Es gibt bisher noch wenige Versuche, die intersektionale Perspektive mit der dokumentarischen Methode zu verbinden. Die Sozialpädagogin Sonja Kubisch (2008) führte in ihrer Dissertation *Habituelle Konstruktion sozialer Differenz* eine rekonstruktive Studie über Organisationen in der freien Wohlfahrtspflege durch und brachte dabei die dokumentarische Methode und eine intersektionale Perspektive teilweise gemeinsam zur Anwendung. Oft wird am Konzept der Intersektionalität kritisiert, dass es einen zu offenen, unstrukturierten Zugang darstellt und gleichzeitig nicht klar wird, ob es sich um eine Theorie, Methode oder Analysestrategie handelt. In diesem Sinne ist die intersektionale Perspektive in ihrer methodischen Herangehensweise weitaus offener und vielfältiger als die dokumentarische Methode, die sehr konkrete Analyse-schritte vorsieht (Walgenbach 2011).

Um der Perspektive der Intersektionalität innerhalb der dokumentarischen Methode Rech-nung zu tragen, spezifizierte ich die soziogenetische Typenbildung, also den abschließenden Schritt der dokumentarischen Methode, anhand einiger Ergänzungen durch intersektionale Erklärungsmodelle. Die Bedeutung der intersektionalen Perspektive lag darin, die dokumen-tarische Methode durch einen zusätzlichen Blickwinkel auf Hierarchieverhältnisse noch reflek-tierter zu verwenden und die sich zeigenden Typiken innerhalb von Macht- und Herrschaftsver-hältnissen kritisch zu verorten. Um die Vorgehensweise verständlicher zu machen, gebe ich ein Beispiel aus meiner Diplomarbeit. Bei der soziogenetischen Typenbildung zeigten sich Hinweise auf eine Herkunftstypik, da junge Frauen*, deren Eltern in der Türkei geboren wurden andere grenzüberschreitende Erfahrungen machten als Mädchen*, deren Eltern in Österreich aufge-wachsen sind. Mit der intersektionalen Perspektive konnte auf die Interdependenz zwischen den Kategorien „Geschlecht" und „Herkunft" verwiesen werden, welche dazu führte, dass die jungen Frauen* mit türkischem Migrationshintergrund verschränkte Formen von Diskriminierungen erlebten, aber auch differenzierte Selbstwahrnehmungen hatten.

▪ Mehrebenenanalyse

Die Gender-Forscherinnen Nina Degele und Gabriele Winker (2009) haben mit der Mehrebe-nenanalyse eine intersektionale Theorie entwickelt, die sich auch methodisch umsetzen lässt. Sie verorten dabei drei verschiedene Ebenen als einflussreiche Faktoren, die im Idealfall in einer Forschung gemeinsam betrachtet werden. Dabei handelt es sich erstens um die Makro- und Mesoebene, auf welcher gesellschaftliche Strukturen, Institutionen und Organisationen liegen. Zweitens um die Mikroebene, die Prozesse der Identitätsbildung inkludiert, und drittens um die Repräsentationsebene, die sich auf kulturelle Symbole bezieht.

Auf der Makro- und Mesoebene wird Geschlecht als Strukturkategorie gesehen, als Ur-sache für soziale Benachteiligung, als Struktur, die gesellschaftliche Verhältnisse, wie Arbeit, Politik, Familie, aber auch soziale Verhältnisse, wie Staatsbürger*innenschaft und persönliche Beziehungen beeinflusst. Auf der Mikroebene, die Prozesse der Identitätsbildung beinhaltet, geht es weniger um das Was und Warum, sondern vielmehr um das Wie der Herstellung von Konstruktionen zu Geschlecht, Ethnizität, Klasse und anderer Kategorien. An diesem Punkt lässt sich methodisch eine Brücke zur dokumentarischen Methode herstellen, in welcher es um die Analyse gemeinsamer Erfahrungsräume geht, die sich stark durch die Art und Weise des Gesprochenen und der Interaktion zeigen (Przyborski und Wohlrab-Sahr 2010). Die Ebene der symbolischen Repräsentation stellt „die Frage, wie untersuchte Phänomene und Prozesse mit Normen und Ideologien verbunden sind" (Degele und Winker 2009, S. 20) und beschäf-tigt sich mit gesellschaftlich und kulturell eingebetteten (Re)Produktionen von Bildern und Vorstellungen.

Laut Degele und Winker (2009) setzen sich viele Forschungen und theoretische Ansätze mit nur einer der drei Ebenen auseinander, wobei manche zumindest zwei Ebenen erfolgreich miteinander verbinden. Eine davon ist Bourdieus Habitustheorie (1976), die zwischen Struktur- und Identitätsebene zu vermitteln versucht, wobei die Identitätsebene in die soziale Struktur eingebettet wahrgenommen wird. Die dokumentarische Methode verfolgt ebenfalls den Ansatz, die Ebene der alltäglichen Handlungspraxis und sozialen Strukturen zu verbinden, indem sie den Blick nicht auf einzelne Individuen richtet, sondern vielmehr auf jene konjunktiven Erfahrungsräume, die sich in deren Alltagspraxis und deren Sprechen dokumentieren (Przyborski und Wohlrab-Sahr 2010). An dieser Stelle scheint es einen möglichen Anknüpfungspunkt zwischen der intersektionalen Mehrebenenanalyse und der dokumentarischen Methode zu geben. Allerdings schreiben Degele und Winker (2007), dass es für die Betrachtung der Strukturebene und Repräsentationsebene nicht genügt, Interviews und/oder Gruppendiskussionen zu führen: „Erforderlich sind vielmehr Diskursanalysen von Daily Soaps, Werbung, Zeitungen mit Millionenauflagen oder Internetforen, um einerseits hegemoniale Diskurse und andererseits Gegenpositionen (…) zu erfassen" (Degele und Winker 2007, S. 12). Dabei sollte sich jede Studentin und jeder Student bewusst sein, dass eine vollständige Ausarbeitung im Sinne der Mehrebenenanalyse den Rahmen einer Diplomarbeit sprengen würde. Es erscheint daher ratsam, sich für einige wenige Aspekte zu entscheiden und die Auswahl nachvollziehbar zu begründen.

Für die Auswahl der Kategorien ist es innerhalb der intersektionalen Mehrebenenanalyse oftmals sinnvoll, die empirischen Feldzugänge und Erkenntnisse erst abzuwarten, um eine Entscheidung treffen zu können. Einerseits scheint es im Sinne der Forschungsökonomie sinnvoll, beim Erforschen der Strukturebene vorab einige, wenige Kategorien zu definieren. Diese Kategorien können sich beispielsweise auf das Geschlecht, Alter, den sozioökonomischen Status, die Herkunft oder sexuelle Orientierung beziehen. Andererseits ergeben sich viele Kategorien erst aus dem Prozess der Forschung heraus (Degele und Winker 2009). An dieser Stelle möchte ich wieder ein Beispiel aus meiner eigenen Forschung geben. Erst die Gruppendiskussion mit einer Mädchen*gruppe aus bildungsfernen Familien zeigte die Handlungspraxis auf, sich öffentliche Räume durch aggressives Verhalten anzueignen. Somit gerieten erst zu einem späten Zeitpunkt Hinweise zu Bildungstypiken in mein Interesse und wurden als eine Kategorie aufgenommen.

Parallelen zur dokumentarischen Methode ergeben sich aus der Herausarbeitung sogenannter Typiken (Przyborski und Wohlrab-Sahr 2010), wenngleich Typiken und Kategorien nicht als ident betrachtet werden können. Die Typenbildung ist ein methodischer Schritt, der erst am Ende der dokumentarischen Forschungsarbeit durchgeführt wird, aber sich aus dem Forschungsprozess heraus entwickelt. Innerhalb des methodischen Schrittes der Typenbildung gibt es meiner Meinung nach gute Anknüpfungspunkte für die intersektionale Betrachtungsweise von Kategorien als in Machtverhältnisse eingebettet. Bei der soziogenetischen Typenbildung wird darauf geachtet, welche sozialen Kontextfaktoren wie beispielsweise Herkunft, Geschlecht oder sozioökonomischer Status einen Einfluss auf bestimmte Erfahrungsräume und Handlungspraxen nehmen (Nentwig-Gesemann 2007). Die jungen Frauen* sprachen während der Diskussion immer wieder explizit von sich selbst als Mädchen* und Frauen* und grenzten sich teilweise stark von den Erfahrungsräumen junger Männer* ab. In einigen Passagen wurde die eigene Geschlechtszugehörigkeit als maßgeblich strukturierender Faktor für den Aufenthalt im öffentlichen Raum verhandelt. Diese Ergebnisse setzte ich in der soziogenetischen Typenbildung mit intersektionalen Konzepten in Verbindung und verortete sie dadurch in gesellschaftlichen Machtverhältnissen.

18.5 Empirische Ergebnisse

Das Ziel meiner Diplomarbeit war es, Perspektiven von jungen Frauen* bezüglich ihres Umgangs mit öffentlichen Räumen und Grenzüberschreitungen sowie die Aneignung von öffentlichen Sphären zu erkunden. Dabei legte ich den Fokus auf gesellschaftliche Wirkmechanismen, ohne aber Geschlechterrollenbilder zu reproduzieren. Das Ergebnis der sinngenetischen Typenbildung sind überaus spannende Einblicke in die Erfahrungsräume der jungen Frauen*, die sich vor allem durch eine große Vielfalt und ein weites Spektrum auszeichnen. Innerhalb der Gruppen zeigen sich folgende Modi des Umgangs mit Grenzüberschreitungen im öffentlichen Raum: (1) Aufsuchen von sozialem Schutz, (2) Sprachlosigkeit und körperliche Starre, (3) Amüsement und moralische Überlegenheit, (4) Änderung des eigenen Verhaltens und (5) Schuldzuweisung an die Täter*innen. Hinsichtlich der Aneignung von öffentlichem Raum unterscheiden sich folgende Formen: (1) Teilhabe durch institutionalisierte Freizeitaktivitäten bzw. im sozialen Gefüge der Familie, (2) aktive Kontaktaufnahme und (3) Auftreten als Aggressorinnen.

> **Tipp**
>
> ▬ Bleib ruhig! Es ist „nur" eine Abschlussarbeit: Fokussiere das Erkenntnisinteresse! Das schafft Klarheit und reduziert den Arbeitsaufwand.
> ▬ Vernetze dich! Teamarbeit oder Austausch mit anderen Studierenden ist persönlich bereichernd und fördert die Qualität.
> ▬ Reflektiere, wer du bist! Ich erachte es als überaus wichtig, die eigene Rolle als Forschende*r und eigene blinde Flecken beständig zu reflektieren und die Erkenntnisse daraus auch in die Arbeit einfließen zu lassen. Zentral dabei ist es, eigene privilegierte Positionen zu hinterfragen. Privilegierungen sind beispielsweise „zur Mehrheitsgesellschaft gehörend, physisch und psychisch gesund, sozioökonomisch abgesichert, jung, heterosexuell" und „männlich".
> ▬ Sei mutig! Probiere neue Methoden und Ansätze aus! Das fachliche und persönliche Lernpotenzial ist dabei oft höher als bei etablierten Methoden.

Literatur

Arendt, H. (1981). *Vita activa oder Vom tätigen Leben*. München: Piper.

Behnke, C., & Meuser, M. (1999). *Geschlechterforschung und Qualitative Methoden*. Opladen: Leske + Budrich.

Bohnsack, R. (2008). *Rekonstruktive Sozialforschung. Einführung in qualitative Sozialforschung*. Opladen & Farmington Hills: Barbara Budrich.

Bohnsack, R., Nentwig-Gesemann, I., & Nohl, A.-M. (Hrsg.). (2007). *Die dokumentarische Methode und ihre Forschungspraxis. Grundlagen qualitativer Sozialforschung*. Wiesbaden: VS.

Bourdieu, P. (1976). *Entwurf einer Theorie der Praxis*. Frankfurt a. M.: Suhrkamp.

Collins, P. H. (1993). Toward a New Vision: Race, Class and Gender as Categories of Analysis and Connection. *Race, Sex and Class, 1*(1), 25–45.

Crenshaw, K. (1989). Demarginalizing the Intersection of Race and Sex: A Black Feminist Critique of Antidiscrimination Doctrine, Feminist Theory and Antiracist Politics. *The University of Chicago Legal Forum, 140*, 139–167.

Degele, N., & Winker, G. (2007). *Intersektionalität als Mehrebenenanalyse*. https://www.tuhh.de/agentec/winker/pdf/Intersektionalitaet_Mehrebenen.pdf. Zugegriffen: 17.10.2013

Degele, N., & Winker, G. (2009). *Intersektionalität. Zur Analyse sozialer Ungleichheit*. Bielefeld: transcript.

Ernst, W. (2008). Möglichkeiten (in) der Stadt. Überlegungen zur Öffentlichkeit und Privatheit geschlechtlicher Raumordnung. In Feministisches Kollektiv (Hrsg.), *Street Harassment: Machtprozesse und Raumproduktion* (S. 56–74). Wien: Mandelbaum.

Galtung, J. (1975). *Strukturelle Gewalt. Beiträge zur Friedens- und Konfliktforschung*. Reinbek bei Hamburg: Rowohlt Taschenbuch.

Kapfer, L. (2013). Freigesprochen. *an.schläge – das feministische monatsmagazin, 1*, 8–11.

Kraml, B. (2012). Das feminisierte Opfer: Anmerkungen zu vergeschlechtlichten Monopolisierungen. In Gender Initiativkolleg (Hrsg.), *Gewalt und Handlungsmacht: Queer_feministische Perspektiven* (S. 125–132). Frankfurt: Campus.

Kubisch, S. (2008). *Habituelle Konstruktion sozialer Differenz. Eine rekonstruktive Studie am Beispiel von Organisationen der freien Wohlfahrtspflege*. Wiesbaden: VS.

Kuhn, T. S. (1973). *Die Struktur wissenschaftlicher Revolutionen.* Frankfurt a. M.: Suhrkamp.

Nentwig-Gesemann, I. (2007). Die Typenbildung der dokumentarischen Methode. In R. Bohnsack, I. Nentwig-Gesemann, & A.-M. Nohl (Hrsg.), *Die dokumentarische Methode und ihre Forschungspraxis. Grundlagen qualitativer Sozialforschung* (S. 275–302). Wiesbaden: VS.

Petran, A., & Thiel, J. L. (2012). Weiterentwicklungen und (neue) Widersprüche – eine Einleitung zu queer_feministischen Gewaltdebatten. In Gender Initiativkolleg (Hrsg.), *Gewalt und Handlungsmacht: Queer_feministische Perspektiven* (S. 9–28). Frankfurt: Campus.

Przyborski, A., & Riegler, J. (2010). Gruppendiskussion und Fokusgruppe. In G. Mey, & K. Mruck (Hrsg.), *Handbuch Qualitative Forschung in der Psychologie* (S. 436–448). Wiesbaden: VS.

Przyborski, A., & Wohlrab-Sahr, M. (2010). *Qualitative Sozialforschung: Ein Arbeitsbuch.* München: Oldenburg Wissenschaftsverlag.

Rau, S. (2013). *Räume: Konzepte, Wahrnehmungen, Nutzungen.* Frankfurt a. M.: Campus.

Schön, E. (1999). „*…da nehm' ich meine Rollschuh' und fahr'hin…". Mädchen als Expertinnen ihrer sozialräumlichen Lebenswelt.* Bielefeld: Kleine.

Sieben, A., & Scholz, J. (2012). *Queer-feministische Psychologien.* Gießen: Psychosozial-Verlag.

Simoner, M. (2013). *Po-Grapschen. Politstreit um Strafe für unerwünschte Berührung.* http://derstandard. at/1358305180156/Po-Grapschen-Politstreit-um-Strafe-fuer-unerwuenschte-Beruehrung. Zugegriffen: 25.02.2014

Walgenbach, K. (2011). Intersektionalität als Analyseparadigma kultureller und sozialer Ungleichheiten. In J. Bilstein, J. Ecarius, & E. Keiner (Hrsg.), *Kulturelle Differenzen und Globalisierung* (S. 113–132). Wiesbaden: VS.

Walgenbach, K. (2012). Gender als interdependente Kategorie. In K. Walgenbach, G. Dietze, L. Hornscheidt, & K. Palm (Hrsg.), *Gender als interdependente Kategorie: Neue Perspektiven auf Intersektionalität, Diversität und Heterogenität* (S. 23–40). Opladen: Barbara.

Wiesböck, L. (2013). *Gewalt gegen Frauen: Licht in die dunklen Ecken der Debatte.* http://derstandard.at/1358305738827/ Licht-in-die-dunklen-Ecken-der-Debatte. Zugegriffen: 26.02.2013

Queering Methods?!

Gruppendiskussion und dokumentarische Methode
im Kontext queertheoretisch informierter qualitativer
Sozialforschung

Sabrina Hutner

J. Wintzer (Hrsg.), *Qualitative Methoden in der Sozialforschung,*
DOI 10.1007/978-3-662-47496-9_19, © Springer-Verlag Berlin Heidelberg 2016

19.1   Ein Forschungsinteresse entsteht – oder: Alltagserfahrung *goes* Wissenschaft

Im Rahmen meines Studiums bemerkte ich, dass innerhalb des wissenschaftlichen Diskurses der Queer- und Gender Studies insbesondere queere Maskulinität(en) im Mittelpunkt wissenschaftlicher Fragestellungen stehen (Halberstam 1998; Bauer et al. 2007). Durch diese Leerstelle motiviert, habe ich mich deshalb mit – insbesondere im deutschen Sprachraum noch wenig beachteten (vgl. Rick 2007; Fuchs 2009) – queeren Femininitäten beschäftigt. Mein Forschungsinteresse begründet sich dabei auch auf Diskussionen und Erfahrungen, die aus meiner alltäglichen Lebenswelt resultieren. Da eine Abschlussarbeit einen nicht unerheblich langen Zeitraum beansprucht, war es mir wichtig, ein Thema zu wählen, das ich – im wahrsten Sinne – über mehr als ein Jahr hinweg aushalten kann. Dabei war insbesondere das Spiel aus Nähe und Distanz zum Forschungsgegenstand eine Herausforderung, aber meines Erachtens auch Grund für das Gelingen der Arbeit.

Ist das Thema einer Abschlussarbeit erst gefunden, geht es im nächsten Schritt darum, dieses zu präzisieren. Eine zunächst recht umfangreiche Recherche oder ein sich Einlesen in das Thema ist dabei am Anfang sehr hilfreich. Sollte das jeweilige Curriculum des Studiengangs keine Einführung ins wissenschaftliche Arbeiten anbieten, so gibt es auf der Seite der Heimatbibliothek der Universität meist sehr gute Hinweise zum Beispiel zur Literaturrecherche. Dabei sollten Studierende sich allerdings nicht von der wahrscheinlichen Fülle des Materials verunsichern lassen. Nach einer ersten groben Sondierung vorhandener Literatur ergibt sich meist bereits ein enger gefasstes Forschungsinteresse. Durch die von mir gewählten Methoden wurde das Thema der Verhandlung queerer Femininitäten jedoch nicht nur von mir, sondern im Forschungsverlauf auch durch die Relevanzpartner meiner Diskussionspartner*innen[1] eingegrenzt (manchmal auch in andere Richtungen gelenkt). Denn welche Bedeutung den Kategorien „queer", „lesbisch" und „feminin" zukommen würde, blieb zu Beginn weitgehend offen. Weitgehend deshalb, weil meine eigene Standortgebundenheit, meine „soziologische Brille" auch in die Auswahl als relevanter Aspekt und die Interpretation des Materials eingeflossen sind (vgl. Mannheim 2004; Haraway 1996).

> **Tipp**
>
> Im Forschungsprozess war es sehr hilfreich, schon früh mit einem Literaturverwaltungssystem zu arbeiten (z. B. Citavi) sowie zu gelesenen Texten Exzerpte anzufertigen. Diese können dann auch gleich in der Literaturverwaltung eingepflegt werden. Mehrfachausleihen und unnötiges mehrfaches Recherchieren können beispielsweise so vermieden werden. Zudem sind alle Titel einer Recherche sind in der Datenbank sortiert und geordnet verfügbar.

---

1   Der hochgestellte Stern am Ende eines Wortes steht in diesem Text symbolisch für die Grenzen der jeweiligen vorgängigen Kategorisierung. So werden beispielsweise nicht alle möglichen Begehrens- und Identifikationsmöglichkeiten jenseits von Heterosexualität mitbetrachtet. Zugleich ist damit das Anliegen verbunden zu zeigen, dass eine (Selbst-)Bezeichnung mit einer Kategorie wie „Frauen" nicht gleichbedeutend damit ist, dass eine Person in dieser Kategorie aufgeht. Im weiteren Verlauf des Beitrags symbolisiert der Stern zusammengefasst die Offenheit der jeweiligen benutzen Kategorie – insofern dies für den Kontext notwendig oder beabsichtigt ist. Dies gilt auch für die allgemeine Verwendung gendergerechter Sprache in diesem Beitrag. Der Einsatz des * soll sowohl der Komplexität als auch der Mannigfaltigkeit von Geschlechtsidentitäten gerecht werden. Dabei soll insbesondere auch ein Raum sprachlicher Sichtbarkeit für geschlechtliche Identitäten – jenseits einer Sprache des binären Geschlechtersystems – geschaffen werden (vgl. Hermann 2003).

19.2 Vom Forschungsinteresse zur Forschungsfrage – oder: Wo fang ich an und wo hör ich auf?

Im Allgemeinen hat mich die Frage bewegt, welche Frauen* zu (un)gunsten anderer Frauen* ins Raster sozialer Sichtbarkeit fallen. Konkret betrifft dies beispielsweise die Frage nach visuellen Stereotypen, die bedient und aufgegriffen werden, sobald Weiblichkeit insbesondere im Kontext sexuellen Begehrens verhandelt wird. Davon ausgehend habe ich mich dann im Speziellen der Frage nach visueller (Re)Präsentation queerer Weiblichkeiten gewidmet. Dabei wird beispielsweise dem Identitätskonzept queere „Femme"[2] besondere Aufmerksamkeit zuteil. Meine Analyse zweier Gruppendiskussionen zeigte aber eine Vielzahl an Deutungsmustern queerer Weiblichkeiten.

Im Fokus meiner Überlegungen standen insbesondere folgende Fragestellungen: Was bedeutet Femininität in queeren Szenen? Wie werden diese Bedeutungen in queeren Szenen verhandelt? Und: Welche Inszenierungen queerer Weiblichkeit(en) werden überhaupt als (an)erkennbar verhandelt? Um mich diesen Fragen zu nähern, habe ich in zwei deutschen Großstädten Gruppendiskussionen mit insgesamt 13 selbstidentifizierten Femmes, queeren Fem(me)ininitäten und queere Fe(me)ininitäten begehrenden Interviewpartner*innen geführt. Nach einer ersten Analyse mithilfe der dokumentarischen Methode (vgl. Kleemann 2009) hatten sich bereits übergreifende Themen herauskristallisiert. Dazu gehörten beispielsweise Körper(re)präsentationen in Form von Kleidungsstilen und „Schönheitshandeln" (Degele 2004) als „offensichtlicher" Beleg queer/lesbischen* Begehrens. Anhand der Analyse, wie diese diskutiert wurden, und der damit verbundenen Rekonstruktion der Orientierungsrahmen der Gruppen lassen sich meine Ergebnisse auf zwei maßgebliche Bereiche eingrenzen: Zum einen die Verhandlung von Femininität zwischen traditionellen und queer/lesbischen* Rollenbildern und die bereits genannte Praxis des Schönheitshandelns. In beiden Bereichen folgten die Diskutand*innen in hohem Maße dem Topos der Sichtbarkeit durch Erkennbarkeit. Hieraus ergab sich die Frage: Unter Bezugnahme welcher Bilder und Chiffren werden queere Femininitäten verhandelt?

Nachdem ich nun kurz die dargestellt habe, wie Thema und meine Fragestellung entstanden, gehe ich im Folgenden auf die Erhebungs- und Auswertungsmethoden „Gruppendiskussion" und „dokumentarische Methode" ein. Im Forschungsprozess ergaben sich sowohl Probleme als auch Lösungen, die ich ebenfalls darstellen werde. Dabei werde ich auch praktische Tipps zur Durchführung von Gruppendiskussionen geben, die aus meinen Erfahrungen resultieren. Zudem zählt zu den methodologisch wichtigen Ergebnissen meiner Arbeit die Verknüpfung von Queer Theory und empirischen Methoden, im Sinne einer queer-theoretisch informierten Methodendiskussion, auf welche ich kursorisch eingehe.

> ⊙ Als sehr hilfreich hat sich insbesondere in Momenten der Verzweiflung und Orientierungslosigkeit dieses Schaubild zum Schreibprozess ergeben (◘ Abb. 19.1). Der Schreibprozess wurde von Kruse (2007) nicht linear gedacht. Vielmehr müssen seiner Ansicht nach Entscheidungen oftmals neu überdacht und gegebenenfalls revidiert werden (vgl. Kruse 2007, S. 114 f).

---

2 Unter „Femme" verstehe ich eine an hegemonialen Weiblichkeitsbildern orientierte Inszenierung queerer Femininität, die diese gleichzeitig (z. B. auf ironische Weise) hinterfragt. Zugleich ergaben sich im Zuge der Auswertung meiner Gruppendiskussionen noch weitere Deutungsmuster der Identitätskategorie „Femme" (Fuchs 2009).

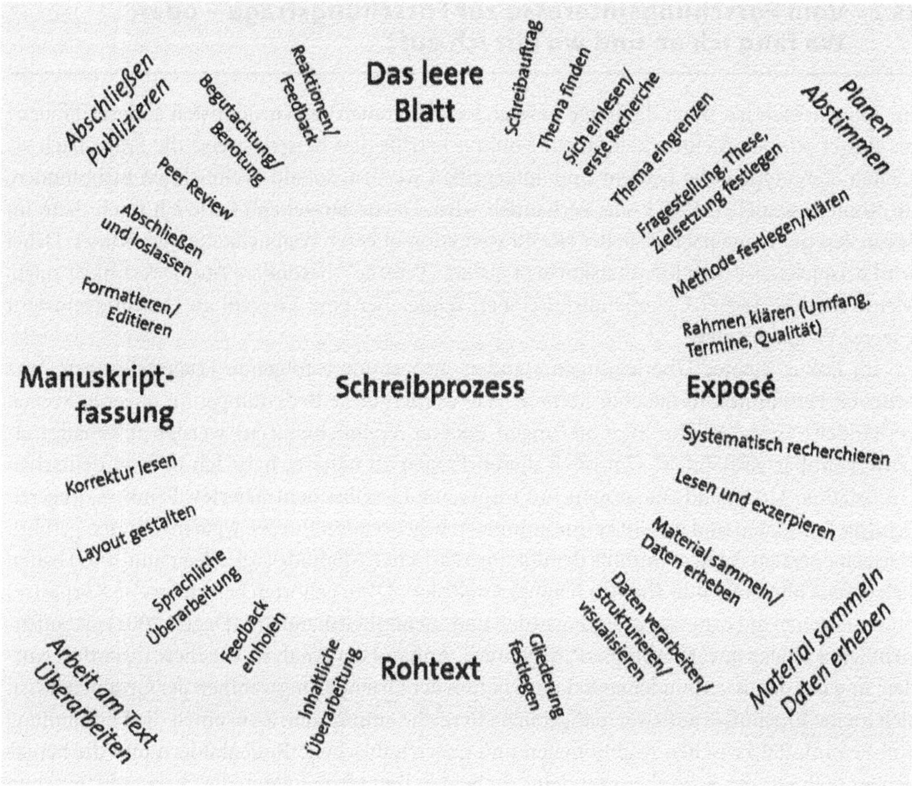

Das leere
Blatt

Schreibauftrag
Thema finden
Sich einlesen/
erste Recherche
Thema eingrenzen
Fragestellung, These,
Zielsetzung festlegen
Methode festlegen/klären
Rahmen klären (Umfang,
Termine, Qualität)

Planen
Abstimmen

Abschließen
Publizieren
Reaktionen/
Feedback
Begutachtung/
Benotung
Peer Review
Abschließen
und loslassen
Formatieren/
Editieren

Manuskript-
fassung

Schreibprozess

Exposé

Systematisch recherchieren
Lesen und exerpieren
Material sammeln/
Daten erheben

Korrektur lesen
Layout gestalten
Sprachliche
Überarbeitung
Feedback
einholen
Inhaltliche
Überarbeitung

Arbeit am Text
Überarbeiten

Rohtext

Gliederung
festlegen
Daten verarbeiten/
strukturieren/
visualisieren

Material sammeln/
Daten erheben

□ Abb. 19.1 Der Schreibprozess (Kruse 2007)

19.3   Wie und wann entscheidet man sich für eine Methode?

Meine Arbeit war von Beginn an als queertheoretisch informierte, geschlechtersoziologische Arbeit ausgelegt. Dadurch bekomme ich bestimmte Dinge in den Blick, während sich mir durch diesen Fokus auch andere verschließen mögen. Auf die theoretischen Implikationen kann ich in diesem Beitrag nicht eingehen, ich möchte mich stattdessen auf die methodologischen Aspekte beschränken. Nina Degele (2008) formuliert den Anspruch von Queer als: „Queer soll verstören, anstatt theoretische, methodische oder disziplinäre Sicherheit zu schaffen" (Degele 2008, S. 11). Nehme ich dies bei meiner Forschung ernst, hinterfrage ich sowohl die von mir verwendeten Theorien als auch die von mir verwendeten Methoden stets kritisch.

Bei der Wahl meiner Erhebungs- als auch Auswertungsmethode standen mehrere Aspekte im Vordergrund: Neben der Durchführbarkeit im zeitlichen Rahmen einer Abschlussarbeit, beispielsweise die Gegenstandsangemessenheit. Damit ist gemeint, dass die gewählten Methoden „an die spezifischen Gegebenheiten des jeweiligen Forschungsfeldes vor dem Hintergrund der jeweils interessierenden Forschungsfrage" (Strübing 2013, S. 22) angepasst werden. Konkret bedeutete dies für meine Forschung, dass ich mich sehr früh für Gruppendiskussionen entschieden habe. Mein Forschungsinteresse bestand darin, in größtmöglicher Offenheit die der Gruppe eigenen Relevanzstrukturen zu rekonstruieren; also die Bedeutung der (auch eigenen) Deutungen innerhalb der befragten Gruppen. Damit strebte ich nach zwei Dingen: Erstens steigt die methodische Kontrolle je offener dem Forschungsfeld gegenübergetreten wird: „[m]ethodische Kontrolle bedeutet hier also Kontrolle über Unterschiede der Sprache von Forschenden und Erforschten, über die Differenzen ihrer Interpretationsrahmen. Und diese Kontrolle gelingt nur, wenn ich den Erforschten Gelegenheit gebe, ihr Relevanzsystem zu entfalten, und dann darauf aufbauend – rekonstruierend – mir die Unterschiede der Interpretation zu vergegenwärtigen" (Bohnsack 2010, S. 20; H.i.O.). Zweitens sollten Reifizierungen (Verdinglichung/Vergegenständlichung) vermieden werden. In meine Forschung sollte also so weit wie möglich nichts hineingetragen werden, was es eigentlich zu untersuchen gilt (Degele und Schirmer 2004, S. 107; Degele 2004). Hierzu gehört beispielsweise die Frage um die Alltagsbedeutung von Geschlecht im Allgemeinen und „Frau-sein" im Speziellen. In diesem Sinne habe ich sowohl bei der Auswahl der Interviewteilnehmer*innen keine Zuschreibungen eines biologischen Geschlechts vorgenommen. Die Diskussionsteilnehmer*innen konnten sich demnach als weiblich definieren, ohne dass dies die Notwendigkeit eines biologisch weiblichen Geschlechts voraussetzte.

Beispiel: Interviewanfragetext
Liebe Femmes und thematisch Interessierte,
ich studiere Soziologie an der LMU München und suche im Rahmen meiner Diplomarbeit über die „Anerkennung queeren Begehrens" Interviewpartner_innen in Berlin, München oder Hamburg. Ich würde gerne Gruppendiskussionen/-interviews führen und suche dazu Femmes oder Interviewpartner_innen, die sich bereits intensiv mit den Themen „Femmeness, Aneignung und Inszenierung von Weiblichkeit, Möglichkeiten von Femm(e)ininität" etc. auseinandergesetzt haben. Sollten sich dabei Interessent_innen finden, die (auch) Femmes, feminine Lesben etc. (Ich möchte im Grunde keine Ein- und Ausschlüsse produzieren) begehren, würde ich mich sehr freuen! Meine Frage(n) würden sich rund um Femmeness, Begehren, Aneignung und Inszenierung von Femm(e)ininität etc. drehen, wären aber im Grunde an Euren Interessen orientiert. Solltet Ihr Zeit und Lust haben, in Eurer Stadt an einem Termin von Juli bis September teilzunehmen, würde ich mich sehr über eine Nachricht freuen! Ich würde Euch dann noch mehr Informationen zum Ablauf etc. zukommen lassen. Alle Eure Daten werden selbstverständlich anonymisiert und streng vertraulich behandelt, sodass Eure Privatsphäre in jedem Fall geschützt bleibt.
Die E-Mail-Adresse lautet: xxx
Ihr würdet mir durch Eure Teilnahme sehr helfen, meine Diplomarbeit zu diesem, wie ich finde, immer noch zu wenig beachteten Thema voranzubringen.
Ich freue mich von Euch zu hören! – Vielen Dank, Sabrina

19.4 Methoden konkret: Gruppendiskussionen

Gruppendiskussionen bieten die Möglichkeit, kollektive Orientierungsmuster innerhalb der der Gruppe eigenen Relevanzstrukturen. Diese Orientierungsmuster sind als Gruppenmeinung, wie sie Werner Mangold (1973) formuliert, zu verstehen. Zu beachten ist dabei, dass diese Gruppenmeinung nicht erst im Verlauf der Diskussion hergestellt wird, sondern dass die gruppeneigenen Sinnmuster lediglich aktualisiert werden (zur Vertiefung und dezidierten Darstellung von „Gruppendiskussionen" vgl. Bohnsack 2010, 2000). Ich möchte dies an einem Beispiel aus meiner Forschungsarbeit, anhand einer Sequenz aus einer meiner Gruppendiskussionen, kurz darstellen:

Beispiel: Interviewausschnitt

Der folgende Interviewausschnitt stammt aus einer der von mir geführten Gruppendiskussionen. C und B sind befreundet und im gleichen Alter (ca. 30 Jahre alt). G. ist unter 20 Jahre alt und nicht mit den anderen Teilnehmer*innen befreundet. Sie haben sich im Rahmen der Gruppendiskussion erst kennengelernt.

C: „Aber gibt's ein Butch-sein außerhalb der Homoszene?
G: Voll!
C: Ich mein richtig Butch (.). Also ich rede nicht von kurzen Haaren und ich liebe meine Diesel Flanellhemden oder so. ((Lachen)) Sondern wirklich, so, so komplett.
G: Doch finde ich schon.
C: Null! Ich hab noch nie jemanden gesehen, wo ich mir gedacht habe, boah das ist ein butchiger Typ, das könnte aber auch eine Hete sein. Wenn ich tatsächlich jemanden getroffen habe.
G: Ja ber dann hast du vielleicht nicht immer nachgefragt. Weisst du, was ich meine? Es kann ja gut sein dass,…
B: Das ist ja dass, was dir offenbar auch passiert ist, dass du eben einer kurzhaarigen butchigen Person begegnest und du dir denkst ((schnippt mit den Fingern)) Lesbe! Derweil ist das nur eine vom Land" (dGs1: 2412–2431).
(Transkribiert wurde nach TIQ)

Ohne bereits eine dezidierte Interpretation im Sinne der dokumentarischen Methode vornehmen zu wollen, wird anhand des Beispiels deutlich, dass die Teilnehmer*innen einander verstehen, ohne ihre Aussagen weiter explizieren zu müssen. Es ist scheinbar „klar", was unter einem „butchigen" Typ zu verstehen ist und wer schlussendlich „nur eine vom Land" ist. Hier aktualisiert sich somit ein konjunktiver Erfahrungsraum der Diskussionsteilnehmer*innen. Dieses Beispiel verdeutlicht auch, wie wichtig die Gruppenbildung durch die Forschenden ist. Dazu gibt es zwei Möglichkeiten: einerseits durch einen möglichen gemeinsamen Erfahrungszusammenhang, wie „sexuelle Orientierung", oder andererseits durch Realgruppen[3]. Dies bezeichnet Gruppen, die schon vorher zueinander Kontakt hatten. Sie werden in der Methodendiskussion als ideale Voraussetzung zur Aktualisierung von Gruppenmeinungen gesehen (vgl. Loos und Schäfer 2001, S. 22).

Nachdem ich mein Anschreiben formuliert und nach ca. zwei Monaten ausreichend Teilnehmer*innen gefunden hatte, fanden insgesamt zwei Gruppendiskussionen statt.

> **▶** Im Rahmen (m)einer Diplomarbeit waren zwei Diskussionen ausreichend, ansonsten
> werden aus methodischen Gründen wenigsten drei empfohlen. Dies ist darauf zurück-
> zuführen, dass in der Auswertungsphase von Beginn an darauf hingewiesen wird, wie
> wichtig die Vergleichshorizonte anderer Gruppendiskussionen seien, da „sich der Orientie-
> rungsrahmen erst vor dem Vergleichshorizont anderer Gruppen (wie wird dasselbe Thema
> bzw. Problem in anderen Gruppen bearbeitet?) in konturierte und *empirisch überprüfbarer*
> Weise herauskristallisiert" (Bohnsack 2000, S. 383, H. i. O.).

Dabei hatte ich in beiden Fällen die Möglichkeit, die Diskussionen in einer ruhigen Umgebung stattfinden zu lassen. Dadurch wird nicht nur die spätere Transkriptionsarbeit erleichtert, son-

---

3   Gruppen aus Personen, die jenseits der Gruppendiskussion bereits Kontakt haben oder hatten, z. B. befreundet
     sind. Die Gruppen zu meinen Gruppendiskussionen waren einmal eine Realgruppe (mit Ausnahme zweier
     Teilnehmer*innen von insgesamt sieben), im anderen Fall eine quasi-Realgruppe. Hier hatte ein Teil der Gruppe
     bereits persönlichen oder virtuellen Kontakt.

dern auch eine Gesprächsumgebung geschaffen, die sich positiv auf die Selbstläufigkeit der Diskussion auswirken kann. Angelehnt an der Idee eines quasi-normalen Gesprächs (Honer 1994, S. 628) habe ich versucht, eine Art „Kaffeehausatmosphäre" zu schaffen. Selbstgebackene Cupcakes, eine Auswahl an Getränken, ein Raumduft und ein ansprechend gedeckter Tisch sollten dazu beitragen, dass die Diskussionsteilnehmer*innen sich wohlfühlen. Die Künstlichkeit der Gesprächssituation bleibt zwar erhalten, kann aber gegebenenfalls leichter vergessen werden. Dieses Vorgehen ist durch das Verständnis von Gruppendiskussionen, „als ein Verfahren (…), in dem in einer Gruppe fremdinitiiert Kommunikationsprozesse angestoßen werden, die sich in ihrem Ablauf und der Struktur zumindest phasenweise einem ‚normalen' Gespräch annähern" (Loos und Schäffer 2001, S. 13), begründet.

> **Anders als bei Einzelinterviews muss bei Gruppendiskussionen aufgrund der oftmals häufigen Sprecher*innenwechsel eine längere Transkriptionszeit eingeplant werden.**

Tipp

Als sehr hilfreich hat sich, neben einem zweiten Aufnahmegerät, auch eine zweite Person als Schreibassistenz erwiesen. Durch die dabei entstandenen zusätzlichen Notizen war es mir möglich, Aussagen nochmals dezidierter zu kontextualisieren, als dies durch reine Audiomitschnitte möglich gewesen wäre.

Sie sehen hier die Transkriptionslegende und einen dazugehörigen Hinweis, wie er auch in meiner Diplomarbeit zu finden war.

Beispiel:

.	stark sinkende Intonation
;	schwach sinkende Intonation
?	stark steigende Intonation
,	schwach steigende Intonation
(.)	kurze Pause unter einer Sekunde
(2)	Anzahl der Sekunden, die eine Pause dauert
((stöhnt))	parasprachliche Ereignisse
@ja@	lachend gesprochen
@(.)@	kurzes Auflachen
@(2)@	Dauer des Lachens (hier zwei Sekunden)
L	Beginn einer Überlappung beim Sprecher*innenwechsel
⌐	Ende einer Überlappung beim Sprecher*innenwechsel
ja	laut gesprochen
JA	laut gesprochen (im Fließtext)
°ja°	sehr leise in Relation zur üblichen Sprechlautstärke
ja	Betonung
viellei-	Abbruch eines Wortes
oh=nee	Verschleifung eines Wortes, ineinander gesprochene Wörter
(doch)	Unsicherheit bei der Transkription, schwer verständliche Äußerung
( )	unverständliche Äußerung, entsprechend der Länge der Äußerung

„Die Transkriptionsregeln wurden überwiegend aus dem 1998 von Aglaja Przyborski überarbeiteten Transkriptionssystem TIQ (Talk in Qualitative Social Research) übernommen und für die Erfordernisse einer queer-theoretisch informierten Arbeit angepasst. (vgl. Przyborski und Wohlrab-Sahr 2010, S. 164–167; Bohnsack 2010, S. 236–237)".

„Leitfaden" für Gruppendiskussion XY_, am „Datum"

XX Personen bei Doodle zugesagt

1. Vorstellung, wer ich bin, Zusicherung von Anonymität – keine namentliche Nennung in Diplomarbeit – Gerät schon mal einschalten, lass das nebenbei schon mal laufen, dann unterbricht das später nicht so.
2. Kennenlernen lassen – Es gibt Snacks und Getränke, jede* soll so frei sein und sich bedienen.
3. Zum Ablauf: „Ich werde mit Euch nicht das klassische Frage-Antwort-Interview führen, sondern eine relativ offene Frage am Anfang stellen, die Euch als Diskussionsgrundlage dienen soll. Ich werde später bestimmt zu dem einen oder anderen angesprochenen Thema eine Nachfrage haben, aber zunächst bin ich einfach gespannt, was Ihr zu erzählen habt. Es gibt auch keine falschen oder richtigen Antworten. Ab und zu mache ich mir bestimmt eine Notiz, wenn mir etwas einfällt oder ich etwas nicht verstehe und später nochmal nachfragen möchte."

Einstiegsfrage

Mich würde interessieren, was für Euch Femininität oder auch Femme-Sein bedeutet? Wie Ihr in alltäglichen Situationen umgeht mit dem Thema „Femininität" oder auch und wie ihr den Umgang mit diesem Thema erlebt?

Immanente Nachfragen – Notizen

…

Exmanente Nachfragen

Was bedeutet Femme-Sein für euch? Was ist eine Femme, oder wer ist keine Femme? Oder spielt das in Eurem Leben eigentlich gar keine Rolle? Erzählt doch mal!

Werdet Ihr denn als Lesbe oder als Frauen begehrend erkannt, wenn Ihr Euch feminin präsentiert oder Ihr Femininität begehrenswert findet? Habt Ihr da schon Erfahrungen gemacht? Beispielsweise bei der Partnerinnensuche oder beim Flirten?

Spielt Euer Umgang mit Femininität in Partnerschaften eine Rolle? Gibt es so etwas wie Rollendenken, wer was im Haushalt macht oder kann, wer wem die Tür aufhält oder auch nicht. Also die ganz alltäglichen Kleinigkeiten. Welche Erfahrungen habt Ihr da gemacht?

Wann spielt denn Nachdenken über Femininität überhaupt eine Rolle?

Wie würdet Ihr es denn beschreiben? Ist Euer Umgang mit Femininität für Euch auch eine Möglichkeit der Kritik? Kritik zum Beispiel an heterosexuellen Lebensentwürfen, an vorherrschenden Frauenbildern in unserer Gesellschaft oder so?

Welche Frage hättet Ihr gerne gestellt bekommen? Was hat Euch gefehlt?

Notizen …

Bei der Auswertung habe mich nicht für das Gesagte an sich interessiert, sondern den Forschungsfragen folgend „Wie wird das, was für wahr und richtig gehalten wird, im Alltag hergestellt? Wie entstehen Orientierungen, Haltungen, Weltanschauungen im interaktiven und sozialisationsgeschichtlichen Herstellungsprozess" (Bohnsack 2006, S. 272 ff). Interpretationsgruppen oder -partner*innen haben sich in dieser Phase als sehr hilfreich erwiesen. Die damit verbundenen Rückmeldungen ermöglichen die eigenen „vertrauten" Daten nochmal aus einem anderen Blickwinkel zu sehen. Dies betrifft insbesondere die Aspekte die einem z. B. selbst schon vertraut erscheinen und damit nicht mehr hinterfragt werden (können).

19.5 Reflexion und Methodologie queeren

Den Analyseschritt der Typenbildung habe ich, anlehnend an Carol Hagemann-Whites Kritik (1994) an der Typisierung von Einzelmeinungen, nicht vorgenommen. Die Kritik wird dabei auf die Typisierung von Gruppenorientierungen (Hagemann-White 1994, S. 301) übertragen. Die Typenbildung war meines Erachtens nicht gegenstandsangemessen für meinen Forschungsgegenstand. Ich wollte keine vermeintlichen Gewissheiten qua Typisierung aufstellen, noch Gemeinsamkeiten aufgrund der Zuordnung zu einer Typik generalisieren. Komplexität also nicht zu reduzieren, sondern zu erweitern (vgl. Lorey 2012, S. 40) und dabei die vermeintliche Eindeutigkeit von Kategorien wie „weiblich" oder „Lesbe" im Sinne einer Komplexitätsproduktion zu hinterfragen, waren wichtige Gründe für diese Entscheidung.

Damit komme ich auch zu den angekündigten Überlegungen eines queer theoretisch informierten Methodenverständnisses. Beispielsweise trägt es zu einer angestrebten Sensibilisierung bei, die Machtasymmetrien verschiedener Sprecher*innenpositionen in den Blick zu bekommen (an meinen Gruppendiskussionen haben beispielsweise nur weiße, westliche Personen teilgenommen). Oder Begehrenskonstellationen jenseits heterosexueller, oder homosexueller Norm, geraten in den Blick (vgl. Klesse 2007). Dabei geht es nicht um die grundsätzliche Bindung an ein „queeres" Feld, sondern um eine Frage des methodologischen Stils, eines *„queering of research"* (Boellstorff 2012, S. 229). Die feministisch eingeordnete Parole „Das Private ist politisch" wäre hier in der queer-wissenschaftlichen Forderung als „Wissenschaft ist politisch" zu verstehen:

> » „What seems to be at stake then in any queering of qualitative research is not so much a methodological style as a political and substantive concern with gender, heteronormativity and sexualities. Its challenge is to bring stabilized gender and sexuality to the forefront of analyses in ways they are not usually, and which put under threat any ordered world of gender and sexuality" (Plummer 2011, S. 204).

19.6 Das nächste Mal wird ...?

Für zukünftige Forschungsarbeiten stellt eine Abschlussarbeit ein gutes Übungsfeld dar. Auch wenn diese Erkenntnis erst mit einem gewissen Abstand zur Arbeit entstanden ist, so habe ich viel über mein eigenes wissenschaftliches Arbeiten gelernt. In Bezug auf die Erhebung und Auswertung meiner Daten möchte ich dazu abschließend exemplarisch auf zwei Probleme und eine explizite Grenze meiner Erhebung eingehen.

Zu Beginn der Datenerhebungsphase stellte es sich als schwierig heraus, Interviewpartner*innen zu finden. Die Rückmeldungen auf meine – auf soziale Medien beschränkten – Aufrufe waren gering. Es war zunächst nicht möglich, wenigstens fünf Teilnehmer*innen pro Stadt zu finden. Rückmeldungen zu meinem Anschreiben, in dem ich noch dezidiert die Identitätskategorie „Femme" vorgab, formulierten konstruktive Kritik. So wurde beispielsweise eine klare Einordung in „Schubladen" abgelehnt. Daraufhin stellte sich mir die Frage, wie ich

Menschen anspreche, ohne dabei eine Kategorie zu benennen. Diese sprachlichen Stolpersteine (vgl. Butler 1996, S. 16) umging ich sodann durch ein mehr auf das Thema, als auf Identitäten bezogenes Anschreiben. Zudem würde ich auch nicht mehr nur auf soziale Medien setzen, sondern zum Beispiel auch Aushänge machen, um Menschen vielfältiger anzusprechen.

Die Nutzung sozialer Medien bringt auch (wenigstens) ein forschungsethisches Problem mit sich. Durch Antworten via Kommentarfunktion auf meine Anfrage in öffentlichen Facebook-Gruppen besteht – trotz Anonymisierung – die Gefahr, dass Rückschlüsse auf konkrete Teilnehmer*innen gezogen werden können. Durch die nur sequenzielle Verwendung und durchgängige Anonymisierung von Orten und Personen wurde meinerseits jedoch angestrebt, dies so gut wie möglich zu vermeiden.

Würde ich die Forschung nochmal machen (können) oder weiter ausbauen wollen, würde ich mich insbesondere für konkrete Praxen interessieren. Durch die Wahl meiner Erhebungsmethode habe ich mich für zwei Dinge entschieden: Zum einen gegen die Analyse individueller Orientierungen, wie sie beispielsweise in Expert*inneninterviews erhoben worden wären. Zum andern wird in den Diskussionen zwar über Praxen wie Flirten gesprochen. Dieses Sprechen ist jedoch nicht gleichzusetzen mit der Praxis selbst, dabei zu sein und wie Frank Kleemann et al. (2009) es formulieren „nicht einfach aussteigen zu können" (Frank Kleemann et al. 2009, S. 39). Den Forschungsfokus – im Kontext von Sichtbarkeit qua Erkennbarkeit besonders interessant – auf Handlungspraxen auszudehnen, erscheint mir als Anschlussforschung durchaus reizvoll.

Literatur

Bauer, R., Hoenes, J., & Woltersdorff, V. (2007). *Unbeschreiblich männlich. Heteronormativitätskritische Perspektiven.* Hamburg: Männerschwarm.

Boellstorff, T. (2012). Queer Techne: Two Theses on methodology and queer studies. In K. Browne, & C. J. Nash (Hrsg.), *Queer methods and methodologies. Intersecting queer theories and social science research* (S. 214–230). Farnham/Burlington: Ashgate.

Bohnsack, R. (2000). Gruppendiskussion. In U. Flick, E.von Kardorff, & I. Steinke (Hrsg.), *Qualitative Forschung. Ein Handbuch* (S. 369–384). Reinbek bei Hamburg: Rowohlt.

Bohnsack, R. (2006). Mannheims Wissenssoziologie als Methode. In D. Tänzler (Hrsg.), *Neue Perspektiven der Wissenssoziologie; [Tagung „Neue Perspektiven der Wissenssoziologie" vom 20. bis 22. Juni 2002 in Konstanz]* (S. 272–291). Konstanz: UVK.

Bohnsack, R. (2010). *Rekonstruktive Sozialforschung. Einführung in qualitative Methoden.* Opladen: Budrich.

Butler, J. (1996). Imitation und Aufsässigkeit der Geschlechtsidentität. In S. Hark (Hrsg.), *Grenzen lesbischer Identität* (S. 15–37). Berlin: queerverlag.

Degele, N. (2004). *Sich schön machen. Zur Soziologie von Geschlecht und Schönheitshandeln.* Wiesbaden: VS.

Degele, N. (2008). *Gender/Queer Studies. Eine Einführung.* Paderborn: Wilhelm Fink.

Degele, N., & Schirmer, D. (2004). Selbstverständlich heteronormativ: zum Problem der Reifizierung in der Geschlechterforschung. In S. Buchen, C. Helfferich, & M. Maier (Hrsg.), *Gender methodologisch* (S. 107–122). Wiesbaden: VS.

Fuchs, S. (2009). Das Paradox der sichtbaren Unsichtbarkeit‚Femme' im Feld des Visuellen. In S. Fuchs (Hrsg.), *Femme! Radikal – queer – feminin* (S. 141–158). Berlin: querverlag.

Hagemann-White, C. (1994). Der Umgang mit Zweigeschlechtlichkeit als Forschungsaufgabe. In A. Diezinger (Hrsg.), *Erfahrung mit Methode. Wege sozialwissenschaftlicher Frauenforschung* (S. 301–318). Freiburg i. Br: Kore.

Halberstam, J. J. (1998). *Female masculinity.* Durham: Duke University Press.

Haraway, D. (1996). Situiertes Wissen. Die Wissenschaftsfrage im Feminismus und das Privileg einer partialen Perspektive. In E. Scheich (Hrsg.), *Vermittelte Weiblichkeit* (S. 217–248). Hamburg: Hamburger Ed.

Hermann, S. (2003). Performing the Gap – Queere Gestalten und geschlechtliche Aneignung. *arranca!, 28*(Aneignung I), 22–26.

Honer, A. (1994). Das explorative Interview. Zur Rekonstruktion der Relevanzen von Expertinnen und anderen Leuten. *Schweizer Zeitschrift für Soziologie, 20*(3), 623–640.

19

Kleemann, F. (2009). Dokumentarische Methode. In F. Kleemann, U. Krähnke, & I. Matuschek (Hrsg.), *Interpretative Sozialforschung. Eine praxisorientierte Einführung* (S. 154–195). Wiesbaden: VS.

Kleemann, F., Krähnke, U., & Matuschek, I. (2009). *Interpretative Sozialforschung. Eine praxisorientierte Einführung*. Wiesbaden: VS.

Klesse, C. (2007). Heteronormativität und qualiltative Forschung. Methodische Überlegungen. In J. Hartmann, C. Klesse, P. Wagenknecht, B. Fritzsche, & K. Hackmann (Hrsg.), *Heteronormativität. Empirische Studien zu Geschlecht, Sexualität und Macht* (S. 35–51). Wiesbaden: VS.

Kruse, O. (2007). *Keine Angst vorm leeren Blatt: Ohne Schreibblockaden durchs Studium*. Frankfurt a. M.: Campus.

Loos, P., & Schäffer, B. (2001). *Das Gruppendiskussionsverfahren. Theoretische Grundlagen und empirische Anwendung*. Opladen: Budrich + Leske.

Lorey, I. (2012). Von den Kämpfen aus: Das Problem grundlegender Kategorien. In Gender Initiativkolleg (Hrsg.), *Gewalt und Handlungsmacht. Queer_Feministische Perspektiven* (S. 29–40). Frankfurt a. M.: Campus.

Mangold, W. (1973). Gruppendiskussionen. In R. König (Hrsg.), *Handbuch der empirischen Sozialforschung* (S. 228–259). Stuttgart: Enke.

Mannheim, K. (2004). Die gesellschaftliche „Seinsverbundenheit" des Wissens. Wissenssoziologie bei Karl Mannheim. *Sowi, 33*(4), 68–83.

Plummer, K. (2011). Critical Humanism and Queer Theory. Living with the tensions. In N. K. Denzin, & Y. S. Lincoln (Hrsg.), *The Sage hand-book of qualitative research* (S. 195–207). Thousand Oaks: Sage.

Przyborski, A., & Wohlrab-Sahr, M. (2010). *Qualitative Sozialforschung: Ein Arbeitsbuch*. Berlin: Oldenbourg Verlag.

Rick, A. (2007). Femmes, Fans, Freundinnen – Femininitäten nur in Nebenrollen? Konstruktionen von Cross-Maskulinitäten/-Männlichkeiten durch den Ausschluss von Femininitäten/Weiblichkeiten. In R. Bauer, J. Hoenes, & V. Woltersdorff (Hrsg.), *Unbeschreiblich männlich. Heteronormativitätskritische Perspektiven* (S. 291–305). Hamburg: Männerschwarm.

Strübing, J. (2013). *Qualitative Sozialforschung. Eine komprimierte Einführung für Studierende*. München: Oldenbourg.

„Ich bin einfach ein Jenischer und ein Schweizer"

Die (Re)Konstruktion der jenischen Minderheit
in der Schweiz durch das Integrative Basisverfahren

Corinne Labudde

J. Wintzer (Hrsg.), *Qualitative Methoden in der Sozialforschung*,
DOI 10.1007/978-3-662-47496-9_20, © Springer-Verlag Berlin Heidelberg 2016

20.1   Tabuisierte Gruppen: Forschungsinteresse

(Gruppen-)Identitäten interessieren mich. Das Zusammenleben von Gruppen in einer Gesellschaft interessiert mich. Vor allem aber interessieren mich Minderheiten in der Mehrheitsgesellschaft. Ihre Identifikations- und Abgrenzungsmechanismen interessieren mich. Also das Spannungsfeld zwischen Integration und gleichzeitig geforderter Heterogenität in der Schweizer Gesellschaft interessiert mich. So viel wusste ich. Aber nun? Mit welcher Thematik setze ich mich bei meiner Bachelor-Arbeit auseinander? Am Tag der „Roma, Sinti und Jenischen" an der Expo 2002 hörte ich das erste Mal von der jenischen Minderheit in der Schweiz. Erstaunt darüber, dass ich über diese Gruppe mit geschätzten 35.000 Personen[1] in meiner gesamten Schulzeit noch nie etwas gehört hatte, befasste ich mich bereits in meiner Maturaarbeit mit den Jenischen und deren Geschichte im Rahmen des „Hilfswerks für die Kinder der Landstrasse"[2]. Aber wer sind die Jenischen genau? Immer wieder wurde ich mit derselben Frage konfrontiert, deren Beantwortung meine Argumente in Bedrängnis brachte. Sind die Jenischen „Schweizer Zigeuner"? Leben die Jenischen einfach etwas anders? Aber was bedeutet „anders" leben? Anders im Vergleich zu wem oder was? Gibt es eine jenische Gruppenidentität und auf was begründet sich diese? Mein Forschungsinteresse war mit diesen Gedankengängen geweckt und entschieden. Doch viel mehr, als dass ich mich mit der Situation der jenischen Minderheit in der Schweiz auseinandersetzen möchte, wusste ich zunächst nicht. Die Inspiration und Motivation für die Thematik waren da, aber in welche Richtung meine Arbeit genau zielen würde, galt es zuerst herauszufinden.

20.2   Alles muss (nicht) rein (!)?: Forschungsfragen

Diese Suche nach meinem spezifischen Forschungsziel lässt sich als Slalom beschreiben, als fortlaufende Entwicklung im Prozess mit verschiedenen Wendungen. Basierend auf der Analyse von historischen und aktuellen Werken über die Jenischen im breitmöglichsten Sinne sowie dem Studium von Medienberichten und Filmen kristallisierte sich die Problematik von Stand- und Durchgangsplätzen als aktuell brisantestes gesellschaftspolitisches Thema heraus. Für eine mobile Lebensweise sind die Fahrenden im Winter auf Stand- und im Sommer auf Durchgangsplätze angewiesen, ohne welche eine legale Ausübung dieser Lebensweise nicht möglich ist. In der Schweiz sind die Plätze hart umkämpft; nicht nur ist der nutzbare Raum bereits ein heikles Thema, sondern spielt hier der gesellschaftlich verankerte negative Diskurs über „die Fahrenden" eine zentrale Rolle. Diese etwas „andere" Aneignung von Raum durch die fahrende Lebensweise schien das perfekte geographische Forschungsfeld zu sein, welches gesellschaftliche, politische und räumliche Aspekte vereinte. Jedoch geriet diese Spur schnell ins Wanken:

---

1   Die Anzahl der Jenischen in der Schweiz wird unterschiedlich geschätzt und ist nicht statistisch belegt. Die Zugehörigkeit zur jenischen Bevölkerungsgruppe wird in den Volkszählungen ebenso wenig erfasst, wie die Verwendung der jenischen Sprache. Dazu kommt die Tatsache, dass viele Gruppenangehörige wegen allfälligen Ressentiments ihre Herkunft nicht preisgeben oder einfach nicht mehr davon wissen (Roth 2001, S. 23). In der Schweiz leben mehr als 90 % der Jenischen als sogenannte „Betonjenische"; je nach Angaben zwischen 2500 und 5000 leben als Fahrende (Eigenmann et al. 2011, S. 29).

2   Mit dem Ziel der Beseitigung der nichtsesshaften Lebensweise wurden zwischen 1926 und 1973 durch die Stiftung Pro Juventute organisiert, vom Bund subventioniert und von den Kantonen und Gemeinden unterstützt 586 Kinder aus jenischen Familien in Pflegefamilien, Kinder- und Erziehungsheimen sowie in psychiatrischen Anstalten fremdplatziert (Galle und Meier 2009; Leimgruber et al. 1998).

Es mangelte nicht nur an einem konkreten Forschungsziel, mein Erkenntnisinteresse an der jenischen Minderheit sollte auf keinen Fall einem Raumplanungsvorhaben zum Opfer fallen. Gleichzeitig brachte mich diese Kurve zurück zur Frage: Wer sind die in der Diskussion angesprochenen Jenischen, die scheinbar Auslöser für eine hartumkämpfte Raumaneignung sind?

In der Literatur fand ich verschiedene Antworten auf die Identitätsfrage der Jenischen aus historischer Perspektive sowie aus biografischer oder sprach- und kulturwissenschaftlicher Sichtweise (u. a. Dazzi et al. 2008; Nobel 2003; Roth 2001; Schär und Ziegler 2014). Was jedoch fehlte, waren konkrete Sichtweisen von Jenischen auf ihr Kulturverständnis; also eine Innenperspektive. Die Forschungslücke war entdeckt. Mein Ziel der Ausleuchtung der Identitätskonstruktion der jenischen Minderheit stand fest, und ich formulierte in steter Auseinandersetzung und Abgrenzung zu anderen Arbeiten meine Forschungsfragen: Wie gestaltet sich die Gruppenkonstruktion „der Jenischen" in der Schweiz? Wie präsentiert sich eine Außensicht aus der Literatur auf das Konstrukt „der Jenischen"? Wie konstruieren Menschen, die sich selber als „Jenische" bezeichnen, von innen eine Gruppe?

20.3 Der Blick mit der Diskurs-Brille

Wenn ich die perfekte Theorie finde, dann vermag diese meine konzeptuellen Unsicherheiten alle aufzulösen. Für eine gewisse Zeit suchte ich nach dieser „Musterlösung", nach der alles erklärenden Theorie, welche die Beantwortung meiner Forschungsfrage unterstützen würde. Erst nach weiteren Überlegungsschlaufen realisierte ich, dass vielmehr eine begründete Perspektive von Nutzen wäre. Eine theoretische Brille, die mich unterstützt, das Phänomen der Gruppenkonstruktion aus einem bestimmten Blickwinkel zu betrachten. Mitten in diesen Gedanken wurde mir klar, dass ich die Theorie ja bereits hatte, indem ich von der Konstruktion von Gruppen ausging und mich somit auf gesellschaftlich konstruierte Denkmuster bezog. Die beiden Zugänge bilden die Basis einer konstruktivistisch und diskurstheoretisch gestützten Perspektive.

„Konstruktion" bedeutet, dass die Vorstellungen von Gruppen gesellschaftlich geschaffen werden. „Wahrheiten" und „Wirklichkeiten" sind dynamisch und veränderbar, wobei die handelnden Subjekte sowie Ort und Zeit eine zentrale Rolle in deren Produktion spielen. Das heißt, wer die Jenischen sind, wurde und wird fortlaufend durch die verschiedenen Akteure konstruiert und ein Bild – ein Diskurs – einer Gruppe gesellschaftlich produziert und verfestigt. Die Diskurs-Perspektive macht deutlich, dass sich gesellschaftliche Denkmuster in Form von Aussagepraktiken veräußern. Dabei agieren Aussagen als Kernelemente eines Diskurses, welche durch Formationsregeln zu etwas Strukturiertem, etwas Bestimmtem konstruiert werden. Diskursformationen sind folglich keine „richtigen" oder „wahren" Abbildungen der Wirklichkeit, vielmehr stellen sie diese Wirklichkeit her (Keller 2008, S. 79).

20.4 Rekonstruktion der Konstruktion: methodisches Vorgehen

Mit dem Verständnis einer diskursiven Konstruktion von Gruppen legte ich mich im Verlaufe der thematischen Einarbeitung auf die Betrachtung der Gruppenkonstruktion aus zwei Perspektiven fest: Eine Kombination von Außen- und Innensicht sollte mein Forschungsziel ermöglichen. Diese Zweiteilung spiegelte sich ebenso in den methodischen Schritten wider. Als Sicht von außen diente eine auf die Begriffe sowie historischen Geschehnisse fokussierte Literaturanalyse. Sie ermöglichte mir einen für die vorhandenen Zeitressourcen adäquaten, wenn auch eingeschränkten, Überblick. Für die Sicht von innen stand fest, dass ich die Jenischen selbst einbeziehen muss. Damit ich die für die Beantwortung der Forschungsfragen notwendigen Rückfragen stellen konnte, entschied ich mich für Interviews und ließ die Option einer Analyse von biografisch geprägter jenischer Literatur fallen.

- **Experten- und Expertinneninterview**

Die Konstruktion einer Gruppe ist nicht etwas, mit was sich die Menschen alltäglich beschäftigen. Zwar geben viele alltägliche und sich wiederholende Verhalten, Rituale oder Besonderheiten Auskunft über gruppenspezifische und Identitätsstiftende Merkmale, jedoch werden diese von den Menschen eher unbewusst wahrgenommen. Deshalb stand fest, dass ich Tiefeninterviews durchführen will, um die Forschungsfragen beantworten zu können. Die Interviews wurden einzeln durchgeführt, damit die individuellen Sichtweisen ohne gegenseitige Beeinflussung zum Ausdruck kamen. Da es die zeitlichen Ressourcen einer Bachelor-Arbeit nicht erlaubt haben, dass ich 20 oder mehr Interviews führen, transkribieren und auswerten kann, habe ich mich für zwei Experteninterviews mit sogenannten „Gatekeepern" entschieden. Diese Gatekeeper sind in meinem Fall „aktive Jenische", also Personen, die sich selber als Jenische bezeichnen und sowohl gegen außen in der Öffentlichkeit, als auch gegen innen besondere Rollen als Ansprechpersonen einnehmen. Das heißt, es interessierte mich die Expertise der beiden Personen – ihr Denken über die Gruppe – und nicht das Wissen über ihre eigene Person (Flick 2009, S. 214 f).

- **Rekonstruktion von Sinn: Auf die Sprache kommt es an!**

Gleichzeitig stellte ich mir bei der Operationalisierung des Forschungsvorhabens die Frage, wie die Interviews ausgewertet werden sollen. Wie kann ich die Gruppenkonstruktion der Jenischen am besten verstehen, ohne meine eigene Sichtweise und bestehende gesellschaftliche Diskurse zu stark hineinzuprojizieren? Die theoretische Brille verhalf mir über mein Verständnis der Konstruktion im Klaren zu sein. Danach werden diskursive Konstruktionen von verschiedenen Seiten geprägt, fortlaufend weiterentwickelt, unterschiedlich beeinflusst und verändert. Das Wissen und die Versionen von Wirklichkeiten werden durch Äußerungen der Individuen in Form von sprachlichen Gedankenäußerungen konstruiert. So sind auch die beiden Interviewpartner aktiv daran beteiligt: Es gilt, deren eigene Konstruktion zu verstehen. „Wie ‚funktioniert' konkret das Verstehen sprachlicher Sinnkonstruktionen?" (Kruse 2014, S. 472).

Einen möglichen Weg für die Beantwortung dieser Frage fand ich im Integrativen Basisverfahren nach Jan Kruse, der mit Bezug zur sprachlichen Linguistik, der dokumentarischen Methode Karl Mannheims und zu Ralf Bohnsacks Rekonstruktiven Methoden ein breites Methodenrepertoire zur Rekonstruktion von Konstruktion vorlegt. Durch die Analyse von kleinsten sprachlichen Einheiten wie Wörtern, Argumenten oder auch Vergleichen und Abgrenzungen kommt es zu einer Rekonstruktion der Konstruktion ersten Grades, also des impliziten Wissens (Bohnsack 2003, S. 13–30). Es wird also versucht *„den Sinn hinter dem Sinn"* zu erschließen (Kruse 2014, S. 25; H. i. O.). Kruse entwickelt ein Vorgehen, bei dem die Analyse eine Vorgehensweise ohne bereits interpretierende Bildung von Kategorien erlaubt, wie dies etwa bei der klassischen Inhaltsanalyse der Fall ist. Die Interviewanalyse soll nicht anhand vordefinierter Interpretationskategorien erfolgen, sondern offen sein für Überraschungen, die das Material bereithält. So bin ich zum Beispiel nicht an das Material herangegangen mit der Kategorie „Jenische als Fahrende", sondern mit einer offenen Analyseebene wie „Dualismen". Somit können viel mehr Eingrenzungs- und Abgrenzungsmechanismen in den Blick geraten. Oder anstelle von klaren Kategorien wie „Jenische" und „Schweizer" verhalf mir die Ebene „Gruppierungen" mich auf induktive Identifikationsmechanismen zu fokussieren.

◩ Tab. 20.1 Ausschnitte des Analysesystems (eigene Darstellung)

Formale Strukturen	Bedeutung	Kodes	Analyseebene
anders ..., aber	Verweise auf Unterschiede	1. Unterschiede	**Dualismen (Vergleiche / Gegensätze)**
..., wie	Vergleiche	2. Vergleiche	
gleich auch	Verweise auf Ähnlichkeiten	3. Ähnlichkeiten	
wir, uns, zusammen für uns	Gruppenidentifikation	4. Gruppen- identifikation	**Gruppierungen**
eigene sie, diese, ihnen die	Abgrenzung, Gruppierung von ‚anderen' Menschen	5. Abgrenzung	
die Jenischen die Sesshaften	Bezeichnung einer Menschengruppe	6. Gruppenbe- zeichnung	

Das integrative Basisverfahren fokussiert sich auf die symbolischen Strukturen und analysiert in einem ersten Schritt „nur" die strukturelle Sprachebene: „Die Explikation der Formalstruktur vermittelt denjenigen einen Zugang zum Sinngehalt von Texten, die als kulturell Fremde oder Gruppenfremde keinen unmittelbar verstehenden Zugang haben. Das heißt, für einen systematischen und (intersubjektiv) kontrollierbaren Zugang zu fremden Sinngehalt bedarf es der Explikation der Formalstruktur" (Bohnsack 2003, S. 138). Somit wird der „Sinn" aus dem Text herausgearbeitet und nicht in den Text hineingelegt (Kruse 2014, S. 474). Dieser Zugang ermöglichte mir ganz nahe und in einem verlangsamten Prozess am Text dran zu bleiben. Die stärker induktiv geprägte Auswertung benötigt jedoch nicht nur viel Zeit, sondern ebenso Interesse an einer vertieften Auseinandersetzung mit Sprache(n) und ihrer kontextbezogenen Verwendung. Die vorangehende Tabelle (◩ Tab. 20.1) zeigt Auszüge aus dem Analysesystem. Die deskriptiv aufgenommenen formalen Strukturen werden in Analyseebenen (Grautöne) mit untergeordneten Codes gegliedert. „Hier vollzieht sich der Übergang der *deskriptiven Rekonstruktion* zur (abschließenden) *rekonstruktiven Interpretation*" (Kruse 2014, S. 567; H. i. O.).

In einem weiteren Durchlauf des Materials wurden den markierten Analyseebenen die passenden Codes (hochgestellte Zahlen) zugeordnet, um in einer verknüpfenden Interpretation zwischen formalen Strukturen und thematischen Punkten zu münden (◩ Tab. 20.2).

20.5 Eine Gruppenidentität entsteht als Zwischenraum

Die Existenz einer jenischen Gruppe wird von innen und von außen bestätigt. Die zwei markantesten Merkmale, die dazu benötigt werden, sind die jenische Sprache und die fahrende Lebensweise. Das Jenische ist eine mündlich tradierte gruppenspezifische Sondersprache, welche von Außenstehenden kaum oder gar nicht verstanden wird oder werden soll (Roth 2001, S. 98–99). Die beiden Interviewpartner sprechen mit Stolz von ihrer „Geheimsprache" und unterstreichen sie als Besonderheit, als Eigenheit: „Das [Jenische] finde ich schon noch lässig, das finde ich lustig. Ja, ich finde, ist etwas was ihr nicht habt, ist gut oder? Es gibt Berner Dialekt, es gibt

◻ Tab. 20.2 Ausschnitt aus der Synthesetabelle mit den exemplarischen Analyseebenen und Codes(Interview Person B)

Transkribiertes Interview	Interpretation / Analyse
A: / und die wie in einen Topf werfen. Also dann siehst du da schon eine klare, also dass sich die Jenischen klar von den Roma unterscheiden? Grenzen sie sich da irgendwie ab? B: Und vor allem - . Ja ich bin auch dafür. Also ich sage immer, dass wir[4] die gleiche Lebensweise haben, das Fahren[3]. Ja und das unterscheidet[1] uns[4] ja auch von [1]den Sesshaften[5&6]. Aber sonst, haben die Roma[6] eine andere Kultur[1], viel traditioneller als wir[4&5], vielleicht konservativer kann man sagen und ja, sie[5] haben halt auch noch den Ausländer-Status. Und ja wir[4], ich sage immer: ‚Wir[4] haben die gleichen Pflichten[3], aber nicht die gleichen Rechte[1]' [wie die sesshaften Schweizerinnen und Schweizer]. Also weisst du, ich bezahle Steuern, ich muss das halt einfach nochmal sagen, ich muss meine Sachen machen, wie jeder andere auch[2], also darf ich ja auch das Recht haben mein Leben zu leben. Und bei den Roma[5&6], wenn man die[5] jetzt halt hat, dann muss man halt schauen, dass man Auffangplätze macht in Grossstädten, aber nicht einfach ‚nichts tun' und das der Bevölkerung[5&6] sein lässt, wenn da die Medien schreiben.	-　Selbstverständliche Pflichten, die von ‚außen' nicht wahrgenommen werden (Betonung, Wiederholung, Selbstverständlichkeit, Pflicht) -　Allgemeingültiges mit Pflichten und Forderungen verbunden -　Unterscheidung Minderheit / Mehrheit (Gruppenidentifikation der Minderheit)

Walliser Dialekt, warum sollten wir nicht auch einen haben?" (Person C). Von innen gilt es die vor allem durch das „Hilfswerk" verlorene Sprache zu fördern und sie als Selbstverständlichkeit in die heterogene Schweizer Sprachenlandschaft zu integrieren.

Die fahrende Lebensweise – „das freie Leben" (Person C) – wird als weiteres Merkmal hervorgehoben. „Das Fahren macht uns Jenische aus und unterscheidet uns von den Sesshaften. Was macht uns sonst schon anders? Ich bin gerade so Schweizer wie du" (Person B). Während die Gruppe in der Literatur deutlich über die Unterschiede abgegrenzt, das „Andere" gesucht (und gefunden) wird, kommt es aus der Perspektive von innen zu einer vermehrten Auflösung von klaren Grenzen und einer sich wiederholenden Betonung der Integration in der Schweizer Gesellschaft: „Ich bin einfach ein Jenischer und ein Schweizer, so wie du, ja vielleicht kann ich sagen, einfach ein Jenischer Schweizer anstatt ein Berner Schweizer" (Person B). Doch gleichzeitig wird die Eigenheit, „das Andere", ebenso unterstrichen: „Jenische, ganz klar, einfach Jenische. Das was wir sind. (…) Das kannst du nicht sein, das bist du einfach" (Person B). Mit dieser Aussage antwortet Person B auf die Frage nach einer Eigenbezeichnung und verstärkt diese mit Wörtern wie „ganz klar" oder „einfach", was auf die vermeintliche Selbstverständlichkeit und Klarheit hinweist. Person B bezieht sich auf ein „natürliches Vorkommen", was „man einfach ist", auf ein „tiefes Gefühl", welches auch nach Person C schwer oder gar unmöglich zu beschreiben ist: „Das ist eben das (zeigt auf das Herz). Das kann ich dir nicht sagen. Genau das kann ich dir nicht sagen. Das ist ein Gefühl, das du hast. […] Wir sind anders. Wir sind einfach anders." Folglich lässt sich die Konstruktion der Gruppe als „im Zwischenraum" beschreiben. Eine jenische Gruppenidentität wird auf der Schnittstelle zwischen Zugehörigkeit zur Mehrheitsgesellschaft und gleichzeitig zur Minderheit konstruiert.

20.6   Am Anfang kann nicht alles schon klar sein!

Die Frage nach der Gruppenidentität der Jenischen kann nicht in einem einzigen Satz erklärt werden – was auch nie möglich sein wird und sein soll. Doch die Arbeit hat aufgezeigt, wie komplex sich die Gruppenidentität der Jenischen darstellt, wie vielfältig und individuell die Konstruktionen verlaufen und wie sich eine Gruppe situativ abgrenzen und einordnen kann. Gleichzeitig bleiben – wie bei jeder Forschung – viele Fragen offen, wie etwa jene nach dem Bild der Jenischen in der Schweizer Gesellschaft oder dem Verhältnis der Jenischen zu weiteren Gruppen wie den Sinti oder Roma. Die diskursive Brille lässt zudem eine Diskrepanz entstehen zwischen der Verwendung von Begriffen und Kategorien und einer gleichzeitigen konstruktivistischen Sichtweise darauf. Es gilt, die eigene Produktion von Diskursen (in der Arbeit) fortlaufend kritisch zu reflektieren und sich gleichzeitig in den gedanklichen Experimenten nicht zu verlieren.

Tipp

- Löst Euch vom Gedanken, dass Ihr das Ergebnis schon zu Beginn wissen müsst! Akzeptiert den Prozess der Entwicklung.
- Steckt Euch einen klaren konzeptuellen und zeitlichen Rahmen, der aber Entwicklungen und Wendungen im Prozess bis zum Abschluss zulässt!
- Nehmt dies ernst, auch wenn Ihr es viel zu hören bekommt: Konzentration und Fokussierung auf das (wirklich) Wesentliche!
- Der Mut und das Vertrauen in neue methodische Wege haben mich thematisch, gedanklich und persönlich weitergebracht: Der Sprung ins Ungewisse lohnt sich!

Literatur

Bohnsack, R. (2003). *Rekonstruktive Sozialforschung. Einführung in qualitative Methoden.* Opladen: Leske & Buderich

Dazzi, G., Galle, S., Kaufmann, A., & Meier, T. (2008). *Puur und Kessler. Sesshafte und Fahrende in Graubünden.* Baden: Hier + Jetzt. Institut für Kulturforschung Graubünden (Hrsg.)

Eigenmann, T., Eugster, R., & Gaudenz, J. (2011). *Fahrende und Raumplanung. Standbericht 05.* St. Gallen: Stiftung „Zukunft für Schweizer Fahrende".

Flick, U. (2009). *Qualitative Sozialforschung. Eine Einführung.* Reinbek bei Hamburg: Rowohlt.

Galle, S., & Meier, T. (2009). *Von Menschen und Akten. Die Aktion „Kinder der Landstrasse" der Stiftung Pro Juventute.* Zürich: Chronos.

Keller, R. (2008). *Michel Foucault.* Konstanz: UVK.

Kruse, J. (2014). *Qualitative Interviewforschung. Ein integrativer Ansatz.* Weinheim: Beltz.

Leimgruber, W., Meier, T., & Sablonier, R. (1998). *Das Hilfswerk für die Kinder der Landstrasse. Historische Studie aufgrund der Akten der Stiftung Pro Juventute im Schweizerischen Bundesarchiv.* Bern: Schweizerisches Bundesarchiv Dossier 9.

Nobel, V. (2003). Jenische Geschichte und die Betonjenischen. In H. K. Becker (Hrsg.), *Jenische, Sinti und Roma in der Schweiz* Basler Beiträge zur Geschichtswissenschaft, (Bd. 176, S. 103–120). Basel: Schwabe.

Roth, H. (2001). *Jenisches Wörterbuch: Aus dem Sprachschatz Jenischer in der Schweiz.* Frauenfeld: Huber.

Schär, B. C., & Ziegler, B. (2014). *Antiziganismus in der Schweiz und in Europa. Geschichte, Kontinuitäten und Reflexionen.* Zürich: Chronos.

Proteste am Zuckerhut

Eine soziale Bewegung mittels Metaphernanalyse untersuchen

Samuel Posselt

J. Wintzer (Hrsg.), *Qualitative Methoden in der Sozialforschung,*
DOI 10.1007/978-3-662-47496-9_21, © Springer-Verlag Berlin Heidelberg 2016

21.1   Die Protestbewegung: eine persönliche Erfahrung als Startpunkt

Tausende Menschen sind auf der Straße, Protestlieder erklingen, die Menschenmassen kommen nur schleppend voran, es regnet Papierschnitzel von Wolkenkratzern, die Emotionen kochen hoch und Solidarität erfüllt den öffentlichen Raum. Die Demonstrationen der Protestbewegung im Juni 2013 in Brasilien werden nicht nur mir lange in Erinnerung bleiben, auch im Land selber stellen sie den ersten Protest von breiten Bevölkerungsschichten seit den 1990er-Jahren dar und erlangen einen hohen Stellenwert (Navarro et al. 2013). Nach dem Abflauen der Protestwelle bleibt die Frage: Wie ist es möglich, dass so viele Menschen gemeinsam protestieren? Die persönliche Protesterfahrung dient nicht nur als Motivation, sondern ermöglicht auch einen ersten wichtigen Zugang zum Thema. Auch wenn dieser Erstkontakt mit der brasilianischen Protestbewegung im Juni 2013 nicht wissenschaftlich erfolgte, stellte er für den weiteren Verlauf der Forschung eine wichtige Ressource dar. Durch die Erlebnisse und die persönlichen Kontakte war eine wichtige Bedingung für eine qualitative Forschung erfüllt: das Kontextverständnis (Kruse et al. 2011)

21.2   Erst Methode, dann Forschungsfrage: Forschen irgendwie andersherum!

Eine Protestbewegung ist sehr mannigfaltig und kann auf unterschiedliche Weise untersucht werden. Der Vorteil einer qualitativen Herangehensweise ist die Möglichkeit, sich mit der persönlichen Realität, der Protesterfahrung und der Motivation der Protestierenden beschäftigen zu können (Strübing 2013). Trotzdem muss man sich bei der Auswahl eines Forschungsthemas auf einen konkreten Aspekt einer vielseitigen Bewegung fokussieren. Ich habe mich in meinem Projekt für die Analyse der Protestplakate entschieden. Sie sind ein sehr verbreitetes, einfach herzustellendes Protestmittel und drücken den persönlichen Protest einer und eines jeden Einzelnen aus.

Mich hat interessiert, welche Konzepte und Vorstellungen die Protestierenden in ihrem Entscheid, auf die Straße zu gehen, beeinflussen. Diese Frage führte mich direkt zur Rekonstruktiven Metaphernanalyse von Jan Kruse et al. (2011). Denn mithilfe dieser Methode können die übergeordneten Konzepte und die persönlichen Realitäten analysiert werden, welche die Protestierenden in ihren Protestplakattexten implizit mitteilen. Die konkreten Forschungsfragen entstanden somit aufgrund einer Kombination aus der Eingrenzung des Forschungsfokus und der Auswahl der Methode. Sie lauteten wie folgt: Welche sprachlichen Mittel und Metaphern verwenden die Protestierenden, um sich auf den Plakaten zu artikulieren? Welche Konzepte stehen hinter den verwendeten Metaphern? Welchen Einfluss hat der gesellschaftliche Kontext auf die metaphorischen Konzepte? Wie beziehen sich die Protestierenden in den verwendeten Metaphern auf Raum?

Tipp

Da ich selbst keine Fotos der Protestbewegung besaß, habe ich Bildmaterial im Internet gesucht und bei Fotografen und Fotografinnen angefragt. Aus den zur Verfügung stehenden Fotos wurden dann die Plakate herausgefiltert (◘ Abb. 21.1). Dabei habe ich auf möglichst viele verschiedene Quellen für die Datengewinnung zugegriffen, um die Gefahr eines einheitlichen Samplings zu minimieren.

Die Proteste im Juni 2013 in Brasilien

Die Protestbewegung im Juni 2013 ist für die brasilianische Geschichte ein einschneidendes Ereignis (Navarro et al. 2013). Ausgelöst wurde sie durch die Erhöhung der Busfahrpreise in São Paulo und Rio de Janeiro. Doch zu Beginn deutete nichts auf eine solch große Ausbreitung der Bewegung hin, die Demonstrationen wurden durch eine starke Repression niedergeschlagen, und die Medien berichteten negativ über die Proteste. Jedoch war durch den Confederation Cup der FIFA die internationale Öffentlichkeit auf Brasilien

gerichtet. Die Proteste wuchsen immer stärker an, die Medien schlugen sich angesichts dieser Entwicklung auf die Seite der Protestierenden (Navarro et al. 2013), und die Proteste gipfelten in den Demonstrationen vom 20. Juni 2013, wo in Rio de Janeiro eine Million Menschen protestierte und viele Städte im ganzen Land im Zeichen des Protestes standen. Die Forderungen der Bewegungen waren sehr vielseitig: Von freiem öffentlichen Verkehr über mehr Investitionen ins Bildungs- und Gesundheitswesen reichten sie, bis zum Kampf gegen Korrup-

tion oder für niedrigere Steuern. So schnell der Protest ausbrach, so schnell endete er auch wieder: eine Demonstration am Finaltag des Confederation Cups in Rio de Janeiro markierte das Ende dieser Protestwelle. Die Errungenschaften der Protestierenden waren klein, so wurden zwar die Busfahrpreise in São Paulo und Rio de Janeiro wieder herabgesetzt, aber die geforderten politischen Veränderungen versandeten genauso wie die Lösungsvorschläge der Präsidentin Dilma.

◘ **Abb. 21.1** Plakattexte an der Demonstration vom 17. Juni 2013 (Foto: Erick Dau)

21.3 Keine passende Theorie: „Self made" als Lösung

Die Erforschung von Sozialen Bewegungen ist in den Sozialwissenschaften ein über Jahrzehnte stets präsentes Thema. Jedoch gibt es keine einheitliche Stoßrichtung in der Forschung, sondern es werden unterschiedliche theoretische und methodische Ansätze zur Untersuchung Sozialer

Bewegungen angewandt (vgl. Buechler 2011; Hellmann 1998; Koopmanns 1998). Zur theoretischen Einbettung der Forschungsarbeit wurden die bestehenden Ansätze konsultiert, jedoch scheiterte die Auswahl an verschiedenen Prämissen: So bauen der Political-Opportunity-Ansatz und der Ressource-Mobilization-Ansatz auf der Rational-Choice-Theorie auf. Die persönliche Entscheidung der Protestierenden, an den Demonstrationen teilzunehmen, würde nach diesen Ansätzen auf Kosten/Nutzen-Abwägungen gründen (Pettenkofer 2010). Da die Protestrealitäten der Protestierenden aber nur schwer mit Kosten/Nutzen-Argumenten konzeptualisiert werden können, wurde auf den Einbezug dieser Ansätze verzichtet.

Der Structural-Strains-Ansatz, der gesellschaftliche, strukturelle Probleme wie soziale Ungleichheit oder eine hohe Arbeitslosigkeit in den Fokus stellt (Buechler 2011), war nicht geeignet, da damit die persönliche Protestrealität nicht schlüssig thematisiert werden kann. Und auch die beiden Ansätze Collective Identity und Framing wurden nicht ausgewählt, weil sie einerseits auf einer einheitlichen kollektiven Identität und andererseits auf einer Protestelite basieren. Beide Phänomene konnten während der Proteste nicht oder nur bedingt beobachtet werden.

Keiner der etablierten Ansätze in der Erforschung von Sozialen Bewegungen war also für die Protestbewegung und die Analyse der Protestplakate passend. Auf der Suche nach einer geeigneten theoretischen Grundlage wurden verschiedene Handlungstheorien konsultiert. Schließlich führte auch hier der Weg über die Metaphernanalyse zu den entscheidenden theoretischen Grundannahmen. Die Analyse der Protestplakate stützte sich demnach auf eine handlungstheoretische Basis, welche die Protestplakate als eine gesellschaftlich bedingte und durch den Kontext beeinflusste Handlung versteht (Froschauer und Lueger 2009). Mit dieser Grundlage konnten die Protestplakate als eine kommunikative Handlung der Protestierenden verstanden werden. Dementsprechend konnten auch bestehende qualitative Analyseverfahren für Gespräche (in dieser Arbeit die Rekonstruktive Metaphernanalyse) auf die Plakattexte angewandt werden.

Damit war eine theoretische Basis geschaffen, jedoch blieb die Anbindung an etablierte Forschungsdiskurse in der Sozialen Bewegungsforschung schwierig. Dahingehend ist Kritik an der „Self-made“-Theorie nachvollziehbar, da es sich nicht um einen bis in letzte Detail zu Ende gedachten Theoriekomplex handelt. Die Entscheidung, nicht an einer aus dem Feld der Sozialen Bewegungsforschung etablierten Theorie anzuknüpfen, war dennoch zufriedenstellend, denn dadurch wurde es möglich, sich an der Methode zu orientieren und dem Forschungsprozess neuen Schwung zu verleihen.

21.4 Das zentrale Element: die Methode

Das Forschungsdesign wurde auf die Methode ausgerichtet, ein gutes Verständnis und eine ausführliche Besprechung der Methode waren somit zentral für das Gelingen der gesamten Forschungsarbeit. Die rekonstruktive Metaphernanalyse hat nicht zum Ziel, eine linguistische Analyse von Metaphern durchzuführen, sondern es geht darum, den Kontext und den sozialen Sinn der metaphorischen Sprache zu analysieren. Kruse et al. (2011, S. 8) drücken dies folgendermaßen aus: „Über die Analyse der metaphorischen Wahlen von Sprechern bzw. Sprecherinnen können mehr oder weniger direkt die ihnen zugrunde liegenden Repräsentations- und Relevanzsysteme rekonstruiert werden" (Kruse et al. 2011).

Der Fokus liegt dabei auf sprachlichen Sinnkonstruktionen und wie anhand von sprachlichen Bildern und Metaphern kommuniziert wird. Durch die Metaphern werden unbekannte und schwer vermittelbare Inhalte so in Worte gefasst, dass sie von den Empfängern und Empfängerinnen verstanden werden: „Durch die Metapher wird etwas Abstraktes, Unbekanntes bzw. ‚Un-fassbares‘, nicht ‚Be-Greifbares‘ übersetzt in konkrete, bekannte Zusammenhänge" (Kruse et al. 2011, S. 65). Aufgrund dessen schätzen Kruse et al. (2011) die Bedeutung von Metaphern in der sprachlich-kommunikativen Erzeugung von Realität als sehr groß ein. Sie erkennen in der von ihnen entwickelten Methode aber nicht ein alleinstehendes Analyseverfahren, welches die gesamte sprachlich-kommunikative Sinnproduktion analysiert, sondern eines von vielen sich ergänzenden Analyseverfahren.

Für die Untersuchung der Plakattexte ist die rekonstruktive Metaphernanalyse gut geeignet, da sie einen Schwerpunkt auf die Kontextualität der sprachlich-kommunikativen Sinnproduktion legt. Der Kontext der Kommunikationssituation wird in die Analyse miteinbezogen und hinterfragt. Diese Ausgangslage war für die Analyse der Plakattexte wichtig, denn einige Protestierende nahmen in ihren Plakaten Bezug auf bereits vorangegangene Demonstrationen oder die repressive Gewalt der Polizei. Zusätzlich verwendeten die Protestierenden in ihren Plakattexten eine ausgeprägte Bildsprache und bekannte Metaphern, um sicherzustellen, dass die Botschaften von den EmpfängerInnen verstanden wurden.

■ **Konkretes Vorgehen**

Kruse et al. (2011) schlagen in ihrer Methode vier Arbeitsschritte vor: „(1) Ausschneiden/ Sammeln, (2) Kategorisieren, (3) Abstrahieren/Vervollständigen und (4) kontextuell Einbinden/Interpretieren". Dieses Vorgehen wurde auch für die Untersuchung der Plakattexte angewandt, jedoch wurde die Methode dabei noch mit einem vorhergehenden Schritt ergänzt: „(0) Übersetzung". Diese Ergänzung des methodischen Konzepts ist der Tatsache geschuldet, dass die Plakattexte nicht in ihrer Originalsprache analysiert wurden. Eine solche Übersetzung kann durchaus kritisch betrachtet werden, denn sie ist bereits eine erste Interpretation der Textfragmente, und es lassen sich nicht alle Bedeutungen der Sprache übersetzen. Um diesen Herausforderungen gerecht zu werden, wurde das von Béla Filep (2009) vorgeschlagene Consultation-Verfahren durchgeführt. Consultation beinhaltete die Besprechung der Plakattexte mit drei weiteren Personen, welche Portugiesisch als Muttersprache sprechen. Mit diesem Verfahren konnte einerseits das Verständnis für einige Plakattexte erhöht und andererseits die Qualität der Übersetzungen verbessert werden. Außerdem sind beim Consultation-Verfahren kulturelle Gegebenheiten zutage getreten, so beziehen sich viele Protestierende auf Liedtexte brasilianischer Musiker und Musikerinnen. Beispiele dafür sind „Eure Kinder stürzen Könige", eine Textzeile aus dem Lied „Geração Coca-Cola" von Legião Urbana oder die Textzeile „Frieden ohne Stimme ist nicht Frieden, sondern Angst", welche aus dem Lied „Minha Alma" von O Rappa stammt.

> **Tipp**
>
> Damit die Interpretation der Plakattexte durch die Übersetzung nicht verfälscht wird, wurde versucht, eine möglichst wörtliche, detailgetreue Übersetzung anzuwenden. Denn damit wurden der Bildgehalt der Sprache und die verwendeten Metaphern möglichst ihrer Originalaussage entsprechend wiedergegeben. Die Ergänzung des methodischen Vorgehens mit einem weiteren Arbeitsschritt erwies sich als eine Herausforderung, letztlich konnte das Forschungsdesign damit aber sinnvoll und nachvollziehbar gestaltet werden.

21.5   Die Proteste als „Krieg" verstehen

Die rekonstruktive Analyse der Protestplakate hat vor allem zwei übergeordnete metaphorische Konzepte hervorgebracht. Das erste metaphorische Konzept „Protest ist Krieg" konstruiert die Proteste als eine Konfliktsituation, in welcher das „Volk als Lebewesen" dem „Politiker sind Diebe" gegenübersteht. Somit bekämpfen in diesem Krieg die Protestierenden ihre Feinde, die Politiker und Politikerinnen. Wie in einem Krieg üblich, gibt es auch Verbündete, in diesem Konflikt sind dies die Polizisten und Polizistinnen, welche dazu aufgerufen werden, mit den Protestierenden zu kooperieren. Interpretieren lässt sich dieses metaphorische Konzept aufgrund der ausgeprägten Repression, welche die Polizei in Rio de Janeiro, aber auch in anderen Städten Brasiliens gegenüber den Protestierenden angewandt hatte (Navarro et al. 2013). Die verwendete Kriegsmetaphorik ist in diesem Kontext einleuchtend. Aber interessant ist es, dass in diesem Krieg nicht die Polizei als unmittelbarer Aggressor den Feind darstellt, sondern die Politiker und Politikerinnen. Die Polizei wird vielmehr als potenzieller Verbündeter verstanden und dazu aufgerufen, auf die Seite der Protestierenden zu wechseln. Ausdruck dessen sind Plakattexte wie „Herr Polizist, ich bin nicht ihre Feindin! Ich werde für sie und ihre Familie kämpfen, auch wenn du mich schlägst, berühr mein Herz und mach eine Revolution! Komm mit uns!" oder „Befohlener Schlagstock [Polizist] du wirst auch ausgebeutet". Gesellschaftliche Institutionen wie Gewerkschaften oder andere soziale Bewegungen werden von den Protestierenden hingegen nicht als Verbündete in diesem Krieg wahrgenommen.

Das zweite metaphorische Konzept ist „Brasilien als Lebewesen". Dabei beschreibt dieses metaphorische Konzept die Situation, dass Brasilien als Lebewesen viele „Gegenstände" wie beispielsweise das Bildungswesen, das Gesundheitswesen oder auch das Geld besitzt, diese jedoch von den Politikern und Politikerinnen („Politiker sind Diebe") geraubt werden. Aus diesem Grund kämpfen die Protestierenden darum, dass Brasilien die ihm entwendeten Besitztümer wieder zurückerhält. Der Bezug auf Brasilien als ein Lebewesen, welches sich um sein Volk sorgt, kann anhand der brasilianischen Nationalhymne erklärt werden. Brasilien wird dort als „fürsorgliche Mutter" für die Töchter und Söhne dieses Bodens beschrieben. Diese Metapher aus der brasilianischen Nationalhymne lässt sich in den Plakaten der Protestierenden wiederfinden. Die hohe Relevanz des Kontextes zeigt sich somit auch in den Ergebnissen und der Interpretation der rekonstruktiven Metaphernanalyse.

Viele der analysierten Plakattexte beinhalteten Metaphern. Metaphern waren somit eine bevorzugte sprachliche Praktik in der Kommunikation mit Protestplakaten. Die Protestierenden waren sich dem metaphorischen Gehalt ihrer Texte stellenweise bewusst, so sind auch absichtlich erzeugte, komische sprachliche Bilder und Konstruktionen zu finden. Die bereits erwähnten zwei metaphorischen Konzepte, „Protest ist Krieg" und „Brasilien als Lebewesen" sind im Kontext der gesamten gesellschaftlichen Veränderung und insbesondere der vorhergehenden Proteste sinnvoll. Es gibt jedoch auch einige überraschende Erkenntnisse: So hat die rücksichtslose Polizeirepression sicher einen Beitrag dazu geleistet, dass die Protestierenden den Protest als Krieg verstehen. Erstaunlicherweise erkennen die Protestierenden in der Polizei trotzdem einen potenziellen Verbündeten im Kampf gegen die politische Elite. Dies ist wohl der wichtigste Diskussionsbeitrag für die wissenschaftliche Besprechung der Proteste im Juni 2013 in Brasilien.

21.6   Zuckerhut hin oder her, ohne Theorie geht nichts

Die größten Herausforderungen auf dem Pfad dieser Forschungsarbeit stellten die Auswahl einer theoretischen Basis und die Ergänzung der Methode mit dem Arbeitsschritt der Übersetzung dar. Bei der Bewältigung dieser Hindernisse war es vor allem wichtig, sich nicht auf einen bestimmten Forschungsweg zu versteifen, sondern auch kreative Lösungen zu suchen. Die Orientierung an der Methode ist zwar wissenschaftlich ungewohnt, darauf aufbauend konnten jedoch die theoretischen Grundlagen entwickelt werden. Die gewählte handlungstheoretische Basis gibt zwar der Metaphernanalyse einen Rahmen, die Ergebnisse der Forschung lassen sich jedoch schwer in einen etablierten wissenschaftlichen Diskurs einordnen. Die theoretische Fundierung reicht für eine Bachelor-Arbeit aus, bei größeren Arbeiten wäre hingegen ein ausführlicherer theoretischer Unterbau von Nöten.

Die Eingliederung der Übersetzung der Plakattexte in das methodische Vorgehen war erfolgreich. So ist es zwar möglich, dass durch die Übersetzung Metaphern verloren gingen oder in ihrem Bildgehalt verändert wurden. Jedoch wurden methodische Werkzeuge angewandt, welche dies vermeiden sollten und den Übersetzungsprozess wissenschaftlich nachvollziehbar machen. Beim Verfassen dieser qualitativen Forschungsarbeit mussten somit Theorie und Methode dem Untersuchungsgegenstand und dem Forschungskontext angepasst werden. Aber der Mut zu kreativen Lösungen zahlte sich aus. Schließlich war der persönliche Bezug zum Thema und die daraus entstandene Motivation, die Protestbewegung zu untersuchen, die wichtigste Grundlage für einen erfolgreichen Abschluss des Forschungsprozesses.

Literatur

Buechler, S. M. (2011). *Understanding Social Movements. Theories from the classical era to the present.* Boulder: Paradigm.

Filep, B. (2009). Interview and translation strategies: coping with multilingual settings and data. *Journal for Social Geography, 4,* 59–70.

Froschauer, U., & Lueger, M. (2009). *Interpretative Sozialforschung: Der Prozess.* Wien: Facultas.

Hellmann, K.-U. (1998). Paradigmen der Bewegungsforschung. Forschungs- und Erklärungsansätze – ein Überblick. In K. U. Hellmann, & R. Koopmans (Hrsg.), *Paradigmen der Bewegungsforschung. Entstehung und Entwicklung von neuen sozialen Bewegungen und Rechtsextremismus* (S. 9–33). Opladen: Westdeutscher.

Koopmans, R. (1998). Konkurrierende Paradigmen oder friedlich ko-existierende Komplement? Eine Bilanz der Theorien soziale Bewegungen. In K. U. Hellmann, & R. Koopmans (Hrsg.), *Paradigmen der Bewegungsforschung. Entstehung und Entwicklung von neuen sozialen Bewegungen und Rechtsextremismus* (S. 215–233). Opladen: Westdeutscher.

Kruse, J., Biesel, K., & Schmieder, C. (2011). *Metaphernanalyse. Ein rekonstruktiver Ansatz.* Wiesbaden: VS.

Navarro, C., Brasilino, L., & Godoy, R. (2013). O Junho de 2013. *Le monde diplomatique Brasil, 6*(72), 3–4.

Pettenkofer, A. (2010). *Radikaler Protest. Zur soziologischen Theorie politischer Bewegungen.* Frankfurt a. M.: Campus.

Strübing, J. (2013). *Qualitative Sozialforschung: Eine komprimierte Einführung für Studierende.* München: Oldenbourg.

Sektion 6
Forschen mit Interesse am machtvollen sprachlichen Handeln

Diskursanalytische Verfahren

Von Assads Anabolika-Monstern und Habe-Nichts-Staaten

Eine diskurstheoretische Textanalyse

Matthias Frösch

J. Wintzer (Hrsg.), *Qualitative Methoden in der Sozialforschung*,
DOI 10.1007/978-3-662-47496-9_22, © Springer-Verlag Berlin Heidelberg 2016

22.1   Volk versus Tyrannen: Forschungsinteresse und -ziele

Am Beginn des Forschungsprozesses zu meiner Bachelor-Arbeit stand das persönliche Interesse an der Politischen Geographie, denn mich beschäftigte die aktuelle Thematik rund um den Arabischen Frühling sowie die Geschehnisse im syrischen Bürgerkrieg. Mir fiel auf, dass die mediale Berichterstattung vor allem zu vermitteln versuchte, dass in Syrien und anderen arabischen Ländern sich das Volk im Kampf für Demokratie und Freiheit gegen die totalitären Regime und deren Tyrannen befand. Ein Eindruck, der beispielsweise durch folgende Zitate erweckt wurde: „Jetzt hat sogar der saudische König genug vom Blutdurst des syrischen Diktators" (Landolt 2011, S. 7) oder „der syrische Herrscher schickt weiter seine Panzer gegen die Demokratie-Befürworter los" (Landolt 2011, S. 7). Mediale Berichterstattungen sind die Hauptlieferanten für Vorstellungen eines „fernen" Krieges, wie dem in Syrien. Lediglich mit Text (und Bildern) rückt ein fremdes, weit entferntes Phänomen den Leserinnen und Lesern nahe und wird zur Wirklichkeit.

„Im Rahmen der Cultural Turns", die auch in der Humangeographie zu neuen Forschungsfeldern und -themen führten, setzte sich „die Erkenntnis durch, dass Sprache nicht einfach als Medium zur Erfassung und Kommunikation von Wirklichkeit gedacht werden kann, sondern dass in Sprache (…) soziale Wirklichkeit erst hergestellt wird" (Glasze und Mattissek 2009, S. 35). Schlussfolgernd werden auch vermeintlich objektive Repräsentationen als sozial konstruiert betrachtet und auf die eigenen Wahrheitsverständnisse kritisch hinterfragt. Diese kritische Betrachtungsweise sollte auch Grundlage meiner Arbeit sein. In diesem Sinne zielte ich auf die Dekonstruktion der medialen Repräsentation des syrischen Bürgerkriegs als mein Forschungsziel. Das Schweizer Gratisprintmedium *Blick am Abend* habe ich als Untersuchungsgegenstand für besonders geeignet angesehen, denn es besitzt mit einem geschätzten Anteil von circa 779.000 Lesenden (Blick online 2013) eine große Reichweite im deutschsprachigen Raum der Schweiz, und infolgedessen ist davon auszugehen, dass die Wirkkraft auf die Interpretation der sozialräumlichen Umwelt groß ist.

22.2   Ein theoretisch inspirierter Pfad zu den Forschungsfragen

Für eine wissenschaftliche Arbeit ungewöhnlich, entstanden die Forschungsfragen nicht vor der theoretischen Umrahmung, sondern sind vielmehr die Folge einer vertieften Auseinandersetzung mit theoretischer Literatur. Während der Auseinandersetzung mit der Politischen Geographie fand ich vor allem Interesse an der Kritischen Geopolitik, ein Forschungsansatz, der auf die Dekonstruktion sprachlich und visuell vermittelter Botschaften abzielt. Räumlich-politische, beziehungsweise geopolitische Repräsentationen, wie die Berichterstattung des syrischen Bürgerkriegs, sind im Sinne der Kritischen Geopolitik eine gesellschaftliche Konstruktion, welche nur im Zusammenhang mit ihrer ständigen Reproduktion der Machtverhältnisse zu verstehen sind (Gebhardt et al. 2009, S. 580). Machtverhältnisse müssen nicht unbedingt in einer militärischen oder technologischen Überlegenheit existieren, sondern können auch in der Form des diskursiven und hegemonialen Machteffekts der „Wahrheit" und des „Wissens" bestehen. Diese Form der Macht tragen „westliche" Länder, denn sie sind fähig, ein objektives Verständnis der Welt zu vermitteln (Flint 2006, S. 91).

Durch mein Geographiestudium wusste ich jedoch, dass solche scheinbar objektiven Wissensvermittlungen, wie in der Berichterstattung über den syrischen Bürgerkrieg, auch von „orientalistischen" Beziehungen (vgl. Said 1978) durchdrungen sind: Es sind Verbindungen zwischen dem repräsentierenden Subjekt und dem repräsentierten Objekt, die die soziale Diffe-

Kritische Geopolitik und ihre theoretischen Grundlagen

Die Kritische Geopolitik (engl.: *critical geopolitics*) ist ein Teil der Politischen Geographie, welche sich mit den Entstehungszusammenhängen von politischen und gesellschaftlichen Weltbildern auseinandersetzt (Gebhardt et al. 2009, S. 580). Sie ist eine Wissenschaft, die sich bewusst von einer objektiven Außenansicht (im Stile einer Vogelperspektive) der Forschenden abwendet (Lossau 2000, S. 165). Diese theoretischen Ursprünge gehen unter anderem auf Michel Foucault (1926–1984) zurück, welcher über die Macht hegemonialer diskursiver Ordnungen schrieb. Hegemoniale Diskurse sind in einer Gesellschaft epochal stabile Verständnisse von Wirklichkeit und bestimmen, was sagbar ist (Reuber 2012, S. 172). Nach Foucault ist „anzunehmen, daß die Macht Wissen hervorbringt (und nicht bloß fördert, anwendet, ausnutzt), daß Macht und Wissen einander unmittelbar einschließen; [und] daß es keine Machtbeziehung gibt, ohne daß sich ein entsprechendes Wissensfeld konstituiert" (Foucault 1994, S. 39). In diesem Sinne ist „der Bezug auf Wahrheit in der öffentlichen Repräsentation" oft nichts anderes „als ein Akt politischer Machtausübung" (Reuber 2012, S. 31). „Wahrheit" wird in diesem Sinne als diskursiver Machteffekt verstanden (Reuber 2012, S. 157). Einen weiteren grundlegenden Einfluss auf die Entstehung der Kritischen Geopolitik bildete Edward Saids (1935–2003) Buch *Orientalism* (Said 1978), welches als eine der bedeutendsten postkolonialen Kritiken gilt. Das Grundkonzept von *Orientalism* besteht in der Erklärung der zugrunde liegenden Mechanismen „westlicher" Beschreibungen des „Orients", welche nie objektiv sein können und immer aus einem eurozentrischen Blickfeld zu verstehen sind.

renzierung des „Eigenen" und „Fremden" räumlich mit „Hier" und „Dort" verortet (vgl. Glasze und Mattissek 2009, S. 15). So offenbart die Repräsentation des „fremden" und „fernen" Syriens stets Rückschlüsse zum Selbst des Repräsentierenden.

Neben der Definition des theoretischen Rahmens stellte ich mir die Frage, welche konkreten Inhalte der Repräsentationen untersucht werden sollen. Die Wahl fiel einerseits auf die zugeschriebenen Identitäten der repräsentierten Akteure durch das Printmedium. Dies, da repräsentierte Akteure in der Form von handelnden Personen, Personengruppen oder Organisationen in medialen Berichterstattungen Träger von normativen Werten wie „gut" und „schlecht" sein können oder ihnen unterschiedliche Handlungsmacht zugeschrieben wird. Die Rekonstruktion ihrer Charakterisierung erachtete ich im Hinblick auf eigene Wahrheitsverständnisse als sehr aufschlussreich. Aus diesen Überlegungen entwickelte ich meine 1. Forschungsfrage: Welche Akteure und Akteursgruppen des syrischen Bürgerkriegs werden mit welchen identitätsstiftenden Merkmalen in der Schweizer Gratiszeitung *Blick am Abend* repräsentiert?

Daneben gab es die Idee, diese Repräsentationen auf die zugrunde liegenden „westlichen" Weltbilder und Weltanschauungen hin zu untersuchen. Beim Versuch, diese Idee theoretisch zu erfassen, fiel die Aufmerksamkeit auf das Konzept der geopolitischen Leitbilder. Nach Paul Reuber (2012, S. 172) ist ein geopolitisches Leitbild die gesellschaftliche Interpretation der globalen geopolitischen Ordnung, welche über stabile zeitliche Phasen die internationale Politik und ihre resultierenden Konflikte und Krisen prägt. Ihre Macht beruht auf einem hegemonialen Verständnis, das sich nicht nur auf klassische politische Akteure beschränkt, sondern die gesamte Gesellschaft mit ihren „Identitätskonzepte[n]" und „Ängste[n]" (Reuber 2012, S. 172) durchzieht. „Westliche" geopolitische Leitbilder der Vergangenheit sind beispielsweise die Kolonialisierung, der Nationalismus oder der Kalte Krieg, während die beiden Schriften von Samuel Huntington „Kampf der Kulturen" (Huntington 1996) und Francis Fukuyama „Das Ende der Geschichte" (1989) das geopolitische Leitbild am Ende des 20. Jahrhunderts stark prägten. Aktuell lässt sich eine Symbiose des „kulturellen Kampfes" mit den Feindbildern „Terrorismus" und „Islamismus" sowie der universalen Verbreitung von liberalen Marktökonomien und Demokratien mit der Vorreiterrolle der Hegemonialmacht USA als geopolitisches Leitbild des beginnenden 21. Jahrhunderts feststellen. Meine 2. Forschungsfrage lautete: Sind zugrunde liegende aktuelle geopolitische Leitbilder des „Westens" in der Berichterstattung zu finden, und wenn ja, wie lassen sich diese charakterisieren?

Dem Linguistik Turn der Cultural Studies folgend schafft Sprache Wirklichkeit. Methodisch bedarf es daher einer Textanalyse, um Zugang zu den wirklichkeitskonstruierenden Wissensbeständen zu erhalten. So fiel die Wahl der Methode auf eine Textanalyse, die einerseits von Michel Foucaults Diskurstheorie inspiriert ist, denn diskursanalytisch informierte Methoden sind sensibel „für soziopolitische Machtkonstellationen" (Rothfuß 2011, S. 41), die in geopolitischen Repräsentationen und Leitbildern transportiert werden. Andererseits bedurfte es aber eines konkreten Zugangs zum Text, den die Arbeiten von Foucault aber leider nicht bieten. Hierzu waren die Instrumente der Rekonstruktiven Methoden der Sozialforschung sehr vielversprechend (Kruse et al. 2011). Sie bieten ein breites Spektrum an sprachlichen Heuristiken, die es ermöglichen, Texte detailgenau zu analysieren.

22.3 Mit Sprachmerkmalen und Stilmitteln zu den Wissensbeständen und geopolitischen Leitbildern

Die Textanalyse erfolgte mit der Erfassung und Interpretation sprachlicher Merkmale und Stilmittel. In dieser Arbeit habe ich nach Metaphern, Nominalisierungen, Personifikationen, Argumentationen, Kausalitäten, Dramatisierungen, Gegensätzen, Besitzanzeigen und Agency gesucht. Einige der Kategorien wurden bereits deduktiv festgelegt, andere während der empirischen Untersuchung induktiv ergänzt. Die ◻ Tab. 22.1 bildet einen Überblick der untersuchten sprachlichen Merkmale und Stilmittel mit Beispielen aus der empirischen Untersuchung.

Mit Beginn des syrischen Bürgerkrieges im März 2011 bis zum Juni 2014 habe ich jeweils aus einem dreimonatigen Zeitintervall einen Bericht ausgewählt. Die zeitliche Streuung diente zur Aufdeckung möglicher chronologischer Veränderungen in der Berichterstattung. Insgesamt wurden 14 Berichte ausgewählt, in welchen die ausgeführten sprachlichen Merkmale und Stilmittel gesucht und verschiedenfarbig markiert wurden. Anhand der Sprachmerkmale und Stilmittel wurden Interpretationen zu den Identitäten der verschiedenen Akteure (Fragestellung 1) und den zugrunde liegenden geopolitischen Leitbildern (Fragestellung 2) gemacht. Bei den Interpretationen stand vor allem die nachvollziehbare und plausible Begründung im Vordergrund, weshalb auch Bezüge zu zusätzlichem schriftlichem Material, wie Wörterglossare, Lexika oder weiteren theoretischen Werken, unumgänglich wurden. So ist es beispielsweise wichtig zu wissen, dass der Begriff „weil" die grammatikalische Funktion einer kausalen Konjunktion hat. Mit einer kausalen Konjunktion wird ein zugrunde liegender „Wenn-dann"-Zusammenhang vermittelt, der beispielsweise das Wahrheitsverständnis „Gefahr – Flucht" offenbart. Die ◻ Abb. 22.1 zeigt einen untersuchten und interpretierten Bericht.

22.4 Der schwierige, aber kreative Schritt der Ergebnispräsentation

Der Weg von den ersten, rohen Ergebnissen bis zu ihrer schlussendlichen Darstellung stellte sich als der schwierigste und zeitaufwendigste, aber auch als der kreativste und interessanteste Arbeitsschritt heraus. Die Schwierigkeit lag vor allem darin, die Daten gegenseitig in einen

◘ Tab. 22.1 Sprachliche Merkmale und Stilmittel

Sprachliches Merkmal oder Stilmittel:	Beschreibung:	Beispiel aus der empirischen Untersuchung:
Kausalitäten	Zusammenhänge in einer Ursache-Wirkungs-Beziehung (Wenn-und-dann-Komponente).	*„Trotz* Vereinbarung ist heute kein einziger Regierungspanzer abgezogen worden" (Kuepfer 2012, S. 2) Kausale Präposition: trotz Verhalten, das nicht der Norm (Ursache-Wirkung) entspricht
Gegensätze/Widersprüche	Gegensätzliche Paare schließen sich wechselseitig aus. Was das eine ist, kann das andere nicht sein.	„Auch *die Opposition* muss den Waffenstillstand einleiten." (Kuepfer 2012, S. 2)
Argumente	Aussagen zur Begründung, Legitimation, Widerlegung oder zum Beweis eines Sachverhalt (Duden online 2013a).	„Sie erledigen für den Tyrannen (…) die Drecksarbeit. Damit sich der Präsident weiter als Unschuldslamm spielen kann." (Spillmann 2012, S. 4)
Personifikation	Übertragung von Aktivitäten und Eigenschaften eines Lebewesens an einen Sachverhalt.	*„Die USA* wollen Assad (…)" (Kocher 2013, S. 2)
Metapher	Nicht wörtlich verstanden. Umschreibungen und Verbildlichungen durch etwas, das dem Gemeinten ähnlich ist (Duden online 2013b).	„(…) um sechs Uhr sollen die *Waffen ganz schweigen"* (Kuepfer 2012, S. 2)
Nominalisierung	Eindruck der Objektivität durch nominale Form (Mein-deutschbuch.de 2012).	„(…) wie das Regime die *Aufständischen* nennt (…)" (Kuepfer 2012, S. 2)
Agency	Handlungsmacht der Akteure. aktiv/passiv, wer zu Ereignissen führt etc. (vgl. Bethmann et al. 2012).	„Obama plant Kurz-Krieg" (Kocher 2013, S. 2)
Dramatisierung	Überhöhungen und Übertreibungen.	„Sie haben *riesige* Muskeln, *dicke* Bäuche, *lange* Bärte" (Spillmann 2012, S. 4)
Besitzanzeige	Beziehung zwischen zwei Akteuren/Sachverhalten, die auf Besitz beruht.	„(…) die Schergen *von* Syriens Staatspräsident (…)" (Spillmann 2012, S. 4)

Zusammenhang zu bringen und sie präsentierbar zu strukturieren. So bestand die anfängliche Idee darin, die Ergebnisse auf Fragestellung 1 (identitätsstiftende Merkmale der Akteure) und Fragestellung 2 (geopolitische Leitbilder) aufzuteilen und diese Kapitel weiter auf die verschiedenen sprachlichen Stilmittel und Merkmale zu unterteilen. Bei dieser Variante erwies es sich als problematisch, dass die Präsentation der Resultate zu einer Aufzählung von Ergebnisbruchstücken ohne thematischen Zusammenhang (Bsp. Akteur „USA") verkümmert wäre und somit eine nachvollziehbare Interpretation nicht möglich gemacht hätte. Aufgrund dessen wurden die Ergebnisse nach thematischen Kapiteln gegliedert, welche sich frei aus dem empirischen Material ergaben. Der Präsentation ergänzend habe ich einige Resultate mit Schaubildern illustriert, um gewisse Zusammenhänge oder Mechanismen verständlicher zu erläutern.

Im Sinne des Forschungsverständnisses der Kritischen Geopolitik, die eine „objektive Wahrheit" generell ablehnt, konnten und sollten anhand der empirischen Daten keine Aussagen

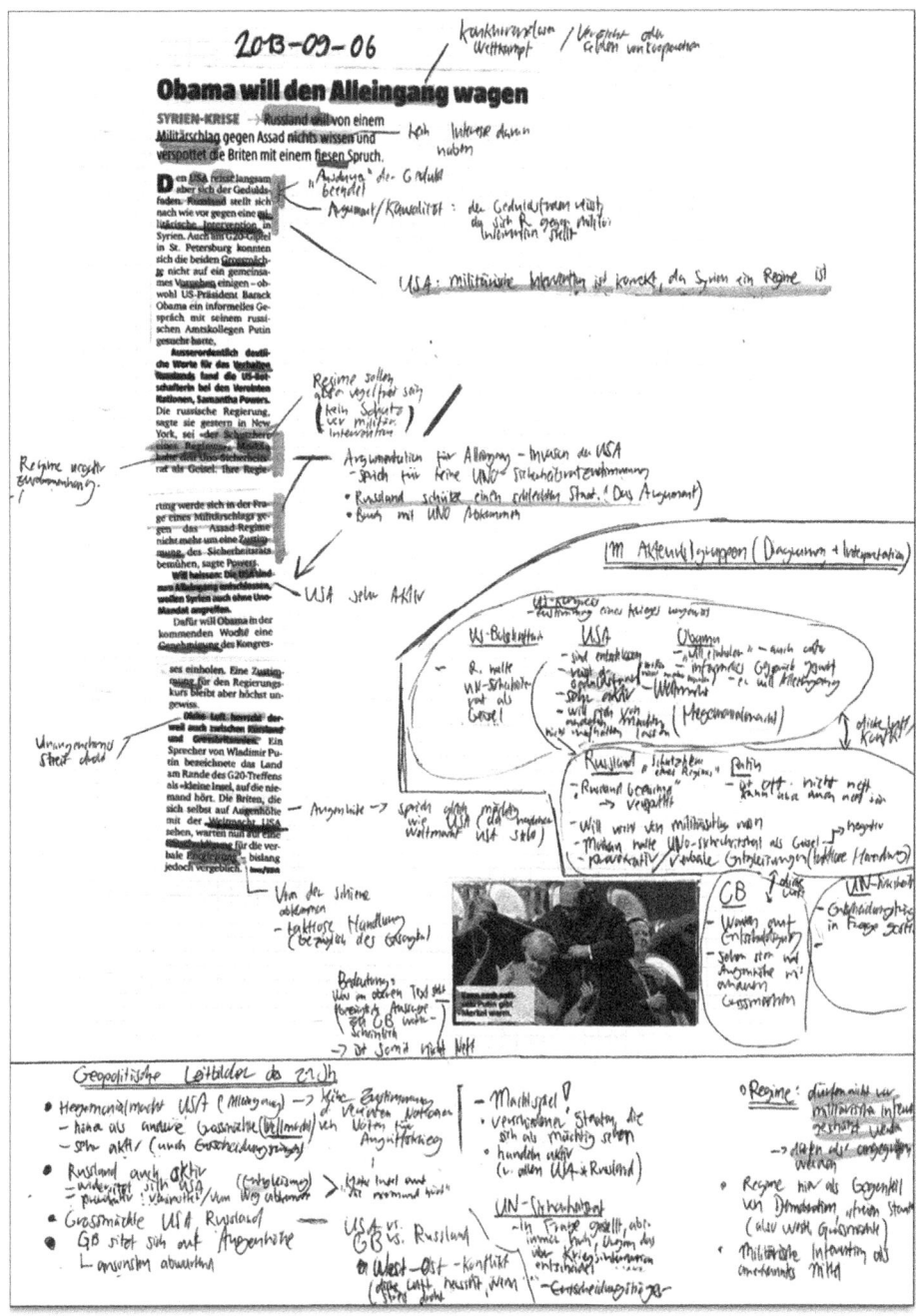

◼ Abb. 22.1 Bericht *Blick am Abend*. Sprachliche Merkmale und Stilmittel verschiedenfarbig angestrichen und erste Interpretationen

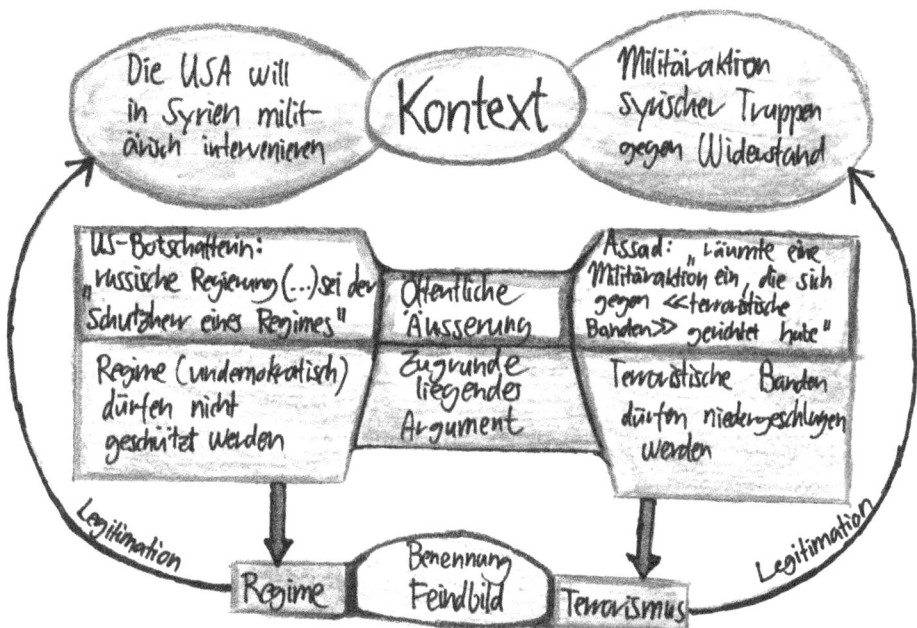

□ Abb. 22.2 Schaubild „Mechanismus der Legitimationsargumente". Die Benennung des Feindbilds „Regime" (*links*) oder „Terrorismus" (*rechts*) wird zur Legitimation einer Militäraktion

darüber gemacht werden, wie die Akteure des syrischen Bürgerkriegs „wirklich" sind, ob die Repräsentationen „wahrheitsgetreu" sind, oder die Zeitung *Blick am Abend* eine sachliche Berichterstattung führt. Mit der diskurstheoretischen Textanalyse konnten jedoch die zugrunde liegenden Wahrheitsdiskurse in Bezug auf die Identitäten der repräsentierten Akteure und geopolitischen Leitbilder erkannt werden. Einige beispielhafte Ergebnisse und ihre dazugehörigen Schlussfolgerungen sollen im Folgenden vorgestellt werden.

Das Leitbild „zweier Welten" wird unter anderem durch Gegensätze wie „Habe-nichts-Staaten" vs. „Habe-Staaten" und „zivilisierte Staaten" vs. „unzivilisierte, barbarische Staaten" konstruiert. Dies sind Differenzierungen im Sinne Saids, die räumliche und soziale Differenzierungen miteinander verknüpfen. Syrien wird im *Blick am Abend* als eine „tyrannisch-unterdrückende, kriegerisch-brutale" Welt repräsentiert, die der „freiheitlich-demokratischen, friedlichen" Welt gegenübersteht. Eine solche Dichotomisierung legt dahinterliegende Machtverhältnisse frei. Denn hier wird ein Selbstbildnis geschaffen, das impliziert, dass das „westliche" Gesellschaftsmodell in der Form der liberalen Demokratien überlegen sei. In der Berichterstattung durchgängig als Feindbild repräsentiert, ist der Akteur Baschar al-Assad und sein „diktatorisches Regime". Metapher, wie „das Unschuldslamm spielen" oder „die Hände in Unschuld waschen" erschaffen das Verständnis, dass der Staatspräsident für viele Vergehen schuldig sei, seine Schuldigkeit aber zu verstecken wisse. Vor allem jedoch konstruieren verschiedene, negativ konnotierte Identitätszuschreibungen in der Form von Gegensätzen (bösartig/gutartig, Herrscher/Beherrschte, verhasst/geliebt, Tyrann/Tyrannisierte) ihm den Charakter des personifizierten „Bösen", der auch gegen „das Volk" ist. Durch diese Gegensatzkonstruktionen wird seine zugeschriebene Identität zum Negativbilde des repräsentierenden Subjekts. Weiter fanden sich geopolitische Leitbilder in der Form von Argumenten, die sich an Feindbildern bedienen (□ Abb. 22.2). Die Kritik an einer militärischen Nichtintervention eines Staates mit der Betitelung „Schutzherr eines Regimes" führt zum dahinterliegenden Wahrheitsverständnis, dass ein „Regime" (im Sinne eines nicht-demokratischen Staatssystems) nicht geschützt werden darf. Mit der Benennung zum Feindbild „Regime" wird ein Argument für einen militärischen Angriff geschaffen. Ein ähnliches Legitimationsargument liegt als Rechtfertigung einer Militäraktion vor, welche sich gegen „terroristische Banden" gerichtet habe. Durch die Benennung einer Gruppe zum Feindbild der „terroristischen Bande", wird diese für vogelfrei erklärt, was ihre Niederschlagung rechtfertigt.

22.5   Überdenken, umformulieren und wieder zurück: die Zirkularität des Interpretationsprozesses

Rückblickend lässt sich sagen, dass die Instrumente der Rekonstruktiven Methoden der Sozialforschung ein gutes Repertoire für eine diskurstheoretisch informierte Textanalyse bieten. Sowohl der Forschungsprozess als auch die Ergebnisse können als gewinnbringend beurteilt werden. Aber mir wurde auch zunehmend klar, dass Interpretationsprozesse keine linearen Auswertungen sind, sondern zeitintensive, zirkuläre Verfahren. Dieser Prozess erfordert sowohl die Entfernungen und Wiederannäherungen an den Text als auch mehrmaliges Überdenken und Umformulieren der eigenen Thesen. Infolge der Zirkularität ist von vornherein nicht absehbar, in welche Richtung sich die Arbeit entwickeln wird, was aber auch das Reizvolle daran sein kann.

Als besonders herausfordernd stellte sich heraus, dass diskurstheoretisch informierte Forschende mittels Theorien und Methoden versuchen, Diskurse und Wissensverständnisse zu analysieren, sich jedoch selbst in den zu untersuchenden Gedankengängen und Wissenszusammenhängen befinden und sich gleichzeitig wiederum auf die Sprache rückbesinnen müssen, um die Ergebnisse zu veräußern. Dieser Gratwanderung kann zu einem Stück weit entgegengewirkt werden. Beispielsweise können Wörter, deren Begrifflichkeit speziell betont werden müssen, mit Anführungszeichen erkenntlich gemacht werden. Diese Betonung der Begrifflichkeit ist sinnvoll, um sich von einem Begriff zu distanzieren (der „Westen"), dessen normativen Charakter zu betonen (der „Böse") oder aber um die soziale Konstruktion des Begriffes zu verdeutlichen (die „Wahrheit"). Aber vor allem ist ein höchst präziser Umgang mit der Sprache, in einer Arbeit deren Untersuchungsgegenstand selbst Text ist, unerlässlich.

Für weitere Forschungen wäre der Miteinbezug von Bildanalysen eine sehr sinnvolle methodische Ergänzung. Dies besonders bei einer Boulevardzeitung wie der *Blick am Abend*, welche Bilder und plakative Überschriften als Mittel zur Emotionalisierung, Dramatisierung, Identifizierung oder Distanzierung verwendet. Weiter wäre es interessant, eine ähnliche Untersuchung bei den Berichten anderer Medien durchzuführen. Dies, da die Annahme, der *Blick am Abend* sei wirkmächtig auf die Interpretation der sozialen Umwelt, eventuell nicht zutrifft. Als Gegenannahme könnte formuliert werden, dass die Wirkkraft auf die Interpretation der sozialen Umwelt vor allem von den Medien ausgeht, deren Berichterstattung als objektiv angesehen wird. So ist möglicherweise eine Untersuchung von Schweizer Leitmedien, wie der öffentlichen Nachrichtensendung *Die Tagesschau* oder dem Printmedium *Neue Zürcher Zeitung* bezüglich gesellschaftlicher Wahrheitsdiskurse aufschlussreicher.

Literatur

Bethmann, S., Helfferich, C., Hoffmann, H., & Niermann, D. (2012). *Agency: Qualitative Rekonstruktionen und gesell-schaftstheoretische Bezüge von Handlungsmächtigkeit*. Weinheim: Beltz.

Blick online (2013). *Blick am Abend: Impressum*. http://www.blick.ch/services/impressum-blick-am-abend-id45020. html. Zugegriffen: 28.01.2014

Duden online (2013a). *Argument, das*. http://www.duden.de/node/704731/revisions/1162500/view. Zugegriffen: 9.07.2014

Duden online (2013b). *Metapher*. http://www.duden.de/node/698095/revisions/1128875/view. Zugegriffen: 28.06.2014

Flint, C. (2006). *Introduction to geopolitics*. Abingdon: Routledge.

Foucault, M. (1994). *Überwachen und Strafen. Die Geburt des Gefängnisses*. Frankfurt a. M.: Suhrkamp.

Fukuyama, F. (1989). The End of History?. In G.Ó Tuathail, P. Routledge, & S. Dalby (Hrsg.), *The geopolitcs reader* (S. 114–124). London: Routledge.

Gebhardt, H., Meusburger, P., & Wastl-Walter, D. (Hrsg.). (2009). *Humangeographie*. Heidelberg: Spektrum.

Glasze, G., & Mattissek, A. (2009). Diskursforschung in der Humangeographie: Konzeptionelle Grundlagen und empirische Operationalisierungen. In G. Glasze, & A. Mattissek (Hrsg.), *Handbuch Diskurs und Raum. Theorien und Methoden für die Humangeographie sowie die sozial- und kulturwissenschaftliche Raumforschung* (S. 11–59). Bielefeld: transcript.

Huntington, S. (1996). *The Clash of Civilizations and the Remaking of World Order*. New York: Simon & Schuster.

Kocher, K. (2013). Obama plant Kurz-Krieg. *Blick am Abend, 161*, 2.

Kruse, J., Biesel, K., & Schmieder, C. (2011). *Metaphernanalyse: Ein rekonstruktiver Ansatz*. Wiesbaden: VS.

Kuepfer, S. (2012). Syriens Assad tötet weiter. *Blick am Abend, 69*, 2–3.

Landolt, C. (2011). Koalition der Angewiderten. *Blick am Abend, 151*, 7.

Lossau, J. (2000). Anders Denken: Postkolonialismus, Geopolitik und Politische Geographie. *Erdkunde, 54*, 157–168.

Mein-deutschbuch.de (2012). *Konzessivsätze*. http://www.mein-deutschbuch.de/lernen.php?menu_id=93. Zugegriffen: 10.07.2014

Reuber, P. (2012). *Politische Geographie*. Paderborn: Ferdinand Schöning.

Rothfuß, R. (2011). Geographische Konfliktforschung und Geopolitik: Zukunftsaufgabe Friedenssicherung. *Jahresheft Geopolitik, 1*, 36–45.

Said, E. (1978). *Orientalism*. London: Penguin.

Spillmann, M. (2012). Assads Anabolika Monster. *Blick am Abend, 105*, 3–5.

Filme
als Kolonialwarenlager

Filmanalysen zur Inszenierung von *Afrika* im deutschen Fernsehfilm

Hannah Ambühl

J. Wintzer (Hrsg.), *Qualitative Methoden in der Sozialforschung,*
DOI 10.1007/978-3-662-47496-9_23, © Springer-Verlag Berlin Heidelberg 2016

23.1   *Afrika*[1] retten in 90 Minuten: Safaritour inklusive

Mit vielsagenden Titeln wie „Mein Herz in *Afrika*" oder „*Afrika* ruft nach Dir" kann sich das sonntagabendliche Fernsehpublikum regelmäßig nach *Afrika* entführen lassen. Ein erster Blick auf die Filme zeigt, dass das Publikum vorrangig dramatische, romantische und hoffnungsvolle Geschichten erwarten darf. *Weiße*[2] Schauspielerinnen und Schauspieler nehmen das Publikum an die Hand und führen es mitten in das Abenteuer *Afrika* mit all seinen Hindernissen und Beschwerden – das gemütliche Sofa muss dazu glücklicherweise nicht verlassen werden. Die Filme inszenieren primär ein romantisches, exotisches *Afrika* mit Sonnenuntergängen, runden Lehmhütten, wilden Tieren und dankbaren Menschen gegenüber den erbrachten Hilfeleistungen aus Deutschland.

Aus einer konstruktivistischen Perspektive stellt sich die Frage, ob diese Filmbilder der kulturellen, sozioökonomischen und ökologischen Vielfalt *Afrikas* gerecht werden. Oder ob sie einzig hiesige Vorstellungen von *Afrika* prägen; jene eines endlosen Safari-Landes mit zahlreichen Problemen. Denken wir zusätzlich an mediale Berichterstattungen zu *Afrika*, lässt sich eine differenzierte Vielfalt ebenso meistens vermissen: Rund die Hälfte aller Beiträge zu *Afrika* enthalten die 5K-Themen (Kriege, Krisen, Krankheit, Korruption und Kriminalität) (Kreutler und Fengler 2014). Die eingangs zitierten Filmtitel unterstreichen die Vereinfachung bereits durch die Wortwahl: *Afrika* wird als ein Land, eine homogene Einheit beschrieben. Medienproduzierende halten sich, so scheint es, vorbildlich an die ironische Anleitung „*How to write about Africa*" des kenianischen Journalisten und Schriftstellers Binyavanga Wainana: „*Always use the word ‚Africa' or ‚Darkness' or ‚Safari' in your title. (...) In your text, treat Africa as if it were one country. It is hot and dusty with rolling grasslands and huge herds of animals and tall, thin people who are starving. (...) The continent is full of deserts, jungles, highlands, savannas and many other things, but your reader doesn't care about all that, so keep your descriptions romantic and evocative and unparticular*" (Wainana 2005, S. 92). Medienkonzerne lassen derartige Vereinfachungen von *Afrika* nicht nur zu, sie kultivieren sie sogar. Damit prägen Medien unsere Vorstellungen und Bilder von *Afrika* und wir glauben zu wissen, wie *Afrika* ist.

23.2   Inszenierungen von *Afrika*: Forschungsfragen

Die Auseinandersetzung mit dem Film als Forschungsgegenstand und romantisierten *Afrika*-Bildern stützt sich auf drei Argumente: Erstens ist es bislang ein kaum erforschtes Gebiet (ähnliche Forschungsarbeiten dazu gibt es von Zimmermann 2007; Morrien 2012). Im Gegensatz dazu beschäftigten sich mehrere Studien mit den Nachrichtenberichterstattungen (z. B. Sturmer 2013; Tatah 2014). Zweitens ist die Filmgeographie ein vielversprechendes und noch wenig bearbeitetes Forschungsfeld, was mit Blick auf die tägliche Präsenz von Medien und Filmen überraschend ist (vgl. Zimmermann 2009). Drittens spielen Bilder bei der Formung von Stereotypen eine Schlüsselrolle: Sie strukturieren aktiv die Bilder, in denen wir die Welt

---

1   *Afrika* wird im ganzen Kapitel kursiv geschrieben. Vielfach wird von *Afrika* als einem einheitlichen „Land" gesprochen und nicht von einem der 54 Ländern oder vielfältigen Gesellschaften. Die kursive Schreibweise soll die Distanz zu dieser homogenen Begriffsverwendung unterstreichen.

2   Analog werden die Begriffe *Weiße* und *Schwarze* Menschen behandelt. Die Konstruktion von Hautfarben-Kategorien ist auf die Rassenlehre zurückzuführen und nicht haltbar. Die Begriffe werden dennoch verwendet, um gegebenenfalls rassistische Verhältnisse in den Filmen zu entschlüsseln. Die kursive Schreibweise verdeutlicht das Bewusstsein für diesen heiklen Sprachgebrauch.

wahrnehmen. Bewegten Bildern wird diesbezüglich eine noch größere Wirkung zugesprochen, da sie darauf abzielen, Bild, Sprache und Musik auf einprägsame Weise für einander fruchtbar zu machen.

Ziel meiner Filmanalysen war es, die Inszenierungen von *Afrika* an drei beispielhaften deutschen *Afrika*-Filmen zu rekonstruieren. Dabei leiten folgende Forschungsfragen die Analysen: Wie wird *Afrika* in deutschsprachig produzierten Spielfilmen inszeniert? Welche Rollen und Orte gibt es im Film? Wo sind die Rollen und Erzählungen eingebettet? Wie werden die Rollen und Orte repräsentiert? Welche (in-)direkten *Afrika*-Zuschreibungen werden im Film gemacht? Das übergeordnete Erkenntnisinteresse lag im Filmraum. Dieser Raum ist das Ergebnis des Filmes. Filme vermögen Orte zu repräsentieren, Bezüge und Geschichten aufzeigen, die es ohne den Film nicht geben würde (Zimmermann 2009). Konkret ging es um die Frage, wie *Afrika* in diesem Filmraum inszeniert wird.

23.3 Mediengeographie: theoretisches Filmkonzept mit Raumbezug

Mit Filmanalysen, die sensibel sind für Raumproduktionen, beschäftigt sich die Mediengeographie. Sowohl Filmanalysen als auch die Mediengeographie als Disziplin sind junge Forschungszweige, weshalb nicht auf ein spezifisches Theoriegerüst zurückgegriffen werden kann. Anstelle dessen bedarf es der Klärung grundlegender Begriffe und Konzepte, anhand derer ein Filmkonzept erstellt wird, das sich eignet, die Forschungsfragen zu beantworten. Im Sinne der Mediengeographie wird davon ausgegangen, dass Filme in einem spezifischen Raum produziert werden und ihrerseits andere Räume repräsentieren.

▪ Mediengeographie

Die Mediengeographie hat sich um die Jahrtausendwende innerhalb der Neuen Kulturgeographie als eigenständige Disziplin etabliert (Döring und Thielmann 2009). Im Sinne der Neuen Kulturgeographie interessiert sich die Mediengeographie für kulturelle Ausprägungen alltäglicher Lebenswelten und der Art und Weise, wie diese hergestellt werden (Zimmermann 2009). Der Fokus liegt also nicht auf der Frage, was bereits ist, sondern wie es gemacht wird. Die Mediengeographie grenzt sich von den Medienwissenschaften dadurch ab, dass sie sich raum- und ortsbezogener Fragestellungen annimmt (Döring und Thielmann 2009). Diese sind in den eingangs diskutierten Aspekten zu finden: In den Filmen geht es um Repräsentation von Landschaften, den dort lebenden Menschen, den zugeschriebenen Kulturen, Wünschen und Fantasien (Zimmermann 2009). Mit der Hauptforschungsfrage, wie *Afrika* innerhalb der Filme inszeniert wird, werden im Sinne der Mediengeographie raum- und ortsbezogene Repräsentationen analysiert. Filme eignen sich hierfür besonders, da sie durch ihre Raum- und Zeitverdichtung dem Zuschauenden ermöglichen, Unzugängliches virtuell aufzusuchen. Filme können eine Vielfalt an Lebenswelten auf ein zweistündiges Kinoereignis konzentrieren und eine Geschichte wiedergeben, die anschließend als repräsentativ in den Vorstellungen existiert oder abgerufen werden kann (Escher und Zimmermann 2001).

▪ Filme

Unterhaltungsfilme werden als ein Medium verstanden, das auf alltäglichen Vorstellungen beruht und „auf diese Weise Welt und Wirklichkeit generierend ist" (Zimmermann 2007, S. 6). Filme entfalten ihr Wirkungspotenzial erst dann, wenn der Filminhalt durch Abgleiche mit der Lebenswelt mit Bedeutungen aufgeladen werden kann. Indem auf bestehende Bilder zurückgegriffen wird, um den Filmen Glaubwürdigkeit zu verleihen, werden Stereotype und Vorurteile kreiert, reproduziert und aufrechterhalten (Escher und Zimmermann 2001). Zusätzlich stellen Filme „Informationen, Handlungsmuster, Orientierungen und Vorbilder sowie Regeln und Normen zur Verfügung, welche die Art und Weise mitbestimmen, wie wir uns mit der Welt auseinandersetzen" (Escher und Zimmermann 2001, S. 228). Demnach können Filme Vorstellungen lenken, Sehnsüchte wecken, Meinungen zementieren, Landschaften kreieren sowie Vorurteile und Stereotype (re)produzieren – sofern die Inhalte nicht im Widerspruch stehen mit den eigenen Bildern und Vorstellungen.

- **Räume**

Räume werden als soziale Konstruktionen betrachtet; das heißt, sie sind nicht einfach vorhanden, sondern entsprechen gesellschaftlich konstruierten Konzeptionen. „Die Sprache und unsere täglichen Erfahrungen und Handlungen sind es, die ,den Raum' erst zum Leben erwecken, ihn mit Assoziationen füllen, den Bezug zwischen uns und bestimmten Orten herstellen" (Mattissek und Reuber 2004, S. 227). Zum Prozess der Raumkonstruktion gehört auch die Herstellung von Identitäten. Identitätsbildungen sind innerhalb eines diskursiven Raumes immer an Abgrenzungsprozesse zu einem konstruierten Außen (Wir und die Anderen) geknüpft (Glasze und Mattissek 2009). In dem wir uns als westliche, gut gebildete, fleißige und hilfsbereite Europäer und Europäerinnen ausgeben, zeigen wir gleichzeitig auf, was wir damit nicht sind: ungebildet, faul und hilfsbedürftig.

23.4   Filme aus mediengeographischer Perspektive untersuchen

- **Filmauswahl**

Die Filme wurden nach zwei Kriterien ausgewählt: erstens nach dem Produktionshintergrund, dem öffentlich-rechtlichen Rundfunk in Deutschland, und zweitens nach der Verfügbarkeit. Im deutschsprachigen Raum gibt es sowohl private, wie auch öffentlich-rechtliche Filmproduktionen zu *Afrika*. Aufgrund dessen, dass öffentlich-rechtliche Sender einem Programmauftrag unterliegen und „in ihren Angeboten einen umfassenden Überblick über das internationale, europäische, nationale und regionale Geschehen in allen wesentlichen Lebensbereichen" (Rundfunkstaatsvertrag 2013, § 11, S. 17) geben sollen, ist es von besonderem Interesse, derartige Filme zu untersuchen. ARD hat vier Filmproduktionen zeitlich befristet zur Verfügung gestellt. Die Filmproduktionen von ZDF wären nur gegen einen kostenintensiven Aufpreis erhältlich gewesen, weshalb mit den ARD-Produktionen gearbeitet wurde.

- **Ein methodisches Konzept**

Der Film als Gegenstand kulturgeographischer Forschung hat sich zwar seit mittlerweile 50 Jahren etabliert, jedoch hat sich bislang „keine einheitliche Forschungsagenda und erst recht kein einheitlicher Methodenapparat" herauskristallisiert (Zimmermann 2009, S. 296). Dem schließt sich die filmanalytische Forschung an, in der es ebenfalls kein universelles methodisches Vorgehen gibt (Mikos 2008, S. 79). Filmanalysen sind nach Lothar Mikos Konstrukte verschiedener theoretischer Annahmen und Methoden, die aus dem Erkenntnisinteresse heraus zusammengesetzt werden. Zusätzlich zur fehlenden allgemeingültigen Methode müssen zwei weitere Probleme vergegenwärtigt werden, die eine Filmanalyse mit sich bringt: Die Flüchtigkeit des Gegenstands einerseits und die „prinzipielle Endlosigkeit bzw. Unabschließbarkeit der Analysearbeit" (Mikos 2008, S. 41) andererseits. Aber diesem Mangel an einer universellen Methode

☑ Tab. 23.1 Analyseebenen

Was?	Wer?	Wo?	Wie?	Wozu?
Inhalts- und Handlungs- analyse (alles Gesagte und Dargestellte)	Personen- und Charakteranalyse Art und Weise der sprachlichen Darstellung	Raum- und Land- schaftsanalyse	Bauformenanalyse (ästhetische Mittel wie Bildauswahl, Schnitt, Ton und Musik)	Einbettung der Resultate in einen übergeordneten Kontext

kann mittels Methodenpluralismus begegnet werden, die den theoretischen Annahmen und dem Erkenntnisinteresse angepasst sein müssen[3].

▪ Analyseebenen

Für die Untersuchung des Filmraums werden verschiedene Analyseebenen benötigt. Analyseebenen sind Fragen, die sich an den Film richten, wie zum Beispiel: Was geschieht im Film und wer kommt vor? Es gibt verschiedene Vorschläge für Analyseebenen (Faulstich 2008; Mikos 2008), aber nicht jede Analyseebene eignet sich für jede Fragestellung gleich gut. Meine Forschungsfragen fokussieren auf Repräsentationen von Personen und Orten. Deshalb wurden Analysenebenen nach Werner Faulstich und Mikos kombiniert mit einer geographischen Perspektive durch raumsensible Fragen wie: „Wo finden die Handlungen statt?" (☑ Tab. 23.1).

▪ Sequenzprotokoll

Damit die Analyseebenen bearbeitet werden können, wird ein Analyseinstrument benötigt. Das Instrument – ein Filmprotokoll – dient durch Verschriftlichung dazu, der Flüchtigkeit des Forschungsgegenstandes und der Unabschließbarkeit der Analysearbeit entgegenzuwirken. Durch ein Protokoll werden Filme zerlegt, um ihre Struktur offenzulegen (Mikos 2008). Das Einstellungsprotokoll gilt dabei als kleinste analysierbare Einheit, das heißt, dass alle aneinander gereihten Einzelbilder erfasst werden. Aus forschungsökonomischen Gründen ist ein solches Protokoll nicht sinnvoll (Faulstich 2008). Deswegen wurden Sequenzprotokolle als Ausgangspunkt verwendet. Dabei wurden die Filme in einzelne Sequenzen zergliedert. Sequenzen sind in der Regel durch einen Ortswechsel, Wechsel der Zeitstruktur oder Veränderung in der Personenkonstellation definiert (Mikos 2008; Faulstich 2008). Sequenzen bilden eine Vergleichseinheit und dienen als Grundlage für die tiefgründigere Analyse.

In den Filmwissenschaften existieren verschiedene Vorschläge für den Aufbau eines tabellarischen Sequenzprotokolls. Im Interesse der Forschungsfragen habe ich im Programm Microsoft Excel eine eigene Vorlage ausgearbeitet (☑ Abb. 23.1). Nach diesem Raster wurden alle Filme viermal durchgesehen: 1. Filmdurchsicht: ununterbrochene Durchsicht für einen inhaltlichen Überblick. 2. Filmdurchsicht: Einteilung in Sequenzen, Nummerierung und Zeiterfassung der Sequenzen, Zusammenfassung der Sequenzinhalte und Erstellung der Screenshots. 3. Filmdurchsicht: Personenanalyse; wer kommt vor? Transkription relevanter Sequenzen (im Sinne des Forschungsinteresses), Erfassung von Personendetails wie die Gestik. 4. Filmdurchsicht: Raumanalyse (Beschreibung der Szenerie) und Erfassung von weiteren Details.

---

3   Es gibt verschiedene Softwares zur Videotranskription, die als technische Unterstützungsmittel angewendet werden können (z. B. Feldpartitur). Die Softwares liefern quantitative Auswertungen, die nicht für jede Fragestellung geeignet sind. Wegen der Fragestellungen, Zeit- und finanziellen Gründen habe ich ohne Software gearbeitet. Für größere Forschungsprojekte als eine BA sind solche Tools als Ergänzung sicherlich hilfreich.

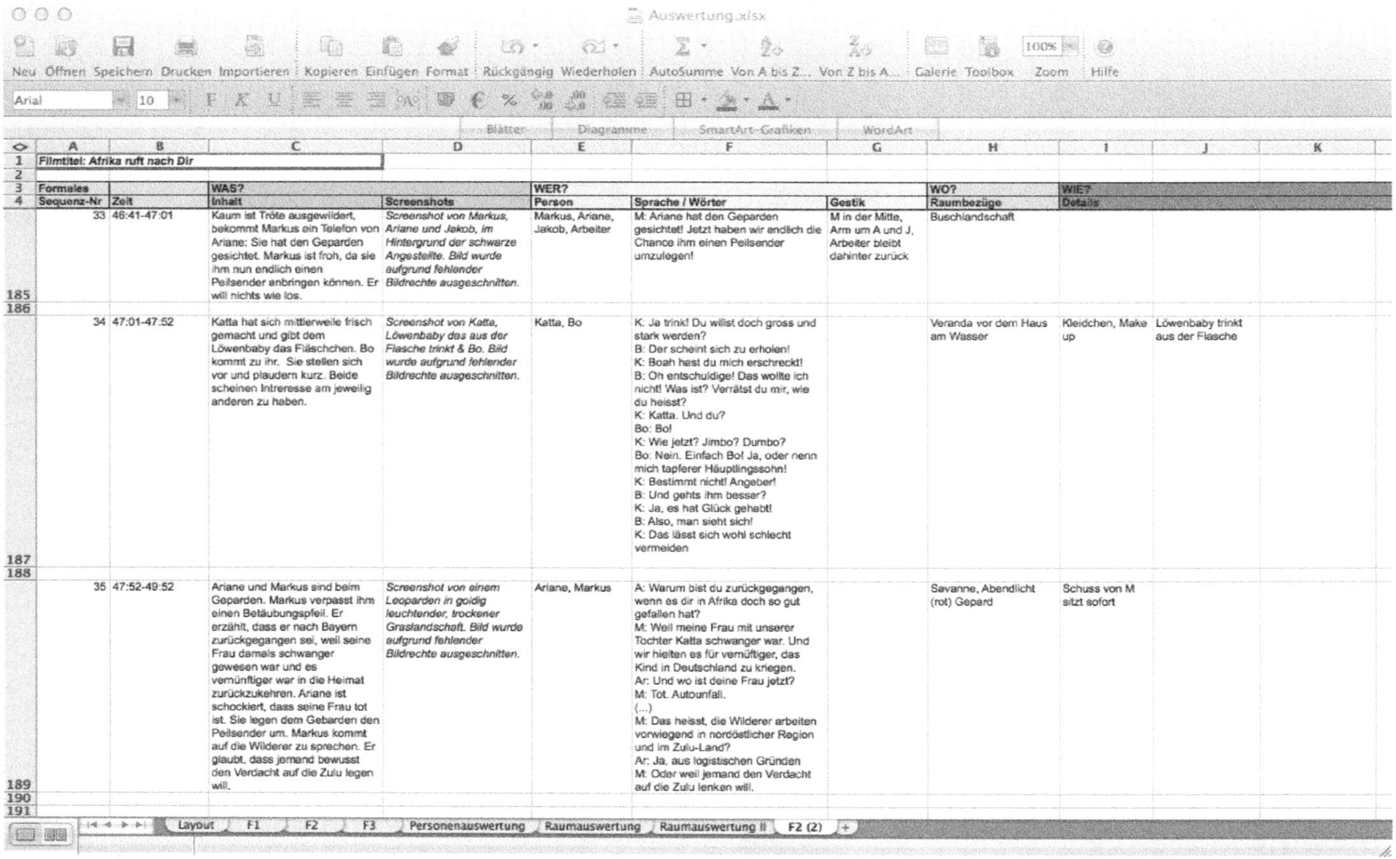

Auswertung.xlsx

Neu Öffnen Speichern Drucken Importieren Kopieren Einfügen Format Rückgängig Wiederholen AutoSumme Von A bis Z... Von Z bis A... Galerie Toolbox Zoom Hilfe

Arial 10

Filmtitel: Afrika ruft nach Dir

Formales

Sequenz-Nr	Zeit	WAS? Inhalt	Screenshots	WER? Person	Sprache / Wörter	Gestik	WO? Raumbezüge	WIE? Details		
33	46:41-47:01	Kaum ist Troilo ausgeweidet, bekommt Markus am Telefon von Ariane: Sie hat den Geparden gesichtet. Markus ist froh, da sie ihm nun endlich einen Peilsender anbringen können. Er will nichts wie los.	Screenshot von Markus, Ariane und Jakob, im Hintergrund der schwarze Angestellte. Bild wurde aufgrund fehlender Bildrechte ausgeschnitten.	Markus, Ariane, Jakob, Arbeiter	M: Ariane hat den Geparden gesichtet! Jetzt haben wir endlich die Chance ihm einen Peilsender umzulegen!	M in der Mitte, Arm um A und J, Arbeiter bleibt dahinter zurück	Buschlandschaft			
34	47:01-47:52	Katta hat sich mittlerweile frisch gemacht und gibt dem Löwenbaby das aus der Flasche. Bo kommt zu ihr. Sie stellen sich vor und plaudern kurz. Beide scheinen Interesse am jeweilig anderen zu haben.	Screenshot von Katta, Löwenbaby das aus der Flasche trinkt & Bo. Bild wurde aufgrund fehlender Bildrechte ausgeschnitten.	Katta, Bo	K: Ja trinkt! Du willst doch gross und stark werden? B: Der scheint sich zu erholen! B: Boah hast du mich erschreckt! B: Oh entschuldige! Das wollte ich nicht! Was ist? Verlässt du mir, wie du heisst? K: Katta. Und du? Bo: Bo! K: Wie jetzt? Jimbo? Dumbo? Bo: Nein. Einfach Bo! Ja, oder nenn mich tapferer Häuptlingssohn! K: Bestimmt nicht! Angeber! B: Und geht's ihm besser? K: Ja, es hat Glück gehabt! B: Also, man sieht sich! K: Das lässt sich wohl schlecht vermeiden		Veranda vor dem Haus am Wasser	Kleidchen, Make up	Löwenbaby trinkt aus der Flasche	
35	47:52-49:52	Ariane und Markus sind beim Geparden. Markus verpasst ihm einen Betäubungspfeil. Er erzählt, dass er nach Bayern zurückgegangen sei, weil seine Frau damals schwanger gewesen war und es vernünftiger war in die Heimat zurückzukehren. Ariane ist schockiert, dass seine Frau tot ist. Sie legen dem Geparden den Peilsender um. Markus kommt auf die Widerer zu sprechen. Er glaubt, dass jemand bewusst den Verdacht auf die Zulu legen will.	Screenshot von einem Leoparden in goldig leuchtender, trockener Graslandschaft. Bild wurde aufgrund fehlender Bildrechte ausgeschnitten.	Ariane, Markus	A: Warum bist du zurückgegangen, wenn es dir in Afrika doch so gut gefallen hat? M: Weil meine Frau mit unserer Tochter Katta schwanger war. Und wir hielten es für vernünftiger, das Kind in Deutschland zu kriegen. Ar: Und wo ist deine Frau jetzt? M: Tot. Autounfall. (...) M: Das heisst, die Widerer arbeiten vorwiegend in nordöstlicher Region und im Zulu-Land? Ar: Ja, aus logistischen Gründen. M: Oder weil jemand den Verdacht auf die Zulu lenken will.	Schuss von M sitzt sofort	Savanne, Abendlicht (rot) Gepard			

Layout F1 F2 F3 Personenauswertung Raumauswertung Raumauswertung II F2 (2) +

■ **Abb. 23.1** Sequenzprotokoll

Für dieses Vorgehen wurden pro Film rund zwei Arbeitstage benötigt. Die gestaffelte Analyse zahlt sich bei der Erkennung von Details aus: Achtet man in einer Durchsicht etwa nur auf die Worte und Personen, können sprachliche Aussagen erkannt werden, die eine differenzierte Analyse ermöglichen.

23.5 Datenauswertung und Ergebnisse

Für die Datenanalyse wurden zunächst alle Spalten im Excel-File nach dem jeweiligen Inhalt über alle drei Filme hinweg zusammengetragen, das heißt, dass alle Personenanalysen in ein neues Excel-Sheet, alle Orte usw. übertragen werden. Damit konnten gezielt die Forschungsfragen angegangen werden.

- **Welche Rollen gibt es im Film?**

Die Rollen wurden nach Haupt- Neben und Statistenrollen kategorisiert und tabellarisch festgehalten. Als Hauptrollen werden die zentralen Handlungsträger und -trägerinnen über die gesamte Filmhandlung verstanden. Als Nebenrollen werden diejenigen Personen kategorisiert, die regelmäßig in den Sequenzen auftauchen, deren Funktion ergänzend zur Haupthandlung ist. Statistenrollen verkörpern diejenigen, die entweder nur einmalig auftreten oder sich nur im Hintergrund aufhalten, ohne aktiv am Geschehen beteiligt zu sein. Zusätzlich wird die Hautfarbe der Rollen erfasst, um allfällige Differenzen zu erkennen. Mit dieser kann zum Beispiel die Verteilung der Hauptrollen nach Hautfarbe ausgewertet werden. Demnach sind 90 % der Hauptrollen von *Weißen* repräsentiert. Weiter wurden die Funktionen der Rollen nach sechs Kriterien codiert. Die Kriterien leiten sich aus den Berufsfeldern beziehungsweise den Funktionen ab. So haben die Tätigkeiten wie Gepäcktragen und Haushalten gemäß meiner Klassifikation eine bedienende Funktion inne, während eine Ärztin oder Pflegefachfrau eine helfende/betreuende Funktion vertritt. Ferner sind die Gender-Zugehörigkeiten der Rollen aufgeführt, um diesbezügliche Besonderheiten festzuhalten. Zusätzlich wurde codiert, wer in den Filmen die Bedienten und wer die Hilfeempfangenden repräsentieren. Damit konnte aufgezeigt werden, dass die bedienenden Funktionen mit 75 % von *Schwarzen* ausgeführt werden. Die Bedienten sind zu 100 % *Weiße*. Die betreuenden/helfenden Funktionen sind zu ca. 42 % von *Schwarzen* und zu ca. 58 % von *Weißen* verkörpert. Die Hilfeempfangenden sind einzig die *Schwarzen*.

- **Wie werden die Rollen repräsentiert?**

In einem nächsten Schritt wurden die Rollen anhand der transkribierten Textpassagen genauer untersucht. Dabei konnte etwa die Hilfeleistung von *Weißen* gegenüber *Schwarzen* differenzierter diskutiert werden (◘ Tab. 23.2). Gleich vorgegangen wurde mit Aspekten des Gebraucht-Werdens (*Weiße* werden gebraucht, um zu helfen), mit den bedienenden Funktionen (*weiße* Familien haben *schwarze* Haushaltskräfte) und Konstruktionen von Wir und die Anderen (wir *Weißen*, ihr *Schwarzen* bzw. ihr *Weißen*, wir *Schwarzen*). Differenzen zwischen den Hautfarben konnten auch durch Blickkontakte zwischen den Rollen festgehalten werden. Dazu wurden Screenshots analysiert die aufzeigen, dass *schwarze* Menschen häufig in einer Untersicht zu den *Weißen* aufblicken.

- **Wo sind die Rollen und Handlungen eingebettet?**

Zur Auswertung der Frage nach dem „Wo" wurden alle Raumangaben zunächst sortiert nach Landschaft oder Handlungsraum. Diese Unterteilung erlaubt die Analyse nach Landschaftsbil-

Tab. 23.2 Auswertungstabelle		
Textpassage	*Weiße/Schwarze*	*Kommentar*
S: Ist doch gut, dass wir so schnell waren (F1_S4) (Zitierweise: F1 = erster analysierter Film, 4 = Sequenznr. 4)	W helfen S	*Weiße* waren schnell genug, um den *schwarzen* Patienten zu retten
K: Sie müssen mir vertrauen Rebecca. Sonst wird es sehr schwer für mich, Sie zu heilen (F1_12)	W hilft S	*Weiße* Ärztin hilft *schwarzer* Patientin

dern und konkreten Handlungsräumen, in denen sich die Rollen begegnen. Die Landschaften wurden codiert nach landschaftsökologischen Vorkommnissen wie Savanne, Gewässer, Berge sowie auch Tieren in den Landschaften. Die Resultate zeigen, dass zu knapp 70 % sämtliche Landschaften als Savanne mit Tieren und Sonnenauf- und -untergängen gezeigt werden. Grüne vegetationsreiche Gebiete mit Gewässern und Gebirgen sind kaum zu finden. Grundsätzlich gibt es zwei charakteristische Handlungsräume pro Film: Wohn- und Arbeitsraum der *Weißen* und Wohnraum der *Schwarzen*. Die *Weißen* leben in luxuriösen Häusern, mit grüner vegetationsreicher Umgebung, während die *Schwarzen* in staubiger Landschaft runde Lehmhütten bewohnen.

- **Welche (in-)direkten *Afrika*-Zuschreibungen werden im Film geäußert?**

Für diese Forschungsfrage wurden die transkribierten Passagen nach Aussagen analysiert, die über *Afrika* gemacht werden und somit aufzeigen, wie *Afrika* ist und was *Afrika* hat. Somit kann beispielsweise zusammengefasst werden, dass es nach Meinung der *weißen* Rollen in *Afrika* Probleme gibt (Tab. 23.3).

- **Wie wird *Afrika* im deutschsprachigen Spielfilm inszeniert?**

Die beispielhaften Ergebnisse wie die Landschafts- und Handlungsorte, die ungleiche Verteilung und Funktionen der Rollen und die Zuschreibungen über *Afrika* zeigen, dass *Afrika* als das Andere zu Europa konstruiert wird. Nach Edward Said (2005) geht der Versuch des Verortens von Anderem mit einer Bestätigung des positiven europäischen Selbst einher. In Deutschland gibt es keine Häuser aus Pappkarton, es gibt fließendes Wasser, Kinos, Museen – das „richtige Leben" eben. Das Andere, in dem Fall *Afrika*, wird mit Rückständigkeit, Unterentwicklung und Unzivilisiertheit assoziiert – Themen, die Europa von sich weist (Kerner 2012). Durch diese Abgrenzung kann sich Europa als etwas „Besseres" identifizieren. Diese Abgrenzung spiegelt vorherrschende Macht- und Wissensverhältnisse wider und lässt sich unter die Begrifflichkeiten „das Fremde als etwas Untergeordnetes" subsumieren (Hickethier 1995, S. 23). Das Fremde und Andere wird dem Eigenen untergeordnet. Wobei das Eigene als besser und sicherer bewertet wird. Das Eigene ist stets verbunden mit der *weißen* Hautfarbe, während das Andere mit *schwarzer* Hautfarbe assoziiert wird. Bilder der Differenz sind immer auch Bilder der Differenz zwischen den Hautfarben. Das Eigene *Weißsein* thematisiert immer auch das gegenteilige *Schwarzsein*. Über die explizite Definition des Anderen erfolgt immer eine Selbstdefinition (Reiniger 2008). Damit zeigen die Filme stets eine unterschwellige Form des Rassismus, in dem die Differenz der Rollen und ihrer Erscheinung immer eng mit einer Differenz der sozialen Stellung verknüpft ist (Hickethier 1995).

◻ **Tab. 23.3** Auswertungstabelle

Textpassage	Wer spricht mit wem über wen/ was? (*Schwarze/ Weiße s/w*)	Kommentar	*Afrika ist …*	*Afrika hat …*
K: (Schaut genervt, aber wissend zum Duschkopf, weil das Wasser unter der Dusche ausgeht und sagt kopfschüttelnd) *Afrika!* K zu St: Das Wasser war aus St: Das wäre dir in Berlin nicht passiert. Hast du keine Sehnsucht nach dem richtigen Leben? Ins Kino gehen, Museen, ins Theater, schöne Restaurants… Eine Frau wie du, die gehört nicht in so ein Buschkrankenhaus (F1_30)	*w* mit *w* über *Afrika*	Es ist typisch, dass in *Afrika* das Wasser ausgeht. Das richtige Leben findet in Deutschland statt und nicht in *Afrika*.	Kein richtiges Leben	Wasserprobleme kein Kino keine Museen keine Theater keine schönen Restaurants Buschkrankenhaus

Allgemein lässt sich festhalten, dass die untersuchten Filme als eine Fortschreibung kolonialer Tendenzen betrachtet werden können. Gezeigt werden idealisierte Landschaftsbilder, Armut, AIDS und gierige Pharmaindustrien, barmherzige Helfende aus dem globalen Norden und dankbare Beschenkte aus dem globalen Süden, ungleiche Macht- und Wissensverhältnisse und eine Unterordnung des Fremden. Der koloniale Legitimierungsdiskurs, der zu Zeiten des Kolonialismus vorherrschte, gründete auf der Vorstellung, dass die zivilisatorischen Maßnahmen „Reife" und „Freiheit", „Aufklärung" und „Rationalität" in die unzivilisierte Welt bringen würden (Castro Varela und Dhawan 2005, S. 24). Die Filminhalte sind von diesen Vorstellungen nicht sehr weit entfernt, es zeigt sich, dass „Gewisse Unterdrückungsformen anhalten, während andere immer wieder revitalisiert werden" (Castro Varela und Dhawan 2005, S. 24).

23.6 Inszenierungen von *Afrika*: ein Kolonialwarenladen der Sehnsüchte – Reflexionen und Tipps

Die Filmanalysen konnten aufzeigen, dass in den Filmen vereinfachende und undifferenzierte Bilder inszeniert werden, in denen *Afrika* und die dort lebenden Menschen nicht selber zu Wort kommen. Für eine möglichst unvoreingenommene Sicht auf die Filme waren die Transkriptionen äußerst unterstützend: Hierbei wurde ausschließlich erfasst, was tatsächlich gesprochen, besprochen und benannt wurde, ohne zusätzlich zu interpretieren. Das erforderte einerseits eine große Zeitinvestition, andererseits ermöglichte dies eine sachliche Analyse und Diskussion. Es lohnte sich dabei, sich immer wieder die Forschungsfragen zu vergegenwärtigen – so ließen sich rasch die Sequenzen identifizieren, welche eine Transkription Wert waren.

■ **Abb. 23.2** Filmausschnitte
(©ARD Degeto/Repro)

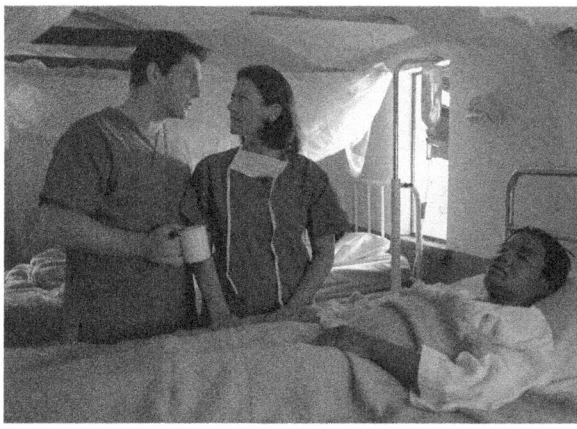

■ **Abb. 23.3** Filmausschnitte
(©ARD Degeto/Repro)

Das müssen nicht alle sein – ein „Ich liebe Dich" usw. zwischen der *weißen* Heldin und dem *weißen* Wittwer, nachdem er ihr über den tragischen Unfalltod seiner geliebten *weißen* Frau und Mutter der Kinder erzählt hat, war für die Forschungsfragen nicht relevant und konnte somit ignoriert werden. Ebenso gut eigneten sich Screenshots für die Auswertung (■ Abb. 23.2, ■ Abb. 23.3, ■ Abb. 23.4). Die Bilder bereichern als „Beweismaterial" die Ergebnisse. Zum Beispiel konnte durch die Screenshots aufgezeigt werden, dass *schwarze* Menschen fast immer zu den *Weißen* aufblicken.

> **Tipp**
>
> Es muss nicht alles transkribiert werden. Transkribiere, was für Deine Forschungsansätze und -fragen relevant ist!

Das Material ist noch keinesfalls ausgeschöpft. So würden die gesammelten Daten zum Beispiel eine vertiefte Untersuchung der Gender-Frage anbieten. Welches Frauenbild verkörpern die *weißen* Hauptrollen und wie ist die Beziehung zu ihrer *schwarzen* Mitspielerin? Weiter könnte untersucht werden, wie mithilfe von Musik der Vorstellungsraum *Afrika* inszeniert wird. Es

◘ **Abb. 23.4** Filmausschnitte (©ARD Degeto/Repro)

war auffallend, dass bei Landschaftsaufnahmen, die einem Safari-Reisekatalog entsprachen, stets „typische" Trommelmusik die Szene untermalte.

Abschließend kann ich festhalten, dass die Analyse von Filmen über „andere" Menschen und „andere" Orte einen wichtigen Beitrag leisten kann, um Ungleichheiten, Stereotypen und undifferenzierte Darstellungen zu identifizieren. Es sind stille und auf den ersten Blick unsichtbare Ungleichheiten, die sich im Alltag in unserer Sprache und in unseren Vorstellungen verankert haben. In der Hoffnung, eines sonntagabends differenziertere Filme zu finden, lohnt es sich, weitere Filme zu dekonstruieren. Gleichzeitig ist die Arbeit ein reines Vergnügen: Filme schauen mitten am Nachmittag – das ist bei der Filmanalyse offiziell erlaubt.

Literatur

ARD. (2007a). Afrika im Herzen. Regie: Sämann, Peter. Deutschland: Degeto.

ARD. (2007b). Mein Traum von Afrika. Regie: Jacob, Thomas. Deutschland: Degeto.

ARD. (2012). Afrika ruft nach Dir. Regie: Wichniarz, Karsten. Deutschland/Österreich: Degeto.

Castro Varela, M. M., & Dhawan, N. (2005). *Postkoloniale Theorie. Eine kritische Einführung*. Bielefeld: transcript.

Döring, J., & Thielmann, T. (2009). Mediengeographie: Für eine Geomedienwissenschaft. In J. Döring, & T. Thielmann (Hrsg.), *Mediengeographie. Theorie – Analyse – Diskussion* (S. 9–66). Bielefeld: transcript.

Escher, A., & Zimmermann, S. (2001). Geography meets Hollywood. Die Rolle der Landschaft im Spielfilm. *Geographische Zeitschrift, 89*(4), 227–236.

Faulstich, W. (2008). *Grundkurs Filmanalyse*. Paderborn: Fink.

Glasze, G., & Mattissek, A. (2009). *Handbuch Diskurs und Raum. Theorien und Methoden für die Humangeographie sowie die sozial- und kulturwissenschaftliche Raumforschung*. Bielefeld: transcript.

Hickethier, K. (1995). Zwischen Abwehr und Umarmung. Die Konstruktion des anderen im Film. In E. Karpf, D. Kiesel, & K. Visarius (Hrsg.), *„Getürkte Bilder": Zur Inszenierung von Fremdem im Film* (S. 22–40). Marburg: Schüren.

Kerner, I. (2012). *Postkoloniale Theorien zur Einführung*. Hamburg: Junius.

Kreutler, M., & Fengler, S. (2014). Das Afrikabild aus journalistischer Perspektive – Ergebnisse einer Inhaltsanalyse deutscher Zeitungen im Frühjahr 2013. In V. Tatah (Hrsg.), *Afrika 3.0 – Mediale Abbilder und Zerrbilder eines Kontinents* (S. 55–65). Münster: Lit.

Mattissek, A., & Reuber, P. (2004). Die Diskursanalyse als Methode der Geographie – Ansätze und Potentiale. *Geographische Zeitschrift, 92*(4), 227–242.

Mikos, L. (2008). *Film- und Fernsehanalyse*. Konstanz: UVK.

Morrien, R. (2012). „Afrika mon amour"? – Der Afrika-Diskurs im populären deutschen Spielfilm. In M. Hofmann, & R. Morrien (Hrsg.), *Deutsch-Afrikanische Diskurse in Geschichte und Gegenwart. Literatur- und kulturwissenschaftliche Perspektiven* (S. 253–284). Amsterdam: Rodopi B. V. S..

Reiniger, F. (2008). *Die grosse Liebe in einer fremden Welt. Die Inszenierungen von Schwarzsein und Weissein in gegen-wärtigen Afrikaromanen am Beispiel Corinne Hofmanns „Die weisse Massai".* Saarbrücken: VDM.

Rundfunkstaatsvertrag Deutschland (2013). *Staatsvertag für Rundfunk und Telemedien (Rundfunkstaatsvertrag – RStV).* http://www.die-medienanstalten.de/fileadmin/Download/Rechtsgrundlagen/Gesetze_aktuell/15_RStV_01-01-2013.pdf. Zugegriffen: 12.02.2015

Said, E. (2005). Der orientalisierte Orient. In M. do Mar Castro Varela, & N. Dhawan (Hrsg.), *Postkoloniale Theorie. Eine kritische Einführung* (S. 29–54). Bielefeld: transcript.

Sturmer, M. (2013). *Afrika! Plädoyer für eine differenzierte Berichterstattung.* Konstanz: UVK.

Tatah, V. (2014). *Afrika 3.0 –
Mediale Abbilder und Zerrbilder eines Kontinents im Wandel.* Münster: Lit.

Wainana, B. (2005). How to write about Africa. *GRANTA, 92,* 91–95.

Zimmermann, S. (2007). *Wüsten, Palmen und Basare – Die cineastische Geographie des imaginären Orients.* Mainz: Johannes Gutenberg-Universität.

Zimmermann, S. (2009). Filmgeographie – Die Welt in 24 Frames. In J. Döring, & T. Thielmann (Hrsg.), *Mediengeographie. Theorie – Analyse – Diskussion* (S. 291–313). Bielefeld: transcript.

Demenz und Literatur

Eine wissenssoziologische Diskursanalyse zur Darstellung
von Demenz in Arno Geigers „Der alte König in seinem Exil"
und Tilman Jens' „Demenz: Abschied von meinem Vater"

Judith Czakert

J. Wintzer (Hrsg.), *Qualitative Methoden in der Sozialforschung,*
DOI 10.1007/978-3-662-47496-9_24, © Springer-Verlag Berlin Heidelberg 2016

24.1   Zur Relevanz des Themas: Einleitung

In den letzten Jahrzehnten ist eine steigende mediale Präsenz des Themas Demenz in Deutschland zu beobachten, die auf großes Interesse am demenziellen Syndrom und dessen Auswirkungen verweist (vgl. Allolio-Näcke 2010, S. 664). Mit der medialen Präsenz scheinen auch Ängste vor demenziellen Erkrankungen anzuwachsen. Die Literaturwissenschaftlerin Miriam Seidler hat diese Tendenz recht anschaulich formuliert: „Das Schreckbild der Gesellschaft ist gegenwärtig nicht mehr die durch Sexualverkehr übertragbare Immunschwächekrankheit, sondern Morbus Alzheimer: das schleichende Vergessen und die Auflösung der Persönlichkeit" (Seidler 2012, S. 385).

Mit den komplexen Folgen der steigenden Prävalenz und Inzidenz demenzieller Erkrankungen – zu denen auch solch sich diskursiv etablierende, negative Deutungsmuster zählen – müssen sich sowohl Betroffene und Angehörige wie Familie und das engere soziale Netzwerk auf privater Ebene, wie auch Politik und Ökonomie auf institutioneller Ebene beschäftigen. Zur Prävention einseitiger Diskursverfestigungen ist aktive Annäherung an das komplexe Erleben von Demenz, an das Empfinden von Lebensqualität, von Vorstellungen und Wünschen, Ängsten und Sorgen Betroffener erforderlich. Wie aber kann das innere Erleben von Demenz begriffen werden, wenn Betroffene nicht (mehr) in der Lage sind, sich und die Umstände ihres Lebens und Erlebens auszudrücken?

„Das Ergründen der inneren Welt eines kognitiv stark beeinträchtigten Menschen ist schwierig. Lediglich für die beginnende Demenz und ihre frühen Stadien gibt es fundierte Erkenntnisse. Mit zunehmendem Schweregrad der Erkrankung werden die Annahmen immer spekulativer. Sie sind aber für die Betreuenden eine wichtige Hilfe und Anregung zum kreativen Umgang mit dem Demenzkranken" (Bundesministerium für Familie, Senioren, Frauen und Jugend 2002, S. 175). Erkenntnisse „über Veränderungen der Wahrnehmung, des Erlebens und der Reaktionen der Demenzkranken" scheinen notwendig, „um die Betroffenen bei der Bewältigung krankheitsbedingter Probleme adäquat unterstützen zu können" (Bundesministerium für Familie, Senioren, Frauen und Jugend 2002, S. 175). Einer solchen Auseinandersetzung, die Sichtweisen und Bedürfnisse Betroffener berücksichtigt, steht ein pathologisierendes und häufig objektivierendes Bild von Menschen mit Demenz entgegen, wie es von medialen Darstellungen aufgegriffen, vermittelt und gleichzeitig bestätigt wird (vgl. Baczkiewicz 2014, S. 422 ff). Der zu großen Teilen auf medizinischen Wissensbeständen, ökonomischen und politischen Vorstellungen basierende gesamtgesellschaftliche Diskurs über Demenz erfordert eine gezielte Erweiterung der Möglichkeiten, Demenz zu denken und zu deuten, um darauf aufbauend an einer guten[1] Versorgung und Versorgungsstruktur für Menschen mit Demenz zu arbeiten.

- **Demenz durch Text erfassen: Verschiedenste Zugänge zum Forschungsgebiet**
Eine kreative Möglichkeit der Annäherung an das Erleben von Demenz ist die künstlerische Transformation des Themas. Die Germanistin Henriette Herwig beschreibt im Kontext der literarischen Altersforschung die Möglichkeit und die Macht der Kunst, kreativ mit Lebensentwürfen umzugehen, sie umzudeuten und in verschiedene Richtungen zu erproben. Kunst, so Herwig (2014, S. 19), könne auf diese Weise zu einer Neuentwicklung der Kultur beitragen. Durch transformierte Darstellung individueller Lebensgeschichten in der Kunst sei ein Wechsel

---

1   „Gut" ist hier im Sinne von würdevoll, achtungsvoll, respektvoll und Lebensqualität erhaltend und fördernd gemeint. Zur Diskussion bzgl. der Einschätzung von Lebensqualität bei demenziell erkrankten Menschen vgl. zum Beispiel die Beiträge von Kumlehn (2014) und Brandenburg und Günther (2014).

von diskursiv verfestigten Perspektiven und Deutungsmustern möglich. Damit böte Literatur als Kunstform eine quasi literarisch-experimentelle Grundlage, sich über diskursive Strukturen hinauszubewegen und Demenz nicht ausschließlich als angstbesetzte Krankheit zu betrachten, die es zu bekämpfen gilt. Vielmehr wird sie als eine Seins- oder Transformationsweise verstanden, die eine Auseinandersetzung mit existenziellen Fragen wie der nach Identität, nach der Definition von Persönlichkeit, nach Auslegungen von Mensch-Sein und nach der Bedeutung von Würde erfordert. Literatur kann demnach zu einem komplexeren Verständnis von Demenz verhelfen, das über bestehende Vorstellungen hinausgeht und die gesellschaftlichen Demenz-Diskurse damit zu erweitern vermag. Zugleich verhilft die literarische Darstellung von Demenz über den persönlichen Zugang einer Geschichte zur Humanisierung Betroffener. Die Gerontologin Hannah Zeilig (2014) formuliert dies treffend in ihrem Aufsatz *Gaps and spaces: Representations of dementia in contemporary British poetry*: *„Considering dementia with reference to the work of contemporary poets and critical gerontology is one way in which we can deepen our understanding of what this illness involves and humanise those who suffer from it"* (Zeilig 2014, S. 160). Das Forschungsprojekt „Alzheimer's Disease in Contemporary Literature and Culture" von der Manchester Metropolitan University beschreibt die Relevanz einer literarischen Untersuchung des Themenfeldes Demenz ähnlich: *„The research makes an argument for the significance of literary form and literary language in encapsulating the experiences of illness and dying with a complexity that is often lacking in standard bio-ethical case studies and demonstrates that literary representations of these diseases are not simply of reflective of prevailing medical and cultural discourses around illness, dying and death, but have a constitutive role to play in shaping our understanding of and responses to these realities"*[2].

Zum geforderten Verständnis von Demenz möchte diese Arbeit beitragen. Um Einsichten in für die (Pflege-)Wissenschaft relevante Vorstellungsbestände rund um Demenz zu erhalten, wird ein interdisziplinärer Ansatz als zentral angesehen. In diesem Sinne wird folgende Fragestellung bearbeitet: Wie und wieso stellt ausgewählte Literatur Sinnzusammenhänge dar, um Demenz in Ursache und Folge zu erklären und kohärent in einen Gesamtkontext einzuordnen? Weitere Fragen grundsätzlicherer Natur werden daran anknüpfend zur Diskussion gestellt: Welche Antworten bietet Literatur auf die Frage „Was ist Demenz"? Inwieweit könn(t)en Untersuchungen schöngeistiger Literatur mit dem Themenschwerpunkt „Demenz" von Relevanz für die Pflegewissenschaft sein?

24.2 Diskursive Verortung von Demenz: theoretischer Rahmen

Um Wissensbestände über Demenz zusammenzuführen, empfiehlt sich eine fachübergreifende, interdisziplinär angelegte Herangehensweise, die Geistes- und Sozialwissenschaften explizit einbezieht. Als eine „Krankheit, die mit dem Alter eng assoziiert wird" (Hartung 2010, S. 124), ist Demenz und das Inventar zur Beschreibung von Demenz dicht verwoben mit dem Altersdiskurs. Demenz kann ohne Wahrnehmung und Kenntnis der Altersdiskurse nicht (komplex) erfasst werden, denn die Darstellung von Demenz in der Gegenwartsliteratur beinhaltet – direkt oder indirekt – immer auch eine Auseinandersetzung mit dem Alter. Eine theoretische Bezugnahme erfolgt daher zu einem großen Teil auf Arbeiten der Kritischen Gerontologie, die sich mit literarischen Darstellungen von Alter bzw. Demenz beschäftigen. Die Altersforschung ist *per se* interdisziplinär angelegt und bemüht sich um Zusammenführung von Inhalten aus diversen ent-

---

2 ► http://gtr.rcuk.ac.uk/project/A4C55527-5825-4CE4-8D6D-7711FD9ED447 (Zugegriffen: 22.01.2015).

Demenz in der Literatur

Die Herausforderung der Alzheimer-Narration[3] liegt laut Martina Kumlehn, Professorin für Religionspädagogik, in der imaginierten Darstellung der Innensicht demenziell erkrankter Menschen, die diese selber nicht mehr schildern können. Erzählte Innensicht ermöglicht die Entwicklung von Deutungsmustern, die die Vorstellungen über das Erleben von Demenz erweitern und damit Grundlagen bieten

für ein insgesamt komplexeres Verständnis der Erkrankung. Kumlehn betont, dass es sich immer um deutende Zuschreibungen handelt, die als solche auch wahrgenommen werden sollten. Literatur ist, wie sie es formuliert, „Arbeit an den deutenden Bildern der Demenz" (Kumlehn 2014, S. 168). Deutende Bilder, konstruiert durch spezifische textinhärente Narration, können Perspektivwechsel in der

Wahrnehmung von Demenz herbeiführen (Kumlehn 2014, S. 168 f). Das Potenzial der Literatur liegt in der Schaffung eines erweiterten Repertoires Demenz zu beschreiben, ergo zu denken und zu begreifen, unter gleichzeitiger Möglichkeit, diskursiv eingeschriebene Dualismen, wie richtig–falsch, krank–gesund, normal–unnormal zu unterwandern bzw. zu hinterfragen.

sprechenden wissenschaftlichen Fachbereichen. Ganz im Sinne der Interdisziplinarität werden zusätzlich relevante Artikel aus der Germanistik und der Literaturwissenschaft herangezogen. Da die „Darstellung von Alzheimer-Kranken (…) bislang für die deutsche Literatur kaum untersucht [ist]" (Seidler 2012, S. 301), beschränkt sich die Anzahl auf einige wenige Texte. Wissensbestände aus der Pflegewissenschaft rund um die Demenz untermauern den theoretischen Rahmen der Arbeit und werden im Analyseteil als Vergleichsbasis kritisch zur Disposition gestellt.

24.3   Diskursanalytischer Blickwinkel: methodischer Rahmen

Wenn davon ausgegangen wird, dass Texte diskursive Formationen bilden – das heißt, dass innerhalb der literarischen Textproduktion Diskurse kreativ transformiert, rekonstruiert und gleichzeitig konstruiert werden – so kann eine Untersuchung von literarischen Texten unter diskursanalytischem Blickwinkel Einblicke gewähren in einerseits die Beschaffenheit von Diskursen und andererseits in die möglichen Entwicklungen innerhalb eines diskursiven Feldes, wie die Literatur als Kunstform sie imaginiert.

Literarische Texte bieten also die Möglichkeit „jenseits des rationalen Diskurses" genau jene aufzunehmen, literarisch umzuwandeln und damit Wahrnehmungsmöglichkeiten zu erweitern, wie Kumlehn es recht zugespitzt formuliert: „Die Schriftsteller (…) bringen jenseits des rationalen Diskurses die existenzielle Wucht und Zuspitzung des irreversiblen Vergessens ungeschützt und vielstimmig zum Ausdruck. Sie nutzen dabei alle Möglichkeiten fiktionaler Weltentwürfe, die unseren Existenzhorizont erweitern, indem sie uns neue Wahrnehmungs- und Referenzmöglichkeiten in Bezug auf die Lebenswelt zu spielen" (Kumlehn 2014, S. 168).

■ **Hier kommt die Diskursanalyse ins Spiel**
Gleichermaßen Vorteil wie Nachteil der Diskursanalyse ist die begriffliche Unbestimmtheit, die sie auszeichnet. Ausgehend von dem in den 1960er-Jahren von Michel Foucault entwickelten

---

3   Alzheimer-Narrationen bezeichnen Gegenwartsliteratur mit dem thematischen Schwerpunkt „Demenzen/ Alzheimer-Demenz", angelehnt an die Begriffsverwendung (vgl. Dackweiler 2014, S. 253; Seidler 2012, S. 405).

Methodendefizit in Foucaults Werken

So bezeichnet Foucault selber seine „Archäologie des Wissens" als weder Theorie noch Methode: „Für mich war die Archéologie weder vollständig theoretisch noch vollständig methodologisch (...) Dann können wir uns fragen, was denn die Archéologie ist, wenn sie weder eine Theorie noch eine Methode darstellt. Meine Antwort lautet: Sie bezeichnet gleichsam ein Objekt; sie versucht, die Ebene zu bestimmen, auf die ich mich begeben muss, damit die Objekte sichtbar werden, mit denen ich schon lange umgegangen bin, ohne überhaupt zu wissen, dass es sie gibt, so dass ich sie auch nicht benennen konnte" Foucault (2002, zit. nach Keller 2007, S. 3).

Diskursbegriff hat sich die Diskursforschung in den Geistes- und Sozialwissenschaften etabliert, ohne gleichzeitig eine standardisierte Methodik zu entwickeln. Dies lässt sich erklären durch 1. ungenaue Angaben über das methodische Vorgehen in den Werken Foucaults und 2. unterschiedliche wissenschaftliche Sozialisierungen, auch die Methodik betreffend, in den jeweiligen Fachrichtungen. Der Soziologe Reiner Keller (2007, S. 4 ff) spricht von einem „Methodendefizit" in der Diskursforschung, das zu äußerst heterogenen Lösungsvorschlägen führe (vgl. Allolio-Näcke 2010, S. 664).

Die methodische Heterogenität und unterschiedlichen Auslegungen des Diskursbegriffes erschweren ein transdisziplinäres, vergleichendes Arbeiten unter diskursanalytischem Blickwinkel, das gerade in der Diskursforschung von Vorteil wäre. Gleichzeitig verhindert die methodische Unbestimmtheit eine durch Festschreibungen womöglich eingrenzende methodische Vorgehensweise; die Methodik kann den Fragestellungen innerhalb eines diskursanalytischen Blickwinkels weitestgehend angepasst werden. Zu beachten ist jedoch die Notwendigkeit einer genauen Darstellung und Offenlegung von Methode und Arbeitsweise – sofern dies unter dem Namen Diskursanalyse erfolgen soll – solange die Diskursforschung vom Mangel an einheitlicher Methodik geprägt ist: „Auch wenn es keinen Königsweg der Diskursanalyse gibt, so müssen die getroffenen Entscheidungen doch begründet und erläutert werden" (Keller 2011, S. 80).

Kritik an diskursanalytischem Vorgehen bezieht sich außerdem auf die verknappende Funktion des Autors oder der Autorin. Diskurse sind vom sprechenden/handelnden/schreibenden Subjekt erzeugt; demnach auch vom forschenden Subjekt ins Leben gerufen, das dem Diskurs eine spezifische Form gibt. Eine Darstellung von Diskursen ist also nur unter der Prämisse einer Verknappung möglich. Das bedeutet auch, dass eine vollständige Abbildung und Rekonstruktion „des Diskurses" *per se* nicht erfüllbar ist. Keine noch so detaillierte Forschung kann dies leisten. Dies kritisch zu reflektieren und möglichst transparent darzulegen, ist Teil und Anspruch der gewählten Methodik (vgl. Allolio-Näcke 2010, S. 667).

■ **Festlegung des Datenkorpus**

Reiner Keller (2007, S. 18 ff) schlägt zur Auswahl der Daten eine Orientierung an der Grounded Theory wie folgt vor: Im sogenannten theorieorientierten Sampling erfolgt die Auswahl der Daten in Anlehnung an Leitfragen/Leitthemen der Forschung und unterliegt damit einem ersten thematischen Ein- und Ausschlussprozess. Das Leitthema „Darstellung von Demenz in der Gegenwartsliteratur" erforderte zunächst eine Sichtung deutschsprachiger Literatur (Romane, Kurzgeschichten, Prosa) mit thematischem Schwerpunkt „Demenz", die nach dem Jahr 2000 erschienen ist. Herausgefilterte Literatur stellt den Gesamtdatenkorpus dar, aus dem ein als besonders bedeutsam eingestuftes Werk – Arno Geigers *Der alte König in seinem Exil* (2012; AKE)

– der näheren Sichtung unterzogen wurde. Als bedeutsam wurde AKE aus folgenden Gründen bewertet: Arno Geiger ist derzeit einer der erfolgreichsten Autoren deutschsprachiger Gegenwartsliteratur. Er erhielt mehrere Preise für AKE wie den Literaturpreis der Konrad-Adenauer-Stiftung 2011 und den Ehrenpreis des Deutschen Hospiz- und Palliativ-Verbandes (DHPV) 2011. AKE stand monatelang auf der Spiegelbestsellerliste und wurde in den Medien kontrovers besprochen. Daraus lässt sich schließen, dass die Rezipienten und Rezipientinnen zahlreich sind/waren und vermutlich einer gewissen sozialen Bildungsschicht zugeordnet werden können. Die Preise des DHPV und der Schweizer-Demenz-Stiftung verleihen Arno Geigers AKE zusätzlich eine Art Gütesiegel des Fachpublikums für die literarische Darstellung von Demenz. AKE kann damit als eine von außen so markierte vorbildliche literarische Umsetzung des Themas „Demenz" betrachtet werden.

Die Auswahl des zweiten Werkes erfolgte auf zwei verschiedenen Ebenen. Zum einen wurde nach formaler und thematischer Ähnlichkeit gesucht, um eine Vergleichbarkeit zu gewährleisten. Zum anderen sollte der Inhalt sich in Auslegung bestimmter mit Demenz verbundener Themenfelder möglichst stark unterscheiden. Die Wahl fiel auf Tilman Jens' *Demenz: Abschied von meinem Vater* (2010; DAV). Mit dem Erscheinungsjahr 2010 liegt die Erstveröffentlichung zwei Jahre vor AKE. DAV stand wie AKE auf der Spiegelbestsellerliste und wurde vermutlich von einer ähnlichen und ähnlich großen Leserschaft rezipiert. Die von Keller so bezeichneten „Chancen auf Gehör" (Keller 2007, S. 26) lassen sich also vergleichen. Sowohl Geiger als auch Jens berichten in teilautobiografischer Prosa über die demenzielle Erkrankung ihrer Väter. Es findet in beiden Werken eine aus der Krankheit resultierende Beschäftigung mit der Biografie der Väter statt. Ihr Leben wird aus dem gegenwärtigen Blickwinkel der Söhne und unter dem Einfluss der Krankheit „Demenz" heraus rekonstruiert. Zu beachten ist, dass Geiger Jens' DAV gelesen haben könnte, demnach eine Beeinflussung durch diesen Text nicht auszuschließen ist.

▪ Erschließung von Inhalt/en: (Re-)Konstruktion von Diskurs/en

Die Sinngebung in Bezug auf Demenz, die (Be-)Wertung und der Umgang (mit) der väterlichen Demenz unterscheiden sich in beiden Werken stark und legen auf den ersten Blick einen völlig konträren Fokus auf die Frage, was Demenz ist, was Demenz bedeutet und welche Folgen Demenz hat, beziehungsweise haben kann. Die unterschiedliche Darstellung ermöglicht eine Betrachtung diskursiver Elemente Demenz betreffend, auf Basis literarisch verschiedener Auslegungen, Beschreibungen und Umgangsweisen (mit) der Erkrankung. Als Anhaltspunkte zur inhaltlichen Erschließung der Romane dienen die aus der wissenssoziologischen Tradition entlehnten, von Keller vorgeschlagenen Konzepte der Phänomenstrukturen, Deutungsmuster und narrativen Strukturen.

Keller versteht den Begriff Phänomen als eine Gruppe von miteinander in Bezug stehende Aussagen, Probleme und Themen, die auf einen spezifischen Zusammenhang hin referieren und in ihrer Gesamtheit eine Struktur bilden, die Phänomenstruktur. „Der Begriff der Phänomenstruktur bezieht sich darauf, dass Diskurse in der Konstitution ihres referenziellen Bezuges (also ihres ‚Themas') unterschiedliche Elemente benennen und zu einer spezifischen Gestalt der Phänomenkonstitution, einer Problemstruktur oder -konstellation verbinden" (Keller 2011, S. 103). Gemeint ist: Das Phänomen als Ergebnis miteinander verknüpfter Aussagen, Probleme und Themen setzt sich zusammen aus unterschiedlichen Perspektiven, Intentionen und Vorstellungen. Aus der Gesamtheit aller relevanter Themenbezüge entsteht die spezifische Phänomenstruktur, die es zu erschließen gilt, beispielsweise durch die „Bestimmung der Art des Problems oder des Themas einer Aussageeinheit, die Benennung von kausalen Zusammenhängen (Ursache–Wirkung), Zuständigkeiten (Verantwortung) (…) moralische und ästhetische

Wertungen, Folgen, Handlungsmöglichkeiten" (Keller 2011, S. 103). So wird ein Phänomen in rekonstruierbare Einzelteile seines Bestehens zerlegt. Es entsteht eine vertiefte Sicht der komplexen Struktur und Beschaffenheit eines herausgestellten Phänomens, „[d]ie allgemeinen Dimensionen, aus denen ein Phänomen diskursiv konstituiert wird [bzw. sich konstituiert]" (Keller 2011, S. 104), werden sichtbar.

Das Konzept des Deutungsmusters beschreibt Keller als ein „Ergebnis der ‚sozialen Konstruktion von Wirklichkeit', das heißt ein historisch-interaktiv entstandenes, mehr oder weniger komplexes Interpretationsmuster für weltliche Phänomene, in dem Interpretamente mit Handlungsorientierungen, Regeln u. a. verbunden werden. (…) Soziale Akteure eignen sie sich in Sozialisationsprozessen und in Auseinandersetzung mit medialen Wissensangeboten an und orientieren ihr eigenes Deuten und Handeln daran" (Keller 2007, S. 12). Deutungsmuster lassen sich verorten als eine Art kultureller Konstruktfundus, der auf gesellschaftlichen Wissensvorräten basiert und auf den bewusst und unbewusst zugegriffen wird, um Handlungen zu legitimieren, um Gedanken zu begründen, um Aussagen zu erläutern. Anders gesagt, um Welt zu deuten und durch Deutungen einzuteilen. In Diskursen werden unterschiedliche Deutungsmuster für weltliche Referenzphänomene miteinander in spezifischer Weise verknüpft. Das ist ein erstes Element der „Wissensgestalt" von Diskursen (Keller 2007, S. 12). Teil der Deutungsmuster sind Klassifikationen. Sie „sind mehr oder weniger ausgearbeitete, formalisierte und institutionell stabilisierte Formen sozialer Typisierungsprozesse" (Keller 2007, S. 12), die im Rahmen des Alltags ununterbrochen stattfinden, um Handlungen deutend erklär- und damit fassbar zu machen. Schlicht ausgedrückt handelt es sich bei Klassifikationen um die Konstruktion und Nutzung von Schubladen, die dazu dienen, Erfahrenes zu ordnen und im Rahmen kulturell verständlicher Ordnungsschemata zu verwerten und ausdrückbar zu machen.

Narrative Strukturen sind „nicht einfach nur Techniken der Verknüpfung sprachlicher Elemente", sondern können als „Grundmodus der menschlichen Ordnung von Welterfahrung" betrachtet werden (Keller 2007, S. 16). Phänomenstrukturen und Deutungsmuster werden durch Narration auf spezifische Weise miteinander verbunden und konstruiert. Die inhaltlichen Bestandteile eines Diskurses, von Keller als „Wissens-Bausteine" (Keller 2007, S. 16) bezeichnet, werden durch Narration in die Welt gesetzt und zu einem erzählbaren Gebilde geformt, das etwas aussagt und bewirkt (vgl. Keller 2011, S. 110 f.). Erst in der Präsentation durch Narration in Form einer Erzählung können Diskurse sich an ein Publikum wenden. Narration bildet somit einen Grundstein der diskursiven Verbreitung eines Diskurses, der durch sprachliche Mittel in der Welt zur wahrnehmbaren Existenz gelangt und durch den Ausdruck seiner Selbst in Narration und in narrativen Strukturen quasi performativ ins Leben gerufen wird. „Als Aussagen haben sie [die narrativen Strukturen] performativen Charakter: sie konstituieren (bestreitbare) Weltzustände als Erzählungen, in denen es handelnde Akteure und Akteurinnen, Ereignisse, Herausforderungen, Erfolge und Niederlagen, ‚Gute' und ‚Böse' etc. gibt" (Keller 2007, S. 17; H. i. O.). Die Analyse narrativer Elemente vermag Aufschluss zu geben darüber, auf welche Weise und mit welcher Wirkung ein Diskurs sich nach außen präsentiert und wie welche Methoden der Narration dazu beitragen (Keller 2007, S. 17 f.).

Beispiel

Einer Übersicht zum methodischen Vorgehen in der Diskursanalyse (vgl. Keller, 2011, S. 103–112) folgt eine beispielhafte tabellarische Erläuterung der aufgeführten Schritte anhand von konkreten Textbeispielen, die anschließend im Fließtext zu Analyseergebnissen zusammengefasst und in Bezug gesetzt werden ◼ Tab. 24.1.

▫ Tab. 24.1 Erläuterung mit Textbeispielen

Ideenentwicklung zum Phänomen „Persönlichkeitsveränderung durch Demenz" im Datenkorpus AKE: Untersuchung des Datenkorpus AKE nach dem Phänomen Persönlichkeitsveränderung	
Textstelle 1	„Da mein Vater schon immer einen Hang zum Eigenbröt-lerischen hatte, erklärten wir uns seine bald nach der Pensionierung auftretenden Aussetzer damit, dass er jetzt Anstalten machte, jegliches Interesse an seiner Umwelt zu verlieren. Sein Verhalten erschien typisch für ihn." (AKE, S. 7)
Codierung/Kategoriebildung	Verstärkung von Persönlichkeitsmerkmalen
Zusammenfassende Beschreibung der Kategorie	Ursache für Persönlichkeitsveränderung
Narrative Auffälligkeiten	„schon immer"; „typisches Verhalten"; „erschien typisch"
Textstelle 2	„Also gingen wir ihm etliche Jahre mit Beschwörungen auf die Nerven, er solle sich zusammenreißen. Heute befällt mich ein stiller Zorn über diese Vergeudung von Kräften; denn wir schimpften mit der Person und meinten die Krank-heit." (AKE, S. 7)
Codierung/Kategoriebildung	Demenz übernimmt Persönlichkeit/Subjektivierung von Demenz
Zusammenfassende Beschreibung der Kategorie	Verantwortung/Zuständigkeit für Persönlichkeitsver-änderung
Textstelle 3	„Die Einsicht in den wahren Sachverhalt bedeutete für alle eine Erleichterung. Jetzt gab es für das Chaos der zurückliegenden Jahre eine Erklärung, die wir akzeptieren konnten, wir fühlten uns nicht mehr so am Boden zerstört. Nur die Einsicht, dass wir viel zu viel Zeit damit vergeudet hatten, gegen ein Phantom anzukämpfen, war bitter […]" (AKE, S. 25)
Codierung/Kategoriebildung	1. Chaos durch Persönlichkeitsveränderung; 2. Kampf gegen Persönlichkeitsveränderung; 3. Demenz übernimmt Persönlichkeit
Zusammenfassende Beschreibung der Kategorie	Verantwortung/Zuständigkeit für Persönlichkeitsver-änderung
Narrative Auffälligkeiten	„wahrer Sachverhalt"; „Erklärung, die wir akzeptieren konnten"; „Einsicht"; „ankämpfen gegen ein Phantom"
Interpretationshypothesen zu der Co-dierung „Demenz übernimmt Persön-lichkeit"	Demenz wird als Subjekt angesprochen; Demenz erhält Macht durch Subjektivierung; Demenz dominiert Persön-lichkeit; Demenz ist als Subjekt handlungsfähig
Deutungsmuster	Demenz wird personifiziert und dadurch ermächtigt, etwas zu tun und zu bewirken

Schritte zur Diskursanalyse:

1) Sichtung des Datenkorpus und Entwicklung erster Ideen zu möglichen Phänomenen
2) Untersuchung der Daten nach in Schritt 1. als relevant erachteter Phänomene
3) Markierung aussagekräftiger Textstellen → Gedanken/Deutungen/Bezüge zum Thema in Notizen festhalten
4) Codierung markierter Textstellen durch Kategorien, die den Inhalt möglichst treffend zusammenfassen → Nutzung der Notizen
5) Zusammenfassung der Kategorien unter möglichst treffenden Beschreibungen ihrer Funktion → aus den Phänomenbausteinen entwickelt sich eine Phänomenstruktur
6) Kennzeichnung narrativer Auffälligkeiten
7) Sequenzen derselben Codierung werden miteinander verglichen und mit Interpretationshypothesen belegt → Überprüfung am Gesamttext
8) (Re-)Konstruktion des Deutungsmusters aufbauend auf Schritt 7.

24.4 Persönlichkeitsveränderung durch Demenz: Ergebnisse

Bereits auf den ersten Seiten des Romans wird ein Persönlichkeitsmerkmal des an Demenz erkrankten Vaters, August Geiger, thematisiert: ein Hang zum Eigenbrötlerischen. Die ersten Anzeichen der Demenz wurden als altersbedingte Verstärkung des persönlichkeitsstiftenden Merkmals gedeutet und nicht in Bezug gesetzt zu einer demenziellen Erkrankung:

>> Da mein Vater schon immer einen Hang zum Eigenbrötlerischen hatte, erklärten wir uns seine bald nach der Pensionierung auftretenden Aussetzer damit, dass er jetzt Anstalten machte, jegliches Interesse an seiner Umwelt zu verlieren. Sein Verhalten erschien typisch für ihn (AKE, S. 7).

Die Symptome der Demenz scheinen eine typische Eigenschaft des Vaters zu verstärken. Im Verlauf wird jedoch deutlich, dass mit der Kenntnis der Diagnose „Demenz" das typische Verhalten nicht mehr der Persönlichkeit des Vaters, sondern der Krankheit selbst zugeschrieben wird, wie die Weiterführung des Zitates zeigt:

>> Also gingen wir ihm etliche Jahre mit Beschwörungen auf die Nerven, er solle sich zusammenreißen. Heute befällt mich ein stiller Zorn über diese Vergeudung von Kräften; denn wir schimpften mit der Person und meinten die Krankheit (AKE, S. 7).

Der Demenz wird an dieser Stelle eine ganz eigene Persönlichkeit unter gleichzeitiger Subjektivierung zugesprochen. Nicht der Vater trägt Verantwortung an den Aussetzern, sondern die Krankheit, daher verdient sie die Ansprache, die dem Vater fälschlicherweise zukam. Der Demenz wird damit ein aktiver Part in der Persönlichkeit des Vaters zugeschrieben, was ihr als Krankheit eine Macht verleiht: die Wirkungsmacht der Demenz steht in der Bewertung von Verhaltensweise höher als die Persönlichkeit des Vaters. Arno Geiger schildert die Diagnose „Demenz" als Einschnitt, der die Familie erleichterte:

>> Die Einsicht in den wahren Sachverhalt bedeutete für alle eine Erleichterung. Jetzt gab es für das Chaos der zurückliegenden Jahre eine Erklärung, die wir akzeptieren konnten, wir fühlten

uns nicht mehr so am Boden zerstört. Nur die Einsicht, dass wir viel zu viel Zeit damit vergeudet hatten, gegen ein Phantom anzukämpfen, war bitter (AKE, S. 25).

Die Wortwahl verweist auf den Stellenwert, den die Demenz einnimmt: Mit der Diagnose ist der „wahre Sachverhalt" festgelegt. Das Chaos lässt sich nun in einen medizinisch erklärbaren Sinnzusammenhang einordnen, der die Taten des Vaters erklärt. Das „Phantom" ist benannt und kann im weiteren Verlauf der Erkrankung verantwortlich gemacht werden für jegliche Problembereiche, wie auch die Persönlichkeitsveränderung August Geigers zunächst bewertet wird. Die Demenz wird beschrieben als Subjekt, die in der ihr eigenen Persönlichkeit die Persönlichkeit des Vaters beeinflusst, sie ist der aktive Part, im Gegensatz zum passiven Part, den sie bestimmt: „Die Krankheit zog ihr Netz über ihn, bedächtig, unauffällig. Der Vater war schon tief darin verstrickt" (AKE, S. 20).

Literatur

Allolio-Näcke, L. (2010). Diskursanalyse. In G. Mey, & K. Mruck (Hrsg.), *Handbuch qualitative Forschung in der Psychologie* (S. 662–675). Wiesbaden: Springer.

Baczkiewicz, C. (2014). Eine wissenssoziologische Betrachtung des gesellschaftlichen Bildes von Menschen mit Demenz im Diskurs über Demenzquartiere. *Pflegewissenschaft, 7/8*, 412–437.

Brandenburg, H., & Günther, H. (2014). Lebensqualität und Demenz – theoretische, methodische und praktische Aspekte. In M. Coors, & M. Kuhmlehn (Hrsg.), *Lebensqualität im Alter. Gerontologische und ethische Perspektiven auf Alter und Demenz* (S. 127–151). Stuttgart: Kohlhammer.

Bundesministerium für Familie, Senioren, Frauen und Jugend (Hrsg.). (2002). *Vierter Bericht zur Lage der älteren Generation in der Bundesrepublik Deutschland: Risiken, Lebensqualität und Versorgung Hochaltriger – unter besonderer Berücksichtigung demenzieller Erkrankungen.* Berlin: BMFSFJ.

Dackweiler, M. (2014). Die Alzheimer-Narration am Beispiel von Arno Geigers *Der alte König in seinem Exil*. In H. Herwig (Hrsg.), *Merkwürdige Alte. Zu einer literarischen und bildlichen Kultur des Alter(n)s* (S. 251–279). Bielefeld: transcript.

Foucault, M. (2002). *Schriften in vier Bänden. Dits et Écrits,* D. Defert, & F. Ewald (Hrsg.). Band 2: 1970–1975. Frankfurt a. M.: Suhrkamp.

Geiger, A. (2012). *Der alte König in seinem Exil.* München: DTV.

Hartung, H. (2010). Fremde im Spiegel: Körperwahrnehmung und Demenz. In S. Mehlmann, & S. Ruby (Hrsg.), *„Für Dein Alter siehst Du gut aus!" Von der Un/Sichtbarkeit des alternden Körpers im Horizont des demographischen Wandels. Multidisziplinäre Perspektiven* (S. 123–138). Bielefeld: transcript.

Herwig, H. (2014). Für eine neue Kultur der Integration des Alters. In H. Herwig (Hrsg.), *Merkwürdige Alte. Zu einer literarischen und bildlichen Kultur des Alter(n)s* (S. 7–37). Bielefeld: transcript.

Tilman, J. (2010). *Demenz. Abschied von meinem Vater.* München: Wilhelm Goldmann.

Keller, R. (2007). *Diskurse und Dispositive analysieren. Die Wissenssoziologische Diskursanalyse als Beitrag zu einer wissensanalytischen Profilierung der Diskursforschung.* http://www.qualitative-research.net/index.php/fqs/rt/printerFriendly/243/537. Zugegriffen: 14.12.2014

Keller, R. (2011). *Diskursforschung. Eine Einführung für SozialwissenschaftlerInnen.* Wiesbaden: VS.

Kumlehn, M. (2014). Lebensqualität imaginieren. Deutungen der Demenz in Literatur und Religion als Anregung von Perspektivenwechsel in der Begleitung und Pflege. In M. Coors, & M. Kuhmlehn (Hrsg.), *Lebensqualität im Alter. Gerontologische und ethische Perspektiven auf Alter und Demenz* (S. 165–183). Stuttgart: Kohlhammer.

Seidler, M. (2012). *Figurenmodelle des Alters in der deutschsprachigen Gegenwartsliteratur.* Tübingen: Narr.

Zeilig, H. (2014). Gaps and spaces: Representations of dementia in contemporary British poetry. *Dementia, 13*(2), 160–175.

Denn Integration betrifft uns alle – Aber wer sind alle?

Ein Beitrag zur Kritischen Diskursanalyse

Natalie Rodax

J. Wintzer (Hrsg.), *Qualitative Methoden in der Sozialforschung*,
DOI 10.1007/978-3-662-47496-9_25, © Springer-Verlag Berlin Heidelberg 2016

25.1   Zur Schilderung des Paradoxen der Integration

Integration ist in Österreich seit einigen Jahren ein brisant diskutiertes Thema. Seitdem 2011 erstmals ein Staatssekretariat für Integration gegründet wurde, wurde auch das Fremdenrecht novelliert und die Debatte aufgrund neuer Maßnahmen angeheizt (BMEIA 2015). Dies geschah unter anderem deswegen, da im Zuge dieser Novellierung der Aspekt der Leistung verstärkt in den Integrations-Diskurs aufgenommen wurde. Der zuständige Staatssekretär Sebastian Kurz formulierte das Hauptmerkmal des neuen Integrationsprozesses in einem Interview wie folgt: „Nicht die Herkunft oder die Religionszugehörigkeit eines Menschen sind entscheidend, sondern der Charakter und die Bereitschaft, sich im Berufs- und Gesellschaftsleben anzustrengen und dadurch Anerkennung zu erlangen. (…) Deshalb lautet meine Leitlinie: Integration durch Leistung" (BM. I 2011, S. 16). Somit ging der Leistungsnachweis als integrationspolitische Maßnahme als verschärfte Integrationsvereinbarung in den Diskurs ein.

Die Integrationsvereinbarung (IV) war eine Maßnahme, mit der Deutschkenntnisse erlernt und nachgewiesen werden sollten. Die Verschärfung sah vor, dass gewisse Deutschkenntnisse nach Zuzug je nach angestrebter Aufenthaltsdauer auf bestimmten Niveaus vorliegen müssen, um einen Leistungsnachweis zu garantieren (APA 2011). Um durch Leistung integriert werden zu können, mussten also gewisse Sprach-Bedingungen unter entsprechenden Kriterien erfüllt werden. Wann welche Kriterien zur Beurteilung herangezogen wurden, war allerdings undurchsichtig und teils widersprüchlich. Einerseits wurde darauf hingewiesen, dass die angebotenen Deutschkurse keine Zwangskurse seien. So titelt der Österreichische Integrationsfonds in seiner Homepage explizit mit „kein Deutschkurs-Zwang" (ÖIF 2015). Andererseits wurde auf der Web-Seite des Bundeskanzleramts auf mehrere Pflichtkriterien hingewiesen, zu denen auch der Deutschkurs an sich zählte (Bundeskanzleramt Österreich 2015). Es zeichnet sich also ein Integrationsparadoxon ab, das den Ausgangspunkt meiner Untersuchung darstellte.

Der Integrationsprozess ähnelt dabei einem zweischneidigen Schwert: Es gibt Maßnahmen, welche „die Anderen" *in*kludieren sollen, dennoch sind es eben diese Maßnahmen, die gleichzeitig auch *ex*kludieren können. Denn diese bergen nicht nur ein Teilnahmeversprechen in sich, sondern sind teils nicht klar formuliert und von Zwang und Notwendigkeit in der Durchführung gekennzeichnet (Terkessidis 2010). Darüber hinaus zeigen sich im Sprechen über Migranten und Migrantinnen meist mehr trennende Mechanismen als verbindende. So weist Mark Terkessidis (2004) darauf hin, dass vor allem kleine Formulierungen des Alltags oft latenten Gehalt von Ausschließungspraktiken beinhalten. So zielt auch das Sprechen über Integration häufig darauf ab, „die Anderen" als different und minderwertiger zu markieren (Kossek 1999). Mark Terkessidis, der selbst einen griechischen Elternteil hat, aber bereits in Deutschland geboren ist, berichtet: „Grenzen entstehen auch, wenn meine Hausärztin mir einen Mangel an einem bestimmten Vitamin, das der Körper durch die Berührung mit Sonnenlicht produziert, so erklärt: ‚Das kommt davon, dass wir alle heute ständig im künstlichen Licht sitzen. Und Sie als Ausländer mit ihrem dunklen Teint leiden natürlich besonders darunter'" (Terkessidis 2004, S. 9 f).

Aufgrund des dargestellten Problembereichs dieses Paradoxons, das mit negativen diskursiven Zuschreibungen einhergeht, galt mein Interesse vorrangig, wie „die Anderen" medial konstruiert werden. Die konkrete Forschungsfrage, die ich zur Untersuchung herausgearbeitet habe, war: Wie wurde die Fremdenrechtsnovelle 2011 in den Qualitätsmedien *Der Standard* und *Die Presse* medial verhandelt? Da die gesamte mediale Verhandlung allerdings einen sehr breiten Themenbereich eröffnete, entschied ich mich zur präzisen Fokussierung des Vorgehens, weitere erkenntnisleitende Fragen heranzuziehen: Wie werden „die Anderen" konstruiert? Welche Zugehörigkeiten und Abgrenzungen werden diskursiv konstruiert? Welche rhetorischen Mittel kennzeichnen den Diskursstrang? Welche Positionen sprechen in der medialen Rezeption?

Da dies einen sehr komplexen Forschungsgegenstand darstellt, entschied ich mich für einen rekonstruktiven Zugang, denn wird in der Migrationsforschung rein quantitativ untersucht und erhoben, so kann dies gefährliche Risiken der Homogenisierung in sich bergen sowie Ungleichheiten fördern (Hametner 2012). Es ist gerade der rekonstruktive Aspekt der qualitativen Sozialforschung, der dem komplexen Gegenstand Rechnung tragen kann, da es durch Rekonstruieren von Zuschreibungen möglich ist, die spezifischen „Herstellungsprozesse zu untersuchen" (vgl. Boatcă und Costa 2010, S. 82; zit. nach Hametner 2012, S. 42). Dadurch sollen das Bewusstsein für gefährliche Homogenisierungen einer Gruppe geschärft (Hametner 2012) und Licht in das „diskursive Gewimmel" gebracht (Jäger 2012, S. 8) sowie damit einhergehende Ausgrenzungspraktiken und Machtstrukturen aufgezeigt werden.

25.2 Jede Untersuchung braucht ihren Rahmen: Postkoloniale Theorie und Diskurstheorie

Postkoloniale Theorien arbeiten mit der gemeinsamen Basis der Nachwirkungen des Kolonialismus (Do Mar Castro Varela und Dhawan 2005). „Die Anderen" sind in dieser theoretischen Strömung Resultat einer diskursiven Konstruktion und werden negativer konstruiert als die Dominanzkultur. Durch die negative Bewertung von Unterschieden wird Macht ausgeübt, wodurch eine Gruppe (vorrangig eine „westliche" Kultur) als überlegen und die „Andere" als unterlegen konstruiert wird (Said 2012). Die Repräsentation „des Anderen" bildet somit nicht die „andere" Kultur in ihrer tatsächlichen Form ab, sondern lediglich die Projektion der dominanten Kultur (Hall 1994). Dadurch ist auch für diese Untersuchung zentral, dass der Blickwinkel eine andere Richtung einnimmt: Er sieht nicht von dem hegemonialen Standpunkt aus zu „den Anderen", sondern versucht von ihnen auszugehen. Das diskurstheoretische Konzept geht davon aus, dass der Diskurs sowohl gesellschaftliche Wirklichkeit als auch subjektives Bewusstsein schafft und dass dieser somit immer mit Macht verbunden (Foucault 2012) ist. Dieses „diskursive Gewimmel" ist nach bestimmten Regeln formiert, die rekonstruiert werden können (Jäger 2012, S. 8).

- **Diskurse verstehen**

Die Fragestellung der Arbeit zielte auf die Erforschung der Art und Weise ab, wie eine Aufnahmegesellschaft über Migranten und Migrantinnen spricht. Daher entschied ich mich innerhalb der qualitativen Methoden für eine Diskursanalyse. Nach Reiner Keller (2011) ist die Diskursanalyse die empirische Seite der Diskurstheorie, also eine Analyse des Zustandekommens gesellschaftlicher Bedeutung von Wissen und symbolischer Ordnungen. Innerhalb dieses Feldes der empirischen Diskurserforschung haben sich, je nach Fokus, verschiedene Richtungen etabliert. Da für meine Analyse der Anspruch der kritischen Erforschung von Machtstrukturen ein zentrales Anliegen bietet, habe ich mich als Auswertungswerkzeug für die Kritische Diskursanalyse (KDA) entschieden (Jäger 2012). Konkret zielt diese „darauf ab, das (jeweils gültige) Wissen einer sozialen Gruppe zu ermitteln, den konkret jeweiligen Zusammenhang von Wissen/Macht zu erkunden und einer Kritik zu unterziehen" (Jäger 2006, S. 83). Zur Erforschung eignen sich besonders Themen, die aufgrund von eintretenden Ereignissen brisant diskutiert werden.

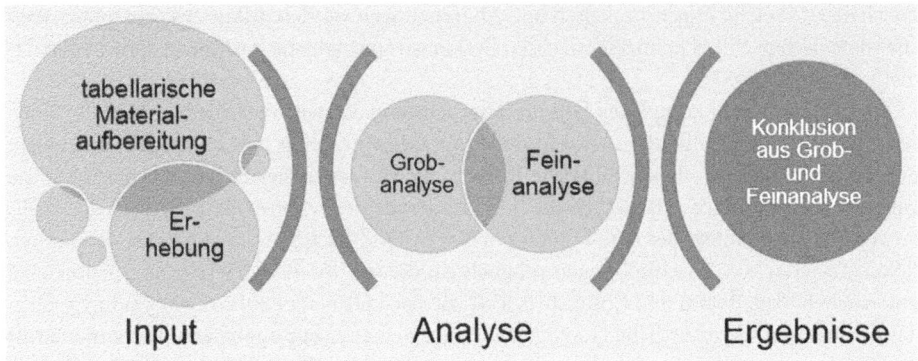

■ **Abb. 25.1** Der Analyseprozess der KDA

Für die vorliegende Arbeit stellt die Einführung der Fremdenrechtsnovelle ein solches Ereignis dar. Zu diesem Ereignis gibt es viele Texte und Diskursfragmente, die untersucht werden können. Formieren sich mehrere Diskursfragmente zu einem Gebilde gleichen Themas heran, dann entsteht ein Diskursstrang (Jäger 2012). Die Diskursstränge und deren Verschränkungen wiederum bewegen sich innerhalb „verschiedener Orte, von denen aus gesprochen wird" (Keller 2011, S. 34), sogenannte Diskursebenen. Diese sozialen Orte können beispielsweise Ebenen der „Wissenschaft(en), Politik, Medien, Erziehung, des Alltags, des Geschäftslebens, der Verwaltung, etc." sein (Jäger 2012, S. 83). Die Teilhabe am Diskurs geschieht dann von verschiedenen Positionen der Subjekte oder Gruppen aus, welche in der KDA die Diskursposition genannt werden (Jäger 2012).

■ **Diskurse erforschen**
Die konkrete Vorgehensweise der KDA kann in Anlehnung an Jäger (2012) überblickshaft in einen Dreischritt zusammengefasst werden: Erstellung des Materialkorpus und Grobanalyse, Feinanalyse repräsentativer Texte, zusammenfassende Diskursanalyse (■ Abb. 25.1).

Die Auswahl des Materials erfolgte im vorliegenden Fall anhand zweier politischer Basistexte, zu denen die Texte der medialen Verhandlung in Bezug gesetzt wurden. Die Auswahl der Zeitungen resultierte aus dem Kriterium der Lücke. Für die österreichischen Qualitätsmedien „Der Standard" und „Die Presse" wurden bisher kaum Analysen des genannten Schwerpunkts durchgeführt. Die Erhebung stellte sich im Sinne der KDA als „offenes Konzept" dar. Es wurden keine Texte willkürlich festgelegt, sondern es wurde thematisch gefiltert und dann jegliches passendes Material für die Grobanalyse verwendet (Jäger 2012, S. 90). Die darauffolgende Grobanalyse (■ Abb. 25.2) versucht die Struktur eines Diskurses herauszuarbeiten. Dazu wurden insgesamt 27 Texte untersucht, wobei 14 aus dem Online-Archiv des Standards (derStandard.at 2015) und 13 aus dem der Presse (diepresse.com 2015) kamen. Der entstandene Materialkorpus wurde dann tabellarisch aufbereitet. Elemente dieser Tabelle können sein: Textsorte, Rubrik, Inhalt, Themen und Unterthemen, Hauptthematik, Diskursposition, Kollektivsymbolik, Normalismen, etc. Die Auswahl der Elemente erfolgt im Rahmen einer KDA aber nicht willkürlich mit universell gültigen Elementen, sondern immer aufgrund des jeweiligen Erkenntnisinteresses (Jäger 2012).

Konkret bedeutete dies für meine Untersuchung, dass ich nur Elemente auswählte, die aufgrund des Materials und Forschungsinteresses als wichtig erschienen. So wurden beispielsweise die Elemente „Rubrik" und „Textsorte" aufgenommen, da nicht alle Texte einem homogenen Spektrum einer Sparte oder einer Sorte entstammten. Auf die dadurch entstandene tabellarische

Artikel 3: Wer nicht Deutsch kann, dem droht der Abflug

Datum	24.02.2011, 18:48
Zeitungstitel und politisches Selbstverständnis	DER STANDARD online, Politisch liberales, objektives Qualitätsblatt
Textsorte / Rubrik	Bericht / Fremdenrecht
AutorIn	Gerald John, DER STANDARD, Printausgabe, 25.02.2011
Zentrale Aussagen	„Den Sprachwissenschafter Krumm schaudert es: Anreize ja, doch Angst vor Sanktionen hemme die Lernfähigkeit. Zudem würden Menschen für ihre geistige Kapazität, für die sie zum Teil nichts könnten, bestraft. "Genauso gut könnte man Analphabeten das Wahlrecht entziehen."
(tatsächliche) Diskursposition	Kritik-Üben wie in Blattlinie beschrieben (Aufzeigen von Punkten, die der Auto als problematisch verhandelt) allerdings auf dem Rücken ,der Anderen'
	Kritik über Rezeption von Kritikern
	Leistung an sich nicht hinterfragt und als legitim verhandelt
	linke Positionierung erkennbar (vgl. politisch liberal)
Kollektivsymbolik (Metaphern, bildlich Gesprochenes)	Schikane – negativ-spöttische Konnotation
	Wettlauf: Darstellung als müsse man der Integration nachlaufen
	Saftige Kosten: umgangssprachlich, gibt Bild von sehr Hohen und ungerechtfertigten Kosten/Überteuerung
	Außer Landes Verfrachtet: Verfrachtet weist Fracht Objekt-Charakter zu
	Vergleich von Betroffenen und Analphabeten und "Für jene Gruppen, für die es gedacht ist, sind die Vorgaben unrealistisch " Aber an anderer Stelle
	Alle Zuwanderer über einen Kamm geschert: Metapher für Homogenisierung einer Gruppe, die hier einerseits kritisiert andererseits mitproduziert wird. Hinweis auf Diskursstruktur, so tief verankert, maßgeblich für den Diskurs!
Normalismen	Alle Zuwanderer werden über einen Kamm geschert einerseits und andererseits Vergleich von Betroffenen und Analphabeten und "Für jene Gruppen, für die es gedacht, sind' die Vorgaben unrealistisch " Artikel vermittelt somit europäischen Standard als normal und zu hoch für ImmigrantInnen, sowie ,normale" geistige Unterlegenheit von Betroffenen
Besondere Häufigkeiten	Kein besonders häufiges Wort, dafür superlative Wortwahl und eher umgangssprachlich: ,Schikane, saftige Kosten, außer Landes verfrachtet werden': Sprachlich sehr auffällig (siehe Kollektivsymbolik)

◘ Abb. 25.2 Exemplarischer Auszug einer Grobanalyse

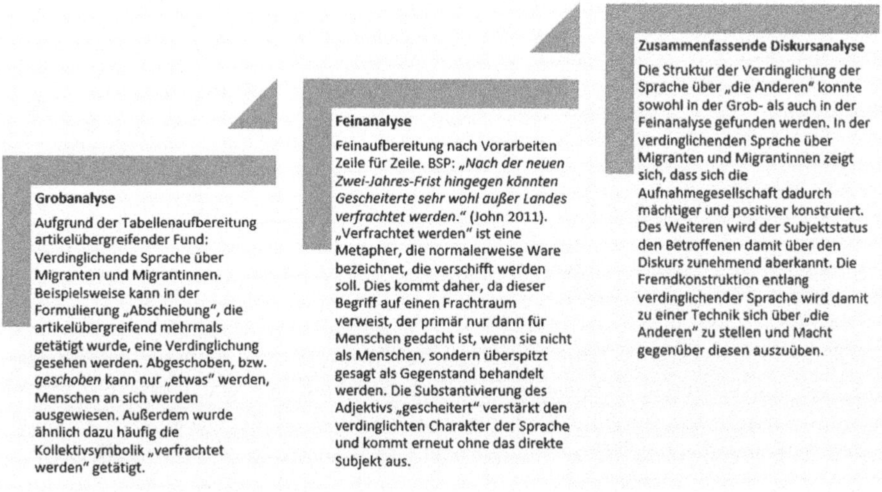

Grobanalyse

Aufgrund der Tabellenaufbereitung artikelübergreifender Fund: Verdinglichende Sprache über Migranten und Migrantinnen. Beispielsweise kann in der Formulierung „Abschiebung", die artikelübergreifend mehrmals getätigt wurde, eine Verdinglichung gesehen werden. Abgeschoben, bzw. *geschoben* kann nur „etwas" werden, Menschen an sich werden ausgewiesen. Außerdem wurde ähnlich dazu häufig die Kollektivsymbolik „verfrachtet werden" getätigt.

Feinanalyse

Feinaufbereitung nach Vorarbeiten Zeile für Zeile. BSP: *„Nach der neuen Zwei-Jahres-Frist hingegen könnten Gescheiterte sehr wohl außer Landes verfrachtet werden."* (John 2011). „Verfrachtet werden" ist eine Metapher, die normalerweise Ware bezeichnet, die verschifft werden soll. Dies kommt daher, da dieser Begriff auf einen Frachtraum verweist, der primär nur dann für Menschen gedacht ist, wenn sie nicht als Menschen, sondern überspitzt gesagt als Gegenstand behandelt werden. Die Substantivierung des Adjektivs „gescheitert" verstärkt den verdinglichten Charakter der Sprache und kommt erneut ohne das direkte Subjekt aus.

Zusammenfassende Diskursanalyse

Die Struktur der Verdinglichung der Sprache über „die Anderen" konnte sowohl in der Grob- als auch in der Feinanalyse gefunden werden. In der verdinglichenden Sprache über Migranten und Migrantinnen zeigt sich, dass sich die Aufnahmegesellschaft dadurch mächtiger und positiver konstruiert. Des Weiteren wird der Subjektstatus den Betroffenen damit über den Diskurs zunehmend aberkannt. Die Fremdkonstruktion entlang verdinglichender Sprache wird damit zu einer Technik sich über „die Anderen" zu stellen und Macht gegenüber diesen auszuüben.

◘ Abb. 25.3 Von den Daten zu den Ergebnissen

Materialaufbereitung des Textkorpus folgte eine analytische Sortierung von Auffälligkeiten sowie typischer Aussagen, die gehäuft und charakteristisch für den Diskurs auftraten. In der anschließenden Feinanalyse wurden zum einen die beiden politischen Basistexte *Integration in Österreich* (BMEIA 2015) und *Was ist die Integrationsvereinbarung?* (ÖIF 2015) analysiert. Zum anderen wurden drei weitere, aufgrund der Grobanalyse für diskurs-repräsentativ befundene Artikel der gewählten Medien untersucht: *Das Sahnehäubchen der Schikanen* (Disoski 2011), *Wer nicht Deutsch kann, dem droht der Abflug* (John 2011) und *Fremdenrecht: Debatte in ,gebrochenem Deutsch'* (APA/Red 2011). Die Feinanalyse (◘ Abb. 25.3) untersucht aufbauend auf den Ergebnissen der Grobanalyse den „institutionellen Kontext, die Textoberfläche, die sprachlich-

◻ **Tab. 25.1** Aufbereitung des Textmaterials für die Feinanalyse

Textstelle	Interpretation	Kategorie
wird es nicht schaffen schaudert es bestraft	minderqualifizierte MigrantInnen, Homogenisierung ängstlicher sprachlicher Orientierungsrahmen für Nicht-Leistung – Bildungssprache	Verben
Anforderungen Schikane Experten Förderungen Gescheiterte Anreize	Bildungssprache Spöttische Konnotation Experten, nie aber direkte Positionen Bildungssprache Nominalisierung und Objektifizierung Bildungssprache	Nomen
Menschen mit gutem Schulabschluss und viel Freizeit jene Gruppen, für des es gedacht ist jeder	Dichotomie die guten Österreicher und die Anderen Homogenisierung Homogenisierung	Pronomina
Gefahr, dass alle Zuwanderer über einen Kamm geschert würden Angst vor Sanktionen hemme die Lernfähigkeit geistige Kapazität Analphabeten das Wahlrecht entziehen	Warnen vor Homogenisierung und Homogenisierung zugleich Wettlauf verlieren/Angst vor Sanktionen – bedrohlich wirkend – Kapitalismus Bildungssprache minderqualifizierte MigrantInnen, Naturalisierung Ähnlichkeit gezogen, sonst nicht verständlich	Metaphern
Höhere dafür Strafen umso bedrohlicher	Komparativ Bildungssprache	Adjektive
müssen dürfen	Spanne zwischen müssen und dürfen, sowie können und sollen	Modalverben

rhetorischen Mittel und die inhaltlich-ideologischen Aussagen" noch einmal detaillierter (Jäger 2012, S. 98). Sie dient dazu, die Ergebnisse der Grobanalyse auf die Probe zu stellen, zu vertiefen und ggf. zu modifizieren. Die Zusammenfassung der Grob- und Feinanalyse ist darauf aufbauend der konkludierende Schritt der gesamten Ergebnisdarstellung der KDA (◻ Tab. 25.1.).

25.3   Integrationsprozess trifft Bildungsmetapher: Ergebnisse

Hinsichtlich der Konstruktion „der Anderen" konnte gezeigt werden, dass Migrantinnen und Migranten primär als minderqualifizierte Personen dargestellt wurden, denen die geforderte Leistung nicht zugetraut wurde. Diese Zuschreibung geschah entlang einer Bildungsmetapher, die Betroffene als „SchülerInnen" der Aufnahmegesellschaft konstruierte: „Prüfungen", „Lernanreize", „Lernmotivation" waren bildungssprachliche Begriffe, die den sprachlichen Rahmen konturierten. Dadurch wurden Menschen mit Migrationshintergrund als der Dominanzgesellschaft unterlegen konstruiert, denn ihnen musste etwas beigebracht werden, sie mussten zur Anwesenheit angehalten werden und sie sollten beurteilt werden. Dies ist eine Praktik, sich über

„die Anderen" zu stellen und dadurch die dominante Position zu stärken und zu stabilisieren (vgl. Said 2012). Die Minderqualifizierung wurde an den von Natur aus schlechteren „geistigen Kapazitäten" festgemacht, wie besonders pointiert an folgender Textstelle ersichtlich wurde: „Zudem würden Menschen für ihre geistige Kapazität, für die sie zum Teil nichts könnten, bestraft: ‚Genauso gut könnte man Analphabeten das Wahlrecht entziehen'" (John 2011).

Diese Naturalisierung anhand der „geistigen Kapazität" war insofern bedeutsam, da in ihr der rassistische Gehalt der Debatte besonders deutlich wurde. Es kann festgestellt werden, dass Rassismus dort auftritt, „wo körperliche Merkmale oder kulturelle Spezifika einer Großgruppe so mit deren ‚inneren Werten' in Verbindung gebracht werden, dass man den Gruppenmitgliedern die Möglichkeit zur Entwicklung ihrer eigenen Persönlichkeit abspricht" (Butterwege 2002, S. 15 ff; zitiert nach Butterwege 2013, S. 86). Der dominanten Gesellschaft wurden dadurch zeitgleich bessere, bereits in der Natur der Menschen liegende Voraussetzungen zugeschrieben, was wiederum die Identität der Aufnahmegesellschaft stärkte (vgl. Hall 1994). Der Vergleich mit Analphabeten rekurrierte ebenfalls auf die Bildungsmetapher und verstärkte wiederum die Konstruktion der minderqualifizierten Personen. Wenn die Formulierung „genauso gut" getätigt wird, und sei es nur im Spöttischen, so ist im Kern immer noch eine Verbindung vorhanden, sonst hätte die Kollektivsymbolik nicht allgemein verständlich verhandelt werden können.

In den Medien ließen sich des Weiteren verschiedene Diskurspositionen identifizieren: Der Standard ließ vorrangig Experten und Expertinnen sprechen, wie zum Beispiel „Sprachexperte Krumm" (John 2011). Die Presse gab hauptsächlich Politikern und Politikerinnen der verschiedenen Parteien ihre Stimme. Daher war das Diskurfragment lediglich von einem „Sprechen über" gekennzeichnet, da tatsächlich Betroffene selbst nicht zu Wort kamen. Dies gipfelte in einem Bild des Artikels *Wer nicht Deutsch kann, dem droht der Abflug* (John 2011), das eine Migrantin mit Kopftuch von hinten abgebildet zeigte. Es wurde deutlich, dass nicht nur keine direkten Positionen von Betroffenen verhandelt wurden, sondern auch keine Gesichter gezeigt wurden.

25.4 **Conclusio**

Zusammenfassend kann festgestellt werden, dass qualitative Methoden den Relevanzen des jeweiligen Gegenstandes Rechnung tragen können, indem sie ihn in seiner Beschaffenheit und zugrunde liegenden Sinnstrukturen rekonstruieren können (Przyborski und Wohlrab-Sahr 2010). Je nach Fokus der jeweiligen Untersuchung bezieht sich diese Rekonstruktion auf andere Aspekte.

Tipp

Beachte die Gegenstandsangemessenheit! Nicht jede Methode ist für jeden Gegenstand gleich geeignet.

So beantworten die Ergebnisse meine Fragestellung: Wie konstruiert die Aufnahmegesellschaft „die Anderen", nicht aber wie sich die Erfahrungswelt „der Anderen" tatsächlich konstituiert. Das heißt, dass die KDA eine Werkzeugkiste zur Erforschung und Rekonstruktion diskursiver Regelhaftigkeiten bietet sowie Macht und Wissensverstrickungen offenlegen kann (Jäger 2012), nicht aber individuelle Einschreibungen in die Biografen von Subjekten. Das könnte nur ein qualitativer Zugang über Interviews mit Betroffenen mit entsprechender Auswertung. Studierende müssen sich also immer bewusst sein: Das Material, das erhoben wird, muss ebenso wie das Werkzeug, mit dem es bearbeitet wird, dem Gegenstand und der Fragestellung Rechnung tragen können. In der qualitativen (aber auch quantitativen) Forschung nennt man das „Gegenstandsangemessenheit".

Eine weitere wichtige Erkenntnis ist, dass qualitative Methoden tatsächlich erst in der Praxis richtig erlernt werden. Diese Art der Aneignung als *learning by doing* kann verunsichernd und zielführend zugleich sein. Hierbei hilft es, studentische Teams zu bilden und gemeinsam individuelle Ergebnisse zu besprechen und zu reflektieren. Abschließend möchte ich noch auf eine Einschränkung der Analyse selbstkritisch hinweisen: Hinsichtlich der Vollständigkeit der Materialgrundlage muss bemerkt werden, dass aufgrund forschungsökonomischer Begrenzungen einer Bachelor-Arbeit der gesamtgesellschaftliche Diskursstrang der Integration in Österreich in seiner Gänze bei Weitem nicht hätte erfasst werden können. Die Eingrenzungen der Fragestellung hinsichtlich des Zeitraums und der Medien limitierten, welche Texte ich analysieren konnte und welche nicht. In Anlehnung an Siegfried Jäger (2012) kann jedoch festgestellt werden, dass das gesamte diskursive Geschehen beinahe grenzenlos verstrickt ist und der Aspekt der Vollständigkeit somit generell schlecht gewährleistet werden kann. Dies ist im Rahmen einer KDA auch nicht vonnöten: Es geht vorrangig um die kritische Beforschung brisanter und gesellschaftlich wichtiger Themen (Jäger 2012), was für den vorliegenden Gegenstand durch meine Arbeit nachvollziehbar rekonstruiert werden konnte.

Literatur

APA (2011). *Was ändert das Fremdenrechtspaket?*. http://derstandard.at/1297818646015/Die-Regelungen-im-Detail-Was-aendert-das-Fremdenrechtspaket. Zugegriffen: 2.01.2015

APA/Red (2011). *Fremdenrecht: Debatte in „gebrochenem Deutsch".* http://diepresse.com/home/politik/innenpolitik/654066/Fremdenrecht_Debatte-in-gebrochenem-Deutsch. Zugegriffen: 13.01.2015

BM. I, B (2011). Interview mit Staatssekretär Kurz: Leistung zählt, nicht Herkunft. *Öffentliche Sicherheit. Das Magazin des Innenministeriums, 11–12,* 15–17. http://www.bmi.gv.at/cms/BMI_OeffentlicheSicherheit/2011/11_12/start.aspx. Zugegriffen: 2.01.2015

BMEIA (2015). *Bundesministerium für Europa, Integration und Äußeres Republik Österreich.* http://www.bmeia.gv.at/integration/. Zugegriffen: 4.01.2015

Bundeskanzleramt Österreich (2015). *Integrationsvereinbarung. www.help.gv.at – Amtswege leicht gemacht.* https://www.help.gv.at/Portal.Node/hlpd/public/content/12/Seite.120500.html. Zugegriffen: 16.01.2015

Butterwege, C. (2013). Sarrazynismus, Rechtspopulismus und Rassismus. Das neu-alte Sprechen über Migration und Integration. In H.-J. Roth, H. Terhart, & C. Anastasopoulos (Hrsg.), *Sprache und Spreche im Kontext von Migration. Worüber man sprechen kann und worüber man (nicht) sprechen soll* (S. 85–102). Wiesbaden: Springer.

derStandard.at. 2015. *derStandard.at.* http://derstandard.at/. Zugegriffen: 6.01.2015.

diepresse.com. 2015. *diepresse.com.* http://diepresse.com/. Zugegriffen: 5.01.2015.

Disoski, M. (2011). *Das Sahnehäubchen der Schikanen.* http://dastandard.at/1302516004756/Kommentar-Das-Sahnehaeubchen-der-Schikanen. Zugegriffen: 9.01.2015

Do Mar Castro Varela, M., & Dhawan, N. (2005). *Postkoloniale Theorie. Eine kritische Einführung.* Bielefeld: Transcript.

Foucault, M. (2012). *Die Ordnung des Diskurses.* Frankfurt a. M.: Fischer.

Hall, S. (1994). Der Westen und der Rest: Diskurs und Macht. In S. Hall (Hrsg.), *Rassismus und kulturelle Identität* (S. 137–179). Hamburg: Argument.

Hametner, K. (2012). Rekonstruktive Methdodologie als methodologisches Paragima einer kritischen Migrationsforschung. In J. Dahlvik, H. Fassmann, & W. Sievers (Hrsg.), *Migration und Integratio. Wissenschaftliche Perspektiven aus Österreich* (S. 37–52). Göttingen: V&R unipress.

Jäger, S. (2006). Diskurs und Wissen. In R. Keller, A. Hirseland, W. Schneider, & W. Viehöver (Hrsg.), *Theorien und Methoden Handbuch Sozialwissenschaftliche Diskursanalyse,* (Bd. 1, S. 83–113). Wiesbaden: VS.

Jäger, S. (2012). *Kritische Diskursanalyse. Eine Einführung.* Münster: Unrast.

Literatur

John, G. (2011). *Wer nicht Deutsch kann, dem droht der Abflug*. http://derstandard.at/1297818911303/Fremdenrecht-Wer-nicht-Deutsch-kann-dem-droht-der-Abflug,. Zugegriffen: 9.01.2015

Keller, R. (2011). *Diskursforschung: Eine Einführung für SozialwissenschaftlerInnen (Qualitative Sozialforschung)*. Wiesbaden: VS.

Kossek, B. (1999). Gegen-Rassismen: Ein Überblick über gegenwärtige Diskussionen. In B. Kossek (Hrsg.), *Gegen-Rassismen: Konstruktionen, Interaktionen, Interventionen* (S. 11–54). Hamburg: Argument.

ÖIF (2015). *Was ist die Integrationsvereinbarung? ÖIF – Österreichischer Integrationsfonds*. http://www.integrationsfonds.at/iv/ivneu/. Zugegriffen: 4.01.2015

Przyborski, A., & Wohlrab-Sahr, M. (2010). *Qualitative Sozialforschung. Ein Arbeitsbuch*. München: Oldenbourg.

Said, E. (2012). *Orientalismus*. Frankfurt a. M.: Fischer.

Terkessidis, M. (2004). *Banalität des Rassismus*. Bielefeld: transcript.

Terkessidis, M. (2010). *Interkultur*. Berlin: Suhrkamp.

Sektion 7
Forschen mit mehr als einer Perspektive

Triangulation und Mixed Method Designs

Sexualität in Pflegeheimen?

Auf dem Weg zur empirischen Erschließung
einer entfernten Lebenswelt durch Triangulation

Julia Reiner

J. Wintzer (Hrsg.), *Qualitative Methoden in der Sozialforschung*,
DOI 10.1007/978-3-662-47496-9_26, © Springer-Verlag Berlin Heidelberg 2016

26.1   Forschungsinteresse: Auf in ein unbekanntes Feld

Sexualität. Alter. Institutionen. Mit diesen drei Schlagwörtern meiner Dozentin und späteren Master-Arbeitsbetreuerin endete kurz vor Abschluss des 2. Semesters unsere unverbindliche Besprechung über mögliche Themenfelder für die Abschlussarbeit im Studiengang Master Soziale Arbeit. Dabei handelte es sich zunächst einmal um einen Themenkomplex, mit dem ich bislang nicht in Berührung gekommen war. Die Herausforderung, ein für sich selbst noch völlig unbekanntes und von der eigenen Lebenswelt entferntes Forschungsfeld zu betreten, erschien mir jedoch reizvoll. Im Rahmen einer ersten, noch wenig fokussierten Literaturrecherche schärfte sich zunehmend meine Einsicht dafür, dass Sexualität durchaus bis ins hohe Alter relevant sein kann, aufgrund multipler Einflussfaktoren im Alter jedoch oftmals weniger oder gar nicht mehr gelebt wird (vgl. Bucher et al. 2001, S. 35 ff; Zehender 2006, S. 44 ff). Gerade bei Pflegeheimbewohnern und -bewohnerinnen treten Herausforderungen wie Krankheiten, negative Selbstbilder oder fehlende Privatsphäre nicht selten kumuliert auf, sodass die Verwirklichungschancen gewünschter Sexualität nicht unwesentlich von äußerer Unterstützung abhängig sind (vgl. Beier und Loewit 2005, S. 641; Grond 2011, S. 9 ff, 18). Doch speziell gegenüber Pflegeheimen wiederholt sich in der einschlägigen Fachliteratur (vgl. Thiele 2001, S. 120; Michelchen 2008, S. 46 ff) der Vorwurf von restriktiven Bedingungen und der Tabuisierung des Themas, während die aktuelle Studienlage, vor allem im deutschsprachigen Raum, noch limitiert ist. Nicht zuletzt vor diesem Hintergrund interessierte mich zunehmend die Frage: Inwieweit kann und wird Sexualität in Pflegeheimen tatsächlich gelebt?

26.2   Forschungsfragen: Interesse konkretisieren

Nachdem ich mein Forschungsinteresse auf die Möglichkeiten der gelebten Sexualität in Pflegeheimen fokussiert hatte, ging es um die Formulierung einer konkreten Forschungsfrage. Da personenseitige Einflüsse auf die gewünschte und gelebte Sexualität im Alter in der internationalen Studienlage bereits gut dokumentiert sind (vgl. DeLamater und Sill 2005, S. 138 ff; DeLamater 2012, S. 125 ff), richtete sich meine Aufmerksamkeit auf die Ausgestaltung der institutionellen Bedingungen in Pflegeheimen im Sinne der umweltseitigen Einflussfaktoren auf gelebte Sexualität. Dahingehend formulierte ich die folgende übergeordnete Forschungsfrage: Welche Ausgangsbedingungen für gelebte Sexualität von Heimbewohnern und Heimbewohnerinnen herrschen in Vorarlberger Pflegeheimen vor? Um diese noch allgemeine und abstrakte Fragestellung in ihrer Reichweite abzustecken und auf ein konkretes Erkenntnisinteresse herunterzubrechen, spezifizierte ich die Dimensionen der Ausgangsbedingungen für gelebte Sexualität in Pflegeheimen in Form von Subfragestellungen. Im Zuge einer erneuten Recherchephase sammelte ich die in der Literatur behandelten Faktoren, welche die Möglichkeiten zu gelebter Sexualität im institutionellen Kontext von Pflegeheimen beeinflussen, und ordnete sie zwei zentralen Ebenen des Erkenntnisinteresses zu – zum einen der Frage nach den Einstellungen des Pflegepersonals zum Thema „Sexualität im Alter" und zum anderen der Frage nach den organisatorischen Rahmenbedingungen für gelebte Sexualität, zu denen beispielsweise die Kommunikations- und Umgangskultur in Sachen Sexualität oder die erlebbare Privatsphäre in den Institutionen zählt.

26.3 Theoretische Begriffe und Konzepte

In der theoretischen Annäherung an das Thema „Sexualität in Pflegeheimen" ging es zunächst darum, den Begriff und die Bedeutung von Sexualität abzustecken. Um Sexualität aus einer möglichst ganzheitlichen Perspektive zu erfassen, legte ich meiner Forschungsarbeit ein mehrdimensionales Sexualitätskonzept zugrunde, welches sich in der einschlägigen Fachliteratur etabliert hat und das der biologischen, psychischen und sozialen Funktion von Sexualität Rechnung trägt (vgl. Beier und Loewit 2005, S. 637 ff). Im Zuge dessen wird Sexualität nicht nur in ihrer Fortpflanzungs- und Lustdimension betrachtet, sondern vor allem auch in ihrer Beziehungsfunktion zur Erfüllung biopsychosozialer Bedürfnisse nach Zuwendung und Bindung (vgl. Beier und Loewit 2005, S. 638).

Neben den Begriffsklärungen war es zudem notwendig, einen theoretischen Rahmen für die kritische Auseinandersetzung mit den Versorgungsstrukturen in Pflegeheimen zu finden. An dieser Stelle griff ich auf das Modell *totaler Institutionen* von Erving Goffman (1973 [1961]) zurück.

Definition

Den Begriff **totale Institutionen** bezieht Erving Goffman auf soziale Einrichtungen, in denen Menschen „für längere Zeit von der übrigen Gesellschaft abgeschnitten sind und miteinander ein abgeschlossenes, formal reglementiertes Leben führen" (Goffman 1973, S. 11).

Es bildet in der einschlägigen Fachliteratur (vgl. Schroeter 2006, S. 159; Witterstätter 2008, S. 208) ein viel zitiertes Konzept, um die Präsenz restriktiver Strukturen im stationären Pflegebereich zu diskutieren und zu hinterfragen, inwieweit die institutionellen Versorgungsbedingungen den Bedürfnissen der Heimbewohner und Heimbewohnerinnen gerecht werden. Im Sinne des Prinzips der Offenheit gegenüber dem Forschungsgegenstand (vgl. Mayring 2002, S. 27 f) als ein wesentliches Charakteristikum der qualitativen Forschung erschien es mir jedoch bereits auf dieser Ebene der theoretischen Auseinandersetzung wichtig, mit der Einbindung des Modells totaler Institutionen keine einseitig negative Interpretationsfolie vorzulegen. Vielmehr wollte ich auch auf die kontroverse Fachdiskussion um die Aktualität des Konzeptes sowie auf empirische Studien und gegenwärtige Entwicklungen im stationären Pflegebereich eingehen. Die Erkenntnis, dass sich in den letzten Jahren ein Wandel von einem institutionenzentrierten zu einem individuumszentrierten Arbeitsstil in Pflegeheimen vollzogen hat (vgl. Witterstätter 2008, S. 208), dokumentierte ich in diesem Sinne ebenso wie die kritische Überlegung, welche Konsequenzen der wachsende Einsparungsdruck im Gesundheitswesen bei gleichzeitigem Anstieg an Pflegebedürftigen und Mangel an Fachkräften für die Versorgungssituation im stationären Pflegebereich hat (vgl. Billen 2014, S. 96).

26.4 Methoden triangulieren

Im Rahmen der Untersuchungsplanung entschied ich mich für die Durchführung einer Triangulationsstudie (vgl. Flick 2011), im Zuge derer sowohl qualitative als auch quantitative Methoden der empirischen Sozialforschung Anwendung finden sollten. Dieses Vorgehen war in dem jeweils unterschiedlichen Erkenntnisinteresse der Subfragestellungen begründet. In Bezug auf die Frage nach den Einstellungen der Pflegekräfte zum Thema „Sexualität im Alter" interessierte ich mich für die konkrete Einstellungsmessung und Identifikation von subgruppenspezifischen

Unterschieden, was für einen quantitativen Zugang sprach. Demgegenüber standen in der Frage nach den organisatorischen Rahmenbedingungen für gelebte Sexualität in Pflegeheimen das Verstehen und die Rekonstruktion von organisationalen Abläufen und Handlungsmustern im Vordergrund, weshalb mir eine qualitative Untersuchung gegenstandsangemessener erschien (vgl. Häder 2010, S. 69).

> **Definition**
>
> Nach Uwe Flick (2011, S. 12) beinhaltet **Triangulation**, dass unterschiedliche Perspektiven auf einen Gegenstand beziehungsweise zur Beantwortung von Forschungsfragen eingenommen werden, wobei die Perspektiven möglichst gleichberechtigt zum Tragen kommen sollen. Mit der Triangulation von Perspektiven, beispielsweise unterschiedlicher methodischer Zugänge, soll generell ein Erkenntniszuwachs erzielt werden, der weiter reicht als bei der Einnahme nur einer Perspektive.

▪ Qualitative Zugänge

Im qualitativen Untersuchungsteil bildete das Experten- und Expertinneninterview die Erhebungsmethode der Wahl, um nicht unmittelbar zugängliches „Kontextwissen" (Bogner und Menz 2002, S. 37) über das Handlungsfeld „Pflegeheim" und somit einen Einblick in die noch wenig erforschte Ausgestaltung der organisatorischen Rahmenbedingungen für gelebte Sexualität zu erhalten. Daran knüpfte die Fragestellung an: Wer ist in Bezug auf das vorliegende Erkenntnisinteresse als Experte und Expertin zu bestimmen?

> **Definition**
>
> Im Verständnis von Michael Meuser und Ulrike Nagel (2002, S. 73) können unter **Experten und Expertinnen** diejenigen Personen verstanden werden, die Verantwortungsträger und -trägerinnen über Problemlöseprozesse darstellen und über einen exklusiven Informationszugang im Hinblick auf Entscheidungsprozesse und Personengruppen verfügen. Experten und Expertinnen sind in diesem Sinne auch nicht als Privatpersonen von Interesse, sondern als „FunktionsträgerInnen innerhalb eines organisatorischen und institutionellen Kontextes" (Meuser und Nagel 2002, S. 74).

Um diese Entscheidung treffen zu können, benötigte ich ein tiefergehendes Wissen um die Ablauforganisation von Pflegeheimen und die Kompetenzbereiche der beteiligten Berufsgruppen. Im Zuge dessen legte ich aus mehrfachen Gründen die Pflegedienstleitungen als Zielgruppe der Befragung fest: Denn obgleich Pflegedienstleitungen der Heimleitung hierarchisch unterstellt sind, agieren sie in pflegefachlichen und pflegeorganisatorischen Fragen weisungsungebunden und tragen im Zuge dessen auch das Wissen und die Verantwortung über diejenigen Versorgungsbedingungen, welche die Möglichkeiten für gelebte Sexualität beeinflussen. Darüber hinaus besitzen Pflegedienstleitungen durch ihre Position in der Ablauforganisation einen bedeutenden Informationszugang sowohl im Hinblick auf organisationale Entscheidungsabläufe auf der Ebene der Geschäftsführung als auch in Bezug auf Ereignisse und Aktivitäten in der Versorgung der Heimbewohner und Heimbewohnerinnen auf der Ebene der Pflegekräfte.

Nach der Bestimmung der Experten und Expertinnen wurden die Pflegedienstleitungen aus allen 50 Vorarlberger Pflegeheimen für eine Untersuchungsteilnahme im Sinne einer Gesamterhebung[1] angefragt. Diese Entscheidung ging nicht zuletzt aus der Unsicherheit hervor, wie groß die Teilnahmebereitschaft für die Befragung zu dieser tabubehafteten Themenstellung sein würde. Insofern war es ein überraschendes und interessantes Ergebnis, dass 33 Pflegedienstleitungen zusagten.

Zur Durchführung der Experten- und Expertinnenbefragung wurde ein Leitfaden mit vorformulierten Fragen entwickelt, nicht zuletzt um die Vergleichbarkeit zwischen den Interviews zu erhöhen (vgl. Gläser und Laudel 2009, S. 144). Die inhaltliche Grundlage für die Konstruktion des Leitfadens bildeten die Subfragestellungen zu den organisatorischen Rahmenbedingungen für gelebte Sexualität, die im Rahmen der Konkretisierung des Forschungsinteresses auf Basis der bestehenden Literatur erarbeitet worden waren. Abgesehen von der Berücksichtigung der Literaturempfehlungen zur Fragenformulierung und Leitfadenstrukturierung (vgl. Gläser und Laudel 2009; Helfferich 2009), stellte es einen entscheidenden Schritt in der Leitfadenkonstruktion dar, die Subfragestellungen zu den interessierenden Dimensionen der organisatorischen Rahmenbedingungen in geeignete Fragen des Leitfadens zu übersetzen. Trotz der Durchführung von Pretests blieb bis zuletzt eine Restunsicherheit bestehen, wie gut die formulierten Fragen in den Interviews „funktionieren" und zur Beantwortung der Forschungsfragen beitragen würden.

Auszug aus dem Interview-Leitfaden für die Experten- und Expertinnenbefragung

1. Inwiefern ist die Sexualität von Heimbewohnern und Heimbewohnerinnen ein Thema in Ihrer Einrichtung?
   - Können Sie Beispiele für Situationen nennen, in denen die Sexualität von Heimbewohnern und Heimbewohnerinnen ein Thema war?
   - Wie war das damals?
   - Wie wurden diese Situationen in Ihrer Einrichtung erlebt?
   - Wie sind Sie mit diesen Situationen in Ihrer Einrichtung umgegangen?
   - Wenn keine oder nur bestimmte Situationen genannt: Sexualität meint hier nicht nur sexuelle Aktivitäten im engeren Sinne, sondern betrifft beispielsweise auch den Austausch von Zärtlichkeiten. Ist Sexualität in dieser Hinsicht ein Thema in Ihrer Einrichtung?
   - Wenn verneinend beantwortet: Warum ist Sexualität aus Ihrer Sicht kein Thema in Ihrer Einrichtung? (Kommunikation über Sexualität)
2. Inwieweit wird mit Heimbewohnern und Heimbewohnerinnen über Sexualität gesprochen?
   - Wann kommt es zu Gesprächen? Bei welchen Anlässen/Anliegen?
   - etc.

Die Auswertung des Interviewmaterials erfolgte – computerunterstützt durch das Programm Atlas.ti – mittels der zusammenfassenden qualitativen Inhaltsanalyse nach Philipp Mayring (2008, S. 58 ff) mit dem Ziel, das Material auf die wesentlichen Kerninhalte zu reduzieren. Die Dimensionen der organisatorischen Rahmenbedingungen dienten dabei als Hauptkategorien (vgl. Mayring 2008, S. 76), anhand derer ich das Material zunächst auf relevante und irrelevante Textpassagen hin analysierte. Mehr Bedeutung erhielt im Weiteren jedoch die induktive, am Material erschlossene Kategorienbildung (vgl. Mayring 2008, S. 74 ff), da aufgrund der wenigen Vorkenntnisse zum Forschungsgegenstand vor allem neuartige und mögliche unerwartete Erkenntnisse identifiziert werden sollten.

---

1   Verfeinert wurde diese Auswahlstrategie noch durch die vorab festgelegte Auswahlregelung (vgl. Mayer 2013, S. 39), dass in den wenigen Fällen von zwei oder mehr in einem Pflegeheim beschäftigten Pflegedienstleitungen die jeweils ranghöhere Person zu befragen ist.

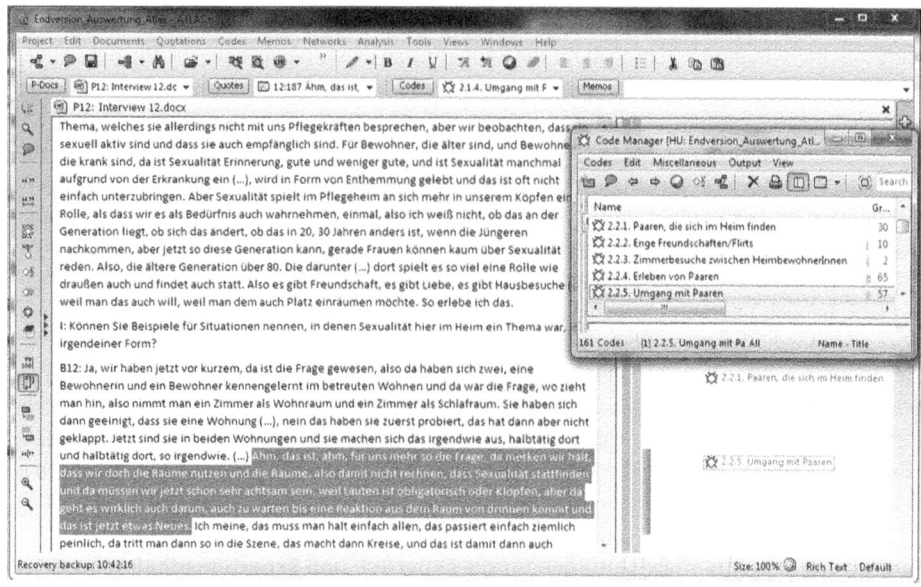

■ **Abb. 26.1** Auswertung mittels Atlas.ti

Da aus der Auswertung des Interviewmaterials ein umfangreiches Kategoriensystem mit 161 Codes hervorging (■ Abb. 26.1), vollzog ich die Ergebnisdarstellung und -interpretation in mehreren Etappen (■ Tab. 26.1). Zunächst wurden die Detailergebnisse für jeden Code beschrieben und dann zur Beantwortung der Forschungsfragen verknüpft und verdichtet. Beispielsweise wurden die Umgangsstrategien bei Konfrontationen mit dem Thema Sexualität für jeden Situationstyp, wie sexuelle Bedürfnisäußerungen oder Übergriffe, einzeln codiert und dann miteinander verglichen, um etwaige Handlungsmuster zu identifizieren, welche die Umgangskultur zu diesem Thema in den Institutionen auszeichnen.

■ Quantitative Zugänge

Die quantitative Untersuchung zu den Einstellungen des Pflegepersonals zum Thema „Sexualität im Alter" wurde als schriftliche Fragebogenbefragung angelegt, weil es sich dabei um eine vergleichsweise kostengünstige Durchführungsform der standardisierten Befragung mit einer hohen Personenanzahl handelt (vgl. Mayer 2013, S. 99 ff). Da bereits bei der Formulierung des Forschungsinteresses eine Fokussierung auf die Einstellungen von Pflegekräften erfolgte und somit andere in Pflegeheimen tätige Berufsgruppen ausgeklammert wurden, konnte die Grundgesamtheit der Untersuchung unmittelbar auf das in Vorarlberger Pflegeheimen beschäftigte Pflegepersonal mit Berufsberechtigung nach dem österreichischen Gesundheits- und Krankenpflegegesetz[2] festgelegt werden. Im Sinne der Stichprobenbildung richtete sich die Befragung schließlich an das Pflegepersonal derjenigen Pflegeheime, die auch an der Experten- und Expertinnenbefragung teilnahmen. Dadurch war nicht nur ein wechselseitiger Bezug der qualitativen und quantitativen Untersuchungsergebnisse möglich, sondern auch der notwendige, von außen nicht unmittelbar mögliche Zugang zum Pflegepersonal geschaffen.

---

2   Konkret zählen hierzu diplomierte Gesundheits- und Krankenpfleger und -pflegerinnen, Fach- und Diplom-Sozialbetreuer und -betreuerinnen sowie Pflegehelfer und -helferinnen.

☑ **Tab. 26.1** Auszug Codierplan

Kategorie	Subcodes	Definition	Ankerbeispiel	Codierregeln
2.5. Anzüglichkeiten und Übergriffe	2.5.1. Verbale Äußerungen sexueller Art	Äußerungen von HeimbewohnerInnen gegenüber dem Pflegepersonal/der Pflegedienstleitung, die sexueller Art sind.	Wir haben männliche Bewohner, die gegenüber den weiblichen Mitarbeitern schon einmal anzügliche Bemerkungen fallen lassen oder das getan haben.	Situationen oder Verweise auf sexuelle Äußerungen, unabhängig davon, ob es als Flirt, Kompliment oder Entwertung erlebt wird.
	2.5.2. Übergriffe in Form von Berührungen	Berührungen in Form von „Grapschen" und Zupacken oder andere Berührungen, die als Übergriff erlebt werden.	Erstens einmal hat er jede Frau geschnappt, hat die einfach gehalten.	Situationen oder Verweise auf Übergriffe oder auf Berührungen, die von der Pflegedienstleitung oder dem Pflegepersonal als Übergriff erlebt werden.
	2.5.3. Erleben von Anzüglichkeiten und Übergriffen	Attributionen, Emotionen, Normalitätserleben oder Belastungsgrad in Bezug auf Anzüglichkeiten und Übergriffe.	Und sie sagt „ich habe kein Problem damit", solange er jetzt das nicht jeden Tag fünfmal macht und grob wird oder sonst etwas.	Generelle oder situationsbezogene Bewertungen der Pflegedienstleitung oder der MitarbeiterInnen in Bezug auf Anzüglichkeiten oder Übergriffe von HeimbewohnerInnen.
	2.5.4. Umgang mit Anzüglichkeiten und Übergriffen			
	2.5.4.1. Besprechungen im Team	Thematisierung von konkreten Situationen oder übergriffigen HeimbewohnerInnen, um das Team zu sensibilisieren oder Maßnahmen sowie Umgangsstrategien zu planen.	Da muss das Personal halt schon sensibel darauf hingearbeitet werden oder informiert werden.	Verweis auf Team- oder Mitarbeiterbesprechungen im Zusammenhang mit konkreten Situationen oder übergriffigen HeimbewohnerInnen.
	2.5.4.2. Unterstützungsmaßnahmen	Materielle oder immaterielle Unterstützungsmaßnahmen in Bezug auf übergriffige HeimbewohnerInnen.	Es gibt solche Pflegerinnen, die sagen „Ja, ich mache Berührung oder auch einmal eine herzhafte Umarmung oder so etwas".	Angebote, Versuche oder Umsetzungen von konkreten Unterstützungsmaßnahmen in Bezug auf übergriffige HeimbewohnerInnen.

Vor diesem Hintergrund fungierten die befragten Pflegedienstleitungen der jeweiligen Einrichtungen auch als *gatekeepers* (Mayer 2013, S. 46), die den Zugang zum Feld beziehungsweise zu den Pflegekräften ebneten.

Nicht zuletzt bestand eine zentrale Frage in der Planung der quantitativen Untersuchung darin, wie die Einstellungen zum Thema „Sexualität im Alter" gemessen werden sollten. Im Zuge dessen griff ich auf ein bestehendes Messinstrument zurück, damit die Ergebnisse mit aktuellen Studien verglichen werden konnten. Zudem war diese Vorgehensweise angesichts des limitierten Zeitrahmens für die Fertigstellung der Master-Arbeit zeitlich ökonomischer, als selbst einen Fragebogen zu entwickeln. Konkret fiel meine Wahl auf den Einstellungsteil der Aging Sexual Knowledge and Attitudes Scale (ASKAS) von Charles B. White (1998, S. 66), da es sich dabei um ein international etabliertes Instrument zur Einstellungsmessung handelt (vgl. Lee et al. 2007, S. 179 f; Mahieu et al. 2011, S. 1142; Mahieu et al. 2013, S. 2584 f). Neben der Abfrage von soziodemografischen Daten wurde der Fragebogen um Items zur Erfassung von Erfahrungswerten der Pflegekräfte in Bezug auf Konfrontationen mit dem Thema „Sexualität im Pflegealltag" ergänzt, um den Erkenntnisgewinn der Fragestellungen in der qualitativen Untersuchung zu erweitern.

26.5 Ergebnisse

In der Analyse von Ergebnismustern und Querverbindungen des qualitativen Datenmaterials zeigte sich, dass Gespräche mit und Unterstützung von Heimbewohnern und Heimbewohnerinnen zum Thema Sexualität durchaus stattfinden, dafür in der Regel jedoch ein konkreter Anlassfall oder die Initiative der Betroffenen notwendig ist. Die Umgangskultur zum Thema Sexualität zeichnet sich somit vor allem durch das Fehlen von proaktiven Handlungsmaßnahmen aus, während gelebte Sexualität weitestgehend zugelassen wird. In diesem Beispiel wird nicht zuletzt der Vorzug eines qualitativen Zuganges zum vorliegenden Forschungsinteresse ersichtlich, indem sich der Erkenntnisgewinn nicht auf die Aufzählung von Handlungsstrategien beschränkte, wie dies bei einem Fragebogen der Fall gewesen wäre, sondern die Dynamik und Einbettung der Handlungsvollzüge im Pflegealltag erfasst werden konnten. Dass bestimmte Ablaufstrukturen erst durch diesen breiteren Interpretationsrahmen nachvollziehbar werden, wurde auch in den Ergebnissen zur Privatsphäre von Heimbewohnern und Heimbewohnerinnen ersichtlich. So berichten die Pflegedienstleitungen von verschiedenen Maßnahmen zum Schutz der Privatsphäre, führen an anderer Stelle jedoch aus, dass es im Pflegealltag teilweise trotzdem zu Übertretungen kommt, da die wenigsten Vorkehrungen eine unangetastete Privatsphäre garantieren. So wird etwa obligatorisch an den Bewohner- und Bewohnerinnenzimmern angeklopft, gleichzeitig jedoch nicht immer mit dem Betreten der Zimmer abgewartet.

Während die Pflegedienstleitungen mehrheitlich auf die Erfahrung verweisen, dass auf der Ebene ihres Pflegepersonals positive wie negative Einstellungen zum Thema „Sexualität im Alter" vorliegen, legen die quantitativen Befunde weitestgehend positive Einstellungen der befragten Pflegekräfte zum Thema „Sexualität im Alter" nahe. In dieser Ergebnisdiskrepanz zeigt sich speziell auch der Mehrwert der Methodentriangulation, die nicht nur mit einem vergleichsweise größeren Erkenntnisgewinn in der vorliegenden Untersuchung einherging, sondern auch die gegenseitige Überprüfung der qualitativen und quantitativen Befunde (vgl. Flick 2011, S. 89 ff) erlaubte.

Im Rahmen der Ergebnisdiskussion wurden die gesammelten Erkenntnisse zunächst der bestehenden Forschungs- und Fachliteratur gegenübergestellt. Hier fanden sich Übereinstimmungen, wie in Bezug auf die Beschränkungen in der erlebbaren Privatsphäre, aber auch Inkongruenzen, beispielsweise indem gelebte Sexualität in den beforschten Pflegeheimen entgegen der Kritik einschlägiger Fachbeiträge und deren Anlehnung an das Modell totaler Institutionen kaum formalen Restriktionen und Sanktionen unterliegt. In einem weiteren Schritt wurden auch mögliche Limitationen der Untersuchung reflektiert. So war etwa in Anbetracht der weitestgehend aufgeschlossenen Haltungen der Pflegedienstleitungen gegenüber dem Thema „Sexualität im Alter" zu hinterfragen, inwieweit dieses Ergebnis von sozial erwünschtem Antwortverhalten (vgl. Gläser und Laudel 2009, S. 138) beeinflusst wurde. Anders als bei der Befragung der Pflegekräfte wurde diese Problematik bei den qualitativen Interviews mitunter noch durch den Umstand verstärkt, dass sich die Pflegedienstleitungen in ihrer Rolle als Experte oder Expertin und als Vertretungsperson der Pflegeheime möglicherweise besonders dazu angehalten sahen, eine professionelle Haltung nach außen zu signalisieren – unabhängig von ihren persönlichen Einstellungen zum Thema „Sexualität von Heimbewohnern und Heimbewohnerinnen". Bei der Erfassung dieser Art des Erkenntnisinteresses scheint insofern eine Grenze von Experten- und Expertinneninterviews erreicht zu sein, nicht zuletzt weil die Befragten dabei nicht als Privatpersonen, sondern als Funktionstragende angesprochen werden.

26.6 Fazit

Wie im Vorangegangenen ersichtlich wurde, war es ein erkenntnisreicher, aber auch langer und kaum vorgezeichneter Weg in der Auseinandersetzung mit den Ausgangsbedingungen für gelebte Sexualität in Pflegeheimen. Deutlich wurde, wie wichtig die stete Aufrechterhaltung und Reflexion der eigenen Offenheit gegenüber dem Forschungsgegenstand war, gerade weil der Blick auf den mehr oder weniger einseitigen Fachdiskurs immer wieder die Gefahr barg, nach einer Bestätigung der bestehenden Vorurteile gegenüber Pflegeheimen zu suchen. Nicht zuletzt aufgrund dieser vagen Vorkenntnisse, aber auch dem Fehlen eines persönlichen Zuganges zur Lebenswelt von Pflegeheimen, wurde der Forschungsprozess auch von Ungewissheiten begleitet. Dieser Problemstellung würde ich bei einer nächsten Forschungsarbeit durch explorative Vorarbeiten, beispielsweise in Form von Felderkundungen, begegnen. Zudem würde dies die Möglichkeit bieten, die Perspektive von verschiedenen Beteiligten und Betroffenen einzubinden, die auch nicht zwangsläufig zur Zielgruppe der späteren Untersuchung zählen. Im vorliegenden Fall wären etwa Gespräche mit einzelnen Pflegeheimbewohnern und -bewohnerinnen wertvoll gewesen, um deren Wünsche und Anliegen in Sachen Sexualität zu eruieren und im Zuge dessen auch mögliche blinde Flecken in der Ausrichtung des Erkenntnisinteresses zu vermeiden. Letztlich ist aber festzuhalten, dass es ja gerade einen besonderen Mehrwert der qualitativen Forschung darstellt, auch ursprünglich unbedachte, unerwartete Erkenntnisse identifizieren zu können, wenn die eigene Perspektive im Forschungsprozess dafür offen bleibt.

Literatur

Beier, K. M., & Loewit, K. (2005). Partnerschaft und Sexualität im Alter. In A. M. Raem, H. Fenger, G. F. Kolb, T. Nikolaus, L. Pientka, R. Rychlik, & T. Vömel (Hrsg.), *Handbuch Geriatrie. Lehrbuch für Praxis und Klinik* (S. 637–644). Düsseldorf: Dt. Krankenhaus Verlagsgesellschaft.
Billen, W. (2014). Aspekte des Machtmissbrauchs in Pflegeheimen. Pflege zwischen Fürsorge und Gewalt. In H. Willems, & D. Ferring (Hrsg.), *Macht und Missbrauch in Institutionen* (S. 95–110). Wiesbaden: Springer.

Bogner, A., & Menz, W. (2002). Das theoriegenerierende Experteninterview. Erkenntnisinteresse, Wissensformen, Interaktionen. In A. Bogner, B. Littig, & W. Menz (Hrsg.), *Das Experteninterview. Theorie, Methode, Anwendung* (S. 33–70). Opladen: Leske + Budrich.

Bucher, T., Hornung, R., Gutzwiller, F., & Buddeberg, C. (2001). Sexualität in der zweiten Lebenshälfte. Erste Ergebnisse einer Studie in der deutsch-sprachigen Schweiz. In H. J. Berberich, & E. Brähler (Hrsg.), *Sexualität und Partnerschaft in der zweiten Lebenshälfte* (S. 31–60). Gießen: Psychosozial.

DeLamater, J. D. (2012). Sexual expression in later life: A review and synthesis. *The Journal of Sex Research, 49,* 125–141.

DeLamater, J. D., & Sill, M. (2005). Sexual desire in later life. *The Journal of Sex Research, 42,* 138–149.

Flick, U. (2011). *Triangulation.* Wiesbaden: VS.

Gläser, J., & Laudel, G. (2009). *ExpertInneninterviews und qualitative Inhaltsanalyse.* Wiesbaden: VS.

Goffman, E. (1973). *Asyle. Über die soziale Situation psychiatrischer Patienten und anderer Insassen.* Frankfurt a. M.: Suhrkamp.

Grond, E. (2011). *Sexualität im Alter. Was Pflegekräfte wissen sollten und was sie tun können.* Hannover: Schlütersche.

Häder, M. (2010). *Empirische Sozialforschung. Eine Einführung.* Wiesbaden: VS.

Helfferich, C. (2009). *Die Qualität qualitativer Daten. Manual für die Durchführung qualitativer Interviews.* Wiesbaden: VS.

Lee, K.-J., Kwon, M.-S., Mi, J. K., & Moon, S. M. (2007). A study on knowledge and attitudes regarding sexuality of elderly people in Korea. *Journal of Korean Academy of Nursing, 37,* 179–184.

Mahieu, L., Van Elssen, K., & Gastmans, C. (2011). Nurses' perceptions of sexuality in institutionalized elderly. *International Journal of Nursing Studies, 48,* 1140–1154.

Mahieu, L., Dierckx de Casterlé, B., Van Elssen, K., & Gastmans, C. (2013). Nurses' knowledge and attitudes towards aged sexuality: validity and internal consistency of the Dutch version of the Aging Sexual Knowledge and Attitudes Scale. *Journal of Advanced Nursing, 69,* 2584–2596.

Mayer, H. O. (2013). *Interview und schriftliche Befragung. Grundlagen und Methoden empirischer Sozialforschung.* München: Oldenbourg.

Mayring, P. (2002). *Einführung in die qualitative Sozialforschung.* Weinheim: Beltz.

Mayring, P. (2008). *Qualitative Inhaltsanalyse. Grundlagen und Techniken.* Weinheim: Beltz.

Meuser, M., & Nagel, U. (2002). Experteninterviews – vielfach erprobt, wenig bedacht. Ein Beitrag zur qualitativen Methodendiskussion. In A. Bogner, B. Littig, & W. Menz (Hrsg.), *Das Experteninterview. Theorie, Methode, Anwendung* (S. 71–94). Opladen: Leske + Budrich.

Michelchen, G. (2008). *Intimität in der Altenpflege. Tabus in Pflegeeinrichtungen überwinden.* Unterschleißheim/München: CW Haarfeld.

Schroeter, K. R. (2006). *Das soziale Feld der Pflege. Eine Einführung in Deutungen, Strukturen und Handlungen.* Weinheim/München: Juventa.

Thiele, G. (2001). *Soziale Arbeit mit alten Menschen. Handlungsorientiertes Grundlagenwissen für Studium und Praxis.* Köln: Fortis.

White, C. B. (1998). Aging sexual knowledge and attitudes scale. In C. M. Davis, W. L. Yarber, R. Bauserman, G. E. Schreer, & S. L. Davis (Hrsg.), *Handbook of Sexuality-Related Measures* (S. 66–68). Thousand Oaks: Sage.

Witterstätter, K. (2008). *Soziale Hilfen im Alter. Eine Sozialgerontologie für die Pflegearbeit.* Freiburg i. Br.: Lambertus.

Zehender, L. (2006). *Alter und Emanzipation. Eine sozialphilosophische Spurensuche im gerontologischen und pflegewissenschaftlichen Kontext.* Wien: Facultas.

Zwischen Sterben und Wirtschaften

Ein Mixed-Methods-Ansatz zur Erforschung eines unbekannten Feldes

Daniel L. Paierl und Patrick Hart

J. Wintzer (Hrsg.), *Qualitative Methoden in der Sozialforschung*,
DOI 10.1007/978-3-662-47496-9_27, © Springer-Verlag Berlin Heidelberg 2016

27.1   Vorboten der Zukunft: demographischer Wandel und Forschungsfragen

Die Bevölkerung in Industrienationen wird immer älter. Damit verbunden ist die große Herausforderung, für eine zunehmende Zahl an pflegebedürftigen Menschen zu sorgen. Für Österreich prognostizieren Ulrike Famira-Mühlberger und Matthias Firgo (2014, S. 643 ff) eine Zunahme der über 80-Jährigen im Zeitraum von 2012 bis 2030 um etwa 47 Prozent und der 60- bis 79-Jährigen um etwa 38 Prozent. Damit einhergehend prognostizieren sie eine Steigerung der öffentlichen Ausgaben für die Pflege um mehr als das Doppelte des jetzigen Niveaus. Im selben Zeitraum erwarten sie aber, dass der Anteil der Bevölkerung unter 60 Jahren zurückgeht, es also bei höheren Kosten weniger Beitragszahler und Beitragszahlerinnen für die Sozialversicherungen gibt. Auf das System der Pflege und auf die Menschen, die darin arbeiten, kommen damit große Herausforderungen zu.

Unter diesen Vorzeichen untersuchten wir von Winter 2013 bis Sommer 2014 eine Trägerorganisation der mobilen Pflege in der Steiermark. Konkret widmeten wir uns den Belastungen, denen die Mitarbeiter und Mitarbeiterinnen der mobilen Dienste ausgesetzt sind, im Speziellen jene, die durch flexible Arbeitszeiten entstehen. Die mobile Pflege fordert durch die Arbeit mit Menschen große Flexibilität, da Bedürfnisse wie der morgendliche Gang auf die Toilette, die Insulinspritze oder die Medikamenteneinnahme schwer verschiebbar sind.

Die erste Frage, mit der wir uns auseinandersetzten, war: Wie funktioniert die mobile Pflege in der Steiermark? Die Beantwortung dieser ersten Frage wurde durch zwei Faktoren erschwert: Erstens gibt es unseres Wissens nach keine umfassende Darstellung der mobilen Pflege in Österreich, auf die wir hätten bauen können. Zweitens sind die (Gesetzes-)Kompetenzen durch den österreichischen Föderalismus so zwischen Bund und Ländern zersplittert, dass innerhalb eines (kleinen) Landes neun verschiedene Ausgestaltungen der mobilen Pflege existieren. Die zweite Frage betraf die Belastungen: Welche Belastungen bestehen im Bereich der mobilen Pflege? Welche der Belastungen spielen die größte Rolle, und befinden sich darunter Belastungen, die durch die inhärente Flexibilität entstehen?

Neben diesen persönlichen Interessen kam zusätzlich die Anforderung auf uns zu, für die Organisation verwertbare Empfehlungen zu erarbeiten. Um die Zustimmung zur Erforschung unseres Feldes zu bekommen, versuchten wir eine für beide Seiten vorteilhafte Situation zu schaffen: Wir können unsere Forschung durchführen und der Träger hat die Möglichkeit, ohne Kosten die Herausforderungen, mit denen die Mitarbeiter und Mitarbeiterinnen konfrontiert sind, von außen analysieren zu lassen. Beide Ziele, aber auch die Grenzen der Forschung haben wir immer offen kommuniziert. Darin sehen wir auch das hohe Entgegenkommen seitens der Trägerorganisation begründet.

Damit standen wir vor der Herausforderung, ein Forschungsdesign zu entwerfen, das zuallererst die relevanten Grundlagen (Gesetze, Finanzierung, Organisation) und die Praxis der mobilen Pflege erfasst. Dieses Design musste also die Basis für die eigentliche Forschung schaffen, dabei flexibel genug sein, um die Wünsche der Organisation zu berücksichtigen, und am Ende in der Lage sein, die Frage nach den Belastungen in den mobilen Diensten zu beantworten. Dazu wählten wir pragmatisch verschiedene qualitative und quantitative Methoden aus, die uns am geeignetsten schienen: ein Mixed Methods Design.

27.2 · Mixed Methods: „A new name for some old ways of thinking"?

265

27

27.2 Mixed Methods: „*A new name for some old ways of thinking*"[1]?

Mixed-Methods-Ansätze erfreuen sich in den letzten Jahren einer steigenden Beliebtheit. Im Gegensatz zum englischsprachigen, internationalen Raum finden sich jedoch nur vergleichsweise wenige Publikationen in Deutsch. Entsprechend dünn präsentieren sich relevante Methodenlehrbücher zu dem Thema. *Mixed Methods* von Udo Kuckartz (2014) und *Die Integration qualitativer und quantitativer Methoden in der empirischen Sozialforschung* von Udo Kelle (2008) bieten dennoch einen guten ersten Zugang. Kuckartz konzentriert sich eher auf die praktischen Aspekte der Forschung, Kelle dagegen hat die (erkenntnis-)theoretische Fundierung im Blick. Entsprechend vertritt Kuckartz' praktisches Buch eher die Denk-Tradition der Mixed Methods, welche philosophisch dem amerikanischen Pragmatismus nahe stehen. Dabei steht die Beantwortung der Forschungsfrage im Vordergrund, die Methoden, welche dazu am besten geeignet sind, werden eingesetzt; pragmatisch eben. Die Kompatibilitätsfrage, ob qualitative und quantitative Methoden grundsätzlich das Gleiche aussagen (können), wird damit positiv beantwortet (Kuckartz 2014, S. 35 f.).

Ob Mixed Methods damit neben der qualitativen und der quantitativen Schule ein drittes Paradigma etablieren, ist selbst in der Community umstritten (Kuckartz 2014, S. 37 f.). Explizit von einem dritten Paradigma sprechen die Autoren der beiden auflagenstärksten Methodenbücher im internationalen Raum, John Creswells *Designing and Conducting Mixed Methods Research* (2011) und Abbas Tashakkoris *Sage Handbook of Mixed Methods in social & behavioral research* (2010). Gegen diese Ansicht wird eingebracht, dass sich die scharfe Trennung zwischen qualitativen und quantitativen Methoden überhaupt erst in den 1970er-Jahren gebildet hat. Grund dafür war vor allem die Beliebtheit des Behaviorismus in den Vereinigten Staaten. Dieser forderte ein mehr an die Naturwissenschaften angelegtes Forschungsprogramm. Darunter wurde in erster Linie Forschung verstanden, die (ab)zählbare Ergebnisse liefern kann. Aber vor allem die europäische Sozialwissenschaft hat sich in ihren Anfangsjahren sehr wenig um derartige Grenzziehungen gekümmert. Die Arbeiten von Max Weber wie zum Beispiel die *Protestantische Ethik*, Emile Durkheim *Selbstmord und Anomie* oder Paul Felix Lazarsfeld und Marie Jahoda *Arbeitslose von Marienthal* sind alle exemplarischen Beispiele von Mixed-Methods-Ansätzen, ohne so genannt zu werden.

Ein Mixed-Methods-Ansatz ist dabei von der im deutschen Sprachraum bekannteren Triangulation abzugrenzen. Das Hauptaugenmerk der Triangulation liegt in der Verifizierung von Ergebnissen. Dies soll erreicht werden, indem entweder Daten, Methoden, Forscher und Forscherinnen oder Theorien miteinander verglichen werden. In einem Mixed Methods geht es jedoch um einen grundlegenden Zugang zur Forschungsfrage und zum Forschungsdesign. Das „Mixing" der Methoden und Erkenntnisse ist dabei inhärenter Teil des Forschungsprozess und wird immer schon mitgedacht. Mixed Methods Designs haben damit einen weit umfassenderen Anspruch als die Triangulation (Kuckartz 2014, S. 44 f.).

Um diese Designs zu klassifizieren, hat sich in der Literatur eine gewisse Systematik etabliert. John Creswell und Plano Clark (2011, S. 65) gehen dabei von vier unterschiedlichen Dimensionen aus, anhand derer sich ein Design einordnen lässt (❏ Tab. 27.1). 1. Implementation: In welcher Reihenfolge werden die Methoden angewandt? Zuerst qualitativ, dann quantitativ oder umgekehrt oder sogar beide zugleich. 2. Priorität: Welcher Methode ist die wichtigere? Dient eine Methode nur dazu, die Ergebnisse der anderen zu verbessern oder sind beide Zugänge gleich wichtig und könnten auch unabhängig bestehen? 3. Integration: Wann werden die

---

1 Nach dem Vorlesungssammelband von William James (1907), einer zentralen Figur des Pragmatismus.

◘ **Tab. 27.1** Dimensionen eines MM – Designs nach Creswell et al. (2003, zit. nach Kuckartz 2014, S. 66)

Implementation	Priorität	Integration	Theoretische Perspektive
Gleichzeitig: Keine Reihenfolge	Gleichwertig	Bei der Datenerhebung	Explizit
Sequenziell: qualitativ zuerst	Qualitativ	Bei der Datenanalyse	Implizit
Sequenziell: quantitativ zuerst	Quantitativ	Bei der Dateninterpretation	
		zu mehreren Zeitpunkten	

beiden Methoden oder deren Ergebnisse zusammengeführt? Bei der Planung, bei der Datenerhebung oder erst bei der Interpretation der Daten? 4. Theorie: Gibt es ein explizites theoretisches Konstrukt, welches den gesamten Forschungsprozess leitet und auf das sich die empirische Arbeit bezieht?

Generell gesehen hat die Verwendung eines Mixed-Methods-Ansatzes damit nach Kuckartz (2014, S. 58) in der praktischen Forschung vor allem vier Vorteile:

- Komplementarität: Dadurch können die Ergebnisse einer Methode um eine neue Perspektive vervollständigt werden.
- Entwicklung: Die Ergebnisse einer Methode können die Wahl und das Design der anderen beeinflussen und somit einen besseren Zugang ermöglichen.
- Initiation: Widersprüche in den Ergebnissen von verschiedenen Methoden werden aufgedeckt und reflektiert. Dadurch ergibt sich ein neuer Blick auf bereits scheinbar Bekanntes.
- Expansion: Die inhaltliche Breite wird ausgeweitet. Entweder, indem Ergebnisse verallgemeinerbar werden, oder allgemeine Ergebnisse eine größere Tiefe bekommen.

Bezogen auf unsere Arbeit, kamen diese vier Punkte dabei in den folgenden Phasen der Forschung zum Tragen: Exploration: Bei einem steirischen Pflegeträger mit rund 20 Stützpunkten und mehr als 400 Mitarbeitern und Mitarbeiterinnen wurden zuerst qualitative Interviews auf allen Ebenen durchgeführt. Entwicklung: Anschließend wurde mit den so gewonnenen Ergebnissen ein Fragebogen gebildet, welcher eine modifizierte Form des Maslach-Burnout-Inventory (MBI) mit Fokus auf das Konstrukt emotionale Erschöpfung beinhaltete. Expansion: Der Fragebogen wurde anschließend an allen Stützpunkten verteilt und die retournierten Fragebögen wurden analysiert. Initiation: Durch Vergleiche zwischen den Ergebnissen aus dem MBI und den Antworten der Befragten lassen sich damit die Faktoren identifizieren, welche den größten Einfluss auf die Burnout-Gefährdung in der mobilen Pflege besitzen. Komplementarität: Anschließend wurden diese Daten mit den Ergebnissen aus den Interviews verglichen und zusammengeführt.

27.3   Kurs Richtung Empirie: das methodische Vorgehen im Detail

Die mobile Pflege war beim Start des Projektes für uns in den Bereichen „Organisation, Finanzierung und Rechtslage" weitgehend unbekannt. Um das Feld einerseits zu erkunden und andererseits unsere Ergebnisse verallgemeinern zu können, gingen wir in fünf Schritten vor:

Am Anfang stand ein umfangreiches Literaturstudium der bisherigen Forschung, der relevanten Rechtstexte, der Förderrichtlinien und Vorschriften, die in der Steiermark gelten. Darin ging es uns vor allem darum, uns ein Grundwissen über den Bereich anzueignen. Mit dem Sichten der Literatur bestätigte sich auch unsere Vermutung, dass es über diesen Bereich relativ wenige Erkenntnisse gibt, auf die wir bauen können (z. B. wie Pflege in der Praxis abläuft). Diese Gewissheit bedeutete, dass wir zuallererst ein Verständnis entwickeln mussten, wie Pflege in der Praxis in der Steiermark funktioniert.

Dazu führten wir in Schritt zwei Leitfadeninterviews mit zwei Einsatzleiterinnen der mobilen Pflege durch, welche sich vor allem um den Ablauf und die Herausforderungen an die Organisation der Pflege drehten. Um möglichst verschiedene Sichtweisen auf diese Punkte zu bekommen, wählten wir einen urbanen und einen ländlichen Stützpunkt aus.

In Schritt drei interviewten wir sechs Mitarbeiter und Mitarbeiterinnen der mobilen Pflege, jeweils zwei aus den drei verschiedenen Berufsgruppen (Diplomierte Gesundheits- und Krankenschwestern, Pflegehilfen und Heimhilfen). Für diese Interviews entwickelten wir einen Leitfaden, basierend auf den Ergebnissen aus der Recherche und den Interviews mit den Einsatzleitungen. Dieser umfasste folgende Themenblöcke: Fragen nach der körperlichen und psychischen Belastung, die Rolle des Teams für die Mitarbeiter und Mitarbeiterinnen beim Verarbeiten von belastenden Ereignissen (z. B. Tod und Leid). Der Umgang mit den Flexibilitätsanforderungen, etwa wie Arbeitszeiten eingeteilt und kurzfristiges Einspringen im Krankheitsfall aufgeteilt werden (z. B. durch Vorgesetzte oder gemeinsam im Team). Der letzte Themenblock widmete sich der Motivation der Mitarbeiterinnen und Mitarbeiter für den Beruf und vor allem deren Ansprüche an sich selbst.

Durch gemeinsames Interpretieren der Ergebnisse und der Interviews formierte sich für uns ein Konzept darüber, wie die Belastung in der mobilen Pflege vermittelt wird. Im unmittelbaren Feld der mobilen Pflege existieren hauptsächlich drei Gruppen von Akteuren: Patientinnen und Patienten, die Geschäftsführung und die Mitarbeiterinnen und Mitarbeiter. Die Einsatzleitung dient dabei als Mediatorin, um die Belastungen abzufedern, welche sich durch die Ansprüche von Patientinnen und Patienten und der Geschäftsführung ergeben. Das primäre Instrument dafür stellt der Umgang mit der Arbeitszeit und der Diensteinteilung dar. Damit war aber noch nicht beantwortet, welchen Einfluss dieses Instrument auf die konkrete Belastung der Mitarbeiterinnen und Mitarbeiter nimmt.

Schritt vier: Zu diesem Zweck entwickelten wir auf Basis aller vorhergehenden Schritte einen Fragebogen, der an alle Mitarbeiter und Mitarbeiterinnen verteilt wurde. Da eine komplette Neuentwicklung des Fragebogens durch Zeit- und Ressourcenbeschränkungen nicht möglich war, sichteten wir gut ein Dutzend Instrumente anderer Studien und nahmen diese als Ausgangsbasis[2]. Letzten Endes kombinierten wir ein Instrument einer Studie (Schmid und Troy 2011) und das einer Befragung zum selben Thema eines anderen Pflegeträgers, welcher jedoch ebenfalls anonym bleiben muss. Durch diese Einbindung ließen sich die Ergebnisse teilweise vergleichen, was sehr wertvoll war, um Ergebnisse einzuordnen. So zeigte sich, dass die Mitarbeiterinnen und Mitarbeiter eines Trägers doppelt so häufig angaben, durch gewaltbereite Klienten und Klientinnen in ihrem Arbeitsalltag belastet zu werden. Bei der Kombination mussten wir dabei einen Kompromiss finden, zwischen unserem Forschungsinteresse,

---

2   Instrumente für (psychische) Belastungen wie Stress und Burnout sind in Enzmann und Kleiber (1989) enthalten. Für Studien der Mobilen Pflege in Österreich empfehlen sich Krenn et al. (2010), Kranewitter et al. (2008) und Schneider et. al (2011). Für das deutsche System der Pflege empfehlen wir das Sammelwerk von Klaus Schroeter (2005) und die Studie von Jürgen Rinderspacher (2009).

der Vergleichbarkeit und der Länge des Fragebogens. Ein Beispiel für den Trade-off zwischen Vergleichbarkeit und unserem Forschungsinteresse war die Abwägung, welche Teile des Fragebogens des zweiten Trägers wir exakt übernehmen, auch wenn die Items nicht alle optimal formuliert waren. Ein Prozess der zahlreiche Treffen, Stunden, Ideen und viel Kaffee benötigte.

Der Fragebogen bestand letztendlich aus fünf Themenblöcken: 1) Zusammenarbeit und Solidarität, 2) Dienstplangestaltung und dem Einfluss der MitarbeiterInnen darauf, 3) Vereinbarkeit von Beruf und Familie, 4) Belastungen im Pflegebereich, 5) Zufriedenheit und Motivation. Kernstück des Fragebogens war eine angepasste Form des Maslach-Burnout-Inventories (MBI), das vor allem das Konstrukt der emotionalen Erschöpfung[3] misst. Mit dieser als Maß eines negativen und nicht wünschenswerten Zustandes konnten wir prüfen, welcher der fünf Themenblöcke den größten Einfluss auf das (Un-)Wohlbefinden der Mitarbeiterinnen und Mitarbeiter hat.

Die Verteilung der Fragebögen und der verschlossenen Boxen zum Einwerfen unter den rund 20 Stützpunkten wurde über den Pflegeträger organisiert. Hierin liegt ein wichtiges Detail von Befragung in sensiblen Bereichen: Vertrauen in die Anonymität. Deshalb wurden die Einsatzleitungen und die Mitarbeiter und Mitarbeiterinnen im Voraus über die Erhebung und über die Vertraulichkeit ihrer Angaben informiert. Auf den Boxen und den Bögen war außerdem an prominenter Stelle das Logo der Universität platziert, um zusätzlich klar zu machen, dass die Ergebnisse nicht vom Pflegeträger ausgewertet werden. Zusätzlich wurde mit den Fragebögen ein selbstverschließendes Kuvert ausgegeben. Dadurch wollten wir sicherstellen, dass die jeweiligen Einsatzleitungen keine Fragebögen lesen konnten. Die Befragung war sehr erfolgreich: Von etwa 400 Fragebögen wurden etwa 240 vollständig ausgefüllt retourniert, was einer Rücklaufquote von ungefähr 60 Prozent entspricht.

In Schritt fünf werteten wir die Daten aus. Wir entschieden uns für eine Explorative Faktorenanalyse (EFA)[4]. Aus den Angaben im Fragebogen wurden zwei Faktoren, Arbeitsplatzzufriedenheit und arbeitszeitbezogene Belastungen, extrahiert. Davon besteht Arbeitsplatzzufriedenheit aus Elementen, welche Eigenschaften des Arbeitsplatzes erfassen: wie Dienstplangestaltung, Führungsstil der Vorgesetzen oder die Beziehungen zu Kollegen und Kolleginnen. Arbeitszeitbezogene Belastung beinhaltet die empfundenen Belastungen, die mit der Natur bzw. der Organisation der Arbeitszeit verbunden sind, wie etwa Überstunden, kurzfristiges Einspringen und schwankende Arbeitszeiten.

Dieser Schritt ist für uns das wichtigste Beispiel für die notwendige Verschränkung von qualitativen und quantitativen Methoden. Einerseits sind die statistischen Modelle der EFA mathematische Behemoths, und dennoch ist die Interpretation der Ergebnisse und die Benennung der Faktoren ein inhärent qualitativer Prozess. Andererseits braucht es solide statistische Kenntnisse, um zu bewerten, ob die numerische Basis geeignet ist, das qualitative Konstrukt (den Faktor) darauf zu bauen. Ohne die Kombination der Methoden wären wir schwer bis gar nicht in der Lage gewesen, die Bedeutung der Faktoren und ihren Sinn zu erfassen.

---

3   Emotionale Erschöpfung stellt einen Zustand andauernder Erschöpfung und Verausgabung dar, der, wenn dieser dauerhaft besteht, in Burnout bzw. damit verwandten Konstrukten enden kann (Korczak et al. 2010, S. 95 ff).

4   Als Methode der EFA wurde Hauptachsenanalyse mit obliquer Rotation gewählt, als Kriterien für die Extraktion wurde Inhaltsvalidität, die Anzahl nicht-redundanter Residuen und durch den Faktor erklärte Varianz herangezogen. Für die Details der Methode siehe Field (2009, Kap. 17) und Bühner (2011, Kap. 6).

⬛ Tab. 27.2 Regressionsmodell

Prädiktor	Koeffizienten		Effektgröße		
		standardisiert	Cohens f^2	Std. Fehler	t-stat
Konstante	−0,584**			0,188	−3,096
Faktor Zufriedenheit Arbeitsplatz	−0,216**	−0,210	0,059	0,067	−3,191
Faktor Arbeitszeitbezogene Belastung	0,378**	0,358	0,140	0,076	4,920
Belastung durch Umgang mit Klienten	0,247**	0,222	0,061	0,075	3,262

Abhängige Variable: MBI-Faktor Emotionale Erschöpfung

Korrigiertes $R^2 = 0{,}37$ | $F(3{,}172) = 35$; $p < 0{,}01$

RESET, White und Breusch-Pagan-Godfrey nicht signifikant. Durbin-Watson = 2,068

27.4 Zwischen Sterben und Wirtschaften: Belastungen in der mobilen Pflege

Die oben gewonnen Faktoren wurden danach, zusammen mit Kovariaten (z. B. Alter, Geschlecht, Kinder, Berufserfahrung etc.) und der Belastung durch Umgang mit Klienten und Klientinnen[5] in einem Regressionsmodell auf ihren Einfluss auf den MBI-Faktor, Emotionale Erschöpfung, geprüft. ⬛ Tab. 27.2 stellt die wichtigsten Einflussgrößen auf das mit Emotionaler Erschöpfung operationalisierte Wohlbefinden der Mitarbeiter und Mitarbeiterinnen dar.

Dabei überrascht, dass keine der Kovariaten einen nachweisbaren Einfluss auf die Belastung in dem untersuchten Pflegeträger hat (diese sind in der Tabelle wegen Platzgründen nicht dargestellt). Das zweite Ergebnis, auf das sich auch die Argumentation unserer Forschung stützt, ist, dass der größte, nachweisbare Einfluss auf die Belastung durch arbeitszeitbezogene Belastungen entsteht, ablesbar an der mehr als doppelt so großen Effektgröße wie die restlichen Einflüsse.

Die Konklusion, die wir daraus ziehen, ist, dass die Einsatzleitung in den Stützpunkten den größten Einfluss auf die Belastung der Mitarbeiter und Mitarbeiterinnen hat. Zu diesem Schluss kommen wir folgendermaßen: Wie oben beschrieben, ist der größte, nachweisbare Einfluss der Faktor „arbeitszeitbezogene Belastung". Dieser setzt sich zum Beispiel aus Überstunden/Mehrstunden, kurzfristigem Einspringen, Zeitdruck und schwankenden Arbeitszeiten zusammen. Gemeinsam ist diesen Elementen, dass sie hauptsächlich durch die Dienstplanung der Einsatzleitung bestimmt werden. Aus den qualitativen Interviews wurde uns die Rolle der Einsatzleitung beim Umgang mit der Arbeitszeit klar. Von ihr hängt zum Beispiel ab, ob Wochenenddienste und kurzfristiges Einspringen gleichmäßig unter dem Personal verteilt werden. Die Einsatzleitung des Stützpunktes fungiert damit als Mediatorin, um Ansprüche der Mitarbeiter und Mitarbeiterinnen mit denen des Betriebes vereinbar zu machen und damit Belastungen zu vermeiden.

---

5   Damit gemeint ist die Belastung durch verbale und körperliche Übergriffe sowie die empfundene Belastung durch sexuelle Belästigung.

27.5   Am Ende des Tages: Was bleibt und was noch kommt

Der Einsatz eines Mixed-Methods-Ansatzes hat für unsere Forschungsfrage einen Erkenntnis-gewinn produziert, welcher einem rein quantitativen oder rein qualitativen Design verborgen geblieben wäre. Ohne qualitative Methoden wäre unsichtbar geblieben, welche Rolle die Ein-satzleitung in der alltäglichen Praxis der Mitarbeiter- und Mitarbeiterinnenbetreuung spielt. Sie ist die erste Anlaufstelle bei Problemen in der täglichen Arbeit, auch wenn sie formal für emotionale Probleme nicht zuständig ist. Gleichzeitig nimmt sie eine elementare Vermittler-rolle zwischen den unterschiedlichen Akteuren in der mobilen Pflege ein. Die Einsatzleitung vermittelt die Ansprüche zwischen der Geschäftsleitung, den Mitarbeiterinnen und Mitarbei-tern sowie den Klienten und Klientinnen. Alle Gruppen von Akteuren haben dabei jeweils eigene, teils konträre Ansprüche an die mobile Pflege. Ohne die quantitative Methodik hätte sich allerdings die Bedeutung der Arbeitszeit und vor allem der Dienstplangestaltung nicht ergeben. Aus den qualitativen Ergebnissen haben wir ableiten können, dass das Arbeitsklima und schwierige KlientInnen die größte Belastung für MitarbeiterInnen darstellen. Allerdings ist dabei unklar geblieben, woraus sich ein gutes Arbeitsklima zusammensetzt und wann der Stützpunkt in der Lage ist, die Belastung durch schwierige KlientInnen abzufedern. Durch den Vergleich dieser Aspekte mit den quantitativen Ergebnissen ist uns klar geworden, auf welche Art und Weise Belastungen vermittelt werden und welche Einflüsse dafür am wichtigsten sind. Qualitatives Verständnis wurde mit quantitativem Erklären verallgemeinerbar. Gleichzeitig ist jedoch die Interpretation von statistischen Ergebnissen auch immer ein inhärent qualitativer Prozess (Shadish et al. 2002, S. 63). Eine Seite ohne die andere zu denken, heißt, sich selbst beschneiden und nicht die Forschungsfrage, sondern methodologische Grabenkämpfe zum Mittelpunkt einer Untersuchung machen.

Literatur

Bühner, M. (2011). *Einführung in die Test- und Fragebogenkonstruktion.* München: Pearson Studium.

Creswell, J. W., & Clark, V. L. P. (2011). *Designing and conducting mixed methods research.* Los Angeles: Sage.

Enzmann, D., & Kleiber, D. (1989). *Helfer-Leiden. Stress und Burnout in psychosozialen Berufen.* Heidelberg: R. Asanger.

Famira-Mühlberger, U., & Firgo, M. (2014). Die Entwicklung des öffentlichen Aufwandes für Pflegedienstleistungen. Projektion für die österreichischen Bundesländer. *WIFO Monatsberichte, 9,* 643–652.

Field, A. P. (2009). *Discovering statistics using SPSS. (and sex, drugs and rock 'n' roll).* Los Angeles: Sage.

James, W. (1907). *Pragmatism a new name for some old ways of thinking. Popular lectures on philosophy by William James.* New York: Longmans.

Kelle, U. (2008). *Die Integration qualitativer und quantitativer Methoden in der empirischen Sozialforschung. Theoretische Grundlagen und methodologische Konzepte.* Wiesbaden: VS.

Korczak, D., Kirster, C., & Huber, B. (2010). *Differentialdiagnostik des Burnout-Syndroms.* München. http://portal.dimdi. de/de/hta/hta_berichte/hta278_bericht_de.pdf. Zugegriffen: 6.02.2014

Kranewitter, H., Stelzer-Orthofer, C., Gerich, J., & Sonnleitner, N. (2008). *Berufsverläufe und Tragfähigkeit in der Al-tenfachbetreuung. Im Auftrag des Instituts für Sozial- und Wirtschaftswissenschaften Linz.* http://paedpsych.jku. at/PPPForschung/web:/htdocs/paedpsych.jku.at/docs/PPP-Forschung/wp-content/uploads/2010/04/Endbe-richt_AFB.pdf. Zugegriffen: 2.02.2014

Krenn, M., Flecker, J., Eichmann, H., & Papouschek, U. (2010). *… was willst du viel mitbestimmen? Flexible Arbeit und Partizipationschancen in IT-Dienstleistungen und mobiler Pflege.* Berlin: Ed. Sigma.

Kuckartz, U. (2014). *Mixed Methods.* Wiesbaden: Springer.

Rinderspacher, J. P. (2009). *Zeiten der Pflege. Eine explorative Studie über individuelles Zeitverhalten und gesellschaftliche Zeitstrukturen in der häuslichen Pflege.* Münster: LIT.

Literatur

Schmid, T., & Troy, C.-D. (2011). *Arbeitsbedingungen und Arbeitsbelastungen in den Gesundheitsberufen in Wien und Niederösterreich sowie bei angestellten ÄrztInnen in NÖ. Eine Studie im Auftrag der AK-Wien AK-Niederösterreich und Ärztekammer NÖ.* http://www.fa-gesundheitsberufe.at/studie/downloads-studie-150. Zugegriffen: 2.02.2014

Schneider, U., Flecker, J., Bittschi, B., Jira, M., Papouschek, U., Saupe, B., & Sengschmid, T. (2011). *Beschäftigungsreport für die österreichische Sozialwirtschaft. Beschäftigungspotenziale und -bedingungen im Bereich der Sozial-, Pflege und Gesundheitsdienste und in der Kinderbetreuung. Wien.* http://www.bmask.gv.at/cms/site/attachments/0/0/9/CH2247/CMS1318326022365/soziale_dienste_beschaeftigungsreport.pdf. Zugegriffen: 30.01.2014

Schroeter, K. R. (2005). *Soziologie der Pflege. Grundlagen, Wissensbestände und Perspektiven. Weinheim.* München: Juventa.

Shadish, W. R., Cook, T. D., & Campbell, D. T. (2002). *Experimental and quasi-experimental designs for generalized causal inference.* Boston: Houghton Mifflin.

Tashakkori, A., & Teddlie, C. (2010). *Sage handbook of mixed methods in social & behavioral research.* Los Angeles: Sage.

Vielfalt im Online-Diskurs zum Klimawandel

Eine Mixed-Methods-Diskursanalyse der Deutschen Online-Öffentlichkeit

Sarah Klewes

J. Wintzer (Hrsg.), *Qualitative Methoden in der Sozialforschung,*
DOI 10.1007/978-3-662-47496-9_28, © Springer-Verlag Berlin Heidelberg 2016

28.1　Warum ich praktischen Journalismus aus theoretischer Sicht untersuchen wollte

Wie ist eigentlich die Berichterstattung zum Klimawandel im Internet strukturiert? Gibt es Stimmen und Meinungen, die besonders oft zu Wort kommen? Und wird die Berichterstattung überhaupt journalistischen Qualitätsmaßstäben gerecht, wenn im Internet jede zur Autorin und jeder zum Autor werden kann (Trepte et al. 2008, S. 514)? Mit solchen Fragen habe ich mich im Rahmen meiner Bachelor-Arbeit beschäftigt. Weil der Journalismus die Meinungsbildung vieler Bürger und Bürgerinnen in einer modernen Demokratie beeinflusst und seine Umsetzung im Internet nicht mehr zwangsläufig durch unabhängige Medieninstitutionen kontrolliert wird (Neuberger et al. 2009, S. 9; Gerhards und Neidhardt 1990, S. 12 ff), wollte ich die Berichterstattung in der Online-Sphäre aus wissenschaftlicher Sicht anhand eines empirischen Beispiels untersuchen.

Ich habe mich dazu entschlossen, die Berichterstattung zum Klimawandel näher unter die Lupe zu nehmen, weil der Klimawandel kein gewöhnliches Nachrichtenthema ist. Angeführt vom Weltklimarat (IPCC) sind die meisten Wissenschaftler und Wissenschaftlerinnen der Ansicht, dass die starke Zunahme der Erdtemperatur menschengemacht ist und dass die globale Erwärmung zu problematischen Konsequenzen für den gesamten Planeten führen wird (Oreskes 2004, S. 1686). Allerdings sind die Auswirkungen des Klimawandels zurzeit kaum sichtbar, und die Forschenden können bloß Prognosen und Vermutungen über dessen Ursachen und Folgen aufstellen (Bechmann und Beck 1997, S. 120). Eine vergleichsweise kleine Gruppe von Klimaskeptikern und Klimaskeptikerinnen nutzt diese Unsicherheit im Umgang mit dem Thema „Klimawandel", um dessen generelle Existenz zu hinterfragen (Boykoff und Boykoff 2004, S. 130).

Auf der Suche nach einem Aspekt, den ich für die Berichterstattung zum Klimawandel untersuchen könnte – vor allem um den Fokus der Arbeit weiter einzugrenzen –, bin ich auf das journalistische Qualitätskriterium „Vielfalt" gestoßen. Dieses stellt eine besondere Herausforderung für Medienschaffende dar. Einerseits sollen sie ein breites Spektrum an Akteuren und Akteurinnen aus unterschiedlichen gesellschaftlichen Teilsystemen in ihren Artikeln zu Wort kommen lassen und andererseits bei den Bürgern und Bürgerinnen nicht den falschen Eindruck hervorrufen, „klimaskeptische" Stimmen seien ebenso stark in der Gesellschaft vertreten wie „klimafreundliche" Stimmen (sogenanntes *false balance*-Problem; Boykoff und Boykoff 2004, S. 125 ff; Nisbet 2009, S. 19; Gerhards und Neidhardt 1990, S. 24 ff).

28.2　Drei Analyseebenen und Analysedimensionen für eine Forschungsfrage

Meine Studie zielt darauf ab, die Berichterstattung zum Klimawandel in der deutschen Online-Öffentlichkeit unter Bezugnahme auf das journalistische Qualitätskriterium „Vielfalt" zu erforschen. Meine zentrale, übergeordnete Forschungsfrage lautet: Wie ist der Diskurs zum Klimawandel in der deutschen Online-Öffentlichkeit in Hinblick auf das journalistische Qualitätskriterium „Vielfalt" strukturiert? Diese Frage habe ich auf drei Analyseebenen untersucht. Erstens wollte ich wissen, wie der Gesamtdiskurs, zweitens die Artikel auf den Webseiten und drittens mögliche Typen von Webseiten im Diskurs in Bezug auf das journalistische Qualitätskriterium „Vielfalt" strukturiert sind. Um das herauszufinden, habe ich mir zusätzlich überlegt, dass ich pro Analyseebene drei Analysedimensionen untersuchen wollte: Die formalen Diskurs-

◼ **Tab. 28.1** Forschungsfrage(n), Analyseebenen, Analysedimensionen

Analyseebene	Analysedimension	Operative Forschungsfragen
Gesamtdiskurs		
Webseiten	Formale Diskursstrukturen	Wie ist der Diskurs zum Klimawandel in der deutschen Onlineöffentlichkeit in Bezug auf die üblichen formalen Kriterien strukturiert?
Webseitentypen		
Gesamtdiskurs		
Webseiten	Akteure und Akteurinnen im Diskurs	Wie viele Akteure und Akteurinnen aus welchen sozialen Systemen können Aussagen im Diskurs zum Klimawandel während dem Untersuchungszeitraum machen?
Webseitentypen		
Gesamtdiskurs		
Webseiten	Diskursinhalt	Welche Interpretationsmuster verwenden welche Akteure und Akteurinnen aus welchem sozialen System zu welchem Ausmaß und wie werden diese Interpretationsmuster bewertet?
Webseitentypen		

Wie ist der Diskurs zum Klimawandel in der deutschen Onlineöffentlichkeit in Bezug auf das journalistische Qualitätskriterium Vielfalt strukturiert?

strukturen, Akteure und Akteurinnen im Diskurs und den Diskursinhalt. Für jede Analysedimension habe ich eine operative Forschungsfrage formuliert, die mir bei der Beantwortung der übergeordneten Fragestellung helfen sollte (◼ Tab. 28.1).

28.3 Medien repräsentieren keine objektive Wirklichkeit: Konsequenzen für das methodische Vorgehen

Basierend auf der Literaturrecherche gehe ich davon aus, dass die Wirklichkeit ein soziales Konstrukt ist (Beushausen 2002, S. 20 ff; Berger und Luckmann 1980, S. 1 ff). Folglich repräsentieren die Medien keine objektive Wirklichkeit (Schulz 1989, S. 139 ff). Diese epistemologische Verortung ist auch für mein methodisches Forschungsdesign relevant. Denn nur so kann ich davon ausgehen, dass jede Meinung, die in der Öffentlichkeit wiedergegeben wird, durch bestimmte Interpretationsmuster, sogenannte Frames, organisiert ist. Frames wählen gewisse Aspekte einer wahrgenommenen Wirklichkeit aus und heben diese stärker als andere hervor. Eine Analyse von Akteuren und Akteurinnen und den von ihnen verwendeten Frames ermöglicht es der Forschung, öffentliche Debatten zu rekonstruieren und herauszuarbeiten, nach welchen Mustern die Wirklichkeit von welchen Akteuren und Akteurinnen interpretiert wird (Entman 1993, S. 52).

Adam Shehata und David Nicolas Hopmann (2012, S. 179) haben festgestellt, dass es in der Diskussion zum Klimawandel einen sogenannten Masterframe gibt, der von den meisten Akteuren und Akteurinnen entweder zustimmend, ablehnend oder neutral genutzt wird. Dieser Masterframe interpretiert die globale Erwärmung als ein signifikantes gesellschaftliches Problem, welches durch die Emission von Kohlendioxid und anderen sogenannten Treibhausgasen in die Atmosphäre hervorgerufen wurde. Als logische Schlussfolgerung aus dieser Interpretation besteht die Problemlösung in der Reduktion dieser Emissionen. In meiner methodischen Umsetzung der Forschungsfrage habe ich auf diesen Masterframe aus der Literatur zurückgegriffen, um die Vielfalt der Stimmen und Positionen im Diskurs zu analysieren. So konnte ich gezielt nach Interpretationsmustern suchen und musste diese nicht erst selber herausarbeiten. Ich habe so Zeit gespart und die Aussagekraft meiner Forschung erhöht.

28.4 Interpretationsmuster nutzen: Vielfalt im Diskurs analysieren

Um meine zentrale Forschungsfrage zu beantworten, habe ich mich dazu entschlossen, eine explorative, frame-bezogene Diskursanalyse durchzuführen. Mein Forschungsdesign folgt einem Mixed-Methods-Ansatz im weiteren Sinne, da die Datenerhebung qualitativen und die Datenauswertung quantitativen Maßstäben folgt. John W. Creswell und Vicki L. Plano Clark (2007, S. 12 ff) nennen ein solches Forschungsdesign, in dem die Daten qualitativ erhoben und sowohl qualitativ als auch quantitativ ausgewertet werden, eine *gray area* – also einen Grenzfall.

> **Definition**
>
> Beim Forschungsdesign des **Mixed-Methods-Ansatzes** geht es darum, dass qualitative und quantitative Daten in derselben Studie erhoben werden. Dazu können Datensets aufeinander aufbauen (z. B. erst qualitativ, dann quantitativ), miteinander verwoben sein oder sich gegenseitig stützen (Creswell und Plano Clark 2007, S. 1–7; vgl. Paierl und Hart, ▶ Kap. 27 in diesem Buch).

Bei meinem Vorgehen (◘ Tab. 28.2) entspricht vor allem die Datenanalyse dem Mixed-Methods-Ansatz. Durch dieses Vorgehen sollen auch qualitativ erhobene Daten im Hinblick auf ihre Effektgrößen ausgewertet werden, sodass die Erkenntnisse an Aussagekraft gewinnen (Onwuegbuzie 2003, S. 393 ff).

▪ Auswahl von Webseiten
Aus forschungspragmatischen Gründen konnte ich nicht alle Artikel auf allen Webseiten in der deutschen Online-Öffentlichkeit untersuchen, die jemals Nachrichten zum Klimawandel veröffentlicht haben. Stattdessen musste ich eine begründete Auswahl treffen[1]. Als Beobachtungseinheiten habe ich diejenigen Webseiten ausgewählt, die für die meisten Menschen relevant waren, um sich in der deutschen Online-Öffentlichkeit über den Klimawandel zu informieren. Diese Webseiten habe ich identifiziert, indem ich mir vor Augen gerufen habe, dass es zwei Wege gibt, auf denen man zu Webseiten gelangen kann. Entweder wird man durch Hyperlinks auf die Webseite weitergeleitet oder man trägt die exakte URL in die Adresszeile des Webbrowsers ein. Zum einen habe ich deshalb die Ergebnisse bei Google und Google News zum Suchbegriff „Klimawandel OR globale Erwärmung" analysiert. Ich habe Google als Suchmaschine ausgewählt, weil über 90 % der Deutschen Google nutzen, um über die Eingabe von Stichwörtern nach Informationen auf anderen Webseiten zu suchen (Alexa o. J.; SEO-united o. J.).

---

1 Die Auswahl der Webseiten fand während eines Forschungspraktikums am Institut für Publizistikwissenschaft und Medienforschung in Zürich bereits im Frühjahr vor meiner Bachelor-Arbeit statt. Am IPMZ hatte ich im Rahmen eines Forschungsprojektes von Dr. Michael Brüggemann die Möglichkeit, eine formale Typologie der Webseiten anhand ihrer Produktionsstrukturen zu erstellen.

☐ Tab. 28.2 Aufbau Forschungsdesign

Methoden	*Mixed methods* Analyse
Beobachtungseinheit	Die 28 bedeutendsten Webseiten, die Nachrichten zum Klimawandel in der deutschen Onlineöffentlichkeit während der Monate März, April, Mai 2014 zur Verfügung gestellt haben
Analyseeinheit	529 ausgewählte Artikel (ausschließlich Text) über den Klimawandel, die in den Beobachtungseinheiten veröffentlicht wurden
Untersuchungszeitraum	01.03.14–31.05.14
Analyseebene	Gesamtdiskurs, Webseiten, Webseitentypen
Analysedimension	Formale Diskursstrukturen (generelle Informationen über die Artikel), Akteure und Akteurinnen im Diskurs (Anzahl der Akteure/Akteurinnen/ *Standing*, *Vielfalt* der Akteure/Akteurinnen in Hinblick auf das soziale System), Diskursinhalt (hervorstechende Merkmale des Masterframes, Bewertung des Masterframes)
Variablen	Alle deskriptiven Variablen (z. B. Veröffentlichungsdatum), Erwähnung von Frameelements (Aussagen, die im Codebuch definiert wurden und eindeutig einem Akteur/einer Akteurin zugeschrieben werden können), Akteure/Akteurinnen (die Aussagen zum Klimawandle treffen), Bewertungen der Frameelemente durch Akteure/Akteurinnen

Ich habe dafür gesorgt, dass die personalisierte Suche und die Länder-ID keinen Einfluss auf das Suchergebnis hatten. Zum anderen habe ich neun deutschsprachige Klimakommunikationsexperten und -expertinnen in qualitativen Leitfadeninterviews dazu befragt, welche Webseiten sie selber nutzten, um sich über den Klimawandel zu informieren. Da die Suchergebnisse bei Google nicht rückwirkend erhoben werden können, ist der Untersuchungszeitraum auf den dreimonatigen Zeitraum vom 1. März bis zum 31. Mai 2014 beschränkt. Mithilfe von zuvor festgelegten, wissenschaftlich fundierten Auswahlkriterien habe ich nur diejenigen Webseiten aus den Google-Suchergebnissen und den Angaben der Interviewpartner ausgewählt, die tatsächlich aktuelle Nachrichten zum Klimawandel bereitgestellt haben. Durch dieses Verfahren konnte ich 28 Webseiten identifizieren, die von den meisten Menschen in der deutschen Online-Öffentlichkeit genutzt werden, um sich über Nachrichten zum Klimawandel zu informieren. Nach den gleichen Auswahlkriterien wurden auch die Artikel auf den Webseiten ausgewählt. So bestand die Analyseeinheit letztendlich aus 529 Artikeln zum Klimawandel.

■ **Die Analyse der Webseiten mithilfe eines Codebuchs**

Für die Analyse der Vielfalt im Diskurs habe ich ein Codebuch erstellt, in dem Informationen zu den drei Analysedimensionen – formale Diskursstrukturen, Akteure und Akteurinnen im Diskurs und Diskursinhalt – pro Artikel abgefragt wurden. Das zentrale Element des Codebuchs ist der Masterframe, den ich aus bestehender Literatur zur Klimaforschung abgeleitet habe. Öffentliche Debatten können mithilfe der Analyse von Frames, Akteuren und Akteurinnen rekonstruiert werden, da viele Meinungen auf ähnlichen Interpretationsmustern basieren. Wie von Robert M. Entman (1993) beziehungsweise Michael Brüggemann und Sven Engesser (2013) vorgeschlagen, habe ich den Masterframe zum Klimawandel in vier Bestandteile aufgegliedert (☐ Tab. 28.3). Diese sogenannten Frameelemente ermöglichen es, einfacher zu messen, welcher Aspekt vom Klimawandel thematisiert wird und wie dieser bewertet wird; die Problemdefinition, die Ursache, die Folgen und/oder die Lösung.

◘ **Tab. 28.3** Frameelemente des Masterframes anthropogenic climate change[1]

Nr.	Frameelement	Themenbezogene Komponente des Frameelements
1	**Problemdefinition**	Die durchschnittliche Erdtemperatur hat sich in den vergangenen 50 Jahren erhöht.
2	**Problemursache**	Klimawandel/globale Erwärmung wurde zu großen Teilen von Menschen hervorgerufen (durch CO_2 –Emissionen und/oder Treibhausgase).
3	**Problembewertung**	Klimawandel/globale Erwärmung ruft problematische Konsequenzen für unser weltweites Ökosystem und für die Menschheit hervor.
4	**Problemlösung**	Die Menschheit sollte CO_2 –Emissionen stark begrenzen, um die globale Erwärmung zukünftig zu beschränken.

"(...) global warming is a significant social problem caused by human activity through the emission of carbon dioxide and other so-called greenhouse gases into the atmosphere. [...] reduction of greenhouse gas emissions follows as the logical solution according the climate change frame." (Shehata u. Hopmann 2012, S. 179)

Das Codebuch fordert die Codierenden auf, eine Zeile pro Artikel auszufüllen. In jeder Zeile werden Informationen zu den drei Analysedimensionen festgehalten. Zur ersten Analysedimension, den formalen Diskursstrukturen, wollte ich beispielsweise wissen, von welchem Autor oder welcher Autorin der Artikel verfasst wurde, wann der Artikel veröffentlicht wurde und aus wie vielen Wörtern der Artikel bestand. Zur Analyse der Akteure und Akteurinnen im Diskurs, der zweiten Analysedimension, wurde abgefragt, aus welchem gesellschaftlichen Teilsystem die Akteure und Akteurinnen stammten, die Aussagen zu einem oder mehreren der vier Frameelemente getätigt haben. Da vorher nicht klar sein konnte, welche Akteure und Akteurinnen in den Artikeln zu Wort kommen, habe ich eine Akteursliste induktiv während des Codierprozesses erstellt. Dazu habe ich die Akteure und Akteurinnen dem jeweiligen Teilsystem zugeordnet, in dem sie bestimmte Funktionen erfüllten, während sie die Aussage gemacht haben (Stichwort: soziale Inklusion; Luhmann 1997, S. 619 ff). Beispielsweise habe ich Bundeskanzlerin Merkel dem Politiksystem zugeordnet. Um die Vielfalt der vorgebrachten Positionen im Diskursinhalt zu untersuchen, habe ich für die dritte Analysedimension festgehalten, welche Frameelemente von den zuvor codierten Akteuren und Akteurinnen genutzt wurden und wie die Akteure und Akteurinnen die Frameelemente in ihren Aussagen bewertet haben.

Erhoben wurden die Daten mithilfe eines qualitativen Verfahrens, in dem Artikel für Artikel durchgelesen wurde und Codes vergeben wurden, sofern der Artikel Informationen zu den abgefragten Variablen bereithielt. Der Vorteil einer manuellen Codierung besteht vor allem darin, dass inhaltliche Feinheiten leichter erfasst werden können. So können Akteure und Akteurinnen beispielsweise anders formulierte Aussagen zum Klimawandel treffen, denen inhaltlich aber die gleichen Interpretationsmuster zugrunde liegen, wie sie auch im Masterframe verwendet werden. Durch die manuelle Codierung können diese Aussagen trotzdem in der Datenerhebung

---

1   Basierend auf Brüggemann und Engesser (2013, S. 10) und Shehata und Hopmann (2012, S. 179).

Holsti-Koeffizient

Der Holsti-Koeffizient berücksichtigt die Übereinstimmungen der Codierungen im Verhältnis zu den insgesamt vergebenen Codierungen. Allerdings berücksichtigt er nicht, dass manche Codierungen auch zufällig übereinstimmen können (Holsti 1969, S. 140). Würden wir beispielsweise annehmen, eine Variable hätte zwei Ausprägungen („ja"/„nein") und beide Codierenden würden eine Münze werfen, anstatt eine fallbezogene Codierung vorzunehmen. Dann würden beide Codierenden in der einen Hälfte der Fälle „ja" und in der anderen Hälfte der Fälle „nein" codieren. In 25 % der Fälle könnte es somit sein, dass die Codierenden zufällig übereinstimmende Codierungen vergeben. Der (korrigierte) Cohens-Kappa-Wert dagegen berücksichtigt den möglichen zufälligen Einflussfaktor auf Übereinstimmungen und ermöglicht so eine bessere Vergleichbarkeit als der Holsti-Koeffizient von Variablen mit unterschiedlich vielen Ausprägungen (Brennan und Prediger 1981, S. 687 ff.).

erfasst werden. Eine computergestützte Datenerhebung, wie sie oft in quantitativen Verfahren genutzt wird, hätte viele Fälle bereits von der Datenerhebung ausgeschlossen (Chong und Druckman 2007, S. 108).

Die reliable Codierung der inhaltlichen Variablen wurde dadurch gewährleistet, dass ein weiterer Codierer[2] und ich eine Zufallsstichprobe von etwas mehr als 10 % des Datenkorpus in Hinblick auf die inhaltlichen Variablen codiert haben und ich dann für jede Variable die Intercoderreliabilität berechnet habe. Die Reliabilität wird gemessen, um zu gewährleisten, dass eine Erhebung zu ähnlich konsistenten Ergebnissen führt, wenn sie unter gleichen Rahmenbedingungen erneut durchgeführt wird. Pro Variable habe ich die übereinstimmenden Codierungen mithilfe des Holsti-Koeffizienten und Cohens-Kappa- bzw. einem korrigierten Cohens-Kappa-Wert berechnet. Die Intercoderreliabilität lag für die meisten inhaltlichen Variablen zwischen zufriedenstellenden 40 bis 75 % (vgl. Banerjee et al. 1999, S. 6; Frey et al. 2000, S. 115).

Während meine Datenerhebung vor allem nach qualitativen Maßgaben erfolgte, zielte meine Datenauswertung vor allem auf einen quantitativen Vergleich statistischer Häufigkeiten ab. Für die erste Analysedimension, die formalen Diskursstrukturen, habe ich außerdem Pearson-Korrelationen berechnet, um mögliche lineare und signifikante Zusammenhänge zwischen Variablen zu erkennen. Die zweite Analysedimension, die Akteure und Akteurinnen im Diskurs, habe ich im Hinblick auf zwei Aspekte ausgewertet, um die Vielfalt zu bestimmen. Zum einen habe ich das „Standing" der Akteure und Akteurinnen, also die Häufigkeit mit der sie jeweils Aussagen in Artikeln treffen konnten, analysiert (Gerhards und Schäfer 2010, S. 148). Zum anderen habe ich eine modifizierte Form des Herfindahl-Hirschman Indexes berechnet (vgl. Rhoades (1993, S. 188) für die originale Definition). Diesen Index habe ich „Diversity Index D" getauft. Er setzt pro Webseite die durch Akteure und Akteurinnen repräsentierte Stärke der einzelnen Akteurssysteme ins Verhältnis zueinander, sodass verglichen werden konnte, wie vielfältig die Auswahl der Akteure und Akteurinnen auf den einzelnen Webseiten war (◘ Tab. 28.4). Der Wert 0 bedeutet dabei maximale Heterogenität und der Wert 1 steht für vollständige Vielfalt. Der originale Herfindahl-Hirschman-Index musste modifiziert werden, damit Webseiten mit unterschiedlich vielen Akteuren, Akteurinnen und Akteurssystemen ebenfalls verglichen werden konnten.

---

2   Der zweite Codierer war zum damaligen Zeitpunkt studentische Hilfskraft am Institut für Publizistikwissenschaft und Medienforschung der Uni Zürich.

■ **Tab. 28.4** Berechnung des „Diversity Index D"

Ausdruck	Formel(zeichen)
Herfindahl-Hirschman Index	$HHI \overset{\text{def}}{=} \sum_{i=1}^{R} \left(\frac{n_i}{N}\right)^2$
Modifizierter Herfindahl-Hirschman Index	$\overline{HHI} \overset{\text{def}}{=} \frac{HHI - \overline{\min}(N)}{1 - \overline{\min}(N)}$
Diversity Index D	$D \overset{\text{def}}{=} 1 - \overline{HHI}$
Minimum	$\overline{\min}(N) \overset{\text{def}}{=} \left\{ (R - (N \bmod R)) \cdot \lfloor N/R \rfloor^2 + (N \bmod R) \cdot \lceil N/R \rceil^2 \right\} / N^2$
Anzahl Akteurssysteme	R
Vorkommen eines repräsentierten Akteurssystems	n_i
Akteurssystem	i
Summe der pro Artikel repräsentierten Akteurssysteme	N
Maximale Homogenität	$D = 0$
Maximale Vielfalt	$D = 1$

Die dritte Analysedimension, den Diskursinhalt, habe ich analysiert, indem ich ausgewertet habe, welche Frameelemente wie oft vorkommen, welche Akteurssysteme welche Elemente verstärkt verwenden und wie sie diese bewertet haben. Ich habe die Daten mithilfe von Google Forms gesammelt, mithilfe von Google Sheets verwaltet und mithilfe von IBM SPSS Statistics ausgewertet. Der Quelldatensatz war aufgrund der großen Grundgesamtheit mit 529 Zeilen (Fällen) und mehr als 70 Spalten (Variablen) recht umfangreich. Stichprobenkontrollen und Plausibilitätsprüfungen der Ergebnisse sollten deswegen nach jedem Auswertungsschritt auf keinen Fall vergessen werden, um etwaige Übertragungsfehler zu vermeiden.

28.5 Sinn machen aus zahlreichen Zeilen und Spalten voll mit Daten: eine Auswahl der Ergebnisse

Es kann festgehalten werden, dass sich meine Forschungsergebnisse mit Erkenntnissen anderer Diskursforscher und -forscherinnen zu generellen Strukturmerkmalen decken. Auf der Dimension der formalen Diskursstrukturen konnte ich für den Gesamtdiskurs zum Beispiel eine signifikante, negative Korrelation beobachten zwischen der Anzahl an Artikeln, die sich auf einen IPCC-Bericht beziehen, und dem 31. März 2014. An diesem Tag wurde der zweite IPCC-Zwischenbericht veröffentlicht. Das bestätigt, dass die Berichterstattung im Zusammenhang mit den wichtigsten Ereignissen während der Debatte zunimmt.

In Bezug auf die zweite Analysedimension gilt, dass die meisten Akteure und Akteurinnen, die Aussagen zum Klimawandel in den Artikeln treffen konnten, dem Wissenschaftssystem entstammen (38,5 %). Das höchste „Standing" im Wissenschaftssystem hat der IPCC, der in 26,3 % aller Artikel zu Wort kommt. Offenbar vermögen es manche Akteure und Akteurinnen besser als andere, sich im Diskurs zu platzieren und durchzusetzen. Der „Diversity Index D" hat pro Webseite in der Regel einen Wert höher als 0,6. Dies zeigt, dass auf den Webseiten zumindest darauf geachtet wird, nicht nur Akteure und Akteurinnen aus bestimmten Systemen zum Klimawandel zu Wort kommen zu lassen, sondern zu ähnlich starken Anteilen aus verschiedenen Akteurssystemen.

Für die dritte Analysedimension, den Diskursinhalt, kann Folgendes festgehalten werden: Die vier Elemente des Masterframes wurden sehr oft verwendet, um Aussagen über den Klimawandel zu treffen. Es gab kaum andere Interpretationsvorschläge. In den meisten Aussagen (92,0 %) wurden die vier Frameelemente des Masterframes positiv bewertet. Dies zeigt, dass der Diskurs zum Klimawandel auf allen drei untersuchten Ebenen der deutschen Online-Öffentlichkeit den Konsens der *scientific community* widerspiegelt. In der Berichterstattung zum Klimawandel in der deutschen Online-Öffentlichkeit besteht also kein *false balance*-Problem, wie es Maxwell T. Boykoff und Jules M. Boykoff (2004, S. 126 ff) für den Amerikanischen Diskurs in der Qualitätspresse festgestellt hatten.

28.6   Learnings für die Zukunft: Was ich das nächste Mal anders machen würde

Die von der Uni vorgegebene Bearbeitungszeit von neun Wochen hat gut ausgereicht, um die oben beschriebenen Schritte durchzuführen und meine Bachelor-Arbeit zu verfassen. Von Vorteil war in diesem Zusammenhang gewiss, dass ich mich schon in vorherigen Forschungsprojekten mit ähnlichen Themen beschäftigt hatte, an die ich anschließen konnte. So hatte ich schon einen grundlegenden Überblick über inhaltliche und methodische Besonderheiten und musste mich nicht erst einarbeiten. Falls möglich, würde ich deshalb dazu raten, ein bereits vertrautes Thema und/oder einen bereits vertrauten methodischen Zugang für die Abschlussarbeit zu wählen.

Das Mixed-Methods-Verfahren kann ich jedem und jeder empfehlen, der oder die an Einzelfällen genauso interessiert ist wie an quantifizierbaren Ergebnissen. Der von mir gewählte Zugang zum Diskurs über die Analyse von Frames hat es mir einerseits erlaubt, ein Gefühl für das Material zu bekommen und andererseits die Resultate mit aussagekräftigen Zahlen zu belegen. Sobald mit (großen) Datensätzen gearbeitet wird, sind in meinen Augen vor allem regelmäßige Stichprobenprüfungen wichtig, damit etwaige Übertragungsfehler festgestellt und korrigiert werden können.

Literatur

Alexa. o. J. Site Overview/google.de. http://www.alexa.com/siteinfo/google.de. Zugegriffen: 19.03.2014.

Banerjee, M., Capozzoli, M., McSweeney, L., & Sinha, D. (1999). Beyond kappa: A review of interrater agreement measures. *The Canadian Journal of Statistics, 27,* 3–23.

Bechmann, G., & Beck, S. (1997). Zur gesellschaftlichen Wahrnehmung des anthropogenen Klimawandels und seiner möglichen Folgen. In J. Kopfmüller, & R. Coenen (Hrsg.), *Risiko Klima. Der Treibhauseffekt als Herausforderung für Wissenschaft und Politik* (S. 119–157). Frankfurt a. M.: Campus.

Berger, P. L., & Luckmann, T. (1980). *Die gesellschaftliche Konstruktion der Wirklichkeit: eine Theorie der Wissenssoziologie.* Frankfurt a. M.: Fischer.

Beushausen, Jürgen. 2002. *Die Konstruktion von Gesundheit und Krankheit im sozialen System Familie. Theorie und Empirie.* Dissertation, Universität Oldenburg.

Boykoff, M., & Boykoff, J. (2004). Bias as Balance: Global Warming and the U.S. Prestige Press. *Global Environmental Change, 14,* 125–136.

Brennan, R. L., & Prediger, D. J. (1981). Coefficient Kappa: Some Uses, Misuses, and Alternatives. *Educational and Psychological Measurement, 41*, 687–699.

Brüggemann, M., & Engesser, S. (2013). *Climate Journalists as Interpretive Community: Identifying Transnational Frames of Climate Change.* Working Paper, Bd. 59. Zürich: National Centre of Competence in Research (NCCR). Universität Zürich.

Chong, D., & Druckman, J. N. (2007). Framing Theory. *Annual Review of Political Science, 10*, 103–126.

Creswell, J. W., & Plano Clark, V. L. (2007). *Designing and Conducting Mixed Methods Research.* Thousand Oaks: Sage.

Entman, R. (1993). Framing – Towards a Clarification of a Fractured Paradigm. *Journal of Communication, 43*, 51–58.

Frey, Lawrence, R., Botan, C. H., & Kreps, G. L. (2000). *Investigating Communication. An Introduction to research methods.* Boston: Allyn & Bacon.

Gerhards, J., & Neidhardt, F. (1990). *Strukturen und Funktionen moderner Öffentlichkeit. Fragestellungen und Ansätze.* Veröffentlichungsreihe der Abteilung Öffentlichkeit und soziale Bewegung des Forschungsschwerpunkts Sozialer Wandel, Institutionen und Vermittlungsprozesse des Wissenschaftszentrums Berlin für Sozialforschung. Berlin: Wissenschaftszentrum Berlin für Sozialforschung.

Gerhards, J., & Schäfer, M. S. (2010). Is the internet a better public sphere? Comparing old and new media in the USA and Germany. *New Media Society, 12*, 143–160.

Holsti, O. R. (1969). *Content Analysis for the Social Sciences and Humanities.* Boston: Addison Wesley.

Luhmann, N. (1997). *Die Gesellschaft der Gesellschaft.* Frankfurt a. M.: Suhrkamp.

Neuberger, C., Nuernbergk, C., & Rischke, M. (2009). Journalismus im Internet: Zwischen Profession, Partizipation und Technik. *Media Perspektiven, 4*, 174–188.

Nisbet, M. (2009). Communicating Climate Change: Why Frames Matter for Public Engagement. *Environment, 51*, 12–23.

Onwuegbuzie, A. J. (2003). Effect Sizes in Qualitative Research: A Prolegomenon. *Quality & Quantity, 37*, 393–409.

Oreskes, N. (2004). The Scientific Consensus on Climate Change. *Science, 306*, 1686.

Rhoades, S. A. (1993). The Herfindahl-Hirschman Index. *Federal Reserve Bulletin, 79*, 188–189.

Schulz, W. (1989). Massenmedien und Realität. Die „ptolemäische" und „kopernikanische" Auffassung. In W. Schulz, & M. Kaase (Hrsg.), *Massenkommunikation. Theorien, Methoden, Befunde* (S. 135–149). Opladen: Westdeutscher Verlag.

SEO-united.de. o. J. Suchmaschinenverteilung in Deutschland. http://www.seo-united.de/suchmaschinen.html. Zugegriffen: 23.06.2014.

Shehata, A., & Hopmann, D. N. (2012). Framing climate change/A study of US and Swedish press coverage of global warming. *Journalism Studies, 13*, 175–192.

Trepte, S., Reinecke, L., & Behr, K. M. (2008). Qualitätserwartungen und ethischer Anspruch bei der Lektüre von Blogs und von Tageszeitungen. *Publizistik, 53*, 509–534.

Netzwerkanalyse der Sozialstruktur und des unternehmerischen Erfolgs akademischer Spin-offs

Antje Reichert

J. Wintzer (Hrsg.), *Qualitative Methoden in der Sozialforschung*,
DOI 10.1007/978-3-662-47496-9_29, © Springer-Verlag Berlin Heidelberg 2016

29.1   Soziale Netzwerke untersuchen: Ausgangslage

Die Forschungsinspiration zu dieser Arbeit resultierte aus meinem fächerübergreifenden akademischen Background, dem Besuch der Trierer Summer School on Social Network Analysis und der Neugier, die Netzwerkanalyse ausprobieren zu wollen. Insofern war schnell die Idee geboren, dies in Form einer Pilotstudie zu realisieren. Die inhaltliche Ausgangslage dieser Studie bildet die Tatsache, dass die Generierung und Verwertung von Innovationen auf dem freien Markt zunehmend zu integralen Bestandteilen der unternehmerischen Universität werden (Dörre und Neis 2010, S. 11). Eine Form der Verbindung von Wissenschaft, Wirtschaft und Innovationsfähigkeit ist die Kommerzialisierung von Forschungs- und Entwicklungsergebnissen durch Spin-offs. Mehrfach untersucht wurden diese bereits aus dem Blickwinkel quantitativer Erhebungen wie zum Beispiel über die Verwertung von Patenten (vgl. Haase et al. 2005) oder durch die Analyse von Determinanten für Erfolg beziehungsweise Misserfolg von Existenzgründungen (vgl. Cantner 2008, 2010).

> ┌─ **Definition** ─────────────────────────────────────
>
> Bei akademischen **Spin-offs** handelt es sich um Neugründungen von Unternehmen, die mit dem Zweck ausgegliedert werden, neues Wissen, das in öffentlichen Forschungseinrichtungen (Universitäten, Fachhochschulen, außeruniversitären staatlichen Forschungseinrichtungen) erarbeitet wurde, in Marktangebote und damit in Wertschöpfung und Beschäftigung umzusetzen (Egeln et al. 2007, S. 1). Derartige Spinoff-Gründungen stellen also einen Transfermechanismus zwischen akademischer Forschung einerseits und direkter kommerzieller Anwendung andererseits dar.

Eine wichtige Rolle für den Erfolg derartiger Existenzgründungen spielt das soziale Netzwerk der beteiligten Akteure und Akteurinnen. Nach der Definition von Stanley Wasserman und Katherine Faust (1994, S. 20) umfasst ein soziales Netzwerk *„a finite set or sets of actors and the relation or relations defined on them".*[1] Bereits Pierre Bourdieu (1983, S. 197) wies auf die essenzielle Bedeutung des sozialen Kapitals hin. Es konnte in zahlreichen Studien belegt werden, dass die Struktur der Relationen zwischen Akteuren und Akteurinnen und ihren Positionen im Netzwerk entscheidenden Einfluss auf die Verhaltens-, Wahrnehmungs- und Einstellungsebene haben (Diaz-Bone 2006).

In dieser Arbeit werden akademische Spin-offs als Netzwerke im Sinne einer Pilotstudie betrachtet und durch Methoden der empirischen Netzwerkanalyse untersucht. Im Fokus stehen Gründer und Gründerinnen der Friedrich-Schiller-Universität Jena (FSU), die durch das Bundesministerium für Wirtschaft und Technologie mit einem sogenannten EXIST-Gründerstipendium gefördert wurden. Dieses dient zur Sicherung des Lebensstandards, aber auch zur Finanzierung von Sachausgaben und Coachings (Velling 2007). Grundsätzlich soll mit dieser Arbeit die Basis geschaffen werden, eine weitreichende Erhebung akademischer Existenzgründungen durchführen zu können. Neben der Datenerhebung und der Auswertung des Materials soll hier auch gezeigt werden, wie eine visuelle Auswertung in Form von Graphen erfolgen kann. Diese Idee geht auf Frank Harary und Robert Norman (1953) zurück, die erstmals soziale Gruppen und deren Interaktionen visuell darstellten und interpretierten.

---

1   Weitere Hintergrundinformationen zu sozialen Netzwerken und zur soziologischen Netzwerktheorie sind folgender Publikation zu entnehmen: Reichert, Antje. 2009. *Grundzüge der Netzwerktheorie.* München: GRIN.

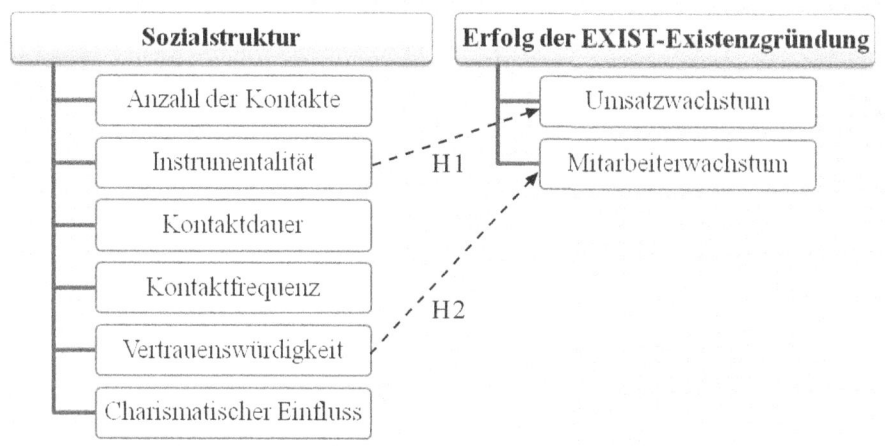

Abb. 29.1 Grafische Darstellung der Hypothesen

29.2 Zum Stand der Forschung

Wiederholt konnte belegt werden, dass soziale Beziehungen für Akteure und Akteurinnen gleichzeitig auch Ressourcen darstellen. Diese können genutzt werden für den Zugang zu neuen Informationen, zur Ausübung von Einfluss, Kontrolle und Macht oder auch zur Herstellung von Solidarität (Adler und Kwon 2002, S. 17 ff.; Coleman 1988, S. 95 ff.). Gerade die Arbeit an gemeinsamen Problemlösungen, wie zum Beispiel die Entwicklung neuer Produkte, erfordert von den Existenzgründern und -gründerinnen als *Communities of Practice* regelmäßige *face-to-face*-Interaktionen. Persönliche Beziehungen nehmen hier eine essenzielle Rolle ein (Reinbacher 2008, S. 145). Zudem verursachen soziale Beziehungen auch Kosten, welche für deren Aufbau und Erhalt anfallen, und die Ressourcen aus Beziehungen produzieren wechselseitige Abhängigkeiten (McFadyen und Cannella 2004, S. 735 ff.). Darüber hinaus besteht die Gefahr, dass sich negative Effekte sozialer Beziehungen kumulieren. Nach James Coleman (1994) werden durch soziale Beziehungen beengte Sichtweisen gefördert, der Koordinationsbedarf zwischen den Parteien wird erhöht, und letztlich können Trittbrettfahrer von den zur Verfügung gestellten Ressourcen profitieren. Derartige negative Externalitäten reduzieren den Innovations-Output und damit auch den unternehmerischen Erfolg der Existenzgründung.

29.3 Methodische Vorgehensweise

- **Formulierung der Hypothesen**

Der Zusammenhang zwischen der Sozialstruktur und dem unternehmerischen Erfolg der EXIST-Existenzgründungen bildet die forschungsleitende Frage. In ◻ Abb. 29.1 wird dargestellt, durch welche Indikatoren die untersuchten Variablen operationalisiert werden.

Im Fokus der Untersuchung stehen die Veränderungen jeweils einer abhängigen Variablen, in diesem Fall die Wirkung beziehungsweise der Erfolg der Existenzgründung. Dieser soll mit dem Einfluss einer anderen (unabhängigen) Variablen – der Sozialstruktur – erklärt werden. Folgende Forschungshypothesen H1 und H2 stehen im Zentrum dieser Analyse:

Gesamtnetzwerkanalyse

Bei einer Gesamtnetzwerkanalyse steht hingegen eine ausgewählte Gruppe von Akteuren und Akteurinnen und die soziale Struktur innerhalb dieser Gruppe im Fokus der Untersuchung. Die Frage, welche Art von Netzwerken erhoben werden soll, ist einzig von der Forschungsfrage und dem Kontext abhängig.

H1: Je höher die Instrumentalität der sozialen Beziehungen (*weak ties*) während der Existenzgründung, desto stärker ist *ceteris paribus* (bei sonst konstanten Bedingungen) das Umsatzwachstum.

H2: Je höher die Vertrauenswürdigkeit zu den beteiligten Akteuren und Akteurinnen während der Existenzgründung, desto stärker ist *ceteris paribus* das Mitarbeiterwachstum.

- **Aufbau des Fragebogens**

Die Datenerhebung erfolgte mittels Online-Fragebogen über den Server ▶ www.soscisurvey.de. Grundsätzlich enthält der Fragebogen qualitative und quantitative Bestandteile. Die qualitative Erhebung wird dafür verwendet, die sozialen Beziehungen zu den einzelnen Akteuren und Akteurinnen ganzheitlich, kontextgebunden und möglichst realitätsnah widerzuspiegeln. Auf der anderen Seite dient die quantitative Datenerhebung zur Erfassung unternehmensspezifischer und soziodemografischer Daten. Der Fragebogen besteht aus insgesamt fünf Themenkomplexen: 1) dem Namensgenerator, 2) den Namensinterpretatoren zur Erhebung der Beziehungsintensitäten während der Existenzgründung und zur Gruppierung der Kontakte, 3) Fragen zur Zusammenarbeit mit dem Servicezentrum Forschung und Transfer (SFT), 4) den Unternehmensdaten, 5) der Soziodemografie. Erhoben werden im Rahmen dieser Studie sogenannte persönliche Netzwerke (Ego-Netzwerke oder auch egozentrierte Netzwerke – im Kontrast zu Gesamtnetzwerken), die den sozialen Kontext der Existenzgründer und -gründerinnen beschreiben, d. h. die einzelne soziale Beziehung ist die Untersuchungseinheit.

Als klassischen Einstieg in die Datenerhebung sozialer Netzwerke wurde der Namensgenerator nach Jürgen Hoffmeyer-Zlotnik (1987, S. 37) und Christof Wolf (1993, S. 74) gewählt. Mit dessen Hilfe wird Ego (der Existenzgründer oder die Existenzgründerin) nach Schlüsselpersonen im sozialen Umfeld befragt (den sogenannten Alteri). Zu unterscheiden ist grundsätzlich zwischen (1.) subjektiv wahrgenommenen sozialen Netzwerken und (2.) real existierenden sozialen Netzwerken. Insofern kommt der Formulierung der Einstiegsfrage eine besondere Bedeutung zu: (1.) Wer würde Dir Geld leihen? Oder (2.) Wer hat beim letzten Umzug geholfen? Das daraus resultierende Modell der internen und externen Erfolgsfaktoren einer Spin-off-Gründung (Mauroner 2009, S. 73; Kulicke 1987, S. 257) wird im Fragebogen durch die Fragen 2 und 3 abgebildet: (2.) An wen haben Sie sich gewandt, wenn es um folgende Fragen ging: Ihre technischen Qualifikationen, Ihre unternehmerischen Fähigkeiten sowie (3.) Wer unterstützte und coachte Sie in Bezug auf: technologische Entwicklungen, Charakteristika der Branche usw.?

In der zweiten Rubrik des Fragebogens werden über die sogenannten Namensinterpretatoren Informationen über die Alteri sowie über die Beziehungen zwischen Ego und den Alteri generiert (Jansen 2006, S. 80 f.). Auf Mark Granovetter (1985, 1995) geht die Differenzierung von Bindungen in starke Beziehungen (*strong ties*) und schwache Beziehungen (*weak ties*) zurück. Zu den Namensinterpretatoren gehören – in Anlehnung an die Definition der Beziehungsintensität nach Katja Rost (2005, S. 13) – die Instrumentalität, die Kontaktdauer und -frequenz, die Vertrauenswürdigkeit sowie der charismatische Einfluss der Akteure und Akteurinnen. In Anlehnung an diese Kategorisierung soll im Rahmen der Analyse die Zuordnung der sozialen Beziehungen in schwache und starke Bindungen erfolgen. Die Erhebung der Beziehungsintensität wurde hier durch quantitative Erfassung qualitativer Daten umgesetzt und zwar wurden im Fragebogen sogenannte Schieberegler verwendet, welche die jeweilige Beziehungsintensität in Zahlenwerten zwischen 1 und 100 widerspiegeln, wobei kleine Zahlenwerte für schwache Bindungen (*weak ties*) und hohe Zahlenwerte für starke Bindungen (*strong ties*) sprechen. Zusätzlich erfolgte eine Spezifikation der Akteure und Akteurinnen anhand von Clustern, um die Personen später zuordnen zu können. Den Teilnehmenden standen dabei neun Auswahlmöglichkeiten zur Verfügung: Dr./Prof. an der FSU Jena, wissenschaftlicher Mitarbeiter an der FSU Jena, Kommilitone, Dr./Prof. an einer anderen Hochschule, wissenschaftlicher Mitarbeiter an einer anderen Hochschule, Freund/Bekannter, Familie/Verwandter, sonstige Person und weiß ich nicht.

Ein alternatives – im Vergleich stärker partizipativ-visualisierendes Verfahren – ist die offene (qualitative) Erhebung über Netzkarten (Sommer et al. 2010) oder Netzwerkkarten (Hollstein und Pfeffer 2010; Herz und Gamper 2012). Bei diesen sogenannten *Socialmaps* visualisieren die Teilnehmenden ihre Beziehungen und beschreiben – meist unter Verwendung konzentrischer Kreise – die Netzwerkangehörigen sowie deren Beziehungen untereinander auf einer Karte. Die Erhebung der *Socialmaps* kann mittels Papier und Stift erfolgen (Sommer et al. 2010), durch Papier, Stifte und Bauklötze und Spielfiguren (Schiffer und Hauck 2010) oder durch digitale Netzwerkkarten (Gamper et al. 2012, 2013). Ein Analyse- und Visualisierungsinstrument, um qualitativ erhobene soziale Netzwerke digital abbilden und auswerten zu können, ist die Software VennMaker (► www.vennmaker.com).

■ **Pretest und Datenerhebung**

Die Grundgesamtheit der beantragten und bewilligten EXIST-Existenzgründungen der FSU Jena, die zum Befragungszeitraum noch aktiv waren, umfasste fünf Unternehmen. Vier dieser Existenzgründer ergänzten die Erhebung mit ihren persönlichen Daten, was einem Rücklauf von 80 % entspricht. Im Vorfeld wurde prognostiziert, dass die Befragung circa 20 Minuten in Anspruch nehmen würde. Wobei es sich – auch aus den Rückmeldungen der Pretests – als sehr schwierig darstellte, eine konkrete Zeitangabe zu machen, da es sich bei einem großen Teil der Fragen um offene Fragen handelte.

Pro Existenzgründung wurde nur ein Gründungsmitglied befragt. Die Befragten waren alle männlich und im Durchschnitt 35 Jahre alt. Die Anzahl der Kontakte, die bei der Existenzgründung der hier untersuchten Unternehmen eine wesentliche Rolle spielten, schwankt zwischen 4 und 9 Personen (durchschnittlich 6,5 Alteri). Aufgrund der Beschaffenheit des Fragebogens war es den Teilnehmenden möglich, maximal 13 verschiedene Personen zu nennen.

Tipp

- Führt vor der eigentlichen Datenerhebung einen Pretest durch, um Euer Forschungsdesign und den Fragebogen zu überprüfen!
- Legt bei der Auswahl der Personen, die den Fragebogen vorab testen, Wert auf große Diversität! Ich habe Personen, die Teil der Zielgruppe waren, explizit ausgeschlossen, um die Stichprobengröße nicht weiter einzuschränken.

Über Mitarbeiter des SFT wurden die Kontakte zu den Existenzgründenden vermittelt. Mit der Fokussierung auf beantragte und bewilligte EXIST-Existenzgründungen wurde bewusst eine kleine Grundgesamtheit gewählt. Wichtig war bei der Auswahl der Unternehmen darüber hinaus, dass diese zum Erhebungszeitraum noch existent waren. Auf diese Weise konnten fünf Unternehmen ermittelt werden, die diesen Kriterien entsprachen.

Die erste Kontaktaufnahme mit den Befragten erfolgte telefonisch. Daraufhin wurden E-Mails an den jeweils gewünschten Account gesandt mit dem Link zum Online-Fragebogen sowie dem nur einmal gültigen Zugangscode. Letztlich unterlag es dem Zufallsprinzip, welches Teammitglied als zu befragende Person ausgewählt wurde. Insgesamt stand der Online-Fragebogen drei Wochen zur Verfügung. Die Teilnehmenden, von denen innerhalb dieses Zeitraumes kein Rücklauf zu verzeichnen war, wurden insgesamt zweimal per E-Mail an die Erhebung erinnert.

> **Tipp**
>
> Achtung vor sozial erwünschten Antworten beziehungsweise vor offenen/versteckten Hinweisen auf verschiedene Alteri! Die Formulierung der Einstiegsfrage und der persönliche Hintergrund der Interviewenden können Stimuli zur Nennung bestimmter Personen darstellen. Hier kann es zu verzerrten Ergebnissen innerhalb des Namensgenerators kommen.

- **Datenauswertung**

Die Datenauswertung erfolgte mittels PASW Statistics Version 18.0.0 und UCINET Version 6.0. Bei Letzterem handelt es sich um eine Windows Software zur Analyse sozialer Netzwerke. UCI-NET ist eines der ersten Computerprogramme, die zu diesem Zweck entwickelt wurden. Die Visualisierungen entstanden mithilfe von NetDraw. Dieses Programm ist direkt mit UCINET verknüpft.[2]

Die Auswertung der erhobenen Daten erfolgt in Anlehnung an Michael Schnegg und Hartmut Lang (2001, S. 26 ff) in drei Schritten. Zunächst geben die Auszählungen einen Eindruck von der Stichprobe der Befragten, den Alteri und den zwischen ihnen existierenden Beziehungen. Darauf aufbauend können die Zusammenhänge dieser Beziehungen analysiert werden. Dazu gehört die Multiplexität einzelner Beziehungstypen.

┌─ **Definition** ─────────────────────────────────────

Bei **Multiplexität** handelt es sich um „eine Kennziffer für die Zahl der Beziehungsinhalte, die innerhalb einer bestimmten Beziehung realisiert werden" (Mewes 2010, S. 85). Die Multiplexität erlaubt, einen Eindruck von Spezialisierung und Generalisierung einzelner Beziehungen zu bekommen.

Ein weiterer Anhaltspunkt für die Analyse der Zusammenhänge sind die Rollen der einzelnen Akteure und Akteurinnen. Hier wird untersucht, welche Personengruppen Schlüsselrollen einnehmen. Im letzten Schritt kann durch die Korrespondenzanalyse ein vertiefender Einblick in das multidimensionale Verhältnis von Funktionen der Unterstützung und Rollen verdeutlicht werden.

---

2   Die Netzwerkanalyse-Software ist als Download zu beziehen unter ▶ http://analytictech.com/ucinet/ucinet. htm.

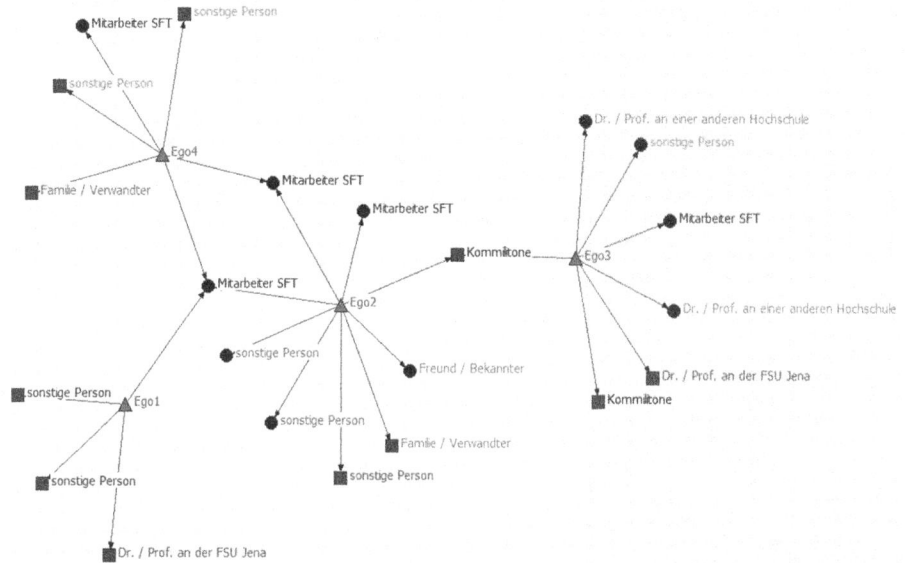

◧ **Abb. 29.2** Visualisierung des Gesamtnetzwerkes inklusive Gruppierung der Alteri

---

Definition

Korrespondenzanalyse ist ein multivaritates statistisches Verfahren, um den Zusammenhang zwischen zwei und mehr Variablen zu analysieren und zu visualisieren (Schnegg und Lang 2001). Um die Analyse durchführen zu können, wird eine Datenmatrix benötigt, die den Zusammenhang wiedergibt. Die Korrespondenzanalyse ermöglicht einen vertiefenden Einblick in das multidimensionale Verhältnis von Kategorien, die häufig kombiniert auftreten.

▪ **Darstellung der wichtigsten Ergebnisse**

Die Analyse der Zusammenhänge ergab, dass Alter E (siehe ◧ Abb. 29.3) den höchsten Multiplexitätsgrad aufweist. Zwischen Ego2 und Alter E bestehen Beziehungen in drei verschiedenen Dimensionen: Einerseits nimmt Alter E eine Schlüsselrolle während der Existenzgründung ein, darüber hinaus stand diese Person zur Verfügung bei Fragen rund um unternehmerische Fähigkeiten und schließlich auch für das Produkt beziehungsweise die Marktstrategie. In der Analyse wurde deutlich, dass die Egos jeweils unterschiedliche – wahrscheinlich fachspezifische – Ansprechpersonen wählten, im Gegensatz zu einem Hauptmentor oder einer Hauptmentorin.

Die Gruppierung der Alteri in verschiedene Rollen ergab, dass vorwiegend die Kategorien „sonstige Person" und „Kommilitone" gewählt wurden. Alteri, die als Schlüsselpersonen genannt wurden, sind in ◧ Abb. 29.2 durch blaue Vierecke visualisiert. Die Angaben zu den Rollen der Alteri stellen einerseits eine starke Streuung dar und lassen keine klare Tendenz erkennen. Auf der anderen Seite wird deutlich, dass die vorgegebenen Kategorien ungenügend waren und die Teilnehmenden aus diesem Grund häufig „sonstige Person" wählten. Für eine Folgeerhebung ist es sinnvoll, ein freies Textfeld einzufügen, damit fehlende Cluster ermittelt werden können.

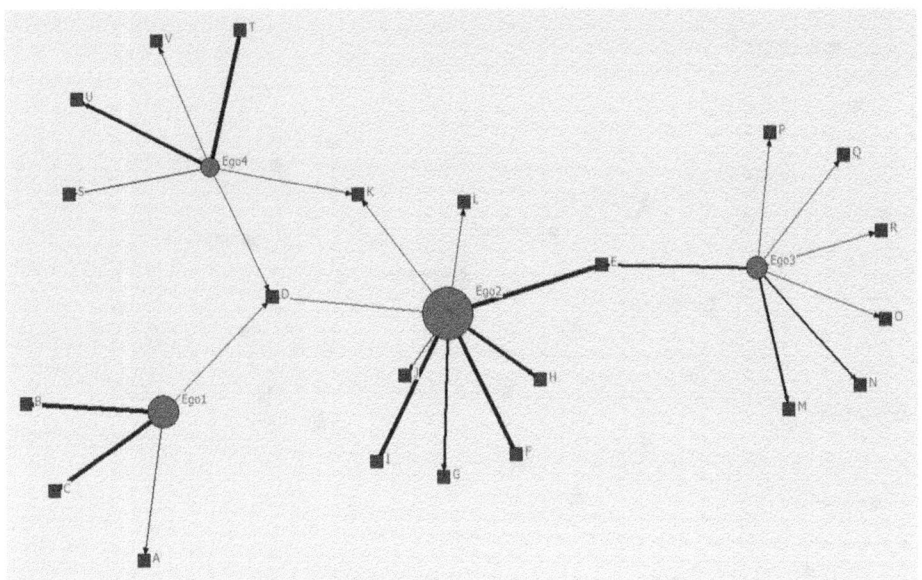

◘ Abb. 29.3 Instrumentalität und Umsatzwachstum

In der grafischen Darstellung (siehe ◘ Abb. 29.2) können die erhobenen Ego-Netzwerke der EXIST-Existenzgründer zu einem Gesamtnetzwerk verbunden werden. Dies ist möglich, weil einige Alteri durch mehrere Egos genannt wurden. Die Egos sind in ◘ Abb. 29.2 jeweils rot gekennzeichnet und stellen im Gesamtnetzwerk das Zentrum der einzelnen persönlichen Netzwerke dar.

Bezüglich der internen Erfolgsfaktoren (Frage 2) wandten sich die Existenzgründer an Verwandte, an Kommilitonen, an Dr./Prof. der FSU Jena und an sonstige Personen. Ansprechpersonen bezüglich der externen Erfolgsfaktoren (Frage 3) waren sonstige Personen. Diese breite Streuung bestätigt die Annahme, dass sich die Existenzgründer an fachspezifische Ansprechpersonen wenden.

■ **Korrespondenzanalyse und Überprüfung der Hypothesen**
Im letzten Schritt der Auswertung des erhobenen Netzwerkes ermöglicht die Korrespondenzanalyse einen vertiefenden Einblick in das multidimensionale Verhältnis von Kategorien, die häufig kombiniert auftreten. Aufgrund des überschaubaren Datensatzes in dieser Pilotstudie erscheint hier die Darstellung der hypothesenrelevanten Variablen in einem Streu-Diagramm mit Doppelachsen sinnvoll (gruppiert nach den einzelnen Egos). Dabei wird ersichtlich, dass viele Alteri hohe Punktwerte in Bezug auf die Instrumentalität und die Vertrauenswürdigkeit erhalten haben, wobei die Streuung bei der Instrumentalität erheblich höher ausfällt. Wichtig ist dabei, dass – entsprechend der Fragebogen-Konstruktion – hohe Punktwerte jeweils auf *strong ties* hinweisen. In dieser Darstellungsvariante wird deutlich, dass Ego4 in Bezug auf die Instrumentalität das komplette Repertoire der zur Verfügung stehenden Skala ausgeschöpft hat; wohingegen die Einschätzungen der Vertrauensbasis zu den Alteri jeweils bei mehr als 60 Punkten lagen. Das heißt, unabhängig von Art und Enge der Beziehung von Ego4 zu den Alteri brachte der Existenzgründer seinen Alteri ein hohes Maß an Vertrauen entgegen.

Abschließend wurden die aufgestellten Hypothesen auch grafisch überprüft. Hier vorgestellt wird die Visualisierung der ersten Hypothese zum Zusammenhang von Instrumentalität und Umsatzwachstum. Die in ◘ Abb. 29.3 breit markierten Bindungen weisen auf hohe Zahlenwerte in Bezug auf die Instrumentalität hin, was ein Indikator für starke Bindungen (*strong ties*) ist. Damit wird deutlich, dass lediglich zwei Akteure von den Existenzgründern als eindeutige Business Ties charakterisiert wurden (Ego1: Bindung zu A; Ego4: Bindung zu S). Bei diesen beiden Akteuren handelt es sich um Schlüsselpersonen. Die rot gekennzeichneten Kanten symbolisieren Beziehungen, zu denen keine Angaben bezüglich der Beziehungsintensität gemacht wurden. Zusätzlich wurden die Knoten der Egos in unterschiedlicher Größe dargestellt. Je größer der Knoten, desto stärker das von den Existenzgründern angegebene Umsatzwachstum per anno; wobei das Verhältnis der Größendarstellung nicht den absoluten Werten entspricht. Es wurde innerhalb der Teilnehmenden ein Ranking vorgenommen.

Die Werte bezüglich der Instrumentalität der Beziehungen sind sehr weit gestreut. Die erste Hypothese, *Je höher die Instrumentalität der sozialen Beziehungen* (weak ties) *während der Existenzgründung, desto stärker ist* ceteris paribus *das Umsatzwachstum*, wird durch die Datenerhebung für diese Stichprobe widerlegt. Das Unternehmen mit dem stärksten Umsatzwachstum (Ego2) pflegte vor allem starke Bindungen, lediglich die Beziehung zu J wurde als Beziehung charakterisiert, die als Folge der Position entstand oder erhalten wurde. Auch das Unternehmen, welches im Umsatzwachstum auf Platz 2 gerankt wurde (Ego1), unterhielt während der Existenzgründung zwei freiwillig gewählte starke Bindungen zu Schlüsselpersonen, doch nur die dritte Schlüsselperson (Alter A) wird als Business Tie eingestuft.

Die visuelle Darstellung der zweiten Hypothese, *Je höher die Vertrauenswürdigkeit zu den beteiligten Akteuren während der Existenzgründung, desto stärker ist* ceteris paribus *das Mitarbeiterwachstum*, ist Reichert (2010) zu entnehmen. Insgesamt erhielten 41,2 % der bewerteten Akteure die maximale Vertrauenswürdigkeit bescheinigt. Dies entspricht einer Anzahl von sieben Alteri. Das stärkste Mitarbeiterwachstum konnte Ego3 verzeichnen. Für diese Stichprobe konnte bestätigt werden, dass das Vertrauensverhältnis während der Existenzgründung mit einem Mitarbeiterwachstum korreliert. Für allgemeine Rückschlüsse ist jedoch die Analyse einer größeren Stichprobe nötig.

29.4 Schlussfolgerungen

Die Netzwerkanalyse hat sich als geeignete Methode erwiesen, um die Zusammenhänge zwischen Sozialstruktur und unternehmerischem Erfolg akademischer Spin-offs zu evaluieren. Aufgrund der kleinen Stichprobe können die hier zur Diskussion gestellten Hypothesen jedoch lediglich erste Hinweise für die inhaltliche Interpretation liefern. Für eine valide Auswertung ist eine umfangreichere Erhebung nötig. Die Durchführung dieser Anschlussstudie entsprechend der hier vorgestellten Pilotstudie mit den EXIST-Existenzgründer der FSU Jena ist mit einer größeren Grundgesamtheit zweifelsfrei möglich. Die verwendeten Computerprogramme zur Auswertung und Visualisierung (PASW Statistics Version 18.0.0 und UCINET Version 6.0.) haben sich bewährt.

Literatur

Adler, P., & Kwon, S.-W. (2002). Social capital: prospects for a new concept. *Academy of Management Review, 27*(1), 17–40.

Bourdieu, P. (1983). Ökonomisches Kapital, kulturelles Kapital, soziales Kapital. In R. Kreckel (Hrsg.), *Soziale Ungleichheiten* Soziale Welt, (Bd. Sonderband 2, S. 183–198). Göttingen: Schwartz & Co.

Cantner, U. (2008). *Success and Failure of Innovative Company Start-ups: A process-oriented analysis of psychological and economic determinants.* http://www.wiwi.uni-jena.de/Mikro/res-startup.html. Zugegriffen: 20.09.2010

Cantner, U. (2010). *Thüringer Gründer Studie.* http://www2.uni-jena.de/gruenderstudie/index.html. Zugegriffen: 20.09.2010

Coleman, J. (1988). Social Capital in the Creation of Human Capital. *American Journal of Sociology, 994* (Supplement), 95–120.

Coleman, J. (1994). *Die Mathematik der sozialen Handlung.* Grundlagen der Sozialtheorie, Bd. 3. Berlin: Oldenbourg.

Diaz-Bone, Rainer. 2006. Eine kurze Einführung in die sozialwissenschaftliche Netzwerkanalyse. Freie Universität Berlin, Fachbereich Politik und Sozialwissenschaften. Mitteilungen aus dem Schwerpunktbereich Methodenlehre 57.

Dörre, K., & Neis, M. (2010). *Das Dilemma der unternehmerischen Universität – Hochschulen zwischen Wissensproduktion und Marktzwang.* Berlin: Edition Sigma.

Egeln, J., Fryges, H., Gottschalk, S., & Rammer, C. (2007). *Dynamik von akademischen Spinoff-Gründungen in Österreich. ZEW Discussion Paper No. 07-021.* http://ftp.zew.de/pub/zew-docs/dp/dp07021.pdf. Zugegriffen: 22.06.2015

Gamper, M., Schönhuth, M., & Kronenwett, M. (2012). Bringing Qualitative and Quantitative Data Together: Collecting Network Data with the Help of the Software tool VennMaker. In M. Safar, & K. Mahdi (Hrsg.), *Social Networking and Community Behavior Modeling: Qualitative and Quantitative Measures* (S. 193–213). Hershey: IGI Global.

Gamper, M., Fenecia, T., & Schönhuth, M. (2013). Die Qualität von transnationalen Netzwerken – eine triangulative Studie zur Vernetzung von (Spät-)AussiedlerInnen. In A. Herz, & C. Olivier (Hrsg.), *Transmigration und Soziale Arbeit – ein öffnender Blick auf Alltagswelten.* Hohengehren: Schneider.

Granovetter, M. (1985). Economic action and social structure: the problem of embeddedness. *American Journal of Sociology, 91*, 481–510.

Granovetter, M. (1995). *Getting a Job: A Study of Contacts and Careers.* Chicago: University of Chicago Press.

Haase, H., Lautenschläger, A., Weyand, J., & Beibst, G. (2005). *Erfindungen, Patente und Verwertung: Eine empirische Untersuchung an Thüringer Hochschulen.* Jenaer Schriftenreihe zur Unternehmensgründung, Bd. 7/2005. Jena: Arbeits- und Diskussionspapiere des COE Centers of Entrepreneurship in der FH Jena.

Harary, F., & Norman, R. (1953). *Graph Theory as a Mathematical Model in Social Science.* Ann Arbor: University of Michigan, Institute for Social Research.

Herz, A., & Gamper, M. (2012). Möglichkeiten und Grenzen der Erhebung ego-zentrierter Netzwerke im Online-Fragebogen und über digitale Netzwerkkarten. In M. Gamper, L. Reschke, & M. Schönhuth (Hrsg.), *Knoten und Kanten 2.0. Soziale Netzwerkanalyse in Medienforschung und Kulturanthropologie* (S. 57–87). Bielefeld: transcript.

Hoffmeyer-Zlotnik, J. (1987). Egozentrierte Netzwerke in Massenumfragen 1. Zum Design des Methodenforschungsprojekts. *ZUMA-Nachrichten, 20*, 37–43. http://www.gesis.org/fileadmin/upload/forschung/publikationen/zeitschriften/zuma_nachrichten/zn_20.pdf. Zugegriffen: 31.08.2010

Hollstein, B., & Pfeffer, J. (2010). *Netzwerkkarten als Instrument zur Erhebung egozentrierter Netzwerke.* http://www.pfeffer.at/egonet/HollsteinPfeffer.pdf. Zugegriffen: 17.03.2015

Jansen, D. (2006). *Einführung in die Netzwerkanalyse. Grundlagen, Methoden, Forschungsbeispiele.* Wiesbaden: VS.

Kulicke, M. (1987). *Technologieorientierte Unternehmen in der Bundesrepublik Deutschland: eine empirische Untersuchung der Strukturbildungs- und Wachstumsphase von Neugründungen.* Bern: P. Lang.

Mauroner, O. (2009). *Vermarktung von Innovationen durch Spin-offs: Empirische Analyse von Unternehmensgründungen aus der öffentlichen Forschung.* Lohmar: Josef Eul.

McFadyen, A., & Cannella, A. (2004). Social Capital and Knowledge Creation: Diminishing Returns of the Number and Strength of Exchange Relationships. *Academy of Management Journal, 47*(5), 735–747.

Mewes, J. (2010). *Ungleiche Netzwerke? Vernetzte Ungleichheit: Persönliche Beziehungen im Kontext von Bildung und Status.* Wiesbaden: VS.

Reichert, A. (2010). *Empirische Studie der sozialen Netzwerke von EXIST-Existenzgründern: Die unternehmerische Universität.* München: GRIN.

Reichert, A. (2009). *Grundzüge der Netzwerktheorie.* München: GRIN.

Reinbacher, P. (2008). *Wissensdynamik in Communities: Sozialkapital und seine Wirkung auf die Lernfähigkeit sozialer Systeme.* Wiesbaden: VS.

Literatur

Rost, K. (2005). *Sozialstruktur und Innovationserfolg. Universität Zürich, Institut für Organisations-und Unternehmenstheorien, Lehrstuhl für Organisation, Innovations-und Technologiemanagement*. http://www.socio.ethz.ch/modsim/tagungen/neuchatel05/rost.pdf. Zugegriffen: 31.08.2010

Schiffer, E., & Hauck, J. (2010). Net-Map: Collecting Social Network Data and Facilitating Network Learning through Participatory Influence Network Mapping. *FieldMethods, 22*, 231–249.

Schnegg, M., & Lang, H. (2001). *Methoden der Ethnographie. Heft 1. Netzwerkanalyse: Eine praxisorientierte Einführung*, 1–55. http://www.methoden-der-ethnographie.de/heft1/Netzwerkanalyse.pdf. Zugegriffen: 6.09.2010

Sommer, A., Lingg, E., Reutlinger, C., & Stiehler, S. (2010). *Netzkarten. In: sozialraum.de 2/2010*. http://www.sozialraum.de/netzkarten.php. Zugegriffen: 17.03.2015

Velling, J. (2007). *Richtlinien des Bundesministeriums für Wirtschaft und Technologie zur Förderung von Unternehmensgründungen (EXIST-Gründerstipendium) im Rahmen des Programms „Existenzgründungen aus der Wissenschaft"*. http://www.exist.de/imperia/md/content/exist-gruender-stipendium/rili_exist-gruenderstipendium.pdf. Zugegriffen: 13.09.2010

Wasserman, S., & Faust, K. (1994). *Social Network Analysis: Methods and Applications – Structural Analysis in the Social Sciences*. Cambridge: Cambridge University Press.

Wolf, C. (1993). Egozentrierte Netzwerke. Datenorganisation und Datenanalyse. *ZAInformation, 32*, 72–94. http://www.gesis.org/fileadmin/upload/forschung/publikationen/zeitschriften/za_information/ZA-Info-32.pdf. Zugegriffen: 31.08.2010

Serviceteil

J. Wintzer (Hrsg.), *Qualitative Methoden in der Sozialforschung,*
DOI 10.1007/978-3-662-47496-9, © Springer-Verlag Berlin Heidelberg 2016

Stichwortverzeichnis

Willkommen zu den Springer Alerts

- Unser Neuerscheinungs-Service für Sie:
  aktuell *** kostenlos *** passgenau *** flexibel

Springer veröffentlicht mehr als 5.500 wissenschaftliche Bücher jährlich in gedruckter Form. Mehr als 2.200 englischsprachige Zeitschriften und mehr als 120.000 eBooks und Referenzwerke sind auf unserer Online Plattform SpringerLink verfügbar. Seit seiner Gründung 1842 arbeitet Springer weltweit mit den hervorragendsten und anerkanntesten Wissenschaftlern zusammen, eine Partnerschaft, die auf Offenheit und gegenseitigem Vertrauen beruht.

Die SpringerAlerts sind der beste Weg, um über Neuentwicklungen im eigenen Fachgebiet auf dem Laufenden zu sein. Sie sind der/die Erste, der/die über neu erschienene Bücher informiert ist oder das Inhaltsverzeichnis des neuesten Zeitschriftenheftes erhält. Unser Service ist kostenlos, schnell und vor allem flexibel. Passen Sie die SpringerAlerts genau an Ihre Interessen und Ihren Bedarf an, um nur diejenigen Information zu erhalten, die Sie wirklich benötigen.

Mehr Infos unter: springer.com/alert

The manufacturer's authorised representative in the EU is Springer
Nature Customer Service Centre GmbH, Europaplatz 3, 69115 Heidelberg,
Germany. If you have any concerns regarding our products, please
contact ProductSafety@springernature.com

Printed and bound by CPI Group (UK) Ltd, Croydon, CR0 4YY
27/04/2026
02097646-0004